스칼라 동시성 프로그래밍

Korean edition copyright © 2016 by acorn publishing Co. All rights reserved.

Copyright © Packt Publishing 2014.
First published in the English language under the title
'Learning Concurrent Programming in Scala(9781783281411)'

이 책은 Packt Publishing과 에이콘출판(주)가 정식 계약하여 번역한 책이므로
이 책의 일부나 전체 내용을 무단으로 복사, 복제, 전재하는 것은 저작권법에 저촉됩니다.

스칼라 동시성 프로그래밍

복잡한 동시성 프로그램을 스칼라로 쉽게 개발하는 방법

알렉산더 프로코펙 지음 | 오현석 옮김

샤샤에게 이 책을 바칩니다.
어쩌면 그녀는 이 책을 읽은 유일한
물리 화학 박사일 것입니다.

추천의 글

동시, 병렬 프로그래밍은 주로 커널 프로그래밍이나 고성능 계산 등의 틈새 분야에 속했었지만, 능숙한 프로그래머라면 꼭 알아야만 하는 기술로 변해왔다. 이제는 병렬 분산 계산 시스템이 표준이기 때문에, 성능을 향상시키거나 비동기적인 이벤트를 처리하기 위한 대부분의 애플리케이션이 동시성 애플리케이션이다.

지금까지 대부분의 개발자는 이런 변화에 적응할 준비가 되어 있지 않았다. 학교에서 스레드와 락에 기반한 전통적인 동시성 모델을 배웠더라도, 그런 모델은 규모가 큰 동시성을 신뢰할 수 있게 다루면서 수긍할만한 생산성을 발휘하기에는 부적합해져 버렸다. 실제로 스레드와 락은 쓰기 어렵고, 올바르게 사용하기는 더욱 어렵다. 좋은 결과를 얻기 위해서는 더 고수준의 조합 가능한 동시성 추상화를 사용해야 할 필요가 있다.

15년 전, 나는 스칼라의 아버지 뻘인 퍼널Funnel 언어를 이용해 작업한 적이 있다. 퍼널은 언어 핵심에서 동시성을 지원하는 실험적인 언어였다. 퍼널의 모든 프로그래밍 개념은 '병합 계산법join calculus'의 객체지향적인 파생물인 '함수적 연결functional net' 위에 정의된 문법적 편의syntatic sugar로 설명할 수 있었다. 병합 계산법이 멋진 이론이긴 했지만, 몇 가지 실험을 거친 이후, 우리는 동시성 문제에는 한 가지 정형화된 방식만으로 편하게 다루기에는 너무 다양한 측면이 존재한다는 점을 깨달았다. 모든 동시성 문제를 한꺼번에 해결할 수 있는 묘책은 없으며, 목표가 무엇인가에 따라 올바른 해법도 달라진다. 값의 스트림이나 이벤트에 반응하는 비동기 계산을 정의하고 싶은가? 메시지를 사용해 서로 통신하는 독립적이며, 고립된 개체들이 있었으면 하는가? 변경 가능한 저장소에 대해 트랜잭션을 정의하고 싶은가? 아니면, 병렬 실행의 주 목적이 성능을 향상시키는 것인가? 이런 모든 과업에 대해 제대로 작동할 수 있는 추상화가 퓨처, 반응형 스트림, 액터, 트랜잭션 메모리, 병렬 컬렉션 등으로 따로 존재한다.

그로 인해 스칼라와 이 책이 필요해졌다. 유용한 동시성 추상화가 아주 많기 때문에, 이들을 모두 프로그래밍 언어의 기본 구성 요소로 포함시키는 것은 매력적이지 않다. 스칼라에서 우리가 수행했던 작업의 이면에 있던 목적은, 사용자 코드나 라이브러리에서 고수준의 추상화를 쉽게 정의할 수 있게 하는 것이었다. 이런 방식을 통해, 프로그래머가 동시 프로그래밍의 다양한 측면을 처리할 수 있는 모듈을 정의할 수 있다. 이런 모듈은 모두 호스트 시스템이 제공하는 저수준의 핵심 기능을 바탕으로 구축될 것이다. 뒤돌아보면, 이런 접근 방식이 매우 잘 들어맞아왔다. 현재에는 스칼라로 된 강력하고 우아한 동시 프로그래밍 라이브러리를 다수 볼 수 있다. 이 책은 그중 가장 중요한 몇 가지를 알려주고, 각 용례와 적용 패턴을 설명할 것이다.

이러한 책의 저자로 알렉산더 프로코펙보다 더 나은 전문가는 없을 것이다. 그는 동시성과 병렬 프로그래밍에 가장 유명한 몇몇 스칼라 라이브러리 개발에 공헌했다. 또, 가장 복잡한 데이터 구조와 알고리즘을 여러 개 고안해냈다. 그는 자신이 작업해 온 분야에 대해 읽기 쉬운 자습서인 동시에 권위 있는 참고서 역할을 할 수 있는 책을 만드는 데 성공했으며, 나는 이 책이 스칼라로 동시, 병렬 프로그램을 작성하고자 하는 모든 사람에게 필독서가 될 것으로 믿는다. 또한, 환상적이며 빠르게 변하고 있는 계산 분야인 동시 프로그래밍을 알고 싶어 하는 많은 사람의 책장에서 이 책을 발견할 수 있을 것이라고 확신한다.

마틴 오더스키 Martin Odersky
EPFL 교수, 타입세이프(Typesafe) 공동창업자, 스칼라 창시자

지은이 소개

알렉산더 프로코펙 Aleksandar Prokopec

소프트웨어 개발자이자 동시, 분산 프로그래밍 연구원이다. 크로아티아 자그레브 대학의 전자공학 및 계산 학부 Faculty of Electrical Engineering and Computing 에서 석사 학위 MSc 를 취득했고, 스위스의 로잔 연방 공과대학교 EPEL, Ecole Polytechnique Fédérale de Lausanne 에서 전산학 박사를 취득했다. EPFL 스칼라 팀의 일원으로 있으면서, 스칼라 프로그래밍 언어에 많은 기여를 했으며, 스칼라의 동시 프로그래밍 추상화, 데이터 병렬 프로그래밍 지원, 동시성 데이터 구조 등의 분야에서 일했다. 고수준 데이터 병렬 프로그래밍을 위한 스칼라 라이브러리인 스칼라 병렬 컬렉션 프레임워크를 만들었으며, 퓨처, 프라미스, 스칼라STM 등의 스칼라 동시성 라이브러리 작업 그룹에 참여했다.

감사의 글

먼저 리뷰를 해준 사미라 타샤로피Samira Tasharofi, 루카스 리츠Lukas Rytz, 도미니크 그런츠Dominik Gruntz, 미셸 스킨즈Michel Schinz, 젠 리Zhen Li, 블라디미르 코스추코브Vladimir Kostyukov의 훌륭한 피드백과 귀중한 조언에 감사한다. 그들은 이 책의 품질을 향상시키기 위해 매우 노력했으며, 특별한 전문성을 발휘했다. 또한 팩트출판사의 편집자인 케빈 코라코, 스루시 커티, 카필 흠마니, 마이하브 파워, 세바스찬 로드리게스의 도움에도 감사한다. 이런 분들과 함께 작업하는 것은 정말 큰 기쁨이었다.

이 책에서 설명한 동시 프레임워크들은 수많은 사람의 협업이 없었다면 빛을 보지 못했을 것이다. 여러 사람이 직간접적으로 이러한 도구의 개발에 기여했다. 이들은 스칼라 동시성의 진정한 영웅이며, 스칼라가 동시 프로그래밍을 훌륭하게 지원하게 된 것은 이들 덕분이다. 이들 모두를 다 여기서 열거하기는 어렵지만, 가능한 빠뜨리지 않으려고 노력했다. 혹시 빠진 사람이 있다면, 이 책의 다음 판에 포함할 수 있게 내게 연락하기 바란다.

마틴 오더스키에게 스칼라 언어를 만든 것을 감사하지 않고 넘어갈 수는 없을 것이다. 스칼라는 이 책에서 설명한 동시 프레임워크의 플랫폼이다. 마틴에게 특히 감사하고, 최근 10년 또는 그보다 더 오래 EPFL 스칼라 팀의 일원이었던 모든 분들에게 감사한다. 또한, 타입세이프Typesafe 사 여러분께도 감사드린다. 그들은 스칼라가 현존하는 가장 좋은 범용 언어 중 하나가 되도록 열심히 일하고 있다.

대부분의 스칼라 동시성 프레임워크는 더그 레아의 작업으로부터 많은 도움을 받았다. 그의 포크Fork와 조인Join 프레임워크는 아카 액터 구현, 스칼라 병렬 컬렉션, 그리고 스칼라 퓨처와 프라미스 라이브러리의 기저에 자리잡고 있다. 또한, 이 책에서 설명한 JDK 동시성 데이터 구조 중 상당수도 그가 직접 구현한 것이다. 스칼라 동시 라이브러리 중 다수가 그가 해준 조언의 영향을 받았다. 더 나아가, JVM을 단단한 동시성 플랫폼으로 만들기 위해 여러 해를 투자한 것에 대해 자바 동시성 전문가들에게 감사하고 싶다. 특히, 브리안 고츠에게 감사하고 싶다. 그의 책[1]에서 이 책의 표지에 대한 영감을 얻었다.

스칼라 퓨처와 프라미스 라이브러리는 나를 비롯한 EPFL의 필립 핼러, 헤더 밀러, 보진 조바노빅, 아카 팀의 빅터 크랭, 로랜드 쿤, 트위터의 마리우스 에릭센, 하복 페닝턴, 리치 도저티, 제이슨 장, 더그 레아 등 여러 사람의 기여로 만들어졌다.

내가 스칼라 병렬 컬렉션의 주 저자이지만, 이 라이브러리도 다른 많은 사람들의 초기 작업을 이어받은 것이다. 필 백웰, 마틴 오더스키, 티아락 롬프, 더그 레아, 나산 브론슨이 초기부터 도움을 줬고, 나중에 드미트리 페트래코와 내가 병렬과 표준 컬렉션 연산의 개선된 버전을 작업했다. 개선된 버전은 스칼라 매크로를 사용해 최적화했다. 유진 버마코와 데니스 샤바린은 스칼라 매크로 프로젝트의 주 기여자다.

Rx 프로젝트 작업은 에릭 메이저, 웨스 디어와 다른 Rx 팀원들이 시작했다. Rx는 원래 닷넷.NET에서 비롯된 것이지만, 자바, 스칼라, 그루비Groovy, 자바스크립트, PHP 등의 다양한 다른 언어로 이식됐고, 지금도 점점 더 널리 확산 중이다. 벤 크리스텐센, 사무엘 그루터, 식숑 주, 도나 마라에리 및 많은 사람들이 이 프로젝트에 기여했다.

---

1 『Java Concurrency in Practice』, Brian Goetz 외(Addison-Wesley Professional). 표지에 고속철도가 여러 대 나란히 달리는 사진이 있다. 한국어판은 『자바 병렬 프로그래밍』(에이콘, 2008)이다. - 옮긴이

나탄 브론슨은 스칼라STM 프로젝트의 주 기여자 중 한 명이며, 스칼라STM의 기본 구현은 그의 CCSTM 프로젝트에 바탕을 둔 것이다. 나산 브론슨, 조나스 보너, 가이 코란드, 크리시나 산카, 다니엘 스파이웍, 피터 벤트저가 속해 있는 스칼라STM 전문가 그룹이 스칼라STM API를 설계했다.

초기 스칼라 액터 라이브러리는 얼랭Erlang의 액터 모델에서 영감을 받았고, 필립 핼러가 구현했다. 조나스 보너는 이 액터 라이브러리로부터 자극을 받아 아카Akka 액터 프레임워크를 시작했다. 빅터 크랭, 헨릭 잉스톰, 피터 브룩터, 로날드 쿤, 패트릭 노드웰, 브롱 안톤슨, 리치 도저티, 조하네스 루돌프, 마티아스 도니츠, 필립 핼러 외에 많은 사람들이 아카 프로젝트에 기여했다.

마지막으로, 전체 스칼라 커뮤니티에게 그들의 공헌과 스칼라를 놀랍고 멋진 언어로 만들어 준 것에 대해 감사하고 싶다.

기술 감수자 소개

도미니크 그런츠 Dominik Gruntz

ETH 취리히에서 박사 학위를 취득했고, 2000년부터 북서 스위스 응용 과학 대학교FHNW, Fachhochschule Nordwestschweiz의 전산학과 교수로 재직 중이다. 연구 프로젝트 외에도 동시 프로그래밍 관련 과목을 가르치고 있다. 몇 년 전, 그 과목의 목표는 학생들에게 올바른 동시성 프로그램을 작성하는 것은 인간에게는 불가능한 것임을 납득하게 만드는 것이었다(그리고 보통은 그 목표를 달성할 수 있었다).

자바와 스칼라의 고수준 동시성 프레임워크를 사용할 수 있게 되면서, 이런 상황도 달라졌다. 이 책은 올바르고 읽기 쉬우며 효율적인 동시 프로그래밍을 어떻게 작성하는지 배우고자 하는 프로그래머에게 매우 귀한 자료다. 이 책은 동시 프로그래밍 관련 과목에서 사용할 수 있는 이상적인 교재다.

> 이 프로젝트의 감수자로 참여할 수 있는 기회를 준 팩트출판사에 감사한다.

젠 리 Zhen Li

로고를 배운 초등학교 저학년 때부터 컴퓨터에 대한 열정을 품게 됐다. 중국 상하이의 부단대학复旦大学에서 소프트웨어 엔지니어링 학위를, 아일랜드 더블린에 있는 더블린대학교University College Dublin에서 전산학 학위를 취득한 다음, 미국 조지아대학University of Georgia 박사 과정 중이다. 프로그래머의 학습 행동, 그중에서도 특히 프로그래머가 동시 프로그램을 이해하는 방식의 심리학적 측면에 초점을 두고 있다. 그 연구에 기반해, 프로그래머들이 동시 프로그램을 포용하도록 도울 수 있는 효율적인 소프트웨어 엔지니어링 방법론과 교육 패러다임을 만들려고 한다.

시스템 및 네트워크 프로그래밍, 모델링과 시뮬레이션, 인간과 컴퓨터의 상호작용 등 전산학의 다양한 주제에 대해 대학생을 가르친 경험이 있다. 학생들이 주도적으로 소프트웨어 설계 철학을 배우고, 동시 프로그래밍을 깊이 이해할 수 있도록 장려하며, 동시성의 여러 양상을 보여주는 다양한 프로그래밍 언어로 이루어진 강좌를 개설하고, 교육 과정을 작성하는 데 기여했다.

산업계의 혁신적인 업체인 오라클, 마이크로소프트, 구글 등의 다양한 IT 기업에서 근무했다. 최근 10년간, 특히 핵심 엔터프라이즈와 클라우드 비즈니스 기술을 위한 최신 제품, 플랫폼과 인프라를 개발해왔다.

프로그래밍과 교육에 대해 열정을 품고 있으며, janeli@uga.edu로 연락할 수 있다.

루카스 리츠 Lukas Rytz

타임세이프의 스칼라 팀에서 일하는 컴파일러 엔지니어다. EPFL에서 2014년 박사 학위를 취득했으며, 스칼라 프로그래밍 언어의 창시자인 마틴 오더스키에게 사사받았다.

미셸 스킨즈 Michel Schinz

EPFL의 강사다.

사미라 타샤로피 Samira Tasharofi

미국의 일리노이대학교 어버나 샴페인 캠퍼스UIUC, University of Illinois at Urbana-Champaign에서 소프트웨어 엔지니어링 분야 박사 학위를 취득했다. 동시성 프로그램이나 특정 액터 프로그램을 검사하는 것, 병렬 프로그래밍의 패턴, 컴포넌트 기반 시스템을 검증하는 방법 등 다양한 분야의 연구를 진행했다.

지난 몇 년간 마이크로소프트나 링크드인과 같은 IT 기업에서 연구와 귀중한 실무 경험을 병행했다. 『Actors in Scala, Parallel Programming with Microsoft® .NET: Design Patterns for Decomposition and Coordination on Multicore Architectures』(Patterns & Practices)와 『Parallel Programming with Microsoft Visual C++: Design Patterns for Decomposition and Coordination on Multicore Architectures』(Patterns & Practices) 등의 책을 감수했다. 또한 ASE, AGERE, SPLASH, FSE, FSEN 등의 여러 소프트웨어 엔지니어링 학회나 워크샵의 기술 연구 논문의 검토위원이었다. 제4차 액터, 에이전트, 분산 제어에 기초한 프로그래밍 국제 워크샵(AGERE 2014)과 제6차 소프트웨어 엔지니어링 기본 IPM 국제 학회(FSEN 2015)의 프로그램 위원회 위원이기도 했다.

이 책을 감수하고, 프로젝트에 기여할 수 있는 기회를 갖게 된 것에 감사한다.

옮긴이 소개

오현석(enshahar@gmail.com)

KAIST에서 전산학 학사와 석사 학위(프로그래밍 언어 연구실)를 취득했다. 삼성메디슨, 비트앤펄스 등에서 UI 개발자와 개발 팀장을 지냈고, 호주에서 풀스택 개발자로 일하고 있다.

웹이나 모바일 등의 분야에서 값 중심의 프로그래밍을 통해 좀 더 오류 발생 가능성이 적고 유지보수가 편한 프로그램을 작성하는 방법과 이를 지원하는 여러 도구를 만드는 일에 관심이 많다. 최근에는 스칼라와 파이썬을 사용한 대규모 병렬 처리나 액터를 활용한 분산 처리 등을 공부하는 중이다.

『Programming in Scala (Second Edition) 한국어판』(에이콘, 2014), 『유쾌한 파이썬』(에이콘, 2015), 『파이썬 인 프랙티스』(위키북스, 2014), 『시스템 분석과 성능 최적화』(위키북스, 2015) 등을 번역했다.

옮긴이의 말

내가 처음 접했던 컴퓨터는 금성사의 FC-30으로, 8비트, 4MHz(절대 GHz의 오타가 아니다!) Z-80A CPU를 사용하던 귀여운 녀석이었다. 반면, 지금 내가 이 글을 작성하는 데 사용 중인 컴퓨터는 인텔 코어 i7이 들어 있는 데스크탑으로, 무려 3.9GHz에 4개의 64비트 코어가 들어 있고, 하이퍼스레딩 기능을 통해 4개의 가상 코어를 더 사용할 수 있는 머신이다. 불과 33년이 흘렀지만, z80과 i7 사이의 성능 차이는 2만 2천배다(MIPS로 단순히 비교하자면 Z80A가 0.6MIPS, i7은 133,740 MIPS이다. 물론 MIPS 같은 단위로 성능을 비교해서는 안 된다). 무려 코어가 4개씩 들어간 이유는, 더 이상 클럭 속도를 늘리는 데 한계에 봉착한 프로세서 생산업체들이 이제는 코어를 늘려가면서 성능 한계를 극복하려 노력하고 있기 때문이다.

하지만, 여러 코어에서 동시에 프로그램을 실행할 수 있는 CPU가 흔해졌다고 해도, 모든 프로그램이 이를 제대로 활용할 수 있는 것은 아니다. 특히, 원래 처리해야 할 데이터의 양이 아주 방대한 빅데이터 분야나, 계산해야 할 양이 많은 기계학습 분야, 또는 사용자가 GUI 등으로 프로그램에 이벤트를 발생시키고, 프로그램은 이를 비동기적으로 처리하면서, 더 쾌적한 사용자 경험을 제공해야 하는 프로그래밍 분야 등에서는 전통적인 단선적 프로그래밍 기법만으로는 컴퓨터 하드웨어가 제공하는 병렬성을 충분히 살리지 못할 가능성이 많다.

또한 동시 프로그래밍이나 병렬 프로그래밍은 진입하기가 쉽지 않다. 먼저, 동시성을 살려서 병렬 처리가 가능하게 프로그램을 작성할 수 있는 법을 배워야 한다. 하지만 대부분의 프로그래밍 교재나 안내서는 이런 부분에 대해 잘 다루지 않거나, 다루더라도 간단한 스레드 활용법 정도를 소개하는 데 그친다. 이런 책을 통해 병렬 프로그래밍에 입문하게 된 개발자는 곧 비결정성이나, 기존의 단선적 프로그램 흐름에서는 발생할 수 없는 다양한 문제들과 마주치면서 당황하게 된다. 하지만 당황할 것은 없다. 에드가 다익스트라 같은 위대한 전산학자도 1960년대부터 여러분과 같은 문제에 직면하고 해결하기 위해 고민했으며, 그 외에 수많은 연구자들이나 개발자들도 비슷한 문제를 접하고 고민해 왔지만, 병렬성과 동시성의 모든 문제를 해결해 줄 수 있는 최후의 해결책은 아직 나온 적이 없기 때문이다. 다만 이런 경우에 여러분의 실수를 줄일 수 있는 좋은 안내서가 있다면 매우 바람직할 것이다.

그런 면에서 자바 프로그래머들은 축복받은 축에 속한다. 브라이언 게츠Brian Goetz 등이 집필한 『자바 병렬 프로그래밍』(에이콘, 2008)은 자바 동시 프로그래밍의 기초부터 응용까지를 잘 다룬 멋진 책이다. 하지만, 그 책이 나온 지 10여 년이 지났고 액터, 병렬 컬렉션, 소프트웨어 트랜잭션 메모리 등의 도구들도 많이 보급되고 있다. 따라서 10년 전에 유효했던(물론 대부분은 지금도 여전히 유효하다) 여러 기초 지식을 잘 설명하면서, 그간의 변화를 반영해 다양한 고수준 동시성 도구를 아우를 수 있는 개론서가 등장할 때가 됐다고 할 수 있다. 이 책은 바로 그런 'JVM상의 동시 프로그래밍'에 대한 개론서 역할을 충분히 할 수 있는 책이다.

동시성 프로그래밍을 할 때, 자바를 사용해 다양한 추상화를 쉽게 구현하고 표현할 수 있다면 좋을 것이다. 비록 자바 8에 람다, 인터페이스 디폴트 메소드 등이 들어가면서 과거보다 훨씬 표현력이 좋아지긴 했지만, 애석하게도 자바는 주류 언어 중에서는 상당히 제약이 심한 언어 중 하나다. 다양한 동시성 도구를 소개하면서 자바 API를 사용하는 경우, 그보다 더 이해하기 쉽고 깔끔한 언어를 활용하는 것보다 오히려 코드 이해가 어려워질 수도 있다. 그런 면에서, 자바 프로그래머에게 스칼라는 또 하나의 축복이라고 감히 말할 수 있다. 이 책은 스칼라를 사용한 JVM상에서의 동시 프로그래밍에 대해 설명하며, 스칼라 코드로 인해 예제 코드는 간결하고 이해하기 쉬워졌다. 따라서 독자 여러분은 문제 자체의 본질과 그 해결 방법에 좀 더 집중할 수 있다. 더구나, 이 책의 저자인 프로코펙은 스칼라의 본산인 EPFL 스칼라 팀의 일원이며, 스칼라 동시성 라이브러리를 작업해온 핵심 멤버라는 점에서, JVM 동시 프로그래밍 책을 저술하기에 가장 적합한 사람 중 하나라고 말할 수 있다.

스칼라 프로그래머라면 주저 없이 이 책을 읽고, 다양한 동시 프로그래밍 도구를 적재적소에 사용하게 되길 바란다. 자바 프로그래머라면, 이 책을 통해 스칼라를 사용해서 얼마나 간결하고 멋진 코드를 작성해 JVM상에서 실행할 수 있는지 경험하는 한편, 다양한 동시성 도구들을 배우고 익히는 기회도 함께 획득하기 바란다. 그리고 자바나 스칼라 프로그래머가 아닌 독자라면 각종 동시 프로그래밍 도구의 기본적인 개념과 사용 방법, 주의사항 등을 배우고 익히면서, 프로그래밍 언어를 적절히 선택하는 것이 얼마나 코딩 생활을 쾌적하게 만들어줄 수 있는지를 느껴보기 바란다.

마지막으로, 동시 프로그래밍 책을 번역하면서도, 정작 본인은 동시 처리가 안 돼서 결국은 사랑하는 아내인 계영에게 펄펄 뛰어다니는 아이들과 이민 생활의 여러 어려움을 모두 홀로 감당하게 만들어 버린 것에 대해 너무 미안하며, 정말 사랑하고 감사하다고 전하고 싶다.

브리즈번에서 **오현석**

차례

추천의 글	5
지은이 소개	7
감사의 글	8
기술 감수자 소개	11
옮긴이 소개	14
옮긴이의 말	15
들어가며	25

1장 소개   39

동시 프로그래밍	40
전통적인 동시성 소개	41
최근의 동시성 패러다임	42
스칼라의 이점	44
스칼라 기초 지식	46
스칼라 프로그램 실행 모델	46
스칼라 기초	48
요약	54
연습문제	54

2장 JVM상의 동시성과 자바 메모리 모델   57

프로세스와 스레드	58
스레드 만들고 시작	62

│   원자적 실행 · · · 68
│   재배열 · · · 73
모니터와 동기화 · · · 76
│   교착상태 · · · 79
│   가드가 있는 락 · · · 82
│   스레드 인터럽트와 부드럽게 종료 · · · 87
볼레타일 변수 · · · 89
자바 메모리 모델 · · · 91
│   변경 불가능한 객체와 파이널 필드 · · · 95
요약 · · · 97
연습문제 · · · 98

3장 전통적인 동시 프로그래밍 구성 블록 · · · 101

Exucutor와 ExecutionContext 객체 · · · 103
원자적 구성 요소 · · · 107
│   원자적 변수 · · · 108
│   락이 없는 프로그래밍 · · · 111
│   락을 명시적으로 구현 · · · 114
│   ABA 문제 · · · 117
지연 값 · · · 120
동시성 컬렉션 · · · 126
│   동시성 큐 · · · 128
│   동시성 집합과 맵 · · · 132
│   동시성 순회 · · · 139
프로세스를 만들고 다루기 · · · 142
요약 · · · 144
연습문제 · · · 146

4장 퓨처와 프라미스를 사용한 비동기적 프로그래밍   149

- 퓨처   150
  - 퓨처 계산 시작   153
  - 퓨처 콜백   155
  - 퓨처와 예외   158
  - Try 타입 사용   159
  - 심각한 예외   161
  - 퓨처를 함수적으로 합성   162
- 프라미스   171
  - 콜백 기반의 API 변환   174
  - 퓨처 API 확장   177
  - 비동기적 계산 취소   178
- 퓨처와 블로킹   181
  - 퓨처 기다리기   182
  - 비동기 계산 블록   183
- 스칼라 비동기 라이브러리   184
- 다른 퓨처 프레임워크들   187
- 요약   189
- 연습문제   190

5장 데이터 병렬 컬렉션   193

- **스칼라 컬렉션 간단 정리**   194
- **병렬 컬렉션 사용**   195
  - 병렬 컬렉션 계층 구조   200
  - 병렬성 수준 설정   202
  - JVM상의 성능 측정   203
- **병렬 컬렉션 사용시 주의할 점**   206
  - 병렬화 불가능한 컬렉션   206
  - 병렬화 불가능한 연산   208

병렬 연산에서 부수 효과 사용	210
비결정적 병렬 연산	212
연산자의 교환성과 결합성	213
병렬과 동시 컬렉션을 함께 사용	216
약한 일관성 이터레이터	217
원하는 대로 동시 컬렉션 구현	218
분할기	219
병합기	223
다른 데이터 병렬 프레임워크	226
스칼라블리츠의 컬렉션 계층 구조	228
요약	230
연습문제	231

6장 반응형 확장을 활용한 동시 프로그래밍   233

Observable 객체 생성	235
Observable과 예외	238
관찰 가능 계약 조건	240
전용 Observable 객체 구현	242
퓨처에서 Observable 생성	243
Subscription	245
Observable 객체 합성	248
내포된 Observable	250
Observable에서 발생한 오류 처리	256
Rx 스케줄러	260
UI 애플리케이션을 위해 전용 스케줄러 사용	261
서브젝트와 하향식 반응형 프로그래밍	268
요약	274
연습문제	275

7장 소프트웨어 트랜잭션 메모리 — 279

- 원자적 변수의 문제점 — 281
- 소프트웨어 트랜잭션 메모리 사용 — 286
  - 트랜잭션형 참조 — 289
  - atomic 문 사용 — 290
- 트랜잭션 합성 — 292
  - 트랜잭션과 부수 효과의 상호작용 — 293
  - 단일 연산 트랜잭션 — 298
  - 트랜잭션 내포시키기 — 300
  - 트랜잭션과 예외 — 304
- 트랜잭션 재시도 — 310
  - 타임아웃 정해서 재시도 — 314
- 트랜잭션형 컬렉션 — 316
  - 트랜잭션 지역 변수 — 317
  - 트랜잭션형 배열 — 318
  - 트랜잭션형 맵 — 321
- 요약 — 322
- 연습문제 — 323

8장 액터 — 327

- 액터로 작업 — 329
  - 액터 시스템과 액터 생성 — 332
  - 처리하지 않는 메시지 관리 — 336
  - 액터의 행동 방식과 상태 — 338
  - 아카의 액터 계층 구조 — 343
  - 액터 식별 — 347
  - 액터의 생명 주기 — 351
- 액터 사이의 통신 — 356
  - 물어보기 패턴 — 358
  - 전달 패턴 — 361

액터 멈추기	362
액터 관리	365
원격 액터	372
요약	377
연습문제	377

9장 동시성 실제 활용 　　　　　　　　　　　381

목적에 따라 적절한 도구 선택	382
하나로 모으기: 원격 파일 브라우저	388
파일시스템 모델링	390
서버 인터페이스	394
클라이언트 파일 방문 API	396
클라이언트 사용자 인터페이스	400
클라이언트 논리 구현	405
원격 파일 브라우저 개선	411
동시 프로그램 디버깅	413
교착상태와 진행되지 않음	413
잘못된 프로그램 출력 디버깅	418
성능 디버깅	425
요약	433
연습문제	434

찾아보기	436

들어가며

동시성은 어디서나 존재한다. 시장에 다중코어 프로세서가 늘어나면서, 동시 프로그래밍의 필요성이 개발자 사회를 강타했다. 한때 동시 프로그래밍은 프로그램과 시스템의 비동기성을 표현하기 위해 쓰였으며, 주로 학술적인 분야에 한정됐지만, 이제는 소프트웨어 개발에서 널리 사용 중인 방법론 중 하나가 됐다. 그 결과, 고급 동시성 프레임워크와 라이브러리가 놀라운 속도로 생겨나고 있다. 최근 몇 년은 동시 프로그래밍의 르네상스라 할 수 있다.

최근의 언어와 동시성 프레임워크에서 추상화의 정도가 점점 높아짐에 따라, 이들을 언제, 어떻게 사용할지 알아두는 것이 점점 중요해지고 있다. 스레드thread, 락lock, 모니터monitor 등의 전통적인 동시성과 동기화 기본 요소를 잘 알아두는 것만으로는 더 이상 충분하지 않다. 전통적인 여러 동시성 문제를 해결하면서, 특정 목표를 잘 달성하기 위해 만들어진 고수준 동시성 프레임워크들이 점점 동시 프로그래밍 세계를 장악하고 있다.

이 책은 스칼라에서 고수준 동시 프로그래밍을 설명한다. 또한 다양한 동시성 주제를 자세히 설명하고, 동시 프로그래밍의 기본 이론을 다룬다. 그와 동시에, 최신 동시성 프레임워크를 설명하고, 자세한 의미를 알려주며, 사용법을 가르쳐준다. 이 책의 목표는 중요한 동시성 추상화를 소개하는 동시에 실제 코드에서 추상화가 어떻게 쓰이는지 보여주는 것이다.

여러분이 이 책을 읽고 나서 동시 프로그래밍을 이론적으로 잘 이해하는 동시에, 올바르고 효율적인 동시 프로그램을 작성하는 데 필요한 유용한 실질적인 기술을 개발하게 되리라 확신한다. 이런 기술은 최첨단 동시성 분야의 전문가가 되기 위한 첫걸음이다.

우리가 이 책을 쓸 때 즐거웠던 것처럼 여러분도 이 책을 재미있게 읽기 바란다.

이 책의 구조

이 책의 주 목적은 올바르고 효율적인 동시 프로그램을 작성할 때 필요한 기술을 개발할 수 있도록 돕는 것이다. 기술을 습득하는 가장 좋은 방법은 실제로 기술을 적용하는 것이며, 프로그래밍의 경우, 가장 좋은 방법은 프로그램을 직접 만들어 보는 것이다. 이 책은 일련의 예제 프로그램을 통해 여러분에게 스칼라의 동시성에 대해 가르쳐주는 것이 목적이다. 각 예제는 동시성의 특정 측면을 독자들에게 보여주기 위해 고안한 것이다. 이런 예제는 가장 간단한 "Hello World"에 대응하는 것부터, 동시성의 복잡성을 보여주는 프로그램에 이르기까지 다양하다.

이 책에 있는 대부분의 프로그램에 공통적인 것은 짧고, 그 자체만으로 충분하다는 것이다. 이는 두 가지 이점이 있다. 첫째로, 대부분의 예제를 독립적으로 공부할 수 있다. 이 책을 순서대로 읽을 것을 권장하기는 하지만, 특정 주제만을 따로 공부해도 문제없다. 둘째로, 코드가 간결하기 때문에 새로운 개념을 쉽게 배우고 이해할 수 있다. 간단한 프로그램을 통해 원자성atomicity, 메모리 경합contention, 바쁜 대기busy waiting 등의 개념을 이해하는 것이 더 쉽다. 그렇다고 예제 프로그램이 부자연스럽거나 인위적이지는 않다. 각 예제는 여러 문제가 실제 세계에서 존재하는 프로그램에 끼치는 영향을, 꼭 필요하지 않은 세부사항을 제외하고 보여준다.

이 책을 읽을 때, 예제를 수동적으로 공부하는 것에 그치지 말고, 직접 작성하고 실행해볼 것을 강력히 권한다. 각 예제를 통해 새 개념을 배울 수 있지만, 실제로 이를 시도해볼 때만 각 개념을 완전히 이해할 수 있다. 특정 효과를 실제 실행 중인 동시 프로그램에서 보는 것은, 그냥 읽고 지나가는 것보다 훨씬 더 귀중한 경험이다. 따라서 책을 읽기 전에, SBT를 다운로드하고 나중에 설명하는 대로 빈 프로젝트를 만들기 바란다. 여러분이 예제를 시도할 때 귀찮지 않도록, 가능하면 짧게 만들었다.

각 장의 마지막에는 프로그래밍 연습문제가 있다. 이런 연습문제는 본문에서 소개한 다양한 주제를 얼마나 이해하고 있는지 시험하기 위해 고안한 것이다. 한 장을 끝낸 후, 최소한 몇 문제만이라도 풀어볼 것을 권한다.

대부분의 경우, API 메소드를 나열하거나 각 API의 정확한 시그니처를 표시하지는 않았다. 이렇게 한 이유가 몇 가지 있다. 첫 번째로, API는 언제든 온라인 스칼라독ScalaDoc 문서에서 공부할 수 있다. 이 책이 그런 내용을 단순히 반복하기만 한다면, 그리 유용한 책은 되지 못할 것이다. 두 번째로, 소프트웨어가 지속적으로 변경되기 때문이다. 스칼라 동시성 프레임워크를 설계한 사람들이 가능하면 API가 안정적이 되도록 노력하기는 했지만, 메소드 이름이나 시그니처가 바뀌는 일이 종종 있다. 이 책은 동시 프로그램을 작성하기에 충분하고 바뀔 가능성이 별로 없는, 가장 중요한 동시성 도구의 의미를 설명한다.

이 책의 목적은 스칼라 동시성 API를 구석구석 보여주는 포괄적인 개요를 제공하는 것이 아니다. 대신, 이 책은 동시 프로그래밍의 가장 중요한 개념을 가르쳐줄 것이다. 이 책을 다 읽고 나면, 온라인 문서에서 추가 정보를 찾을 수 있게 될 뿐 아니라, 어떤 정보를 찾아봐야 할지 알게 될 것이다. 즉 완전한 API 참고서 역할을 하고 모든 메소드의 정확한 의미를 제공하는 것이 아닌, 물고기를 잡는 법을 가르쳐주는 것이다. 이 책을 다 읽는 순간, 여러분은 각 동시성 라이브러리가 어떻게 동작하는지 이해하게 될 뿐 아니라, 동시 프로그램을 작성할 때 가져야 하는 사고방식에 대해서도 알게 될 것이다.

이 책의 구성

이 책은 동시 프로그래밍의 다양한 주제를 다루는 장들로 이뤄졌다. 이 책은 스칼라 런타임의 일부인 기본 동시성 API를 다루며, 더 복잡한 동시성 구성요소를 소개하고, 고수준 동시성 추상화에 대해 자세히 소개한다.

1장, 소개 동시 프로그래밍의 필요성을 설명하고, 철학적 배경을 제공한다. 그와 동시에, 이 책의 나머지 부분을 이해하기 위해 필요한 스칼라 언어 기초를 다룬다.

2장, JVM상의 동시성과 자바 메모리 모델 동시 프로그래밍의 기초를 설명한다. 이 장에서는 스레드thread를 사용하는 방법과 공유 메모리에 대한 접근을 보호하는 방법을 배워보고, 자바 메모리 모델을 알아본다.

3장, 전통적인 동시 프로그래밍 구성 블록 스레드 풀thread pool, 원자적 변수atomic variable, 동시 컬렉션concurrent collection 등의 전통적인 동시성 도구에 대해, 특히 그들이 스칼라 언어의 특징과 어떻게 상호작용하는가에 초점을 맞춰서 제시한다. 이 책은 최신의 고수준 동시 프로그래밍 프레임워크에 중점을 둔다. 따라서 이 장은 전통적인 프로그래밍 기법에 대한 개괄을 제공하지만, 너무 많은 것을 세세히 다루지는 않는다.

4장, 퓨처와 프라미스를 사용한 비동기적 프로그래밍 스칼라용 동시성 프레임워크를 설명하는 첫 번째 장이다. 이 장에서는 퓨처future와 프라미스promise API를 소개하고, 비동기 프로그램을 작성할 때 어떻게 이들을 제대로 사용하는지 보여준다.

5장, 데이터 병렬 컬렉션 스칼라의 병렬 컬렉션 프레임워크를 설명한다. 컬렉션 연산을 병렬화하는 방법과 언제 병렬화가 가능한지, 어떻게 병렬화의 이점을 평가할 수 있는지를 배워본다.

6장, 반응형 확장을 활용한 동시 프로그래밍 이벤트 기반이나 비동기 프로그래밍에서 반응형 확장Reactive Extension을 사용하는 방법을 설명한다. 이벤트 스트림에 대한 연산이 컬렉션 연산과 어떻게 대응하는지와, 한 스레드에서 다른 스레드로 이벤트를 전달하는 방법, 이벤트 스트림을 사용해 반응형 사용자 인터페이스를 설계하는 방법을 알아본다.

7장, 소프트웨어 트랜잭션 메모리 트랜잭션 프로그래밍을 위한 라이브러리인 스칼라 STM을 소개한다. 트랜잭션 프로그래밍의 목표는 안전하고 더 직관적인 공유 메모리 프로그래밍 모델을 제공하는 것이다. 공유 데이터에 대한 접근을 규모 확장성이 있는 메모리 트랜잭션을 사용해 보호함과 동시에 교착상태deadlock나 경합 조건race condition을 감소시키는 방법을 배워본다.

8장, 액터 액터 프로그래밍 모델actor programming model과 아카Akka 프레임워크를 보여준다. 여러 기계에서 실행되는 메시지 전달message passing 분산 프로그램을 어떻게 투명하게 만들 수 있는지 살펴본다.

9장, 동시성 실제 활용 앞에서 소개한 모든 동시성 라이브러리를 정리한다. 이 장에서는 주어진 문제를 해결하기 위해 적절한 동시성 추상화를 어떻게 선택하는지와 여러 다른 동시성 추상화를 함께 사용해 대규모 동시성 애플리케이션을 설계하는 방법을 알아본다.

각 장을 순서대로 읽을 것을 권장하지만, 반드시 그래야 할 필요는 없다. 2장의 내용에 익숙한 독자는 나머지 내용을 바로 공부할 수 있을 것이다. 앞에서 다뤘던 내용에 깊이 의존하는 유일한 장은 9장이며, 이 책에서 다룬 주제를 실용적으로 정리한다.

준비 사항

이 책을 읽고 이해하기 위해 필요한 사항을 알아보자. 스칼라 프로그램을 실행하기 위해 필요한 자바 개발자 키트JDK, Java Development Kit를 설치하는 방법과, 다양한 예제를 실행하기 위해 필요한 단순 빌드 도구SBT, Simple Build Tool를 사용하는 법을 설명한다.

이 책에서는 따로 IDE를 요구하지는 않는다. 코드를 작성하기 위해 사용할 프로그램은 여러분의 선택에 달렸다. 빔Vim, 이맥스Emacs, 서브라임 텍스트Sublime Text, 이클립스Eclipse, 인텔리제이 아이디어IntelliJ IDEA, 노트패드++Notepad++ 등 어떤 텍스트 편집기를 사용해도 좋다.

JDK 설치

스칼라 프로그램은 직접 기계어 코드로 번역되지 않는다. 따라서 다양한 하드웨어 플랫폼에서 실행 파일로 실행될 수 없다. 대신, 스칼라 컴파일러는 자바 바이트코드bytecode라는 중간 코드 형식을 만들어낸다. 이 중간 코드를 실행하기 위해, 여러분의 기계에는 자바 가상 머신JVM, Java Virtual Machine이 있어야 한다. 이번 절에서는 JVM과 다른 유용한 도구를 여러 개 제공하는 자바 개발자 키트JDK를 다운로드하고 설치하는 방법을 설명한다.

다양한 소프트웨어 개발사에서 나온 여러 JDK 구현이 있다. 여러분에게는 오라클 JDK 배포판을 사용할 것을 권한다. JDK를 다운로드해 설치하려면 다음 절차를 거친다.[1]

1. 웹 브라우저에서 www.oracle.com/technetwork/java/javase/downloads/index.html에 접속한다.

2. 위 URL이 열리지 않는다면, 검색 엔진을 열고 JDK Download라는 검색어를 입력한다.

3. 오라클 웹사이트에서 자바 SE 다운로드Java SE Download에 대한 링크를 찾으면, 운영체제에 따라 알맞은 버전의 JDK 7을 내려받는다. 윈도우, 리눅스, 맥 OS X 중 하나, 32비트와 64비트 중 하나를 선택한다.

4. 윈도우 운영체제를 사용한다면 그냥 설치 프로그램을 실행하면 된다. 맥 OS X을 사용한다면 dmg 압축 파일을 열어서 JDK를 설치한다. 리눅스를 사용한다면, 압축 파일을 예를 들어 XYZ 디렉토리에 풀고, 그 디렉토리의 자식인 bin을 PATH 환경변수에 등록한다.

    ```
    export PATH=XYZ/bin:$PATH
    ```

---

[1] 이 책에서는 리눅스에 대해 자바 배포 압축 파일을 다운로드해서 풀고 환경변수에 직접 등록하라고 알려주지만, 실제 리눅스 사용자라면 yum이나 apt-get 등의 명령행 패키지 관리 프로그램이나 X 윈도우상의 그래픽 패키지 관리자 등을 사용하는 것이 편할 것이다. 자세한 설치 방법은 웹에서 얼마든지 찾아볼 수 있다. - 옮긴이

5. 이제 java와 javac를 터미널에서 실행할 수 있어야 한다. 명령행에서 javac를 입력해서 사용 가능한지 살펴본다(이 책에서 이 명령을 직접 사용할 일은 없다. 하지만, 사용 가능한지 검사하기 위해 실행해 보는 것이다).

   javac

여러분의 운영체제에 이미 JDK가 설치됐을 수도 있다. 이를 확인하려면 마지막 단계에서처럼 javac를 명령행에서 실행해 보면 된다.

SBT 설치 및 사용

단순 빌드 도구SBT는 스칼라 프로젝트를 위한 명령행 빌드 도구다. SBT의 목적은 스칼라 코드를 컴파일하고, 의존관계를 관리하며, 계속 컴파일과 테스트, 배포를 지원하고, 그 외의 여러 가지 기능을 제공하는 것이다. 이 책에서는 SBT를 사용해 프로젝트 의존관계를 관리하고 예제 코드를 실행할 것이다.

SBT를 설치하려면 다음 절차를 거친다.

1. http://www.scala-sbt.org/에 접속한다.
2. 플랫폼에 따른 설치 파일을 다운로드한다. 윈도우 사용자는 msi 설치 파일을 다운로드하고, 리눅스나 OS X 사용자는 zip이나 tgz 압축 파일을 다운로드한다.
3. SBT를 설치한다. 윈도우 사용자는 설치 파일을 실행하기만 하면 된다. 리눅스나 맥 OS X 사용자는 압축 파일을 홈 디렉토리에 푼다.

이제 SBT를 사용할 준비가 됐다. 다음 단계를 거쳐 새 SBT 프로젝트를 만들 수 있다.

1. 윈도우 사용자라면 커맨드 창을 열고, 리눅스나 맥 OS X 사용자는 터미널 창을 연다.
2. scala-concurrency-examples라는 이름의 빈 디렉토리를 만든다.

   ```
   $ mkdir scala-concurrency-examples
   ```

3. 현재 디렉토리를 scala-concurrency-examples로 이동한다.

   ```
   $ cd scala-concurrency-examples
   ```

4. 예제를 위한 소스코드 디렉토리를 하나 만든다.

   ```
   $ mkdir src/main/scala/org/learningconcurrency/
   ```

5. 편집기를 사용해 빌드 정의 파일인 build.sbt를 만든다. 이 파일에 여러 프로젝트 특성을 지정한다. 그 파일을 프로젝트(scala-concurrency-examples)의 루트 디렉토리에 만들어야 한다. 다음 내용을 빌드 정의 파일에 넣는다(빈 줄이 꼭 필요하다는 것에 유의한다).

   ```
   name := "concurrency-examples"

   version := "1.0"

   scalaVersion := "2.11.1"
   ```

6. 마지막으로, 터미널로 돌아가서, 프로젝트 루트 디렉토리에서 SBT를 실행한다.

   ```
   $ sbt
   ```

7. SBT가 대화형 셸interactive shell을 시작할 것이다. 이 안에서 여러 SBT 명령을 내릴 수 있다.

이제, 스칼라 프로그램을 작성할 수 있다. 편집기를 열어서 src/main/scala/org/learningconcurrency 디렉토리에 HelloWorld.scala라는 소스코드 파일을 만든다. HelloWorld.scala 안에 다음 내용을 입력한다.

```
package org.learningconcurrency

object HelloWorld extends App {
  println("Hello, world!")
}
```

이제 SBT 대화형 셸이 있는 터미널 창으로 가서 다음 명령을 사용해 프로그램을 실행한다.

```
> run
```

프로그램을 실행하면 다음과 같은 출력을 볼 수 있다.

Hello, world!

지금까지 보여준 단계만으로 이 책의 예제를 다루기에 충분하다. 때때로, 예제를 실행할 때 외부 라이브러리에 의존하는 경우가 있다. SBT는 이런 라이브러리를 표준 소프트웨어 저장소repository에서 자동으로 가져온다. 일부 라이브러리의 경우 추가로 저장소를 지정할 필요가 있다. 따라서 다음과 같은 내용을 build.sbt 파일에 추가한다.

```
resolvers ++= Seq(
  "Sonatype OSS Snapshots" at
    "https://oss.sonatype.org/content/repositories/snapshots",
  "Sonatype OSS Releases" at
    "https://oss.sonatype.org/content/repositories/releases",
  "Typesafe Repository" at
    "http://repo.typesafe.com/typesafe/releases/"
)
```

이제 필요한 저장소를 모두 추가했다. 따라서 몇 가지 구체적 라이브러리를 추가할 수 있다. 다음을 build.sbt 파일에 추가하면 아파치 커먼스 IOApache Commons IO 라이브러리를 사용할 수 있다.

```
libraryDependencies += "commons-io" % "commons-io" % "2.4"
```

build.sbt 파일을 변경하고 나면, 실행 중인 SBT 인스턴스를 다시 적재해야만 한다. SBT 대화형 셸에서 다음 명령을 사용한다.

> reload

이 명령은 SBT가 빌드 정의 파일의 변경사항을 감지하고, 필요한 경우 소프트웨어 패키지를 추가로 다운로드하게 만든다.

다양한 스칼라 라이브러리가 패키지package라고 부르는 서로 다른 이름 공간namespace에 존재한다. 특정 패키지에 접근하려면 import 문을 사용한다. 이 책의 예제에서 특정 동시성 라이브러리를 처음 사용하는 경우에는 항상 필요한 import

문을 보여줄 것이다. 하지만, 같은 라이브러리를 그 이후의 예제에서 사용하는 경우에는 동일한 import 문을 반복하지 않을 것이다.

마찬가지로, 코드 예제를 단순화하기 위해 일부러 예제에 패키지 선언을 넣지 않았다. 대신, 특정 장에 들어 있는 코드는 그와 비슷한 이름의 패키지에 들어 있다고 가정한다. 예를 들어, 2장의 모든 코드는 org.learningconcurrency.ch2 패키지에 들어 있다. 그 장에서 보여준 예제의 소스코드는 다음과 같은 선언으로 시작한다.

```
package org.learningconcurrency
package ch2
```

마지막으로, 이 책은 동시 실행과 비동기 실행을 다룬다. 예제 중 상당수는 주 실행(주 스레드)이 멈춰도 계속 진행되는 동시 계산을 시작한다. 이런 동시 계산이 항상 완료되도록 보장하기 위해, 대부분의 예제를 SBT 자신과 동일한 JVM 인스턴스에서 실행할 것이다. 아래 코드를 build.sbt에 추가한다.

```
fork := false
```

예제에서 별도의 JVM 프로세스가 필요한 경우에는 항상 그 사실을 별도로 알려줄 것이다.

이클립스, 인텔리제이 아이디어, 또는 그 외의 IDE 사용

이클립스나 인텔리제이 아이디어와 같은 통합 개발 환경IDE, Integrated Development Environment을 사용하는 것의 이점은 스칼라 프로그램을 작성한 다음 컴파일하고, 실행하는 과정을 자동으로 진행할 수 있다는 것이다. 이들을 사용하는 경우 앞에서 설명한 SBT를 설치할 필요가 없다. 여러분이 SBT를 사용해 예제를 실행할 것을 권하지만, 원한다면 IDE를 대신 사용할 수 있다.

이 책의 예제를 IDE를 사용해 실행하는 경우 조심해야 할 중요한 함정이 하나 있다. 이클립스나 인텔리제이 아이디어 등의 편집기는 별도의 JVM 프로세스로 실행된다. 앞 절에서 설명했지만, 일부 동시 계산은 주 실행이 멈춘 다음에도 계속된다. 이들이 확실히 완료되게 하려면, 때때로 주 스레드의 실행을 늦추기 위해 맨 마지막에 `sleep`을 추가해야 할 수도 있다. 이 책의 대부분 예제에는 이를 위한 `sleep`이 이미 들어 있다. 하지만, 일부 프로그램에서는 직접 Sleep을 추가해야 한다.

이 책의 대상 독자

주로 순차적 스칼라 프로그램을 작성하는 법을 이미 알고 있고, 제대로 동시 프로그램을 작성하는 방법을 배우고자 하는 개발자를 위한 책이다. 이 책은 독자들이 스칼라 프로그래밍의 기초적인 내용을 알고 있다고 가정한다. 가능하면 동시 프로그래밍을 작성하는 방법을 보여주기 위해 간단한 스칼라 기능만을 활용하도록 노력했다. 스칼라에 대해 아주 초보적인 내용만 알고 있더라도, 이 책이 다루는 동시성 관련 주제를 이해하는 데는 문제가 없을 것이다.

하지만, 그 말이 이 책이 스칼라 개발자만을 대상으로 한다는 의미는 아니다. 여러분이 자바 개발 경험이 있거나, 닷넷을 배경으로 하거나, 다른 일반적인 프로그래밍 언어의 애호가라고 해도, 이 책의 내용으로부터 영감을 얻을 수 있을 것이다. 객체지향이나 함수 프로그래밍에 대한 기본적인 이해만으로도 이 책을 이해하는 데 충분할 것이다.

마지막으로, 이 책은 더 넓은 의미에서 최신 동시 프로그래밍에 대한 좋은 소개서다. 여러분이 다중 스레드 계산이나 JVM 동시성 모델 등을 기본적으로 알고 있다고 해도, 이 책을 통해 최신의 고수준 동시성 도구에 대해 많은 것을 배울 수 있을 것이다. 이 책의 동시성 라이브러리 중 대부분은 주요 프로그래밍 언어에서 이제 겨우 자리를 잡아가고 있고, 그중 일부는 정말 첨단 기술이라 할 수 있다.

편집 규약

정보의 종류를 구분하기 위해 여러 가지 편집 규약을 사용했다. 각 사용 예와 의미는 다음과 같다.

본문에서 코드 단어는 다음과 같이 표시한다.

"그 후, square 메소드를 호출해 지역 변수 s의 값을 계산한다."

코드 블록은 다음과 같이 표시한다.

```
object SquareOf5 extends App {
  def square(x: Int): Int = x * x
  val s = square(5)
  println(s"Result: $s")
}
```

명령행 입력이나 출력은 다음과 같이 표시한다.

```
run-main-46: ...
Thread-80: New thread running.
run-main-46: ...
run-main-46: New thread joined.
```

 경고나 중요한 노트는 박스 안에 이와 같이 표시한다.

 팁과 트릭은 박스 안에 이와 같이 표시한다.

독자 의견

독자로부터의 피드백은 항상 환영이다. 이 책에 대해 무엇이 좋았는지 또는 좋지 않았는지 소감을 알려주기 바란다. 독자 피드백은 독자에게 필요한 주제를 개발하는 데 매우 중요하다.

일반적인 피드백을 우리에게 보낼 때는 간단하게 feedback@packtpub.com으로 이메일을 보내면 되고, 메시지의 제목에 책 이름을 적으면 된다. 여러분이 전문 지식을 가진 주제가 있고, 책을 내거나 책을 만드는 데 기여하고 싶으면 www.packtpub.com/authors에서 저자 가이드를 참조하기 바란다.

고객 지원

팩트출판사의 구매자가 된 독자에게 도움이 되는 몇 가지를 제공하고자 한다.

예제 코드 다운로드

이 책에 사용된 예제 코드는 http://www.packtpub.com의 계정을 통해 다운로드할 수 있다. 다른 곳에서 구매한 경우에는 http://www.packtpub.com/support를 방문해 등록하면 파일을 이메일로 직접 받을 수 있다. 또한 에이콘출판사의 도서정보 페이지인 http://www.acornpub.co.kr/book/concurrent-programming-in-scala에서도 예제 코드를 다운로드할 수 있다.

오탈자

내용을 정확하게 전달하기 위해 최선을 다했지만, 실수가 있을 수 있다. 팩트출판사의 책에서 코드나 텍스트상의 문제를 발견해서 알려준다면 매우 감사하게 생각할 것이다. 그런 참여를 통해 다른 독자에게 도움을 주고, 다음 버전에서 책을 더 완성도 있게 만들 수 있다. 오자를 발견한다면 http://www.packtpub.com/support를 방문해 이 책을 선택하고, 정오표 제출 양식을 통해 오류 정보를 알려주기 바란다. 보내준 내용이 확인되면 웹사이트에 그 내용이 올라가거나, 해당 서적의 정오표 섹션에 그 내용이 추가될 것이다. http://www.packtpub.com/support에서 해당 타이틀을 선택하면 지금까지의 정오표를 확인할 수 있다. 한국어판은 에이콘출판사 도서 정보 페이지 http://www.acornpub.co.kr/book/concurrent-programming-in-scala에서 찾아볼 수 있다.

저작권 침해

저작권 침해는 모든 인터넷 매체에서 벌어지고 있는 심각한 문제다. 팩트출판사에서는 저작권과 라이선스 문제를 아주 심각하게 인식하고 있다. 어떤 형태로든 팩트출판사 서적의 불법 복제물을 인터넷에서 발견했다면 적절한 조치를 취할 수 있게 해당 주소나 사이트 명을 즉시 알려주길 부탁한다. 의심되는 불법 복제물의 링크를 copyright@packtpub.com으로 보내주기 바란다. 저자와 더 좋은 책을 위한 팩트출판사의 노력을 배려하는 마음에 깊은 감사의 뜻을 전한다.

질문

이 책에 관련된 질문이 있다면 questions@packtpub.com을 통해 문의하기 바란다. 최선을 다해 질문에 답해 드리겠다. 한국어판에 관한 질문은 이 책의 옮긴이나 에이콘출판사 편집팀(editor@acornpub.co.kr)으로 문의해주길 바란다.

1 소개

> "단일 컴퓨터의 구조가 한계에 부딪쳤을 때 진정으로 의미 있는 진보는 오직 다수의 컴퓨터를 상호 연결하는 방식을 통해서만 가능하다고 십 년이 넘게 선지자들이 외쳐왔다."
>
> – 진 암달(Gene Amdahl)[1], 1967

동시 프로그래밍concurrent programming 분야의 역사가 상당히 오래됐음에도 불구하고, 최근 다중코어 프로세서가 널리 사용되기 시작하면서야 비로소 훨씬 더 각광을 받기 시작했다. 최근의 컴퓨터 하드웨어 발전은 전통적인 동시성 기법을 부흥시켰을 뿐 아니라, 동시 프로그래밍에서 중요한 패러다임의 전환을 가져오기 시작했다. 동시성이 매우 중요해지는 이 시점에, 동시 프로그래밍에 대한 이해는 모든 소프트웨어 개발자가 가져야 할 필수 기술이다.

---

[1] "대규모 계산 성능을 달성하기 위한 단일 프로세서 접근 방법의 타당성(Validity of the single processor approach to achieving large scale computing capabilities)", ACM 봄 연합 학회지, 1967년 4월 18일~20일 – 옮긴이

이 장은 동시 프로그래밍의 기초를 설명하고 이 책을 이해하기 위해 필요한 몇 가지 스칼라 기본 지식을 알려줄 것이다. 특히, 다음과 같은 내용을 다룰 것이다.

- 동시 프로그래밍에 대해 간략히 설명한다.
- 동시성 측면에서, 스칼라를 사용하는 경우 얻을 수 있는 이점을 공부한다.
- 이 책을 읽기 위해 필요한 스칼라 기본 지식을 다룬다.

먼저 동시 프로그래밍이 무엇이고, 왜 중요한지를 설명할 것이다.

동시 프로그래밍

동시 프로그래밍Concurrent programming에서는 어떤 식으로든 조직화된, 실행 시간이 서로 겹치는 동시 계산의 집합으로 프로그램을 기술한다. 제대로 작동하는 동시 프로그램을 구현하는 것은 제대로 작동하는 순차적 프로그램을 구현하는 것보다 훨씬 더 어렵다. 순차적 프로그램이 빠질 수 있는 모든 함정에 동시 프로그램도 빠질 수 있을 뿐 아니라, 동시 프로그래밍에는 우리가 앞으로 이 책에서 살펴보게 될 잘못될 수 있는 다른 여러 요소들이 존재한다. 자연스럽게 다음과 같은 질문이 떠오를 것이다. "왜 그런 귀찮은 일을 감수해야 할까? 그냥 계속해서 순차적 프로그램을 작성해 사용하면 안 될까?"

동시 프로그래밍에는 여러 가지 장점이 있다. 첫 번째로, 동시성을 증가시키면 프로그램 성능performance이 좋아질 수 있다. 전체 프로그램을 단일 프로세서에서 실행하는 대신, 여러 하위 계산을 별도의 프로세서에서 실행할 수 있으면 프로그램이 더 빨리 실행될 수 있다. 다중 코어 프로세서가 늘어나면서, 동시 프로그래밍에 대한 관심이 최근 늘어나는 것은 이런 성능상 이점이 가장 큰 이유이다.

두 번째로, 동시 프로그래밍 모델은 더 빠른 I/O 연산을 가능하게 한다. 완전히 순차적인 프로그램은 키보드, 네트워크 인터페이스, 혹은 다른 장치로부터 입력이 들어왔는지 검사하기 위해 I/O를 주기적으로 폴poll해야 한다. 반면 동시 프로그램은 I/O 요청에 즉시 반응할 수 있다. I/O 위주 연산의 경우 이는 스루풋throughput 향상을 가져온다. 이런 이유로, 심지어 멀티 프로세서 시스템이 도입되기 이전에도, 여러 프로그래밍 언어에는 동시 프로그래밍에 대한 지원이 포함되어 있었다. 따라서 동시성은 외부 환경과 상호작용하는 프로그램의 응답성responsiveness을 향상시켜준다.

마지막으로 동시성은 컴퓨터 프로그램 구현implementation과 유지보수성maintainability을 향상시켜준다. 어떤 프로그램들은 동시성을 활용해 더 간결하게 표현할 수 있다. 큰 프로그램 하나로 모든 것을 다루기보다, 프로그램을 더 작은 독립적인 계산들로 나눌 수 있으면 더 편리할 수 있다. 사용자 인터페이스, 웹 서버, 게임 엔진 등이 이런 시스템의 대표적인 예이다.

이 책에서는 동시 프로그램들이 공유 메모리shared memory를 사용해 서로 통신하고, 같은 컴퓨터 안에서 실행된다는 관례를 따를 것이다. 반면, 여러 컴퓨터에서 각각 별도의 메모리를 가지고 실행되는 컴퓨터 프로그램을 일컬어 분산 프로그램distributed program이라 하며, 그런 프로그램을 작성하는 분야를 분산 프로그래밍이라 부른다. 전형적인 경우, 분산 프로그램은 여러 컴퓨터 중 어느 하나가 고장날 수도 있음을 가정하고, 그런 경우에 대해 안전하게 대비해야 한다. 우리는 주로 동시 프로그램에 초점을 맞출 것이다. 하지만, 일부 분산 프로그램 예제도 다룰 것이다.

전통적인 동시성 소개

한 컴퓨터 시스템 안에서는 컴퓨터 하드웨어, 운영체제, 또는 프로그램 언어 수준에서 동시성이 존재할 수 있다. 여기서는 주로 프로그래밍 언어 수준의 동시성을 설명할 것이다.

동시성 시스템에서 동시에 실행 중인 여러 실행 흐름 사이를 조정하는 것을 일컬어 동기화synchronization라 한다. 동기화는 동시성을 성공적으로 작성하기 위한 핵심 요소이다. 동기화에는 여러 동시 실행 단위에게 제시간에 명령을 내릴 수 있게 하기 위한 여러 메커니즘이 들어 있다. 더 나아가, 동기화는 동시 실행 단위들이 서로 의사소통하는 방법, 즉 서로 간에 정보를 교환하는 방법을 지정한다. 동시성 프로그램에서 동시에 실행 중인 각각의 실행 단위는 컴퓨터의 공유 메모리 서브시스템을 변경해 상호작용한다. 이런 유형의 동기화를 공유 메모리 통신shared memory communication이라 부른다. 분산 프로그램의 경우 각 실행 단위는 메시지 교환을 통해 상호작용하며, 이런 유형의 동기화를 메시지 전달 통신message-passing communication이라 부른다.

가장 낮은 수준에서 보면, 동시 실행은 프로세스process나 스레드thread라고 부르는 기본 요소로 표현할 수 있다. 이에 대해서는 2장에서 다룰 것이다. 전통적으로 프로세스나 스레드는 락lock이나 모니터를 사용해 각 부분의 실행 순서를 지정했다. 스레드 사이의 순서를 결정할 수 있으면 어느 한 스레드가 변경한 메모리의 내용을 나중에 실행되는 스레드가 볼 수 있도록 보장할 수 있다.

동시 프로그램을 스레드와 락을 사용해 기술하는 것은 번거로운 경우가 많다. 이를 해결하기 위해 통신 채널communication channel, 동시 컬렉션concurrent collection, 장벽barrier, 카운트다운 래치countdown latch, 스레드 풀thread pool 등의 더 복잡한 동시성 처리 도구가 만들어졌다. 이런 도구는 특정 동시 프로그래밍 패턴을 더 편하게 해결하기 위해 고안된 것이다. 이 중 일부는 3장에서 설명할 것이다.

전통적인 동시성은 상대적으로 저수준이고 교착상태deadlock, 아사starvation, 데이터 경합data race, 경합 조건race condition 등 여러 오류가 발생할 여지가 많다. 동시성 스칼라 프로그램을 작성한다면 이런 저수준 동시성 기본 요소들을 사용할 일이 별로 없을 것이다. 하지만, 이런 저수준 동시 프로그래밍 요소에 대해 이해해두면 나중에 고수준 동시 프로그래밍을 이해할 때 쓸모가 많을 것이다.

최근의 동시성 패러다임

최근의 동시성 패러다임은 전통적인 동시성 패러다임보다 더 진보했다. 가장 중대한 차이는 고수준 동시성 프레임워크는 어떻게 목표를 달성할지에 대해 표현하기보다는, 어떤 목표를 달성할지에 대해 표현한다는 점에 있다.

실제로 저수준과 고수준 동시 프로그래밍의 경계는 명확하지 않다. 또한 여러 다른 동시성 프레임워크들은 명확하게 고수준과 저수준의 두 그룹으로 나뉘기보다는 일련의 연속체를 이루는 경향이 있다. 하지만, 최근의 동시 프로그래밍 개발은 분명 선언적이고 함수적인 프로그래밍 스타일을 더 선호하는 경향을 보인다.

2장에서 보겠지만, 동시에 어떤 값을 계산하려면 사용자가 만든 run 메소드가 있는 스레드를 만들고, 스레드의 start 메소드를 호출하고, 스레드가 작업을 마칠 때까지 기다려서, 결과를 읽기 위해 메모리의 정해진 위치를 읽어와야 한다. 이 경우 우리가 정말 하고 싶은 것은 "어떤 값을 동시성을 사용해 계산하되, 계산이 완료되면 나에게 알려줘"라는 말일 것이다. 더 나아가, 이런 동시성 계산의 결과를 기다렸다가 메모리에서 읽어 사용하기보다는, 마치 그 결과가 이미 존재하는 것처럼 사용할 수 있기를 원할 것이다. 퓨처future를 사용한 비동기적 프로그래밍은 이런 유형의 명령을 지원하기 위해 고안된 것이며, 이에 대해서는 4장에서 다룰 것이다. 마찬가지로 이벤트 스트림event stream을 사용한 반응형 프로그래밍reactive programming은 여러 값을 만들어내는 동시성 계산을 선언적으로 표현할 수 있다. 이 내용은 6장에서 다룰 것이다.

이런 선언적 프로그래밍 스타일은 순차 프로그래밍에서도 더 일반적인 것이 되어가고 있다. 파이썬Python, 하스켈Haskell, 루비Ruby, 스칼라 등은 컬렉션에 대한 연산을 함수적인 연산자를 사용해 기술할 수 있고, "이 컬렉션에서 모든 음수를 걸러내라"와 같은 명령을 쉽게 작성할 수 있다. 이 명령은 내부의 구현을 명시하기보다는 목적을 서술하고 있다. 따라서 좀 더 쉽게 내부 동작을 병렬화시킬 수 있다. 5장에서는 스칼라에서 제공하는 데이터-병렬data-parallel 컬렉션 프레임워크를 설명한다. 이런 컬렉션은 다중 프로세서에서 컬렉션의 연산 성능을 매끄럽게(일반 컬렉션과 거의 다르지 않은 방식으로 쉽게 사용할 수 있다는 의미) 향상시킬 수 있게 설계됐다.

고수준 동시성 프레임워크의 또 다른 추세는 특정 과업에 맞게 특화된다는 것이다. 소프트웨어 트랜잭션 메모리software transaction memory는 특히 메모리 트랜잭션을 표현하기 위해 설계된 기술로, 동시 실행을 어떻게 진행하는지에 대해서는 관심이 없다. 메모리 트랜잭션memory transaction은 메모리상에 가해지는 일련의 연산들이 전부 실행되거나, 아니면 하나도 실행되지 않도록 고안된 것이다. 메모리 트랜잭션의 이점은 저수준 동시성에서 발생할 수 있는 수많은 오류를 방지할 수 있다는 것이다. 7장에서 이에 대해 자세히 설명한다.

마지막으로 일부 고수준 동시성 프레임워크들은 분산 프로그래밍까지도 투명하게 제공하려는 목적으로 개발된 것도 있다. 특히 데이터-병렬 프레임워크나 8장에서 설명할 액터actor와 같은 메시지 전달message passing 기반의 동시성 프레임워크는 분산 프로그래밍도 투명하게 제공한다.

스칼라의 이점

스칼라는 여전히 떠오르는 언어 중 하나로 아직 자바만큼 널리 쓰이진 않지만 풍부하고 강력한 동시 프로그래밍을 지원한다. 스칼라 에코시스템에는 거의 대부분의 스타일의 동시성 프레임워크가 존재하며, 활발히 개발이 진행 중이다. 이렇게 개발이 진행됨에 따라, 스칼라는 현대적이고 고수준의 애플리케이션 프로그래밍 인터페이스, 즉 API를 제공하는 분야에서 점차 세를 확장하고 있다. 여기에는 이유가 여러 가지 있다.

여러 최신 동시성 프레임워크들이 스칼라에 들어오게 된 가장 중요한 이유는 스칼라가 내재한 문법적 유연성 때문이다. 스칼라에서는 다음 절에 설명할 1급 계층 함수1st class function, 이름에 의한 호출 매개변수by-name parameter, 타입 추론type inference, 패턴 매칭pattern matching 등의 특징으로 인해 언어에 기본 내장된 특징처럼 보이는 API를 정의하는 것이 가능하다.

이런 API는 여러 프로그래밍 모델을 내장 도메인 특화 언어domain specific language로 에뮬레이션한다. 스칼라는 호스트 언어가 된다. 액터, 소프트웨어 트랜잭션 메모리, 퓨처 등이 '실제로는 라이브러리로 구현되었는데 기본 언어 기능처럼 보이는 API'의 예이다. 한편, 스칼라를 사용하면 새로운 동시 프로그래밍 모델이 등장할 때마다 새로 언어를 개발할 필요가 없어지고, 여러 최신 동시성 프레임워크를 품을 수 있는 풍성한 토대 역할을 스칼라가 해줄 수 있다. 다른 한편으로, 여러 다른 언어에는 존재하는 문법적인 복잡함이 없기 때문에 점점 더 많은 사용자들이 스칼라에 매력을 느끼고 있다.

스칼라가 더 앞서 나가는 두 번째 이유는 스칼라가 안전한 언어이기 때문이다. 자동 쓰레기 수집garbage collection과 자동 바운드 검사bound check를 사용하고, 포인터 연산을 사용하지 않기 때문에, 메모리 누수leak, 버퍼 오버플로overflow 등의 여러 메모리 오류를 피할 수 있다. 비슷하게, 정적 타입 안전성static type safety은 코딩 초기에 수많은 프로그래밍 오류를 줄여준다. 그 자체로도 여러 종류의 오류를 발생시키기가 쉬운 동시 프로그래밍을 하는 경우, 이런 스칼라의 특성으로 인해 개발자들이 걱정해야 할 요소가 더 적어지며, 완전히 새로운 세상을 만들어낼 수 있다.

세 번째 중요한 이유는 상호운용성interoperability이다. 스칼라 프로그램은 자바 바이트코드로 컴파일된다. 따라서 만들어지는 실행 코드는 자바 가상 머신JVM 위에서 돌아간다. 따라서 스칼라 프로그램은 기존 자바 라이브러리를 매끄럽게 사용할 수 있고, 자바의 엄청난 에코시스템과 서로 상호작용할 수 있다. 한 언어에서 다른 언어로 옮겨가는 것은 고통스러운 과정이 되곤 한다. 스칼라의 경우, 자바와 같은 언어에서 스칼라로 점진적으로 이동이 가능하기 때문에 훨씬 더 언어 변경이 쉬울 수 있다. 아마도 스칼라를 채택하는 경우가 점점 늘어나고, 몇몇 자바와 호환되는 프레임워크들이 스칼라를 구현 언어로 택하는 이유가 바로 이 때문일 것이다.

중요한 한 가지는, 스칼라는 JVM 위에서 실행되기 때문에 여러 플랫폼에서 실행될 수 있다는 점이다. 그뿐만 아니라, JVM에는 잘 정의된 스레드와 메모리 모델이 있기 때문에, 여러 다른 플랫폼에서도 같은 방식으로 동작한다고 보장할 수 있다. 순차 프로그램에서 이식성이 중요하다면, 동시성 컴퓨팅에서도 이식성은 더 말할 나위 없이 중요하다.

동시성에서 스칼라가 가지는 이점을 몇 가지 살펴보았다. 이제 이 책을 이해하기 위해 필요한 스칼라 언어 기능에 대해 배워보자.

스칼라 기초 지식

이 책에서는 독자들이 순차 프로그래밍은 어느 정도 익숙하다고 가정할 것이다. 여러분들이 스칼라 언어에 익숙한 편이 좋지만, 자바나 C#과 같이 비슷한 언어를 알고 있다면 이 책을 보는 데 문제가 없을 것이다. 클래스, 객체, 인터페이스 등의 객체지향 프로그래밍에 대한 기본적인 이해가 있다면 도움이 될 것이다. 마찬가지로 1급 계층 함수, 순수성, 타입 다형성 등의 함수 언어 원칙에 대해 알고 있으면 이 책을 읽을 때 도움이 될 것이다. 하지만, 이런 것이 필수적으로 갖춰야 할 전제 조건은 아니다.

스칼라 프로그램 실행 모델

스칼라 프로그램 실행 모델을 더 잘 이해하기 위해, sequre 메소드를 사용해 5의 제곱을 계산해서 표준 출력에 결과를 찍는 프로그램을 살펴볼 것이다.

```
object SquareOf5 extends App {
  def square(x: Int): Int = x * x
  val s = square(5)
  println(s"Result: $s")
}
```

'들어가며'에서 설명한 것처럼, 이 프로그램을 단순 빌드 도구 SBT를 사용해 실행할 수 있다. 스칼라 프로그램이 실행되면 JVM 런타임은 프로그램에 필요한 메모리를 할당한다. 여기서 중요한 메모리 영역이 두 군데 있다. 하나는 호출 스택 call stack이고, 다른 하나는 객체 힙 object heap이다. 호출 스택은 프로그램의 지역 변수와 현재 실행 중인 메소드의 인자를 저장하는 메모리 영역이다. 객체 힙은 프로그램이 객체를 할당하는 메모리 영역이다. 두 영역의 차이를 이해하기 위해 앞에서 이 프로그램의 실행을 단순화해 살펴보자.

먼저, 프로그램이 시작되면 호출 스택에 지역 변수 s를 할당한다(1번). 그 후 s 변수에 저장할 값을 계산하기 위해 squre 메소드를 호출한다(2번). 프로그램은 x 매개변수의 실인수인 5를 호출 스택에 넣는다. 이때 메소드의 반환 값 return value을 저장할 메모리도 스택에 할당한다. 이제 square 메소드를 실행할 준비가 됐다.

square는 x 인자를 그 자신과 곱해서 나온 결과인 25를 스택에 넣는다(3번).

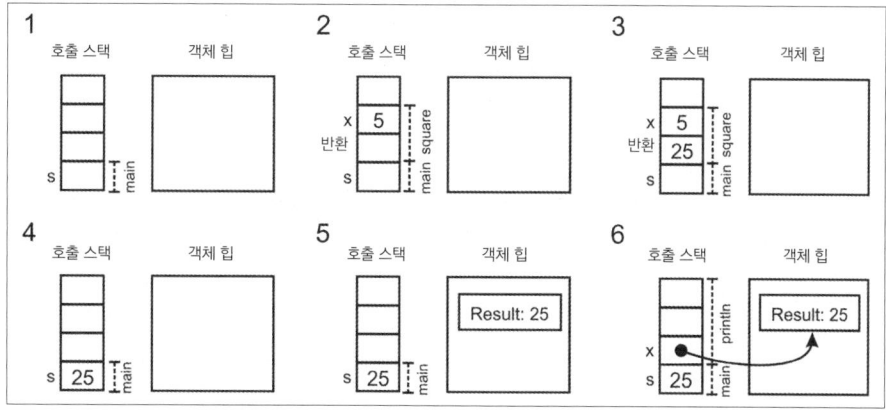

square 메소드가 결과를 반환하면, 25라는 값이 s 지역변수에 대한 스택 원소에 복사된다(4번). 이제 프로그램은 println 명령에 쓸 문자열을 만들어야만 한다. 스칼라에서는 문자열을 String 클래스 타입의 객체로 표현한다. 따라서 프로그램은 새 String 타입의 객체를 객체 힙에 할당한다(5번). 마지막으로, 프로그램은 새로 할당한 문자열 객체에 대한 참조를 스택의 x 영역에 복사하고, println 메소드를 호출한다.[2]

매우 단순화시켜서 보여준 것이긴 하지만, 이 과정은 기본적인 스칼라 프로그램의 실행 모델을 보여준다. 2장에서는 각 실행 스레드가 별도의 호출 스택을 유지하고, 여러 스레드는 주로 객체 힙을 변경하는 방식으로 상호 소통한다는 사실을 배울 것이다. 또한, 힙의 상태와 지역 호출 스택 상태의 차이가 동시성 프로그램에서 발생하는 일부 오류를 발생시키는 원인이 됨을 배울 것이다.

이제 스칼라 프로그램의 전형적인 실행 모델의 예를 보았다. 이제는 이 책을 이해하기 위해 필요한 기본적인 스칼라 특징들을 살펴볼 것이다.

---

2 여기서는 println 메소드가 x라는 매개변수를 받는다고 가정한 것이다. – 옮긴이

스칼라 기초

이번 절에서는 이 책의 예제에서 사용할 스칼라 프로그래밍 언어의 특징을 간략하게 살펴볼 것이다. 스칼라 기초를 빠르게 대충 훑어볼 것인데, 이번 절이 스칼라 언어에 대한 완전한 소개가 아님에 유의하라. 단지 스칼라 언어의 특징 중 일부를 되새겨주고, 그런 특징을 독자 여러분이 익숙할 만한 다른 언어들과 비교해 설명하기 위한 것이다. 스칼라를 더 잘 이해하고 싶은 독자라면, 이번 장 끝에 있는 몇 가지 스칼라 서적을 참조하기 바란다.

Printer 클래스는 greeting 매개변수[3]를 받으며, printMessage와 primeNumber라는 두 메소드가 들어 있다. 이 클래스의 정의는 다음과 같다.

```
class Printer(val greeting: String) {
  def printMessage(): Unit = println(greeting + "!")
  def printNumber(x: Int): Unit = {
    println("Number: " + x)
  }
}
```

앞의 코드에서 printMessage 메소드는 아무 인자도 받지 않고, 단지 한 println 문만 포함한다. printNumber 메소드는 Int 타입의 x라는 인자를 받는다. 두 메소드 모두 반환하는 값이 없다. 이를 표현하는 것이 Unit 타입이다. Unit 반환 타입은 생략 가능하며, 그런 경우 스칼라 컴파일러가 자동으로 타입을 추론한다.[4]

다음과 같이 이 클래스를 인스턴스화해서 메소드를 호출할 수 있다.

---

3 이 책의 번역에서, 매개변수(parameter)는 함수/메소드 선언에서 메소드 이름 다음에 오는 괄호 안에 있는 변수 이름을 의미한다. 인수(argument)는 함수/메소드를 호출할 때 매개변수 자리에 넣어 전달하는 실제 값을 의미한다. 인자라는 말은 실인자(formal parameter, 매개변수)와 형식인자(actual parameter, 인수)를 모두 아우르는 말이며, 영어로는 parameter에 대응한다고 말할 수 있다. 이 책에서는 매개변수와 인수라는 용어를 가능하면 구분해 사용하며, 인자는 매개변수와 인수를 아우르는 경우에 사용할 것이다. 다만, 원서에서 parameter와 argument를 혼용하기 때문에, 영어 단어를 1:1로 우리말 단어로 번역하지 않고, 의미에 따라 적절히 번역했다. – 옮긴이

4 여기서 저자는 반환 값(return value), 반환 타입이라는 말을 썼다. 하지만 스칼라와 같은 함수 언어에서는 결과 값(result value), 결과 타입이라는 말을 더 많이 사용한다. 이런 용어의 차이는 함수를 호출해서 결과를 반환하는 것으로 생각하느냐, 함수 본문의 식을 계산한 결과를 얻어내느냐라는 관점의 차이를 반영한다. – 옮긴이

```
val printy = new Printer("Hi")
printy.printMessage()
printy.printNumber(5)
```

스칼라에서는 싱글턴 객체singleton object를 선언할 수 있다. 이는 클래스를 선언하면서 동시에 그 클래스에 대한 싱글턴 인스턴스를 만드는 것과 비슷하다. 이미 간단한 스칼라 프로그램을 선언하기 위해 SquareOf5라는 싱글턴 객체를 사용하는 것을 본 적이 있다. 다음 싱글턴 객체 Test는 3.14로 초기화한 Pi라는 필드 하나만을 포함한다.

```
object Test {
  val Pi = 3.14
}
```

비슷한 언어에서 클래스가 인터페이스라는 요소를 확장할 수 있는 것처럼, 스칼라 클래스는 트레이트trait를 확장할 수 있다. 스칼라 트레이트는 구체적인 필드와 메소드 구현도 선언할 수 있다. 다음 예제는 추상 log 메소드를 활용해 전용 오류나 경고 메시지를 출력하는 Logging 트레이트를 선언한다. 그 후 그 트레이트를 PrintLogging 클래스에 혼합mix in(믹스인)한다.

```
trait Logging {
  def log(s: String): Unit
  def warn(s: String) = log("WARN: " + s)
  def error(s: String) = log("ERROR: " + s)
}
class PrintLogging extends Logging {
  def log(s: String) = println(s)
}
```

클래스는 타입 매개변수type parameter를 받을 수 있다. 다음 제네릭generic Pair 클래스는 두 타입 매개변수 P와 Q를 받는다. 이 두 타입 매개변수는 클래스의 인자 first와 second의 타입을 결정한다.

```
class Pair[P, Q](val first: P, val second: Q)
```

스칼라는 람다lambda라고 부르는 1급 계층 함수 객체를 지원한다. 다음 코드는 인자에 2를 곱하는 twice 람다를 선언한다.

```
val twice: Int => Int = (x: Int) => x * 2
```

예제 코드 다운로드
http://www.PacktPub.com에서 구매한 모든 팩트 책의 예제 코드 파일을 다운로드할 수 있다. 책을 다른 곳에서 구매했다면 http://www.PacktPub.com/support를 방문해서 직접 보내진 이메일에 있는 파일을 가지고 등록하면 된다. 에이콘출판사 도서 정보 페이지(http://www.acornpub.co.kr/book/concurrent-programming-in-scala)에서도 다운로드할 수 있다.

앞 코드에서 (x: Int) 부분은 람다의 인자이며, x*2는 람다의 본문이다. => 기호는 Int => Int 람다의 타입을 표현하기 위해 사용했다. 다음처럼 타입 부분인 Int => Int를 생략해도 컴파일러가 twice 람다의 타입을 자동으로 추론해낼 수 있다.

```
val twice = (x: Int) => x * 2
```

반대로 인자의 타입을 생략하고 다음과 같이 더 편리한 문법을 사용할 수도 있다.

```
val twice: Int => Int = x => x * 2
```

마지막으로 람다의 본문에 람다의 인자가 한 번만 나타나는 경우, 스칼라는 더 쉽게 람다를 작성할 수 있는 문법을 제공한다.

```
val twice: Int => Int = _ * 2
```

1급 계층 함수를 사용하면 코드 블록을 마치 1급 계층 값처럼 다룰 수 있다. 그로부터 더 가볍고 간단한 문법이 생겨났다. 다음 예제에서는 이름에 의한 호출 매개변수by-name parameter를 사용해 runTwice 메소드를 정의한다. runTwice 메소드는 body라는 블록을 두번 실행한다.

```
def runTwice(body: =>Unit) = {
  body
  body
}
```

이름에 의한 호출은 =>를 타입 앞에 넣으면 된다. runTwice 메소드의 본문에서 body를 참조할 때마다 해당 식은 다시 재계산된다. 다음 예를 실행해 보자.

```
runTwice { // Hello를 두 번 찍을 것이다.
  println("Hello")
}
```

스칼라의 for 식은 컬렉션을 방문하거나 변환할 때 사용할 수 있는 편리한 수단이다. 다음 for 루프는 0부터 10까지의 범위에 속한 수를 출력한다. 이때 10은 범위에 들어가지 않는다.

```
for (i <- 0 until 10) println(i)
```

위 코드에서 범위는 0 until 10이라는 식으로부터 만들어졌다. 이는 0.until(10)과 같고, 따라서 0이라는 값에 있는 until이라는 메소드를 호출한다. 스칼라에서는 객체의 메소드를 호출할 때 경우에 따라 점(.)을 생략할 수 있다.

모든 for 루프는 foreach 호출과 같다. 스칼라 컴파일러는 앞에서 본 for 루프를 다음과 같은 식으로 번역한다.

```
(0 until 10).foreach(i => println(i))
```

for 내장comprehension은 데이터 변환에 널리 쓰인다. 다음 for 내장은 0부터 10까지 범위에 속한 정수에 각각 -1을 곱한다.

```
val negatives = for (i <- 0 until 10) yield -i
```

negatives 값에는 0부터 -9까지의 음수가 들어간다. 이 for 내장식은 다음 map 호출과 같다.

```
val negatives = (0 until 10).map(i => -1 * i)
```

for 내장을 사용해 여러 입력으로부터 값을 변환할 수도 있다. 다음은 반폐구간 [0,4)에 속하는 모든 정수의 쌍을 만들어낸다.

```
val pairs = for (x <- 0 until 4; y <- 0 until 4) yield (x, y)
```

앞의 for 식은 다음 식과 같다.

```
val pairs = (0 until 4).flatMap(x => (0 until 4).map(y => (x, y)))
```

for 내장에서 원하는 개수만큼 제네레이터~generator~ 식을 내포시킬 수 있다.[5] 스칼라 컴파일러는 여러 제네레이터를 연속적인 flatMap 호출로 바꾸되, 가장 안쪽의 제네레이터는 map으로 바꾼다.

일반적으로 쓰이는 스칼라 컬렉션에는 Seq[T] 타입의 시퀀스~sequence~, Map[T] 타입의 맵~map~, Set[T] 타입의 집합~set~ 등이 있다. 다음 코드는 문자열의 시퀀스를 만든다.

```
val messages: Seq[String] = Seq("Hello", "World.", "!")
```

이 책에서는 문자열 인터폴레이션~string interpolation~을 많이 사용할 것이다. 보통 스칼라 문자열은 문자를 큰따옴표로 둘러싸서 만든다. 인터폴레이션한 문자열은 여는 큰따옴표 앞에 s가 붙고, 문자열 안에 $ 기호와 임의의 스칼라 식별자~identifier~가 들어간 것이다. 그러면 문자열 안에 있는 식별자를 문자열이 속한 범위~scope~에서 찾아서 값을 치환한다. 다음 예를 보자.

```
val magic = 7
val myMagicNumber = s"My magic number is $magic"
```

패턴 매칭~pattern matching~도 스칼라에서 중요한 특징 중 하나이다. 자바, C#, C 등을 사용하는 독자라면 스칼라의 match가 switch 명령과 비슷하지만 훨씬 강력하다고 알아두는 것으로 충분할 것이다. match 식은 임의의 데이터 타입을 분해할 수 있다. case를 사용해 분해한 값에 따른 처리를 간략하게 기술할 수 있다.

다음 예에서 우리는 Map 컬렉션 successors를 정의해서 정수를 바로 다음 정수~successor~와 연관시킨다. get 메소드를 사용해 5 다음 수를 찾는다. get 메소드는 Option[Int] 타입의 객체를 반환한다. 여기서 맵에 5가 들어 있다면 Some이라는 Option의 하위 클래스의 인스턴스 객체가 반환되며, 5가 없다면 None이라는

---

5 스칼라에서 제네레이터는 for 식에서 <- 뒤에 오는 식이다. pairs의 경우 두 0 until 4가 제네레이터이다. – 옮긴이

Option의 하위 클래스의 인스턴스가 반환된다. Option 객체에 대해 방금 설명한 두 경우를 다음과 같이 패턴 매칭을 사용할 수 있다.

```
val successors = Map(1 -> 2, 2 -> 3, 3 -> 4)
successors.get(5) match {
  case Some(n) => println(s"Successor is: $n")
  case None => println("Could not find successor.")
}
```

스칼라에서는 대부분의 연산자를 중복정의[6]할 수 있다. 연산자 중복정의operator overloading는 메소드 정의와 다른 점이 없다. 다음 코드에서는 + 연산자를 지원하는 Position 클래스를 정의한다.

```
class Position(val x: Int, val y: Int) {
  def +(that: Position) = new Position(x + that.x, y + that.y)
}
```

마지막으로, 스칼라는 패키지 객체package object를 정의해 패키지의 최상위 메소드와 값을 저장할 수 있게 해준다. 다음 코드는 org.learningconcurrency 패키지의 패키지 객체를 정의한다. 그 패키지 객체의 최상위에 주어진 문자열과 현재 스레드 이름을 출력하는 log 메소드를 정의한다.

```
package org
package object learningconcurrency {
  def log(msg: String): Unit =
    println(s"${Thread.currentThread.getName}: $msg")
}
```

동시 프로그램이 어떻게 동작하는지 추적하기 위해 이 log 메소드를 이 책 전반에 걸쳐 사용할 것이다.[7]

---

6 overload는 중복정의, override는 재정의로 번역할 것이다. 이미 아는 내용이겠지만, 중복정의는 같은 이름의 연산자를 여러 타입에 대해 사용할 수 있게 지원하는 것이고(물론 연산의 의미는 타입에 따라 달라질 수 있다), 재정의는 상속관계에서 하위 클래스가 상위 클래스에서 정의한 메소드를 시그니처는 그대로 사용하되 구현을 변경해 새로운 의미를 부여하는 것이다. – 옮긴이

7 이 메소드를 사용할 클래스나 객체는 (본문에 명시하지 않더라도) 반드시 org.learningconcurrency나 그 하위 패키지에 들어 있어야 한다. 앞으로는 특별히 어떤 패키지에 각 예제를 위치시킬지에 대해 언급하지 않을 것이다. – 옮긴이

이제 스칼라 특징에 대한 간략한 소개를 마친다. 여러 스칼라 언어 구성 요소에 대해 더 깊이 알고 싶은 독자는 스칼라에서 순차적 프로그래밍을 하는 방법에 대한 소개서 중 하나를 살펴보면 좋을 것이다.

요약

이 장에서는 동시 프로그래밍이 무엇인가와 스칼라 프로그램이 동시 프로그래밍에 있어 좋은 언어인 이유를 배웠다. 그리고 이 책에서 어떤 내용을 배울 것인지 간략하게 소개하고, 책의 구성도 살펴봤다. 마지막으로 앞으로 다룰 여러 동시 프로그래밍에 대한 내용을 이해하기 위해 필요한 몇 가지 스칼라 기본 지식을 다뤘다. 순차적인 스칼라 프로그래밍에 대해 더 자세히 배우고 싶은 독자는 Artima 출판사에서 나온 마틴 오더스키Martin Odersky, 렉스 스푼Lex Spoon, 빌 베너스Bill Venners 의 『Programming in Scala 한국어판』(에이콘출판, 2014)을 읽을 것을 권한다.

다음 장에서는 JVM상에서 동시 프로그래밍의 기초를 다룰 것이다. 동시 프로그래밍의 기본 개념을 소개하고 JVM에서 사용 가능한 저수준 동시성 도구들을 소개하며, 자바 메모리 모델을 설명할 것이다.

연습문제

다음 연습문제는 여러분의 스칼라 프로그래밍 언어 지식을 시험하기 위한 것이다. 이들은 이번 장에서 다뤘던 내용을 포함해 몇 가지 스칼라의 특징을 추가로 다룬다. 마지막 두 연습문제는 동시 프로그래밍의 어려움과 분산 프로그래밍의 어려움의 차이를 대조하기 위한 문제이다. 그 두 문제는 완전한 스칼라 프로그램을 만들기보다는 의사코드pseudo code로 해법을 표현하는 방식으로 풀어야 할 것이다.

1. 다음 시그니처를 만족하는 compose 메소드를 구현하라.

    ```
    def compose[A, B, C](g: B => C, f: A => B): A => C = ???
    ```

이 메소드는 f와 g 함수를 합성한 h 함수를 반환해야만 한다(h(x) = g(f(x))이다).

2. 다음 시그니처를 만족하는 fuse 메소드를 구현하라.

   ```
   def fuse[A, B](a: Option[A], b: Option[B]): Option[(A, B)] = ???
   ```

   결과 Option 객체는 두 Option 객체 a와 b에서 가져온 두 값으로 이루어진 튜플을 포함해야만 한다. 물론 두 값이 모두 빈 값 None이 아닌 경우에만 그렇다. 다른 경우에는 None을 반환해야 할 것이다. for 내장을 사용하라.

3. T 타입의 값들을 시퀀스로 받고, T => Boolean인 함수를 받는 check 메소드를 만들라.

   ```
   def check[T](xs: Seq[T])(pred: T => Boolean): Boolean = ???
   ```

   이 메소드는 pred 함수가 xs의 모든 원소에 대해 true를 반환하는 경우에만 true를 반환해야 한다. check 메소드를 다음과 같이 사용할 수 있다.

   ```
   check(0 until 10)(40 / _ > 0)
   ```

    check 메소드는 커리 함수(curried function)로 정의되어 있다. 커리 함수는 매개변수 목록을 하나만 받지 않고, 두 개 이상의 매개변수 목록을 받는다(check의 경우 매개변수 목록이 둘 있다). 커리 함수를 사용하면 함수 호출 시 더 멋진 문법을 사용 가능하지만, 매개변수 목록이 하나만 있는 정의와 나머지는 의미상 동일하다.[8]

4. 이번 장에서 살펴본 Pair 클래스를 수정해 패턴 매치에서 사용할 수 있도록 만들라.

    스칼라 패턴 매칭에 익숙하지 않은 독자는 익숙해지도록 노력해야만 한다.

---

8 def check[T](xs: Seq[T])(pred: T =〉 Boolean)에서 (xs: Seq[T])와 (pred: T =〉 Boolean)이 각각 매개변수 목록이다. 여기서 각 매개변수 목록에는 하나씩만 매개변수가 들어 있다. 이 메소드와 같은 매개변수를 받으면서, 매개변수 목록이 하나밖에 없는 메소드의 시그니처는 def check[T](xs: Seq[T], pred: T =〉 Boolean)이다. - 옮긴이

5. 주어진 문자열에 대해 그 문자열의 순열을 사전식으로 나열한 시퀀스를 반환하는 permutation 함수를 정의하라.

   ```
   def permutations(x: String): Seq[String]
   ```

6. 여러분과 3명의 동료가 칸막이로 나뉜 사무실에서 함께 일하고 있다. 여러분은 다른 사람들을 볼 수 없고, 다른 직원들을 방해할 수 있기 때문에 말로 서로 의사소통할 수도 없다. 대신에, 서로 짧은 메시지를 적은 쪽지를 던지거나 다른 사람이 던진 쪽지를 받을 수 있다. 각자가 칸막이 안에 갇혀 있기 때문에, 누구도 메시지가 원하는 대상에게 제대로 도착했는지 알 방법이 없다. 여러분의 상사는 언제든 여러분이나 동료 중 한 명을 사무실로 불러서 무한정 머무르게 할 수 있다. 여러분과 동료들이 언제 호프집에서 치맥을 먹을 수 있을지 시간을 정하기 위한 알고리즘을 실계하라. 상사의 사무실에 가 있는 동료를 제외한 나머지 모두는 같은 시간을 정할 수 있어야 한다. 만약 대상 칸막이로 던진 쪽지 중 일부가 사라지면 어떤 일이 벌어질까?

7. 앞의 예제에서 사무실 옆 복도에 여러분과 동료들의 화이트보드가 걸려 있다. 때때로 여러분 중 누군가가 복도를 지나갈 때마다 화이트보드에 무언가를 적을 수 있다. 하지만, 여러분 중 어느 두 명이 동시에 복도에 들어갈 수 있다는 보장은 없다. 이번에는 쪽지가 아니라 화이트보드를 사용해 치맥을 먹기 위한 모임 시간을 정할 수 있는 알고리즘을 만들어 보라.

2
JVM상의 동시성과 자바 메모리 모델

"모든 진부하지 않은 추상화는 어느 정도 구멍이 있기 마련이다."
– 제프 아트우드(Jeff Atwood)[1]

시작부터 스칼라는 주로 JVM에서 실행되어왔다. 이 사실은 여러 스칼라 동시성 라이브러리에 영향을 끼치고 있다. 스칼라의 메모리 모델, 다중 스레드 사용 능력, 스레드간 동기화 등은 모두 JVM의 것을 이어받았다. 대부분의(전부는 아닐지라도) 고수준 스칼라 동시 프로그래밍 구성 요소들은 이번 장에서 설명할 저수준 기본 요소를 사용해 구현되어 있다. 이런 기본 요소는 동시성을 다루기 위한 기본적인 방법이다. 즉, 이번 장에서 설명하는 API나 동시성 기본 요소들은 JVM상에서 실행되는 동시 프로그래밍을 이루는 근간이다.

---

[1] 스택 오버플로(stack overflow)의 설립자 중 하나이며, 코딩 호러(http://blog.codinghorror.com/) 블로그로 유명하다. 다만, 인용한 격언은 아트우드가 생각해 낸 문구라기보다는 조엘 온 소프트웨어(http://www.joelonsoftware.com/) 블로그로 유명한 조엘 스폴스키(Joel Spolsky)가 만든 문구라고 보는 편이 정확할 것이다. – 옮긴이

대부분의 경우 여러분은 저수준의 동시성 구성요소 사용을 피하고, 다음 장부터 소개할 고수준 요소를 활용해야 한다. 하지만, 여러분이 스레드가 무엇인지, 블록에 가드guard를 둬서 동시성을 처리하는 것이 바쁜 대기busy-waiting보다 더 좋은 방법인 이유가 무엇인지, 그리고 왜 메모리 모델이 유용한지 등을 이해해야 한다고 본다. 우리는 이런 개념을 이해하는 것이 고수준 동시성 추상화를 더 잘 이해하는 데 도움이 될 것이라 확신한다. 추상화한 것을 이해하기 위해 구현을 살펴봐야만 하는 추상화는 어딘가 잘못된 것이라는 생각이 널리 퍼져 있지만, 기본적인 요소를 이해해 두는 것이 유용한 경우가 많다. 실제로는, 대부분의 추상화는 어딘가 구멍이 있기 때문에 더 기본 요소를 잘 알아야 할 필요가 있다. 이제부터는 JVM의 동시성을 이루는 주춧돌을 설명할 뿐 아니라, 그런 기본 요소가 어떻게 스칼라의 고유한 특징과 서로 상호작용하는가에 대해서도 알려줄 것이다. 특히, 다음과 같은 주제를 이번 장에서 다룰 것이다.

- 스레드를 만들고 시작하는 방법과 스레드 실행 완료를 기다리는 방법
- 객체 모니터monitor와 synchronized 문을 사용해 스레드 사이에 통신하는 방법
- 블록에 가드를 설정함으로써 바쁜 대기를 피하는 방법
- 볼레타일 변수volatile variable의 의미
- 자바 메모리 모델JMM, Java Memory Model의 자세한 내용과 JMM이 중요한 이유

다음 절에서는 스레드를 사용하는 방법을 다룰 것이다. 스레드는 동시에 수행하는 연산을 표현하는 기본적인 방법이다.

프로세스와 스레드

최근의 선점형pre-emptive, 멀티태스킹multitasking 운영체제에서 프로그램이 어떤 CPU에서 실행될지에 대해 프로그래머가 제어할 수 있는 여지는 거의 없다. 실제로 같은 프로그램이 여러 프로세서를 바꿔가면서 실행되거나, 심지어 때로 여러 프로세서에서 동시에 실행될 수도 있다. 프로그램에서 실행되는 부분을 어느 CPU

에 배정할지 결정하는 것은 운영체제의 책임이다. 이런 메커니즘을 멀티태스킹이라고 하며, 사용자에게는 완전히 투명하게 이루어진다.

역사적으로 멀티태스킹이 도입된 것은 여러 사용자나 프로그램이 한 컴퓨터에 있는 자원을 동시에 사용하도록 지원해서 운영체제에 대한 사용자 경험을 향상시키는 것이 목적이었다. 협력적인 멀티태스킹coorporative multitasking의 경우 프로그램은 언제 실행을 중단하고 다른 프로그램에게 양보yield할지 결정할 수 있었다. 하지만, 그러기 위해서는 프로그래머가 주의 깊게 코딩을 해야 했고, 때때로 프로그램이 거의 응답하지 않는 것처럼 보이는 경우가 생길 수 있었다. 예를 들어, 파일 다운로드를 시작한 다운로드 관리자는 다른 프로그램에 제어를 적절히 양보하도록 주의를 기울여야 한다. 다운로드하는 동안 양보하지 않고 기다리는 건 사용자 경험을 완전히 망치는 일일 것이다. 오늘날 대부분의 운영체제는 선점형 멀티태스킹을 사용한다. 이 경우 운영체제가 각 프로그램을 특정 CPU에서 정해진 기간 동안만 실행될 수 있도록 반복 배정한다. 이런 정해진 기간을 시간 슬라이스time slice라 한다. 따라서 멀티태스킹이 사용자는 물론 프로그래머가 볼 때도 투명하게 이루어진다.

같은 운영체제 안에서 같은 컴퓨터 프로그램이 한 번 이상 시작되거나, 동시에 실행될 수도 있다. 프로세스process는 실행 중인 컴퓨터 프로그램의 인스턴스를 의미한다. 프로세스가 시작되면 운영체제는 메모리의 일부와 기타 계산에 필요한 자원을 확보한다. 그리고 이를 그 프로세스와 연관짓는다. 그 다음, 운영체제가 프로세스를 프로세서에 할당하면, 프로세서가 프로세스를 한 시간 슬라이스 동안 실행한다. 운영체제는 나중에 그 프로세서에 대한 제어를 다른 프로세스에 할당할 수 있다. 여기서 중요한 것은 어떤 프로세스가 사용하는 메모리나 계산 자원은 다른 프로세스가 사용하는 메모리나 자원과는 독립적이라는 점이다. 두 프로세스는 서로의 메모리를 직접 읽거나 쓸 수 없으며, 대부분의 다른 자원도 동시에 사용할 수 없다.

대부분의 프로그램은 단일 프로세스로 이루어진다. 하지만 몇몇 프로그램은 여러 프로세스로 이뤄져 있다. 그런 경우 프로그램의 여러 작업을 별도의 프로세스로 표현하곤 한다. 별도의 프로세스는 서로의 메모리 영역을 직접 접근할 수 없기 때문에, 여러 프로세스를 사용해 멀티태스킹을 표현하려면 어려운 점이 많다.

멀티태스킹은 오래 전에 다중코어multi-core 컴퓨터가 주류가 되기 시작하면서 중요해졌다. 웹 브라우저와 같은 큰 프로그램은 여러 논리적 모듈로 이루어진다. 브라우저의 다운로드 관리자가 파일을 다운로드하는 것은 브라우저가 웹 페이지를 표시하거나 HTML 문서 객체 모델DOM, Document Object Model을 변경하는 것과 별도로 이뤄져야 한다. 사용자가 소셜 네트워크 웹사이트를 방문하는 동안, 파일 다운로드는 백그라운드background에서 이뤄진다. 하지만, 이 두 별도의 작업은 한 프로세스의 일부분이다. 이렇게 한 프로세스 안에서 독립적인 계산을 동시에 수행하는 것을 스레드thread라 한다. 전형적인 운영체제의 경우 프로세서 개수보다 스레드 개수가 많기 마련이다.

모든 스레드는 실행되는 동안 각각의 프로그램 스택program stack과 프로그램 카운터proram counter의 현재 상태를 표시한다. 프로그램 스택에는 현재 실행 중인 메소드에 이르기까지의 호출 시퀀스가, 각 호출의 지역 변수나 메소드 매개변수를 포함해 들어가 있다. 프로그램 카운터는 현재 메소드에서 지금 실행 중인 명령어의 위치를 표시한다. 프로세서는 스레드의 프로그램 스택 상태를 조작하고, 프로그램 카운터가 가리키는 명령을 실행함으로써 계산을 진행할 수 있다. 우리가 "어떤 스레드가 메모리에 쓰는 등의 작업을 수행한다"라고 말하는 것은 사실은 어떤 프로세서가 그런 작업을 수행하는 스레드를 실행한다는 의미이다. 선점형 멀티태스킹의 경우 운영체제가 스레드 실행을 스케줄링한다. 프로그래머는 자기가 작성하는 스레드에 할당될 프로세서 시간이 다른 스레드 등과 별로 다르지 않을 것이라 가정해야 한다.

OS 스레드는 운영체제가 제공하는 프로그래밍 도구이며, 보통 OS별로 정해진 프로그래밍 인터페이스를 통해 프로그래머에게 노출되어 있다. 별도의 프로세스와 달리, 같은 프로세스에 있는 별도의 OS 스레드들은 동일한 메모리를 공유하며, 그 메모리의 일부를 읽고 씀으로써 서로 통신이 가능하다. 프로세스를 정의하는 또 다른 방법은 메모리와 자원을 공유하는 OS 스레드의 집합으로 정의하는 것이다.

프로세스와 스레드에 대해 지금까지 설명한 것을 바탕으로, 전형적인 OS는 다음과 같이 간략하게 표현할 수 있다.

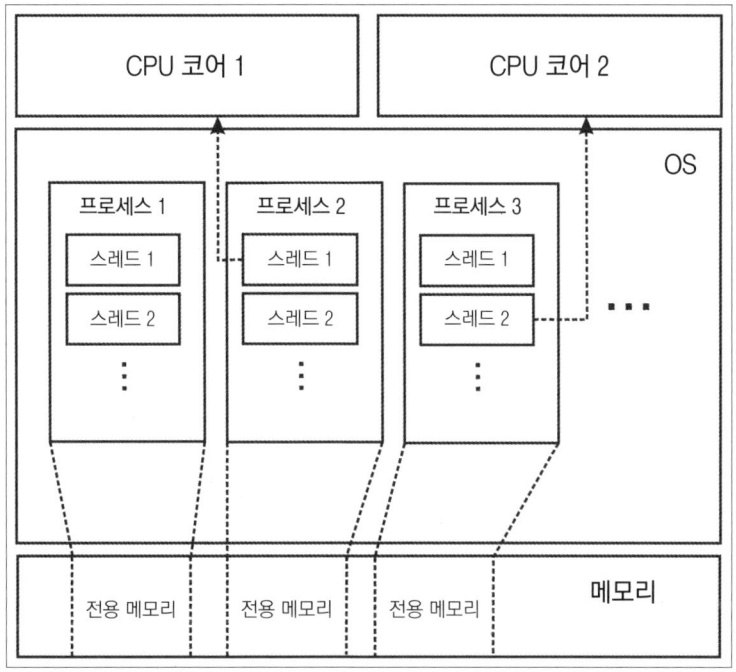

앞의 그림은 OS에서 여러 프로세스가 동시에 실행되는 상황을 보여준다. 그림에는 오직 세 개의 프로세스만 표현해 놓았다. 각 프로세스마다 컴퓨터 메모리에서 지정한 위치가 있다. 실제로는 OS의 메모리 시스템은 훨씬 더 복잡하다. 하지만, 여기 있는 대략적인 그림은 간단한 모델 역할을 할 수 있다.

각 프로세스에는 여러 OS 스레드가 있다. 그중 프로세스별로 두 개씩만 표시했다. 현재 프로세스 2의 스레드 1이 CPU 코어 1에서 실행 중이고, 프로세스 3의 스레드 2가 CPU 코어 2에서 실행 중이다. OS는 주기적으로 서로 다른 OS 스레드를 각 CPU 코어에 할당해서 모든 프로세스에서 계산이 진행될 수 있게 해준다.

이제 OS 스레드와 프로세스의 관계를 살펴봤다. 이제 스칼라 프로그램을 실행하는 자바 가상 머신으로 관심을 돌릴 때이다.

새 JVM 인스턴스를 시작하면 오직 하나의 프로세스만 시작된다. JVM 프로세스 안에서 여러 스레드가 동시에 실행된다. JVM은 자신의 스레드를 `java.lang.Thread` 클래스로 나타낸다. 파이썬과 같은 언어의 런타임[2]과 달리 JVM은 자체 스레드를 별도로 구현하지 않는다. 그 대신, 자바 스레드는 각각 OS 스레드에 직접 매핑된다. 이 말은 자바 스레드가 OS 스레드와 매우 비슷한 행동 양식을 보이며, JVM의 스레드 실행은 OS에 달렸고, OS가 제공하는 스레드의 한계를 그대로 이어받는다는 의미이다.

스칼라는 기본적으로 JVM 바이트코드로 컴파일되는 프로그래밍 언어이다. 스칼라 컴파일러의 출력은 JVM의 입장에서 볼 때는 자바가 만들어낸 바이트코드와 거의 대부분 비슷하다. 이로 인해 스칼라는 자바 라이브러리를 투명하게 호출할 수 있고, 일부의 경우에는 자바에서 스칼라 라이브러리를 투명하게 호출할 수도 있다. 스칼라는 몇 가지 이유로 인해 자바의 스레드 API를 사용한다. 첫째로, 스칼라는 이미 충분히 광범위한 기능을 제공하는 기존 자바 스레드 모델과 투명하게 상호작용할 수 있다. 둘째로, 호환성을 위해 동일한 스레드 모델을 사용하는 편이 유용하다. 또한 스칼라가 자바 스레드 API에 비해 무언가 근본적으로 새로운 것을 도입할만한 내용도 없다.

이번 절의 나머지는 스칼라를 사용해 JVM 스레드를 만들고, 실행하고, 스레드 간에 통신하는 방법을 살펴볼 것이다. 또한 몇 가지 구체적 예제를 제시하고 논의할 것이다. 이미 이런 내용을 잘 알고 있는 자바 애호가 독자들은 이번 장을 넘어가도 될 것이다.

스레드 만들고 시작

새 JVM 프로세스가 시작되면 기본적으로 만들어내는 스레드가 몇 가지 있다. 그 중 가장 중요한 스레드는 스칼라 `main` 메소드를 실행하는 주 스레드(main thread)이

---

2 런타임(runtime)이란 말은 프로그램 실행 시 실행되는 프로그램과 그 주변의 모든 환경을 아우르는 말이다. 반면 실행 시점(run time)이란 컴파일 시점(compile time)에 대비되는 말로 컴파일된 프로그램이 실행되는 동안을 의미한다. 스칼라 컴파일러는 컴파일 시점에 타입 오류나 문법 오류를 검사해 잘못된 프로그램을 걸러내며, 자바 런타임은 실행 시점에 스칼라 프로그램이 제대로 돌아갈 수 있도록 메모리 관리, 스레드 관리 등의 작업을 책임져준다. – 옮긴이

다. 다음 프로그램은 현재 스레드의 이름을 알아내 화면에 출력하는 방법으로 이를 보여준다.

```
object ThreadsMain extends App {
  val t: Thread = Thread.currentThread
  val name = t.getName
  println(s"I am the thread $name")
}
```

JVM에서 스레드 객체는 Thread 클래스이다. 방금 본 프로그램은 정적static currentThread 메소드를 사용해 현재의 스레드 객체를 얻어서 t 지역변수에 저장한다. 그 후 getName 메소드를 호출해 스레드의 이름을 얻는다. 이 프로그램을 1장에서 설명한 것처럼 SBT의 run 명령을 사용해 실행하면, 다음과 같은 출력을 볼 수 있다.

[info] I am the thread run-main-0

보통 메인 스레드의 이름은 main이다. 여기서 다른 이름이 출력되는 이유는 SBT가 SBT 프로세스 안에서 우리 프로그램을 별도의 스레드로 실행했기 때문이다. 프로그램이 별도의 JVM에서 실행되도록 보장하기 위해서는, SBT의 fork 설정을 true로 만들어야 한다.

> set fork := true

SBT의 run 명령을 다시 실행하면 다음 출력을 볼 수 있다.

[info] I am the thread main

모든 스레드는 존재하는 동안 몇 가지 스레드 상태thread state를 거쳐간다. 처음 만들어진 Thread 객체는 신규new 상태이다. 새로 만들어진 스레드 객체가 실행을 시작하면 실행 가능runnable 상태로 바뀐다. 스레드가 실행을 마치면 스레드 객체가 종료terminated 상태로 들어가며, 더 이상 실행될 수 없다.

독립적인 계산 스레드를 실행하는 것은 두 가지 단계로 이뤄진다. 첫 번째로, 스택과 스레드 상태를 위한 메모리를 할당하기 위해 Thread 객체를 만들어야 한다. 계산을 시작하기 위해서는 스레드 객체의 start 메소드를 호출한다. 다음 ThreadsCreation 예제는 이 과정을 보여준다.

```
object ThreadsCreation extends App {
  class MyThread extends Thread {
    override def run(): Unit = {
      println("New thread running.")
    }
  }
  val t = new MyThread
  t.start()
  t.join()
  println("New thread joined.")
}
```

이 JVM 애플리케이션이 시작되면, 지정한 클래스(이 경우 ThreadCreation)의 main 메소드를 호출하기 위해 특별히 주 스레드가 만들어진다. App 클래스를 확장하면 클래스의 본문을 가지고 main 메소드가 자동으로 생긴다. 이 예에서 주 스레드는 MyThread 타입의 다른 스레드를 하나 만들고 그 객체를 t에 저장한다.

다음으로, 주 스레드는 t의 start 메소드를 호출해 스레드를 실행한다. start 메소드를 호출하면 결국 그 스레드의 run 메소드가 실행되는 효과가 있다. OS가 새 스레드를 프로세서에 할당하기로 결정하는 시점이 바로 run이 실행되는 때이다. 프로그래머는 그 시점을 조정할 권한이 거의 없으며, 운영체제는 언젠가는 스레드를 실행해 줄 것을 보장한다. 주 스레드는 t 스레드를 시작하고 나서 t의 join 메소드를 호출했다. 이 메소드는 t가 실행을 마칠 때까지 주 스레드의 실행을 멈춘다. 이런 경우 join 연산이 주 스레드를 t가 끝날 때까지 대기waiting 상태로 만들었다고 말한다. 중요한 것은, 대기상태로 들어가는 스레드는 CPU에 대한 제어권을 포기하기 때문에, OS가 그 CPU를 다른 스레드에 할당할 수 있다는 점이다.

 대기 중인 스레드는 OS에게 자신이 특정 조건을 기다린다는 사실을 알려주고 CPU 사이클 사용을 중단한다. 스레드가 반복적으로 조건을 검사하는 것이 아니다.

한편, OS는 사용 가능한 프로세서를 찾아서 자식 스레드를 실행하라고 지시한다. 스레드가 실행할 코드는 run 메소드를 재정의해야만 한다. MyThread 클래스의 인스턴스 t는 시작 시 "New thread running."이라는 문자열을 출력하고 실행을 끝낸다. 이 시점에서 운영체제는 t의 실행이 끝났음을 보고받고, 결국 주 스레드가 실행을 다시 재개하도록 한다. 그러면 OS는 주 스레드를 다시 실행 중running 상태로 바꾸고, 주 스레드는 "New thread joined."를 출력한다. 이 과정을 표시한 것이 다음 그림이다.

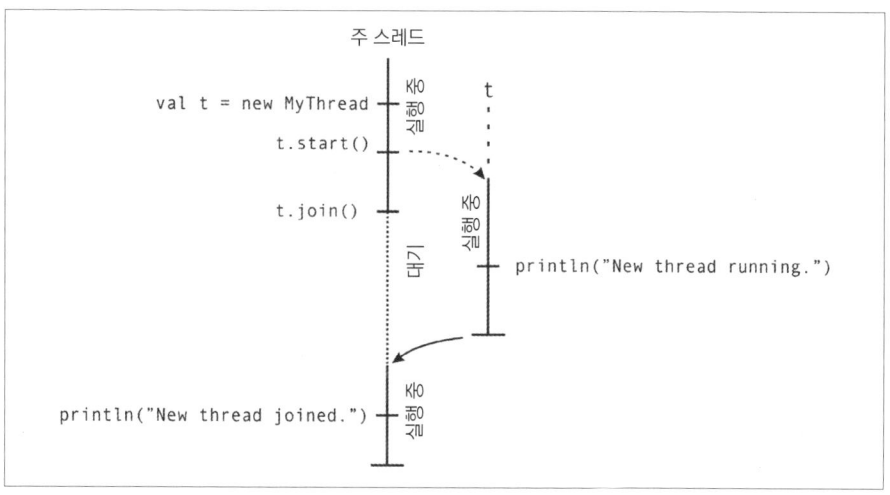

"New thread running."과 "New thread joined."가 출력되는 순서가 항상 같다는 사실에 주의하라. 이는 join을 호출하면 t 스레드가 종료된 다음에 join 호출 다음에 있는 문장을 실행하도록 보장하기 때문이다.

프로그램을 실행하면 너무 빨리 println이 출력되기 때문에 거의 동시에 일어나는 것처럼 보인다. 이 순서가 OS가 스레드를 실행하는 방식으로 인해 항상 이렇게 되는 것이라고 말할 수도 있지 않을까?[3] 주 스레드가 정말 t 스레드를 기다리는지 스레드의 실행을 약간 비틀어서, 이 예제를 실행 시 운영체제가 t를 먼저 실행하려

---

[3] 예를 들어 스레드는 아니지만, 자식 프로세스를 생성해 주는 리눅스 fork()의 경우 대부분의 구현에서 (쓰기 시 복사(COW) 등을 방지해 메모리 효율성을 높이기 위해) 자식 프로세스를 생성하자마자 바로 실행한다. – 옮긴이

는 경향이 있다는 가설을 검증해 보도록 하자. 실험을 하기 전에 새로운 스레드를 조금 전의 예제와 같은 복잡한 문법을 사용하지 않고 간편하게 만들 수 있는 도구를 하나 소개할 것이다. 새 `thread` 메소드는 인자로 받은 코드 블록을 새 스레드로 실행해 준다. 이번에는 인스턴스화하는 부분에 직접 무명 스레드 클래스를 사용한다.

```
def thread(body: =>Unit): Thread = {
  val t = new Thread {
    override def run() = body
  }
  t.start()
  t
}
```

`thread` 메소드는 코드 블록을 받아서, run 메소드에서 그 블록을 실행하는 새 익명 스레드를 만들고, 즉시 그 스레드를 시작한 다음, 스레드에 대한 참조를 결과값으로 반환한다. 클라이언트는 결과값을 받아서 `join`하거나 할 수 있다.

`thread` 메소드로 스레드를 만들고 시작하면 코드가 훨씬 더 간결해진다. 이제부터는 간결성을 위해 예제에 `thread` 메소드를 사용할 것이다. 하지만, 실제 상용 프로젝트에서는 `thread`를 사용할지 한 번 더 고민해야 한다. 문법적인 어려움과 계산 비용 사이에 상관관계가 있다고 생각하는 경우가 흔하다. 그래서, 문법이 간결하면 계산 비용도 싸다고 착각하는 경우가 있지만, 실제로는 스레드를 새로 생성하는 비용은 그리 싸지 않다.

이제 OS를 가지고 모든 프로세서를 사용 가능한지 실험해볼 수 있다. 이를 위해 Thread의 정적인 `sleep` 메소드를 사용할 것이다. `sleep`은 주어진 시간(밀리초 단위)동안 현재 스레드의 실행을 연기한다. 이 메소드는 스레드를 일정시간 대기 timed waiting 상태로 만든다. `sleep`을 호출하면 OS가 프로세서를 다른 스레드를 위해 재사용할 수 있다. 실험을 위해 전형적인 OS 시간 슬라이스(보통 10~100밀리초)보다 훨씬 더 긴 시간을 `sleep`해야 할 필요가 있다. 다음 코드는 이를 보여준다.

```
object ThreadsSleep extends App {
  val t = thread {
    Thread.sleep(1000)
```

```
    log("New thread running.")
    Thread.sleep(1000)
    log("Still running.")
    Thread.sleep(1000)
    log("Completed.")
  }
  t.join()
  log("New thread joined.")
}
```

ThreadSleep 애플리케이션의 주 스레드는 t라는 새 스레드를 만들고 시작한다. t는 1초 일시 중단 후 텍스트를 하나 출력하는 과정을 세 번 반복한다. 주 스레드는 예전에 본 예제와 마찬가지로 join을 호출한 다음 "New thread joined."를 출력한다.

1장에서 설명한 log 메소드를 사용한다는 점에 유의하라.[4] log 메소드는 주어진 문자열에 자신을 호출한 스레드의 이름을 덧붙여서 출력한다.

이 애플리케이션을 몇 번을 실행하더라도 마지막 출력은 "New thread joined."이다. 이 프로그램은 결정적deterministic이다. 즉, OS의 스케줄링과 무관하게 같은 입력(여기서는 입력이 없다)에 같은 출력을 만들어낸다.

하지만, 스레드를 사용하는 모든 애플리케이션이 같은 입력에 같은 출력을 내놓는 것은 아니다. 다음 코드는 비결정적인nondeterministic 애플리케이션의 예이다.

```
object ThreadsNondeterminism extends App {
  val t = thread { log("New thread running.") }
  log("...")
  log("...")
  t.join()
  log("New thread joined.")
}
```

---

4 1장 맨 마지막 부분에서 org.learningconcurrency 패키지 객체 아래 만든 log 메소드를 말한다. 따라서, 이 메소드를 사용하려면 본문의 ThreadsSleep 클래스를 org.learningconcurrency 패키지나 그 하위 패키지에 위치시켜야 한다(본문에는 따로 표시하지 않았지만, 머리말에서 일러둔 것처럼, 2장의 모든 클래스는 org.learningconcurrency.ch2 패키지에 들어 있다). 이 책의 소스코드를 다운로드한 독자라면 이미 그런 구조가 반영되어 있으니 문제가 없겠지만, 직접 타이핑하면서 연습하는 독자라면 패키징에 주의하기 바란다. 펄에서 연습하는 독자라면 그냥 log 함수를 하나 정의하는 것이 편하다. - 옮긴이

여기서는 주 스레드의 log("...") 문장이 t 스레드의 log 호출 전이나 후 중 어느 때 벌어질지 보장하지 못한다. 이 프로그램을 다중 코어 컴퓨터에서 여러 번 실행해 보면, "..."가 t 스레드의 출력의 앞이나 뒤에 오거나, 서로 뒤섞여 있는 것을 볼 수 있다. 우리가 이 프로그램을 실행하자 다음과 같은 출력을 볼 수 있었다.

```
run-main-46: ...
Thread-80: New thread running.
run-main-46: ...
run-main-46: New thread joined.
```

같은 프로그램을 여러 번 실행하다 보면 조금 다른 순서로 출력되는 것을 볼 수 있었다.

```
Thread-81: New thread running.
run-main-47: ...
run-main-47: ...
run-main-47: New thread joined.
```

대부분의 다중스레드 프로그램은 비결정적이다. 그로 인해 다중스레드 프로그래밍이 아주 어려워진다. 어려워지는 이유는 여러 가지가 있다. 우선, 프로그램이 너무 커서 프로그래머가 결정적인 특성을 추론해내지 못하거나, 스레드 간의 상호작용이 너무 복잡해서 프로그래머가 이를 이해하기 어려울 수 있다. 하지만, 일부 프로그램은 태생적으로 비결정적일 수 있다. 웹 서버는 어떤 클라이언트가 자신에게 어떤 요청을 가장 먼저 보낼지 알 수가 없다. 따라서 웹 서버는 어떤 순서로 요청이 들어와도 가장 빠르게 응답할 수 있도록 해야만 한다. 클라이언트가 웹 서버에게 보내는 요청의 순서에 따라서 요청이 동일하더라도 동작이 다를 수가 있다.

원자적 실행

이미 스레드가 서로 통신하는 방법(어느 한편이 끝날 때까지 기다리는 것)을 한 가지 살펴보았다. 어떤 스레드가 join되었다면 해당 스레드가 종료했다는 정보를 전달한 것이다. 하지만, 실제로 이런 정보는 그리 유용하지 않다. 예를 들어 웹 브라우저에서 어떤 페이지를 렌더링하는 스레드는 다른 스레드에게 특정 URL을 이미 방문했다고 알려줘야만 한다.

스레드에 join 메소드를 호출하면 얻을 수 있는 특성이 하나 더 있다. join 대상 스레드가 메모리에 기록한 것은 join 호출에서 돌아온 다음, join을 호출한 메소드에서 관찰할 수 있다는 점이다. 다음 예를 보자.

```
object ThreadsCommunicate extends App {
  var result: String = null
  val t = thread { result = "\nTitle\n" + "=" * 5 }
  t.join()
  log(result)
}
```

주 스레드가 null을 출력하는 일은 없다. 이는 join 호출이 log 호출보다 앞에 있기 때문에, t 스레드가 종료되는 시점에 result에는 바른 문자열이 들어가기 때문이다. 이런 패턴은 어떤 스레드의 결과를 다른 스레드에 전달하는 아주 기본적인 방법이다.

하지만, 이 패턴은 아주 제한적이고 단방향 통신만 가능하며, 두 스레드가 실행되는 도중에 스레드 상호 간의 통신은 불가능하다. 제한이 없는 양방향 통신이 필요한 용례Use case가 아주 많다. 한가지 예는 여러 스레드에서 생성한 수가 겹치지 않도록 각각의 스레드에서 유일한 식별자를 만들어야 하는 경우이다. 아마 다음 예와 같이 처리하고픈 유혹이 들 것이다. 하지만, 이는 제대로 동작하지 않는다. 먼저 앞 부분 절반을 살펴보자.

```
object ThreadsUnprotectedUid extends App {
  var uidCount = 0L

  def getUniqueId() = {
    val freshUid = uidCount + 1
    uidCount = freshUid
    freshUid
  }
```

uidCount 변수는 스레드들이 가장 마지막으로 선택한 식별자를 저장하는 것이 목적이다. 스레드에 getUniqueId()를 호출하면 사용하지 않은 가장 작은 수를 식별자로 계산한 다음, uidCount 변수를 계산한 식별자 값으로 갱신한다. 이 예에서는 uidCount를 읽어서 freshUid를 초기화하고 다시 freshUid의 값을 다시 uidCount에 설정하는 두 과정이 한꺼번에 일어난다는 보장이 없다. 이런 경우 두 문장이 원자적$_{atomic}$으로 일어나지 않는다라고 말한다. 왜냐하면 다른 스레드에 있는 같은 문장과 실행 순서가 서로 뒤섞일 수 있기 때문이다. 이제 주어진 수 n만큼 getUniqueId를 호출해 n개의 유일한 식별자를 만들어서 출력하는 printUniqueIds라는 메소드를 작성해 보자. 스칼라의 for 내장을 사용해 0 until n 범위를 유일한 식별자의 시퀀스로 매핑한다. 마지막으로, 주 스레드는 printUniqueIds를 호출하는 새 t 스레드를 시작한 다음, 아래와 같이 t 스레드와 동시에 printUniqueIds를 실행한다.

```
def printUniqueIds(n: Int): Unit = {
  val uids = for (i<- 0 until n) yield getUniqueId()
  log(s"Generated uids: $uids")
}
val t = thread { printUniqueIds(5) }
printUniqueIds(5)
t.join()
}
```

이 애플리케이션을 여러 번 실행하면 주 스레드와 t 스레드가 생성하는 식별자들이 유일하지 않다는 것을 알 수 있다. 예를 들어 어떤 경우 Vector(1, 2, 3, 4, 5)와 Vector(1, 6, 7, 8, 9)를 출력하고, 다른 경우에는 또 다른 결과를 출력한다! 프로그램 출력은 각 스레드에 있는 명령이 어떤 순서로 실행되었느냐에 따라 달라진다.

경합 조건(race condition)이란 동시 프로그램의 출력이 그 프로그램 안에 있는 (동시에 실행되는) 여러 문장의 실행 스케줄에 따라 출력이 달라지는 현상을 말한다.

프로그램에서 경합 조건이 꼭 잘못된 동작은 아니다. 하지만, 일부 실행 스케줄이 원치 않는 출력을 만들어낸다면 그 경합 조건을 프로그램 오류로 생각해야 할 것이다. 앞에서 본 예제의 경합 조건은 프로그램 오류이다. 왜냐하면 getUniqueId

메소드가 원자적이지 않기 때문이다. 주 스레드와 t 스레드는 때로 동시에 getUniqueId를 호출한다. 첫 줄에서 두 스레드가 동시에 uidCount를 읽는다. 이 변수의 초기값이 0이었기 때문에 각 스레드는 자신만의 freshUid 변수가 1이어야 한다고 결정한다. freshUid 변수는 지역 변수이기 때문에 스레드 스택에 들어 있고, 각 스레드는 같은 이름으로 (스택에 있는) 서로 다른 변수를 참조한다. 이제 두 스레드는 1이라는 값을 uidCount에 각각 다시 넣는다. 그 후, 1이라는 결코 유일하지 않은 식별자를 반환한다. 이를 그림으로 그리면 다음과 같다.

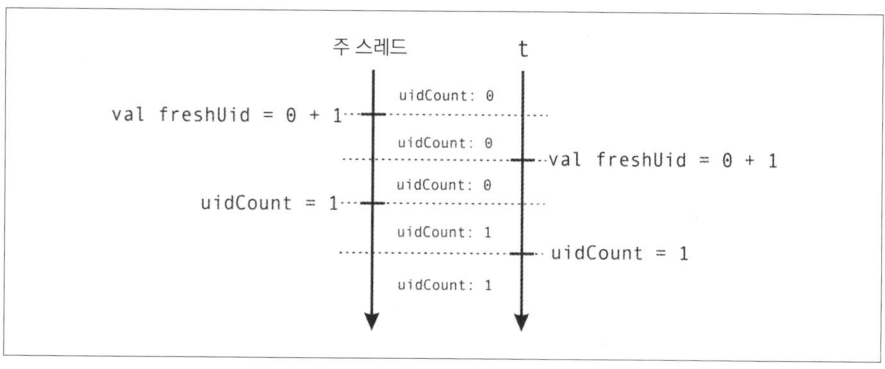

대부분의 프로그래머가 순차적 프로그래밍에서 얻은 프로그램 실행에 대한 직관과 getUniqueId 메소드를 동시에 실행하는 경우의 동작은 들어맞지 않는다. 이런 차이는 getUniqueId가 원자적으로 실행된다는 가정 때문이다. 코드 블록이 원자적으로 실행된다는 것은 두 스레드가 그 코드 블록 안에 있는 문장을 서로 뒤섞어 실행하는 일이 결코 없다는 뜻이다. 원자적인 실행의 경우, 코드 블록 안의 모든 명령이 한꺼번에 실행된다. 우리가 의도했던 uidCount 필드 변경 절차도 바로 그런 것이었다. getUniqueId 함수 안의 코드는 한 값을 읽고, 변경하고, 쓰는데, 이는 JVM에서는 원자적인 연산이 아니다. 원자성을 보장하기 위해 다른 프로그램 요소가 필요하다. 이런 종류의 원자적 실행을 보장하는 스칼라 구성 요소는 synchronized 명령이며, 이 명령은 임의의 객체에 대해 호출이 가능하다. 이 명령을 사용해 getUniqueId를 정의하면 다음과 같다.

```
def getUniqueId() = this.synchronized {
  val freshUid = uidCount + 1
  uidCount = freshUid
  freshUid
}
```

synchronized를 호출하면 그 블록을 다른 스레드가 실행하지 않고, 동일한 this 객체에 대해 synchronized를 호출한 다른 블록을 실행하는 스레드도 없는 경우에만, 배타적으로 블록이 실행되도록 보장할 수 있다. 여기서, this 객체는 이 코드가 속해 있는 싱글턴 객체인 ThreadsUnprotectedUid지만, 일반적으로는 동기화 대상 블록을 감싸고 있는 클래스나 트레이트의 인스턴스가 this 객체다.

getUniqueId 메소드를 동시에 호출하는 경우를 다음 그림에서 볼 수 있다.

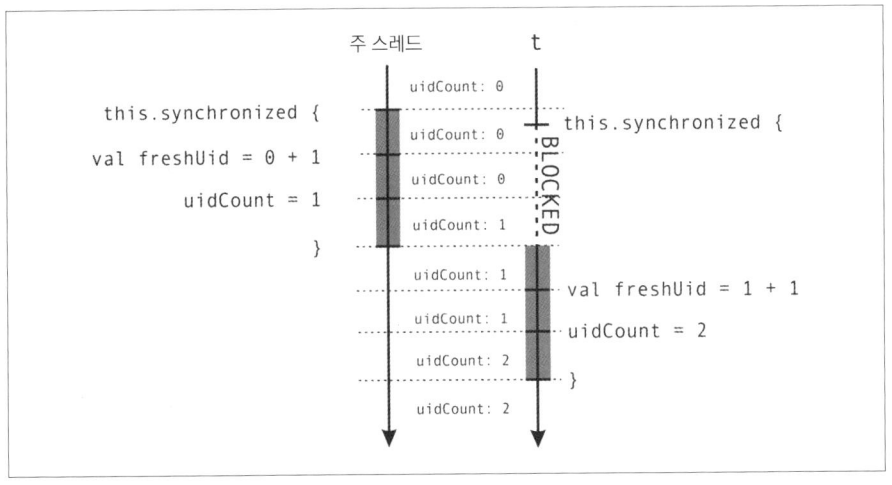

synchronized를 호출할 때 this를 생략할 수도 있다. 그런 경우, 컴파일러가 자동으로 주변 블록을 추론해 사용할 것이다. 하지만, 절대로 그렇게 하지 말기 바란다. 잘못된 객체에 대해 동기화를 실행해서 생기는 오류는 알아채기가 쉽지 않다.

 synchronized 문의 수신 객체를 항상 명시하라. 그렇게 하면, 알아내기 어려우면서 심각한 프로그램 오류를 방지할 수 있다.

x 객체에 대해 synchronized를 호출하면, x 객체에 대해 synchronized를 호출한 여러 스레드 중에 오직 한 스레드만 인자 코드 블록을 실행하도록 보장한다. 만약 T 스레드가 synchronized를 x에 대해 호출했는데, 이미 다른 스레드 S가 synchronized를 x에 호출해 코드 블록을 실행 중이라면, JVM은 T 스레드를 블록됨blocked 상태로 바꾼다. S가 synchronized 블록의 실행을 끝내면 JVM이 T 스레드를 선택해 synchronized 블록을 실행하도록 만들 수 있다.

JVM 안에서 만들어진 모든 객체에는 고유 락intrinsic lock 또는 모니터monitor라고 부르는 특별한 장치가 들어 있다. 이를 사용해 해당 객체에 대해 오직 한 synchronized 블록만 실행되도록 보장할 수 있다. 스레드 T가 x에 대한 synchronized 블록의 실행을 시작하는 경우 T가 x 모니터의 소유권을 얻었다gain ownership라고 말한다. 이를 x를 획득acquire했다고 말하기도 한다. T가 synchronized 블록의 실행을 마치는 경우, T가 모니터를 해제release했다고 말한다.

synchronized 문은 스칼라나 JVM에서 가장 기본적인 스레드간 통신 방식 중 하나이다. 여러 스레드가 동시에 동일한 객체의 필드에 접근하고 변경할 가능성이 있다면, synchronized 문을 사용해야만 한다.

재배열

synchronized 문은 공짜가 아니다. synchronized로 보호되는 uidCount와 같은 필드에 쓰는 것은 보호 대상이 아닌 일반 필드에 쓰는 것보다 비용이 많이 든다. synchronized 문으로 인한 성능의 손해는 JVM 구현에 따라 다르지만, 보통 아주 크지는 않다. 아마도 앞의 유일한 식별자 예와 같이 문장의 실행 순서가 뒤섞여서 나쁜 결과를 가져오는 경우가 아니라고 생각한다면 synchronized를 제거하고 싶을 것이다. 결코 그래서는 안 된다! 그로 인해 심각한 문제가 생기는 최소한의 예를 보여줄 것이다.

다음 프로그램을 생각해 보자. 두 스레드 t1과 t2가 두 Boolean 변수 a와 b, 그리고 두 Int 변수 x와 y에 접근한다. t1 스레드는 a를 true로 설정하고, b의 값을 읽는다. 만약 b의 값이 true라면 t1 스레드는 0을 y에 대입하고, 그렇지 않다면 1을 대입한다. t2 스레드는 반대로 작동한다. t2는 b를 true로 설정하고, a의 값을 읽어서 그 값이 true라면 0을 x에 대입하고, 그렇지 않다면 1을 대입한다. 이런 조작을 아래와 같이 100000번 반복하자.

```
object ThreadSharedStateAccessReordering extends App {
  for (i <- 0 until 100000) {
    var a = false
    var b = false
    var x = -1
    var y = -1
    val t1 = thread {
      a = true
      y = if (b) 0 else 1
    }
    val t2 = thread {
      b = true
      x = if (a) 0 else 1
    }
    t1.join()
    t2.join()
    assert(!(x == 1 && y == 1), s"x = $x, y = $y")
  }
}
```

이 프로그램은 조금 미묘하다. 따라서 여러 가능한 실행 시나리오를 주의 깊게 검토해야 한다. t1과 t2 스레드의 명령어가 뒤섞이는 것을 분석하다 보면, 두 스레드가 동시에 a와 b에 0을 대입할 수가 있고, 그 경우 동시에 0을 x와 y에 대입하게 된다는 것을 알 수 있다. 이런 결과가 나오려면 두 스레드가 거의 동시에 시작되고, 다음 그림의 오른쪽과 같이 실행되는 경우여야 한다.

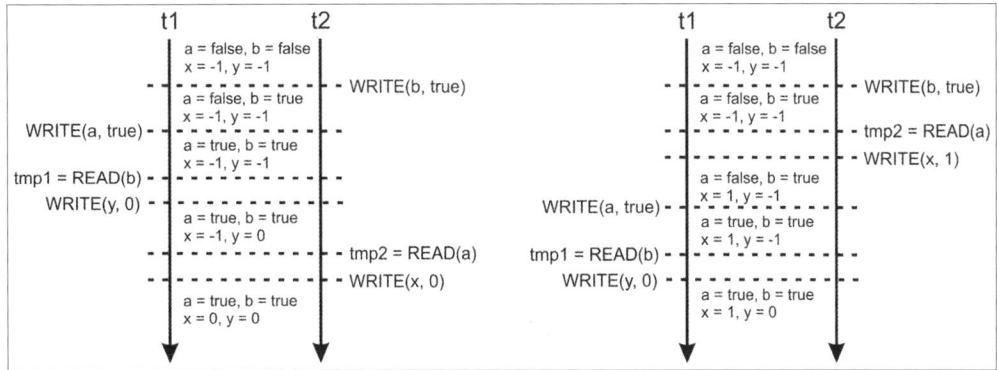

대신 t2가 더 빠르게 실행된다고 가정해 보자. 이 경우 t2 스레드는 변수 b를 true로 설정하고, a의 값을 읽으려 시도할 것이다. 이 동작이 t1 스레드가 a에 무언가를 대입하기 전에 이루어지기 때문에, t2 스레드는 false를 읽고 1을 x에 대입할 것이다. t1 스레드가 실행되면 b의 값이 true이다. 따라서 0을 y에 대입한다. 이러한 이벤트 순서를 표현한 것이 위 그림의 오른쪽이다. t1 스레드가 더 먼저 실행되는 경우에는 t2가 먼저 실행되는 경우와 역으로 x에는 0, y에는 1이 들어간다. 이에 대해서는 별도의 그림을 보이지 않았다.

지금까지 분석한 것으로 내릴 수 있는 결론은, t1과 t2 스레드의 문장 실행 순서를 어떻게 변경해도 결코 x와 y가 동시에 1인 경우는 생기지 않는다는 것이다. 따라서 프로그램 맨 끝에 있는 단언문assert은 결코 예외를 발생시키지 않을 것이다.

하지만, 이 프로그램을 실제로 몇 번 실행해 보면, 다음과 같은 출력을 볼 수 있다. 이는 x와 y가 동시에 1이 되었다는 의미이다.

[error] Exception in thread "main": assertion failed: x = 1, y = 1

이 결과는 놀랍고, 상식을 벗어나는 것 같아 보인다. 왜 우리가 방금 추론한 것과 같이 프로그램의 실행을 추론할 수 없는 것일까? 해답은 JVM 명세specification에 있다. JVM은 어떤 스레드의 순차적인 의미가 바뀌지 않는 한, 그 스레드가 실행하는 명령의 순서를 변경할 수 있다. 이는 모든 프로세서가 항상 명령어를 프로그램 순서대로 실행하지는 않기 때문이다. 게다가 스레드가 변수를 변경한다고 해도 변경

사항이 항상 주 메모리에 즉시 반영되는 것은 아니다. 경우에 따라서는 프로세서 내부에 있는 레지스터에 변경한 값을 임시로 캐시할 수 있다. 이는 프로그램의 효율을 최대로 높이고 컴파일러가 더 잘 프로그램을 최적화하기 위해서이다.

그렇다면 어떻게 다중스레드 프로그램에 대해 추론할 수 있을까? 여기서 우리가 저지른 실수는 한 스레드가 변경한 내용이 그 즉시 다른 스레드에게도 보일 것이라고 가정한 것이다. 어떤 스레드가 쓴 내용을 다른 스레드가 볼 수 있게 만들려면 항상 적절한 동기화를 실시해야만 한다.

synchronized 문은 적절히 동기화를 수행하기 위한 기본적인 수단 중 하나이다. x 객체에 대해 synchronized 명령을 실행하는 스레드가 쓴 내용들은 원자적일 뿐 아니라, x 객체에 대해 synchronized해서 실행 중인 모든 스레드에서 관찰 가능하다. 앞에서 본 프로그램에서 t1과 t2를 같은 객체에 대해 synchronized로 만들면 우리가 예상한대로 동작할 것이다.

여러 스레드 간에 공유해야 하는 상태를 참조(읽거나 변경)할 때는 어떤 x 객체에 대해 synchronized해서 명령을 실행하라. 그렇게 하면 임의의 시점에 오직 하나의 스레드 T만 x에 대해 synchronized한 명령을 실행하도록 보장한다. 게다가 T 스레드가 메모리에 쓴 모든 내용을 그 이후 x에 대해 synchronzied해서 실행되는 모든 다른 스레드들이 관찰할 수 있다.

이번 장의 나머지 부분과 3장에서는 볼레타일volatile 변수나 원자적 변수 등의 다른 동기화 메커니즘에 대해 살펴볼 것이다. 다음 절에서는 synchronized의 다른 용례를 살펴보고, 객체 모니터에 대해 배울 것이다.

모니터와 동기화

이번 절에서는 synchronized를 사용한 스레드 간 통신에 대해 더 자세히 살펴볼 것이다. 앞에서 본 것처럼 synchronized 문은 서로 다른 스레드가 수행한 쓰기 연산이 관찰 가능하도록 만들어주고, 특정 메모리 영역에 동시에 접근하는 것을 방지한다. 일반적으로 말해서 공유된 자원에 대한 접근을 제한하는 동기화 메커니즘을 락lock이라 부른다. 락은 어느 두 스레드가 동시에 같은 코드를 실행하지 못하도록 방지하며, 이를 상호 배제mutual exclusion라 부른다.

이미 이야기한 것처럼 JVM의 모든 객체에는 특별히 내장된 모니터 락, 다른 말로 고유 락이 있다. 스레드 T가 x 객체에 대해 `synchronized` 문을 호출하면, 다른 스레드가 이미 x 객체의 모니터 락에 대한 소유권을 가지고 있지 않는 한 그 모니터 락의 소유권을 얻는다. 누군가 락을 이미 소유했다면, T 스레드는 모니터가 해제될 때까지 블록된다. T가 그 모니터의 소유권을 얻으면, 예전에 그 모니터를 해제한 스레드가 메모리에 덮어쓴 내용을 볼 수 있다.

둘 이상의 `synchronized`를 내포시켜 사용하는 것도 자연스럽게 벌어질 수 있다. 어떤 모니터를 소유하고 있는 스레드는 동시에 여러 다른 객체를 소유할 수도 있다. 간단한 구성 요소로부터 큰 시스템을 만드는 경우 이런 특징이 유용하다. 여러 독립적인 소프트웨어 컴포넌트들이 어떤 모니터들을 소유하려 시도할지 미리 알 수는 없다. 입금 업무를 로그에 남기는 온라인 은행 시스템을 개발한다고 가정해 보자. 모든 입금 거래의 목록을 크기가 늘어날 수 있는 변경 가능한 `ArrayBuffer`에 유지할 수 있다. 본 은행 애플리케이션은 직접 돈을 입금하지는 않는다. 대신, `transfers`에 대해 `synchronized`를 호출하는 `logTransfer`라는 메소드를 사용해 로그를 추가한다. `ArrayBuffer`의 구현은 단일 스레드에서만 쓸 수 있게 되어 있다. 따라서 이를 동시 쓰기로부터 보호할 필요가 있다. 먼저 `logTransfer` 메소드를 정의하는 것부터 시작하자.

```
object SynchronizedNesting extends App {
  import scala.collection._
  private val transfers = mutable.ArrayBuffer[String]()
  def logTransfer(name: String, n: Int) = transfers.synchronized {
    transfers += s"transfer to account '$name' = $n"
  }
```

은행 시스템의 로그 모듈에 더불어 각 계좌를 Account 클래스로 표현할 것이다. Account 객체는 고객 정보와 잔액이 들어 있다. 계좌에 금액을 더하기 위해서 은행 시스템은 Account 객체의 모니터를 획득해 money 필드를 갱신하는 add 메소드를 사용한다. 이 은행은 거액의 거래를 특별히 취급해야 한다. 만약 입금액이 10 통화 단위를 넘는 경우 이에 대한 로그를 별도로 남긴다. 다음 코드에서는 Account 클래스와 그 클래스의 객체에 n만큼의 금액을 추가하는 add 메소드를 정의한다.

```
class Account(val name: String, var money: Int)

def add(account: Account, n: Int) = account.synchronized {
  account.money += n
  if (n > 10) logTransfer(account.name, n)
}
```

add 메소드는 `synchronized` 문 안에서 `logTransfer`를 호출한다. 그리고 `logTransfer`는 먼저 `transfers` 모니터를 얻으려 시도한다. 중요한 것은 이 시도가 `account` 모니터를 해제하지 않은 상태에서 이뤄진다는 점이다. 만약 `transfers`를 다른 스레드가 이미 소유한 상태라면, 현재 스레드는 `account` 모니터를 해제하지 않고 블록된다.

다음 예에서 주 애플리케이션은 2개의 별도 계좌를 만들고 입금을 위해 3개의 스레드를 실행한다. 모든 스레드가 입금을 마치면 주 스레드가 로그에 있는 모든 입금 내역을 출력한다.

```
val jane = new Account("Jane", 100)
val john = new Account("John", 200)
val t1 = thread { add(jane, 5) }
val t2 = thread { add(john, 50) }
val t3 = thread { add(jane, 70) }
t1.join(); t2.join(); t3.join()
log(s"--- transfers ---\n$transfers")
}
```

이 예제에서 `synchronized` 문은 t1과 t3가 제인Jane의 계좌를 동시에 변경해서 오염시키지 못하도록 막는다. t2와 t3 스레드는 또한 transfers 로그도 사용한다. 이 간단한 예는 synchronized를 내포시키는 것이 유용한 경우를 보여준다. 우리는 은행 시스템의 다른 부분 중 어떤 것이 transfers 로그를 사용할지 알지 못한다. 캡슐화를 유지하면서 코드 중복을 막기 위해, 독립적인 소프트웨어 컴포넌트들이 명시적으로 입금 로그를 남기기 위해 동기화해서는 안 된다. 대신, 동기화를 logTransfer 메소드 안에 감춰두는 것이 좋다.

교착상태

은행 시스템 예제가 잘 작동했던 요인은 logTransfer 메소드가 결코 transfers 모니터를 제외한 다른 모니터를 획득하려 시도하지 않는다는 점 때문이다. 어떤 스레드가 모니터를 얻고 나면 언젠가는 transfers 버퍼를 변경하고 모니터를 해제한다. 모니터 내포 관계에서 항상 transfers 모니터가 가장 나중에 온다. logTransfer가 transfers에 대해 동기화하는 유일한 메소드라는 점 때문에, transfers 모니터에 대한 대기는 무한정 길어질 수가 없다.

교착상태deadlock는 둘 이상의 실행이 다음 명령을 수행하기 위해 반대편의 동작 완료를 기다리는 상황을 말한다. 대기해야 하는 이유는 자신이 진행하기 위해 필요한 자원을 다른 실행 쪽에서 이미 사용 중이기 때문이다. 일상생활의 예를 들기 위해, 직장 동료와 함께 밥을 먹기 위해 식탁에 앉아 있다고 생각해 보자. 포크와 나이프가 하나밖에 없는데, 여러분이나 동료 모두 식사를 위해서는 포크와 나이프를 동시에 사용해야 한다. 우연히 여러분이 포크를 잡고, 동료는 나이프를 잡았다. 두 사람 모두 다른 사람이 식사를 마치기를 기다리면서, 손에 잡은 도구를 내려놓지 않는다. 이제 여러분은 교착상태에 빠졌다. 두 사람 모두 식사를 결코 마칠 수 없을 것이다. 상사가 와서 이 바보 같은 상황을 발견하는 경우가 아니라면 말이다.

동시 프로그래밍에서 두 스레드가 동시에 각각 별도의 모니터를 획득한 다음 다른 스레드가 획득한 모니터를 요청하는 경우 교착상태가 생긴다. 두 스레드 모두 상대편의 모니터가 해제될 때까지 블록 상태로 들어간다. 하지만, 둘 다 자신의 모니터를 해제하지는 않는다.

`logTransfer` 메소드는 결코 교착상태를 야기하지 않는다. 왜냐하면 그 메소드는 오직 한 모니터만을 획득하고, 언젠가는 그 모니터를 해제할 것이기 때문이다. 은행 시스템 예제를 확장해서 두 계좌 간의 송금을 지원하게 만들자.

```
object SynchronizedDeadlock extends App {
  import SynchronizedNesting.Account
  def send(a: Account, b: Account, n: Int) = a.synchronized {
    b.synchronized {
      a.money -= n
      b.money += n
    }
  }
```

앞의 예제로부터 Account 클래스를 임포트한다. send 메소드는 n만큼의 금액을 a 계좌에서 다른 계좌 b로 보낸다. 이를 위해 synchronized 문을 두 계좌 모두에 호출해 아래와 같이 서로 다른 스레드가 두 계좌 중 어느 하나를 동시에 변경하는 일을 막는다.

```
  val a = new Account("현석", 1000)
  val b = new Account("계영", 2000)
  val t1 = thread { for (i<- 0 until 100) send(a, b, 1) }
  val t2 = thread { for (i<- 0 until 100) send(b, a, 1) }
  t1.join(); t2.join()
  log(s"a = ${a.money}, b = ${b.money}")
}
```

이제 현석과 계영이라는 고객이 계좌를 열고, 이 전자 은행 시스템의 성능에 감명 받았다고 하자. 두 사람 모두 로그인해서 시험적으로 서로에게 송금하기 위해, 송금 버튼을 빠르게 100번 연타했다고 하자. 곧 아주 좋지 않은 일이 생긴다. 현석과 계영의 요청을 수행하는 t1과 t2 스레드는 a와 b 계좌를 서로 바꿔서 send를 동시에 호출한다. 스레드 t1이 a를 락 하고, t2가 b를 락 하지만, 두 스레드 모두 나머지 계좌를 락 할 수가 없다. 현석이나 계영은 새 은행 시스템이 보이는 것처럼 그리 대단하지 않다는 사실에 놀랄 수 밖에 없다. 이 예제를 실행하는 독자라면 이 시점에서 터미널을 닫고 다시 SBT를 실행하고 싶을 것이다.

둘 이상의 스레드가 자원을 획득한 다음, 자기가 소유한 자원은 해제하지 않으면서 다른 스레드의 자원을 서로 순환적으로 요청하는 경우 교착상태에 빠진다.

교착상태를 방지하려면 어떻게 해야 할까? 최초의 은행 시스템 예제에서 모니터를 획득하는 순서가 항상 잘 정의되어 있었음을 기억하라. 한 계좌의 모니터를 먼저 획득한 다음에 transfers 모니터를 획득했다. 항상 자원을 같은 순서로 획득한다면 교착상태도 발생하지 않음을 확신할 수 있어야 한다. 이런 경우 스레드 T가 Y를 획득한 다음 다른 스레드 S가 획득한 자원 X를 기다리는 중이라면, S는 결코 Y를 획득하려 시도하지 않을 것이다. 왜냐하면, T가 Y를 획득 후 X를 기다리고 있다는 것은 Y < X라는 뜻인데, S는 이미 X를 획득했기 때문에 X < Y'인 Y'만 시도할 것이기 때문이다. 이렇게 순서를 정해놓으면 교착상태를 위한 전제 조건 중 하나인 순환 대기를 막을 수 있다.

 여러 자원을 획득해야 하는 경우, 모든 자원간의 완전한 순서를 정하라. 그렇게 하면 스레드 중 일부가 서로 이미 획득한 자원을 순환적으로 기다리는 일이 없도록 만들 수 있다.

우리 예에서는 여러 계좌 간의 순서를 정해야 한다. 한 가지 방법은 예전에 봤던 getUniqueId 메소드를 사용하는 것이다.

```
import SynchronizedProtectedUid.getUniqueId
class Account(val name: String, var money: Int) {
  val uid = getUniqueId()
}
```

새 Account 클래스는 계좌가 어느 스레드에서 만들어졌든 고유의 uid를 가진다는 것을 보장한다. 경합조건으로부터 자유로운 send 메소드는 uid 값의 순서대로 계좌를 얻기 위해 시도한다. 다음을 보자.

```
def send(a1: Account, a2: Account, n: Int) {
  def adjust() {
```

```
    a1.money -= n
    a2.money += n
  }
  if (a1.uid < a2.uid)
    a1.synchronized { a2.synchronized { adjust() } }
  else
    a2.synchronized { a1.synchronized { adjust() } }
}
```

은행의 개발자가 이런 해법을 제시하자 현석과 계영은 기쁘게 다시 서로 송금할 수 있었다. 더 이상 순환적으로 스레드가 블록되는 일은 없었다.

교착상태는 자신이 얻은 자원을 해제하지 않으면서 다른 자원을 기다리는 동시성 시스템에 필연적으로 내재된 문제이며, 꼭 피해야만 한다. 하지만, 그 이름$_{\text{deadlock}}$처럼 해결이 불가능할 정도로 아주 어려운 것은 아니다. 교착상태에서 다행스러운 것은 정의 그대로 교착상태에 빠진 시스템은 더 이상 다음으로 진행하지 않는다는 점이다. 현석과 계영의 문제를 해결한 개발자는 실행 중인 JVM 인스턴스의 힙 덤프$_{\text{dump}}$를 떠서 스레드의 스택을 분석해 즉시 이를 알 수 있었다. 교착상태는 프로덕션 시스템에서 발생한 경우일지라도 식별하기가 쉽다. 이는 경합조건 등으로 인한 오류와는 다르다. 그런 경우에는 시스템이 잘못된 상태에 빠진 뒤 한참 지나서야 문제를 분명히 알 수 있다.

가드가 있는 락

새 스레드를 만드는 것은 Account와 같은 경량 객체를 만드는 것보다 훨씬 비싸다. 고성능 은행 시스템은 빠르고 응답성이 좋아야 한다. 초당 1000건이 넘는 요청이 들어올 때마다 스레드를 만든다면 너무 느릴 것이다. 여러 요청에 같은 스레드를 재활용할 수 있어야만 한다. 이렇게 재활용 가능한 스레드를 모아둔 것을 보통 스레드 풀이라 부른다.

다음 예에서 우리는 다른 스레드로부터 요청이 들어오면 특정 코드 블록을 실행하는 worker라는 특별한 스레드를 만들 것이다. 스칼라 표준 라이브러리에 있는 변경 가능한 Queue 클래스를 사용해 스케줄링한 코드 블록을 저장할 것이다.

```
import scala.collection._
object SynchronizedBadPool extends App {
  private val tasks = mutable.Queue[() => Unit]()
```

코드 블록을 ()=> Unit 함수 타입으로 표현했다. worker 스레드는 tasks에 대해 동기화하는 poll 메소드를 반복 호출해서 큐가 비어 있는지 검사한다. poll 메소드는 synchronized 문이 값을 반환할 수 있다는 사실을 보여주는 예제이다. 여기서는 실행할 작업이 있는 경우 Some을, 그렇지 않은 경우 None을 반환한다. Some 객체에는 실행해야 할 코드 블록이 들어가 있다.

```
val worker = new Thread {
  def poll(): Option[() => Unit] = tasks.synchronized {
    if (tasks.nonEmpty) Some(tasks.dequeue()) else None
  }
  override def run() = while (true) poll() match {
    case Some(task) => task()
    case None =>
  }
}

worker.setName("Worker")
worker.setDaemon(true)
worker.start()
```

worker 스레드를 시작하기 전에 데몬daemon 스레드로 만들었다. 일반적으로 주 스레드가 종료한다고 JVM 프로세스도 종료되는 것은 아니다. JVM 프로세스는 모든 비데몬 스레드가 종료되는 경우 종료된다. worker는 asynchronous 메소드를 통해 임의의 시점에 작업을 받아서 실행할 것이기 때문에 데몬 스레드로 만들었다.[5]

---

5 만약 worker가 비데몬 스레드라면 큐에서 작업을 기다리는 worker가 종료되지 않는 한 JVM 프로세스가 끝나지 않는다. 그런 경우 종료를 의미하는 다른 특별한 작업을 큐의 모든 스레드가 멈출 때까지 넣는 등의 조치를 통해 JVM이 종료되도록 할 수도 있을 것이다. 반면 데몬 스레드로 작업 스레드를 만들면 주 스레드 종료 시, 데몬 스레드도 종료하기 때문에 작업이 완료되지 못할 수가 있다. 이를 처리하려면 작업 중인 스레드를 마무리하고 주 스레드를 끝낼 수 있도록 적절한 조치가 추가로 필요할 것이다. - 옮긴이

```
def asynchronous(body: =>Unit) = tasks.synchronized {
  tasks.enqueue(() => body)
}
asynchronous { log("Hello") }
asynchronous { log(" world!")}
Thread.sleep(5000)
}
```

이 예제를 실행하고, worker가 "Hello"와 "world!"를 출력하는 것을 관찰하라. 이제 노트북의 소리를 주의깊게 들어보라. 팬이 빠르게 도는 소리가 들릴 것이다. 작업 관리자를 실행하거나 유닉스의 경우 터미널에서 top을 실행해 보라. CPU 중 하나를 자바 프로세스가 100% 사용하고 있는걸 볼 수 있을 것이다. 이유를 추측할 수 있을 것이다. worker는 작업을 마치고 나면 계속해서 큐에 추가 작업이 있는지 검사한다. 이런 경우 'worker'가 바쁜 대기busy waiting 한다고 말한다. 바쁜 대기는 불필요하게 CPU 능력을 사용하기 때문에 바람직하지 않다. 잠깐, 데몬 스레드는 주 스레드가 종료하면 종료되어야만 하지 않나? 일반적으로 그렇다. 하지만, 이 예제를 SBT가 실행 중인 프로세스와 같은 JVM으로 실행하고 있다는 것에 유의해야 한다. SBT 자체에도 비데몬 스레드가 포함되어 있다. 따라서 worker 스레드는 종료되지 않는다. SBT에게 run시 새로운 프로세스로 실행하라고 말하려면 다음과 같이 입력해야 한다.

```
set fork := true
```

앞의 예제를 다시 실행하면 worker 스레드가 주 스레드가 멈추면 종료하는 것을 볼 수 있다. 이런 바쁜 대기를 수행하는 worker 스레드가 종료하는 데 시간이 오래 걸리는 더 커다란 애플리케이션의 일부일 수도 있다. 스레드를 매번 새로 만드는 것은 비용이 많이 들지만, 바쁜 대기를 수행하는 스레드는 훨씬 더 비싸다. 그런 스레드가 몇 개만 있으면 쉽게 시스템 성능을 저하시킨다. 바쁜 대기를 사용하는 편이 더 합리적인 경우는 극히 소수이다. 아직도 바쁜 대기가 위험한지 의심하는 독자가 있다면, 이 예제를 노트북에서 실행하고 배터리가 방전될 때까지 커피나 한잔 마시기 바란다. 다만 실험하기 전에 모든 열려 있는 파일은 잘 저장해 두

어야 한다. 그렇지 않으면 CPU가 배터리 전력을 모두 소모하면서 데이터를 잃어버릴 수 있다.

정말로 우리가 worker 스레드의 동작으로 원하는 것은 join을 호출했을 때와 비슷하게 대기상태로 들어가는 것이다. 그리고 나서 tasks 큐에 실행해야 할 함수 객체가 들어오는 경우에만 스레드를 깨워야 한다.

스칼라 객체(그리고 일반적으로는 모든 JVM 객체)는 wait와 notify라는 특별한 메소드를 제공한다. 이들은 각각 스레드를 대기상태로 만들거나, 대기 중인 스레드를 깨우기 위해 사용한다. 어떤 객체 x에 대해 이런 메소드를 호출하려면 그 스레드가 해당 객체의 모니터를 소유하고 있어야 한다. 스레드 T가 어떤 객체에 대해 wait를 호출하면, T는 객체 모니터를 해제하고, 대기상태로 들어간다. 그 후, 다른 스레드 S가 같은 객체의 모니터를 얻어서 notify를 호출해야 T가 대기상태에서 깨어난다. 보통 S는 T가 사용할 데이터를 준비한다. 다음 예제에서 주 스레드가 greeter 스레드가 출력할 Some 메시지를 설정하는 것을 볼 수 있다.

```
object SynchronizedGuardedBlocks extends App {
  val lock = new AnyRef
  var message: Option[String] = None
  val greeter = thread {
    lock.synchronized {
      while (message == None) lock.wait()
      log(message.get)
    }
  }
  lock.synchronized {
    message = Some("Hello!")
    lock.notify()
  }
  greeter.join()
}
```

스레드는 AnyRef 타입(java.lang.Object 클래스와 같다)의 lock 객체에 있는 모니터를 사용한다. greeter 스레드는 락의 모니터를 얻고, 메시지가 None으로 설정되었는지 본다. 만약 None이라면 아직 출력할 메시지가 없으므로 wait를 lock에 대해 호출한다. wait를 호출하면 lock 모니터는 해제되며, 예전에 synchronized로 인해 대기상태였던 주 스레드가 lock 모니터의 소유권을 얻어서 메시지를 설정하고 lock에 대해 notify를 호출하고, lock을 해제한다. 그러면 greeter가 깨어나서 lock을 얻고, 메시지가 있는지 다시 검사한 다음 그것을 출력한다. greeter가 주 스레드가 해제한 바로 그 객체의 모니터를 얻기 때문에 message에 주 스레드가 내용을 넣는 것이 greeter가 메시지를 검사하기 전에 일어난다. 따라서 greeter 스레드가 메시지를 보리라는 사실을 알 수 있다. 이 예제에서는 어느 스레드가 synchronized를 더 먼저 실행했는가와 관계없이 greeter 스레드는 Hello!를 호출할 것이다.

중요한 성질 하나는 wait 메소드가 가짜 기상spurious wakeup을 발생시킬 수 있다는 것이다. 때때로 JVM이 대응하는 notify 호출이 없는데도 wait를 호출한 스레드를 깨우는 경우가 있다. 이런 경우를 제대로 처리하기 위해서 앞의 예와 같이 wait는 항상 조건을 검사하는 while 루프와 조합해야만 한다.

스레드가 깨어나기 위한 조건을 검사하고 나면, 모니터의 소유권이 해당 스레드로 넘어온다. 따라서 조건 검사가 원자적으로 일어나는 것을 장담할 수 있다.

조건을 검사하는 스레드가 깨어나려면 모니터를 획득해야 한다는 점에 유의하라. 만약 모니터를 즉시 획득할 수 없다면 스레드는 블록된 상태로 들어간다.

synchronized 안에서 반복적으로 조건을 검사하면서 wait를 호출하는 문장을 가드가 있는 블록guarded block이라고 부른다. 이제 가드에 대한 지식을 활용해 worker 구현에서 바쁜 대기를 제거하자. 다음에서 모니터를 사용하는 완전한 worker 구현을 볼 수 있다.

```
object SynchronizedPool extends App {
  private val tasks = mutable.Queue[() => Unit]()
  object Worker extends Thread {
    setDaemon(true)
    def poll() = tasks.synchronized {
      while (tasks.isEmpty) tasks.wait()
```

```
      tasks.dequeue()
    }
    override def run() = while (true) {
      val task = poll()
      task()
    }
  }
  Worker.start()
  def asynchronous(body: =>Unit) = tasks.synchronized {
    tasks.enqueue(() => body)
    tasks.notify()
  }
  asynchronous { log("Hello ") }
  asynchronous { log("World!") }
  Thread.sleep(500)
}
```

이 예에서는 간결성을 위해 Worker 스레드를 싱글턴 객체로 만들었다. 이번에는 poll 메소드가 wait를 tasks 객체에 대해 불러서, 주 스레드가 asynchronous 메소드 안에서 tasks에 코드 블록을 추가하고 notify를 호출할 때까지 기다린다. 이 예제를 실행하고 컴퓨터의 CPU 사용량을 살펴보라. 바쁜 대기를 시험해 본 다음 SBT를 재시작했다면(그리고 노트북 배터리가 충전량이 남아 있다면), 자바 프로세스의 CPU 사용량이 0인 것을 볼 수 있을 것이다.

스레드 인터럽트와 부드럽게 종료

앞의 예제에서 Worker 스레드는 run 메소드 안에서 무한루프를 돌며 결코 끝나지 않았다. 이 정도로 만족할 수도 있다. 수행할 작업이 없다면 Worker는 CPU를 사용하지 않고, Worker가 데몬 스레드이기 때문에 애플리케이션 종료 시 어쨌든 함께 종료되기 때문이다. 하지만, 애플리케이션이 종료할 때까지 사용 중인 스택 공간은 재활용이 불가능하다. 만약 이런 식으로 활동 중단 상태인 스레드가 아주 많다면 메모리를 모두 다 소모할 수 있다. 이런 활동 중단 상태의 스레드를 멈추는 방법 중 하나는 아래와 같이 스레드를 인터럽트_{interrupt}하는 것이다.

```
Worker.interrupt()
```

대기상태 또는 일정 시간 동안 대기상태인 어떤 스레드의 `interrupt`를 호출하면 그 스레드가 `InterruptedException`을 던지게 만든다. 이 예외를 잡아서 처리할 수 있지만, 여기서는 `Worker` 스레드를 종료한다. 하지만, 스레드가 실행 중인 동안 이 메소드를 호출하면 예외가 발생하지 않고 인터럽트 플래그만 설정된다. 블록되지 않는 스레드는 주기적으로 `isInterrupted` 메소드를 호출해 인터럽트 플래그를 검사해야만 한다.

인터럽트 대신 사용할 수 있는 패턴으로는 부드러운 종료graceful shutdown를 구현하는 방법이 있다. 이 경우 어떤 스레드가 종료 조건을 설정하고 작업 스레드를 깨우기 위해 `notify`를 호출한다. 작업 스레드는 자원을 모두 해제한 다음 원하는 대로 종료할 수 있다. 이를 위해 `terminated` 변수를 도입해 `true`인 경우 스레드를 끝낼 것이다. `poll` 메소드는 `tasks`에 대해 기다리기 전에 이 변수를 검사해야 한다. 그래서 아래와 같이 `Worker`가 계속 실행되어야 하는 경우(`terminated`가 `false`인 경우)에만 작업을 반환한다.

```
object Worker extends Thread {
  var terminated = false
  def poll(): Option[() => Unit] = tasks.synchronized {
    while (tasks.isEmpty && !terminated) tasks.wait()
    if (!terminated) Some(tasks.dequeue()) else None
  }
```

`run` 메소드를 패턴 매치를 사용해 `poll`이 `Some(taks)`를 반환하는지 검사하도록 바꾼다. `run` 메소드에는 더 이상 `while` 루프가 필요 없다. 대신에 `run`이 `poll`을 반환하는 경우 꼬리재귀로 자신을 호출하도록 바꾼다.

```
  import scala.annotation.tailrec
  @tailrec override def run() = poll() match {
    case Some(task) => task(); run()
    case None =>
  }
  def shutdown() = tasks.synchronized {
    terminated = true
    tasks.notify()
  }
}
```

주 스레드는 이제 Worker 스레드의 동기화된 shutdown 메소드를 호출해 스레드 종료를 요청할 수 있다. 이제 Worker 스레드를 데몬 스레드로 만들 필요가 없다. 언젠가는 Worker 스레드가 스스로 멈출 것이기 때문이다.

 여러 스레드가 경합조건 없이 제대로 멈출 수 있도록 보장하기 위해, 부드러운 종료 방식을 사용하라.

interrupt를 호출하는 경우가 부드러운 종료보다 더 유용한 경우는 notify로 스레드를 깨울 수 없는 경우이다. 예를 들어 스레드가 InterruptibleChannel에 대해 블로킹 I/O를 수행 중인 경우, 스레드가 wait를 호출한 대상 객체를 외부에서는 알 수가 없다.

Thread에는 사용 금지된 stop이라는 메소드도 있다. 이 메소드는 스레드가 ThreadDeath 예외를 발생시키는 방식으로 즉시 종료하게 만든다. 스레드가 임의의 시점에 종료하기 때문에 프로그램 데이터의 일관성을 해칠 수 있기 때문에, 이를 호출하는 것은 되도록 피해야 한다.

볼레타일 변수

JVM에는 synchronized 블록보다 더 가벼운 볼레타일 변수 volatile variable라는 동기화 방식도 있다. 볼레타일 변수는 원자적으로 읽거나 변경할 수 있으며, 대부분은 상태 플래그로 활용된다. 예를 들어 어떤 계산이 완료되었거나 도중에 중단된 경우를 표시할 때 이를 사용할 수 있다. 볼레타일 변수에는 두 가지 이점이 있다. 첫째로 볼레타일 변수에 대한 읽기와 쓰기의 순서는 단일 스레드 안에서 재배열되지 않는다. 두 번째로 볼레타일 변수에 쓴 내용은 다른 모든 스레드가 즉시 관찰 가능하다.

볼레타일로 표시된 변수에 대한 읽기와 쓰기는 결코 재배열되지 않는다. 어떤 볼레타일 변수 v에 대한 쓰기 W를 다른 스레드에서 읽기 연산 R로 관찰 가능하다면, W를 수행한 스레드가 그 전에 수행했던 모든 쓰기 연산을 다른 스레드들이 R 이후에 관찰할 수 있다고 확신할 수 있다.

다음 예는 어떤 글의 여러 페이지 중에서 !의 위치를 최소한 하나 찾는다. 어떤 소설상의 영웅을 아주 좋아하는 사람이 쓴 글에 대해 여러 스레드가 각각 별도의 페이지 p를 검사한다. 스레드 중 어느 하나가 느낌표를 발견하면 나머지 스레드도 검색을 중단했으면 한다.

```
class Page(val txt: String, var position: Int)

object Volatile extends App {
  val pages = for (i<- 1 to 5) yield
    new Page("Na" * (100 - 20 * i) + " Batman!", -1)

  @volatile var found = false
  for (p <- pages) yield thread {
    var i = 0
    while (i < p.txt.length && !found)
      if (p.txt(i) == '!') {
        p.position = i
        found = true
      } else i += 1
  }
  while (!found) {}
  log(s"results: ${pages.map(_.position)}")
}
```

각 페이지를 Page 클래스로 표현한다. 그 안에는 발견한 느낌표 위치를 저장하기 위한 position 필드가 있다. found 플래그는 어떤 스레드가 느낌표를 찾았는지 여부를 표시한다. @volatile 애노테이션을 달아서 found 변수를 볼레타일로 선언한다. 어떤 스레드가 느낌표를 발견한다면, position에 위치를 저장하고 found 변수를 참으로 설정해서 다른 스레드들이 검색을 일찍 중단할 수 있게 한다. 물론 모든 스레드가 본문을 모두 검색하고 끝날 수도 있다. 하지만, 그 이전에 found가

true로 설정될 가능성이 더 크다. 따라서 글 안에 느낌표가 있다면 최소한 한 스레드는 느낌표의 위치를 저장하고 실행이 끝날 것이다.

이 예제의 목적을 위해 주 스레드는 found가 true일 때까지 바쁜 대기를 수행한다. 그 후 위치를 출력한다. 새로 만들어진 스레드에서 found에 값을 쓰기 전에 position에 값을 쓴다는 사실에 유의하라. 따라서 이는 주 스레드가 found를 읽기 전에 일어난다. 따라서 최소한 -1이 아닌 다른 위치가 표시된다.[6]

예전에 본 ThreadSharedStateAccessReordering 예제에서 모든 변수를 볼레타일로 선언하면 문제가 해결된다. 다음 절에서 설명하겠지만, 그렇게 하면 a와 b에서 읽고 쓰는 연산의 순서를 보장할 수 있다. 자바와 달리 스칼라에서는 지역 필드를 볼레타일로 선언할 수 있다(여기서는 둘러싸고 있는 for 루프의 클로저 안에 있는 지역 변수이다). 클로저나 내포 클래스가 사용하는 각 지역 볼레타일 변수마다 볼레타일 필드가 들어 있는 힙 객체가 만들어진다. 이런 경우 변수를 객체로 리프트lift했다고 이야기한다.

볼레타일 읽기는 비용이 매우 적게 든다. 하지만, 대부분의 경우 여러분은 synchronized에 의지해야 한다. 볼레타일은 의미가 너무 미묘해서 잘못되기가 쉽다. 특히, 여러 볼레타일 읽기와 쓰기를 사용하는 경우 추가적인 동기화를 사용하지 않으면 원자성을 보장할 수 없다. 그래서 볼레타일만으로는 getUniqueId와 같은 문제를 제대로 해결할 수 없다.

자바 메모리 모델

이번 장에서 지금까지 결코 명시적으로 이야기한 적은 없지만, 지금까지 대부분 JVM 메모리 모델에 대해 이야기해 왔다. JVM 메모리 모델에 대해 이야기하기 전에, 그렇다면 대체 메모리 모델이란 무엇일까?

---

6 예제에서는 pages를 설정하는 for 문에서 느낌표가 들어가게 페이지 예제를 만들었다. 혹시 텍스트 파일을 읽어서 페이지로 나눠서 검색하게 이 예제를 확장하는 독자라면, 느낌표가 본문에 없는 경우(바쁜 대기에서 빠져나올 수가 없다)를 어떻게 처리할지 고민해 봐야만 한다. – 옮긴이

어떤 언어의 메모리 모델은 어떤 조건하에서 한 스레드에서 변수에 쓴 내용이 다른 스레드에서 어떻게 보이게 되는지를 명시한 명세이다. v에 대해 쓴 정보가 프로세서가 쓰기 연산을 실행하자마자 그 메모리 위치에 반영되며, 그에 따라 다른 프로세서에서 실행하는 스레드들도 새로운 v의 값을 즉시 볼 수 있다고 생각할 지 모르겠다. 이런 동시성 모델을 순차적 일관성sequential consistency이라고 말한다.

ThreadSharedStateAccessReordering에서 이미 본 것처럼 순차적 일관성 모델은 실제 프로세서나 컴파일러가 동작하는 방식과는 거리가 멀다. 쓰기가 즉시 주 메모리에 반영되는 경우는 별로 없다. 대신, 프로세서에는 계층적인 캐시가 있어서 더 나은 성능을 보장하며, 캐시의 데이터는 단지 미래 어느 시점에 주 메모리에 반영될 것이란 사실만 보장해준다. 게다가 컴파일러는 최적의 성능을 얻기 위해, 프로그램의 순차적 의미를 해치지 않는 범위 안에서, 레지스터를 활용해 메모리 쓰기를 미루거나 생략하거나 명령의 순서를 재배열한다. 그렇게 하는 것이 타당하다. 지금까지 이 책에서 본 예제들은 동시성 기본 요소들이 여기저기 많이 섞여 있었지만, 실제 프로그램에서는 여러 스레드가 유용한 작업을 수행하는 시간에 비해 상호 통신에 사용하는 시간은 상대적으로 드물 것이기 때문이다.

 메모리 모델을 정할 때는 컴파일러의 최적화 가능성과 동시성 프로그램의 동작 방식 예측 가능성 사이에 트레이드 오프(trade-off) 관계가 성립한다. 모든 언어나 플랫폼에 메모리 모델이 있는 것도 아니다. 전형적인 예로, 변경 가능한 값을 제공하지 않는 순수 함수 언어는 메모리 모델이 필요치 않다.

프로세서 아키텍처의 차이는 메모리 모델의 차이를 낳는다. synchronized 문이나 볼레타일 읽기, 쓰기에 대해 정확한 의미가 정해져 있지 않다면, 모든 컴퓨터에서 동일하게 작동하는 스칼라 프로그램을 제대로 작성하는 것은 불가능에 가까울 정도로 어려울 것이다. 스칼라는 JVM의 메모리 모델을 이어받았다. JVM은 프로그램의 동작 간의 이전에 발생함happens-before 관계를 정확하게 지정한다.

JVM에서 (볼레타일) 변수 읽기, 쓰기, 객체 모니터 획득과 해제, 스레드 시작, 스레드 종료를 기다리기 등을 동작action이라 부른다. 만약 어떤 동작 A가 B 이전에 발생한다면, B는 A가 수행한 메모리 쓰기의 결과를 볼 수 있다. 프로그램을 실행하는 (실제) 기계의 종류와 관계없이 이런 이전에 발생함 관계의 집합은 항상 성립한다. JVM이 이를 보장해야만 한다. 이미 이런 규칙을 대부분 설명했지만, 여기서 완전히 정리해 보자(여기서, A → B는 옮긴이가 추가한 "A가 B 이전에 발생함"이라는 관계를 표현하기 위한 연산자이다. 자바 언어 명세에서는 hb(x,y)라고 정의한 것으로, hb(x,y) = x → y 이다).

- **프로그램 순서**: 어느 한 스레드 안에 있는 모든 액션 간의 이전에 발생함 관계는 프로그램 상의 선후관계[7]와 동일하다. 즉, 프로그램 안에서 A 액션이 B 액션보다 먼저 온다면, "A → B"이다.
- **모니터 락**: 스레드 중 하나가 모니터 M의 락을 획득하려면 M의 락을 누군가 해제해야만 한다. '모니터 M 해제 → 모니터 M 획득'이다.
- **볼레타일 필드**: 어떤 볼레타일 필드 v에 대한 쓰기가 일어나면, 그 결과를 해당 볼레타일 필드에 대한 읽기가 볼 수 있다. "볼레타일 필드 v 쓰기 → 볼레타일 필드 v 읽기"이다.
- **스레드 시작**: 어떤 스레드 T에 대해 T.start()를 호출해야만 해당 스레드 안에 있는 여러 동작이 발생할 수 있다. "스레드 T의 T.start() 호출 → T 안에 있는 모든 동작"이다.
- **스레드 종료**: 어떤 스레드 T 안에 있는 모든 동작은 해당 스레드의 종료 이전에 발생한다. "스레드 T의 모든 동작 → T의 종료"이다.
- **추이성**transitivity: 동작 A, B, C에 대해 A→B이고 B→C라면 A→C이다.

이름이 약간 혼동을 야기할 수 있긴 하지만, 이전에 발생함 관계는 여러 스레드에서 메모리에 쓴 결과를 서로 볼 수 있는 시점을 알 수 있게 해준다. 이 관계가 어떤

---

7 "프로그램상"이라는 말은 소스코드에서 명령어 실행의 선후 관계를 관심 대상인 단일 스레드 안에서만 따졌을 때의 앞뒤 관계를 말한다. 물론 여러 함수가 있다면 함수의 소스코드상의 선후관계는 프로그램상의 선후관계와는 무관할 것이다. 다만, 어떤 한 함수나 메소드 안에서라면 (루프나 예외 발생 등을 제외한다면) 소스코드상의 선후관계가 프로그램상의 선후관계와 일치할 것이다. – 옮긴이

프로그램에 있는 문장 사이의 시간적인 선후관계를 표현하는 것이 아님에 주의하라. 우리가 쓰기 A가 읽기 B 이전에 발생한다(쓰기 A → 읽기 B)라고 말한다면, A 동작에서 변수에 쓴 값을 B라는 특정 읽기에서 볼 수 있음을 의미한다. 다만, 이때 A와 B 실행의 시간적 선후는 프로그램에 따라 결정된다.

 이전에 발생(happens-before) 관계는 서로 다른 스레드가 수행한 쓰기 연산의 결과를 누가 볼 수 있는지를 정의한다.

추가로, JMM(자바 메모리 모델)은 모니터 락 획득이나 해제와 마찬가지로 볼레타일 읽기와 쓰기도 재배열하지 않음을 보장한다. 이전에 발생함 관계로 인해 볼레타일이 아닌 일반 쓰기나 읽기가 아무렇게나 배치되는 경우도 불가능하다. 특히, 이 관계는 다음과 같은 일을 가능하게 해준다.

- 일반 읽기는 프로그램에서 자신보다 앞에 있는 볼레타일 읽기(또는 모니터 락 획득) 이전으로 재배열될 수 없다.
- 일반 쓰기는 프로그램에서 자신보다 뒤에 있는 볼레타일 쓰기(또는 모니터 락 해제) 이후로 재배열될 수 없다.

고수준의 동시성 구성요소들은 이런 관계 위에서 이전에 발생함 관계를 정의한다. 예를 들어 "interrupt 호출 → 인터럽트 당한 스레드가 해당 사실을 감지"이다. 왜냐하면, interrupt 호출의 전형적인 구현에서는 모니터를 사용해 스레드를 깨우기 때문이다. 나중에 설명할 스칼라 동시성 API도 여러 메소드 호출 사이의 이전에 발생함 관계를 표현한다. 이런 경우, 어떤 변수에 대해 쓴 동작이 해당 변수의 값을 반드시 읽어야만 하는 다른 읽기 동작 이전에 발생하도록 보장하는 것은 프로그래머의 책임이다. 이런 조건을 만족하지 못한다면, 해당 프로그램에 데이터 경합data race이 있다고 말한다.

변경 불가능한 객체와 파이널 필드

앞에서 데이터 경합을 방지하기 위해 프로그램에서 반드시 이전에 발생함 관계를 만족시켜야 한다고 설명했다. 하지만 이 규칙에는 예외가 있다. 어떤 객체 안에 파이널 필드final field만 들어 있고, 그 필드를 둘러싸고 있는 객체의 생성자가 완료되기 전에 아직 그 객체에 대한 참조를 다른 스레드가 볼 수 없다면, 해당 객체는 변경 불가능한 객체로 간주할 수 있고, 여러 스레드 사이에 동기화를 전혀 하지 않고 공유할 수 있다.

자바에서는 final을 사용해 파이널 필드를 표시한다. 스칼라에서 객체의 필드를 final로 선언하면 해당 필드의 게터getter를 서브클래스에서 재정의할 수 없다. 스칼라에서는 val을 사용해 값으로 선언한 필드는 언제나 파이널이다. 다음 클래스는 이런 상황을 보여준다.

```
class Foo(final val a: Int, val b: Int)
```

앞의 클래스는 스칼라 컴파일러가 번역하고 나면 다음 자바 코드와 같아진다.

```
class Foo { // 아래는 자바 코드임
  final private int a$;
  final private int b$;
  final public int a() { return a$; }
  public int b() { return b$; }
  public Foo(int a, int b) {
    a$ = a;
    b$ = b;
  }
}
```

JVM 수준에서는 두 필드 모두 파이널이며, 동기화시키지 않고 공유 가능함에 유의하라. 차이는 Foo의 서브클래스에서 a의 게터를 재정의할 수 없다는 점에 있다. 필드의 재할당 가능성 여부와 재정의 가능성 사이에서 파이널이란 개념의 모호성을 구분할 수 있어야 한다.

스칼라가 함수형 패러다임과 객체지향을 혼합한 언어이기 때문에, 스칼라 언어의 여러 특징은 변경 불가능한 객체로 변환되고는 한다. 다음과 같이 람다 값(함수 값)은 자신을 둘러싸고 있는 클래스나 리프트시킨 변수에 대한 참조를 포획할 수 있다.

```
var inc: () => Unit = null
val t = thread { if (inc != null) inc() }
private var number = 1
inc = () => { number += 1 }
```

람다가 지역 변수 number를 포획한다. 따라서 리프트시킬 필요가 있다. 마지막 문장은 다음과 같이 무명의 Function0 클래스 인스턴스화로 번역할 수 있다.

```
number = new IntRef(1) // 포획한 지역 변수를 객체로 만듦
inc = new Function0 {
  val $number = number // val은 파이널임을 다시 기억하라
  def apply() = $number.elem += 1
}
```

inc 할당과 t 스레드에서 inc를 읽는 동작 사이에 이전에 발생함 관계가 없다. 하지만, t 스레드가 inc가 null이 아님을 볼 수 있는 한 inc 호출은 제대로 작동한다. 왜냐하면 $number 필드가 변경 불가능한 람다 객체의 변경 불가능한 필드이기 때문에, 이미 적절히 초기화되어 있을 것이기 때문이다. 스칼라 컴파일러는 람다 내부에 적절히 초기화한 파이널 값만을 집어넣는다. 무영 클래스나 자동 박싱한auto boxed 기본 타입의 값 또는 값 클래스value class는 모두 그와 같은 철학을 공유한다.

하지만, 현재 스칼라 버전에서는 변경 불가능한 것으로 여겨지는 일부 컬렉션(List나 Vector 등)을 동기화 없이 공유할 수 없다. 그런 컬렉션의 외부 API는 변경을 허용하지 않지만, 내부에는 파이널이 아닌 필드가 존재하기 때문이다.

 객체가 변경 불가능한 것처럼 보일지라도, 스레드 사이에 객체를 공유하기 위해서는 동기화를 적절히 활용해야 한다.

요약

이번 장에서는 스레드를 만들고 시작하는 방법과, 스레드의 종료를 기다리는 방법을 살펴봤다. 공유 메모리를 변경하고 synchronized 문을 사용해 스레드 간에 통신하는 방법도 살펴봤다. 또한 스레드가 블록된 상태에 있다는 것이 어떤 의미인지 설명했다. 교착상태를 방지하기 위해 여러 락의 순서를 정하는 방법과 가드가 있는 블록을 사용해 바쁜 대기를 피하는 방법도 함께 공부했다. 또한 스레드 종료를 부드럽게 하는 방법과 볼레타일 변수를 사용해야 하는 경우가 언제인지 살펴봤다. 원치않는 경합 상태가 발생해서 프로그램의 올바름이 깨지는 것과 동기화의 부재로 데이터 경합이 발생하는 예제도 살펴봤다. 또한, 가장 중요한 것으로, 자바 메모리 모델JMM에서 이전에 발생함 관계를 정의함으로써 다중 스레드 프로그램의 의미를 올바르게 추론할 수 있음을 배웠다.

이 장에서 살펴본 언어가 제공하는 기본 구성요소와 API는 저수준이다. 이들은 스칼라와 자바의 동시성을 만들어내는 기본 구성 요소들이다. 하지만, 이를 직접 사용해야 하는 경우는 드물다. 그런 경우의 예로는 동시성 라이브러리를 직접 작성해야 하는 것이나, 저수준 동기화 요소를 직접 사용하는 기존 코드를 다뤄야 하는 경우 등을 들 수 있다. 여러분은 앞으로 설명할 더 고수준의 동시성 프레임워크를 사용해 동시성 스칼라 애플리케이션을 작성하도록 노력해야만 할 것이다. 하지만, 이번 장에서 배운 내용은 앞으로 다룰 고수준 동시성 구성 요소의 동작을 이해하는 데 도움이 될 것이다. 내부적으로 어떤 동작이 일어나는지에 대한 통찰력을 가질 수 있을 것이다.

JVM에서의 동시성과 JMM에 대해 더 배우고 싶은 독자는 애디슨 웨슬리Addison Wesley에서 펴낸 브라이언 고에츠Brian Goetz, 팀 페이얼스Tim Peierls, 죠수아 블로흐Joshua Bloch, 조셉 바우비어Joseph Bowbeer, 데이빗 홈즈David Holmes, 더그 레아Doug Lea 공저『Java Concurrency in Practice』를 읽어볼 것을 권한다. 프로세스와 스레드, 그리고 운영체제 내부에 대해 깊이 알고 싶은 독사는 와일리Wiley에서 펴낸 아브라함 실버샤츠Abraham Silberschatz, 피터 갈빈Peter B. Galvin, 그렉 개그니Greg Gagne

공저『자바 병렬 프로그래밍』(에이콘출판, 2008)을 보라.

다음 장에서는 더 고수준의 동시 프로그램 구성 요소를 살펴볼 것이다. 실행기_{executor}를 사용해 스레드를 직접 만드는 것을 피하는 방법과 스레드 안전한 데이터 접근을 위한 동시성 컬렉션, 그리고 교착상태로부터 자유로운 동기화를 위한 원자적 변수에 대해 배울 것이다. 이런 고수준 추상화는 이번 장에서 다룬 여러 기본 요소에 내재한 다양한 문제를 해결해 줄 것이다.

연습문제

다음 연습문제에서는 고수준 동시성 추상화를 기본 JVM 동시성 구성 요소를 활용해 구현할 것이다. 이 연습문제 중 일부는 순차적 프로그래밍 추상화에 대응하는 동시성 추상화를 제시한다. 그를 통해 순차 프로그래밍과 동시 프로그래밍을 더 잘 비교해 볼 수 있다. 특별한 순서에 따라 연습문제를 구성하지는 않았다. 하지만, 일부는 이번 장에서 살펴본 여러 예제의 내용에 의존하기도 한다.

1. parallel 메소드를 구현하라. 이 메소드는 두 계산 블록 a와 b를 받아서 각각을 새 스레드에서 시작한다. 메소드는 두 계산으로부터 얻은 결과를 튜플로 반환해야 한다. 다음과 같은 시그니처를 지켜야만 한다.

    ```
    def parallel[A, B](a: =>A, b: =>B): (A, B)
    ```

2. periodically 메소드를 구현하라. 이 메소드는 밀리초 단위의 시간 간격 duration과 계산 블록 b를 인자로 받는다. duration마다 계산 블록 b를 실행하는 새 스레드를 실행해야 한다. 다음 시그니처를 지켜라.

    ```
    def periodically(duration: Long)(b: =>Unit): Unit
    ```

3. 다음과 같은 인터페이스를 제공하는 SyncVar 클래스를 정의하라.

    ```
    class SyncVar[T] {
      def get(): T = ???
      def put(x: T): Unit = ???
    }
    ```

SyncVar 객체는 둘 이상의 스레드 사이에 값을 교환할 때 사용한다. 생성된 후에 SyncVar 객체는 비어 있고, 다음과 같이 작동한다.

- get을 호출하면 예외가 발생한다.
- put을 호출하면 SyncVar 객체에 값을 설정한다.

값을 syncVar에 추가한 다음에는 비어 있지 않다고 말한다. 비어 있지 않은 경우 다음과 같이 작동한다.

- get을 호출하면 현재 값을 반환하며, SyncVar는 비어 있는 상태로 바뀐다.
- put을 호출하면 예외가 발생한다.

4. 앞의 SyncVar 예제를 사용하는 것은 올바르지 않은 상태의 SyncVar에 대한 연산이 예외를 발생시키기 때문에 조금 번거롭다. 두 메소드 isEmpty와 nonEmpty를 SyncVar 객체에 추가하라. 그리고, 0 until 15 범위에 있는 수를 여럿 만드는 생산자producer 스레드와 이를 받아 출력하는 소비자consumer 스레드를 수정한 SyncVar를 사용해 구현하라.

5. 앞의 예제에서 구현한 isEmpty와 nonEmpty 쌍을 사용할 때는 바쁜 대기를 해야한다. 다음 메소드를 SyncVar 클래스에 추가하라.

```
def getWait(): T
def putWait(x: T): Unit
```

이 메소드는 get이나 put과 의미가 비슷하지만, 예외를 발생시키는 대신 대기상태로 들어간 다. 그 후, getWait는 현재값이 들어오자마자 대기상태에서 깨어나 그 값을 반환하고(SyncVar 객체는 다시 빈 상태가 됨), putWait는 SyncVar 객체가 빈 상태가 되면 대기상태에서 깨어나 값을 설정하고 반환된다(이때 객체는 비어 있지 않은 상태가 됨).

6. SyncVar 객체는 한 번에 한 값만 저장할 수 있다. SyncQueue 클래스를 구현하라. 인터페이스는 SyncVar와 동일일하지만, 최대 n개의 값을 저장할 수 있다. n이라는 매개변수는 SYncQueue의 생성시 생성자가 받는다.

7. 교착상태 절에서 살펴본 send 메소드는 두 계좌 사이에 이체에 쓰인다. sendAll 메소드는 은행 계좌의 집합 accounts와 대상 계좌 target을 받아서,

accounts에 있는 모든 금액을 target 계좌로 이체한다. sendAll 메소드는 다음과 같은 시그니처를 갖는다.

```
def sendAll(accounts: Set[Account], target: Account): Unit
```

sendAll 메소드를 구현하되 교착상태가 일어나지 않도록 보장하라.

8. '가드가 있는 락' 절에서 본 asynchronous 메소드를 기억해 보자. 이 메소드는 모든 작업을 선입선출 FIFO, First In First Out 큐로 저장한다. 즉, 어떤 작업을 실행하기 전에 그 전에 들어온 모든 작업을 실행해야만 한다. 어떤 경우 작업에 우선순위를 부여해 우선순위가 높은 작업은 작업 풀에 들어오자마자 실행했으면 하는 경우가 있다. PriorityTaskPool 클래스를 정의하라. 그 안에는 다음과 같은 시그니처의 asynchronous 메소드가 있어야 한다.

```
def asynchronous(priority: Int)(task: =>Unit): Unit
```

어떤 작업 스레드가 풀에 들어온 작업을 선택해 실행한다. 작업 스레드가 풀에서 실행할 작업을 고를 때, 풀에서 가장 우선순위가 높은 작업을 골라야만 한다.

9. 앞의 문제에서 만든 PriorityTaskPool을 확장해 작업 스레드 개수를 p개까지 가능하도록 만들라. PriorityTaskPool의 생성자는 매개변수로 p를 받아야 한다.

10. 앞의 문제의 PriorityTaskPool을 확장해 다음 shutdown 메소드를 지원하게 만들라.

```
def shutdown(): Unit
```

shutdown 메소드를 호출하면 important보다 우선 순위가 더 큰 작업은 모두 완료돼야만 하며, 그렇지 않은 작업은 모두 버려진다. PriorityTaskPool의 생성자가 important를 매개변수로 받게 만들라.

3
전통적인 동시 프로그래밍 구성 블록

"어떤 사람이 자기 컴퓨터가 전화만큼 쓰기 편했으면 하고 소원을 빌었다는 옛날 이야기가 있다. 내 전화기를 어떻게 써야 할지 잘 모르겠는 걸 보면, 그 소원이 이루어진것 같다."
– 비야네 스트로스트룹(Bjarne Stroustrup)[1]

2장에서 본 동시성 기본 요소들은 자바 동시 프로그래밍의 기초이다. 하지만, 기능을 제대로 사용하기 어렵고 오류가 발생하기 쉽기 때문에, 보통 이런 저수준 요소를 직접 사용하는 일을 피한다. 이미 본 것처럼, 저수준 동시성은 데이터 경합, 재배열, 관찰 가능성, 교착상태, 비결정성 등이 발생하기 쉽다. 다행히도, 여러 사람들이 동시 프로그래밍의 일반적인 패턴을 파악해서 더 사용하기 편리한 개선된 동시 프로그래밍 구성 블록을 만들어냈다. 이런 구성 블록이 동시 프로그래밍의 모든 문제를 해결해 주지는 못한다. 하지만, 그들은 동시성 프로그램에 대해 추론하기 쉽게 해주며, 스칼라 등 여러 언어에 있는 동시성 프레임워크나 라이브러리

---

[1] 개발자라면 이 사람을 모르는 일은 없겠지만, C++ 창시자다. – 옮긴이

에서 공통적으로 찾아볼 수 있다. 이번 장에서는 2장에서 살펴본 기초를 전통적인 동시 프로그램 구성 블록으로 확장하고, 실제로 어떻게 활용할 수 있는지 살펴볼 것이다.

일반적으로 동시 프로그래밍 모델에는 두 가지 측면이 있다. 첫 번째 측면은 프로그램에서 동시성을 표현하는 방법과 관련 있다. 프로그램에서 어떤 부분을 동시에 실행하고, 어떤 조건에서 동시 실행이 벌어져야 할까? 앞 장에서 JVM에서 별도의 제어 스레드를 선언하고 시작하는 법을 살펴봤다. 이번 장에서는 동시적인 실행을 시작할 수 있는 더 가벼운 메커니즘을 살펴볼 것이다. 두 번째로 동시 프로그래밍에서 중요한 측면은 데이터 접근이다. 여러 동시 실행이 있을 때, 프로그램 데이터에 제대로 접근하고 변경할 수 있도록 보장할 수 있는 방법은 무엇일까? 앞에서 synchronized나 볼레타일 변수와 같은 이런 문제에 대한 해답을 봤기 때문에, 이제 더 복잡한 추상화를 살펴볼 것이다. 다음과 같은 내용을 다룰 것이다.

- Executor와 ExecutorContext 객체 사용하기
- 비 블로킹 동기화를 위한 원자적인 구성 요소들
- 동시성과 지연 계산 값 lazy value 사이의 상호작용
- 동시성 큐, 집합, 맵 사용하기
- 프로세스를 만드는 방법과 프로세스간 통신 방법

이번 장의 궁극적인 목표는 동시 파일 처리를 위한 안전한 API를 구현하는 것이다. 이번 장에서는 추상화를 사용해 간단하고 재사용 가능하며, FTP 서버나 파일 시스템 관리 프로그램 등의 애플리케이션에 활용 가능한 파일 처리 API를 만들 것이다. 따라서 기존의 동시 프로그래밍 구성 블록을 하나씩 살펴보고, 어떻게 전체를 조합할 수 있는지 더 큰 용례를 살펴보게 된다.

Exucutor와 ExecutionContext 객체

2장에서 본 것처럼, 스칼라에서 새로 스레드를 만드는 것이 새 JVM 프로세스를 시작하는 것보다 엄청나게 계산 시간이 덜 걸리긴 하지만, 여전히 스레드를 시작하는 것은 객체를 하나 할당하거나, 모니터 락을 획득하거나, 컬렉션의 원소를 변경하는 것보다 훨씬 비용이 많이 든다. 애플리케이션이 다수의 동시 작업으로 이루어졌는데 스루풋throughput이 높아야만 한다면, 매번 동시 작업을 시작할 때마다 스레드를 새로 생성할 수는 없다. 이런 이유로, 대부분의 동시성 프레임워크는 정해진 개수의 스레드를 대기상태로 만들어두고, 동시 실행 작업이 들어올 때마다 하나씩 실행시키는 방식을 제공한다. 일반적으로 이런 장치를 스레드 풀thread pool이라 부른다.

프로그래머가 동시 실행 작업을 실행하는 방법을 결정하는 것을 캡슐화할 수 있도록 JDK는 Executor라는 추상화를 제공한다. Executor는 execute라는 메소드만을 정의하는 간단한 인터페이스이다. 이 메소드는 Runnable 객체를 받아서 나중에 그 Runnable 객체의 run 메소드를 호출한다. 이때 어떤 스레드를 사용해 언제 run을 호출할지 결정하는 것은 Executor다. Executor 객체는 execute 호출 시 즉시 스레드를 새로 시작할 수도 있고, 심지어는 호출 중인 현재 스레드에서 바로 Runnable 객체를 실행할 수도 있다. 보통 Executor 인터페이스는 execute를 호출한 현재 스레드와 다른 스레드를 사용해 Runnable 객체를 동시에 실행하며, 이를 위해 스레드 풀로 구현되어 있다.

JDK7에서 도입된 Executor 구현 하나는 ForkJoinPool이며, java.util.concurrent 패키지에 들어 있다. JDK6를 사용하더라도, 스칼라 프로그램에서 scala.concurrent.forkjoin 패키지를 임포트하면 이를 사용할 수 있다. 다음 코드는 ForkJoinPool 구현을 인스턴스화하는 방법과 비동기적 실행을 위해 작업을 그 Executor에 전달하는 방법을 보여준다.

```
import scala.concurrent._
object ExecutorsCreate extends App {
  val executor = new forkjoin.ForkJoinPool
  executor.execute(new Runnable {
```

```
    def run() = log("This task is run asynchronously.")
  })
  Thread.sleep(500)
}
```

먼저 scala.concurrent 패키지를 임포트한다. 이제부터 다루는 예제에서는 이 패키지를 임포트했다고 가정할 것이다. 그 후 ForkJoinPool 클래스를 인스턴스화하고, executor라는 값에 대입한다. 인스턴스를 만든 다음, executor에게 Runnable 객체 형태로 표준 출력에 메시지를 찍는 작업을 보낸다. 마지막으로, sleep을 실행해 ForkJoinPool의 데몬 스레드가 Runnable 객체에 대해 run을 실행하기 전에 중단되는 일이 없도록 한다. SBT에서 fork 설정을 false로 실행하는 경우 sleep이 필요하지 않다.

Executor 객체가 필요한 이유가 대체 뭘까? 앞의 예에서, Runnable 객체에는 영향을 끼치지 않고 Executor의 구현을 쉽게 변경할 수 있다. Executor에는 여러 동시 계산을 어떻게 수행할지에 대한 논리가 들어가 있다. 프로그래머는 잠재적으로 동시에 실행할 가능성이 있는 부분을 기술하는 것과 동시 실행 가능한 부분을 언제, 어떻게 실행할지에 대한 부분을 분리할 수 있다.

ForkJoinPool 클래스도 구현하고 있는 Executor 인터페이스에 더 많은 기능이 덧붙여 진 클래스가 ExecutorService이다. 이 클래스는 Executor 클래스에 몇 가지 편의를 위한 메소드를 추가해 확장한다. 특히 가장 중요한 것은 shutdown 메소드이다. shutdown 메소드는 Executor 객체가 자신이 전달받은 모든 작업을 완료하고 작업 스레드를 모두 종료하면서 부드럽게 실행을 끝내도록 만든다. 운 좋게도 우리가 사용하는 ForkJoinPool 구현은 종료라는 관점에서는 아주 순하다. 각 스레드가 기본적으로 데몬이기 때문에 프로그램 종료 시 스레드 종료를 기다릴 필요가 없다. 하지만, 일반적으로, 프로그래머는 프로그램을 끝내기 전 등 적절한 시점에 자신이 만든 ExecutorService 객체의 shutdown을 호출해야 한다.

 프로그램에서 여러분이 생성한 ExecutorService 객체가 더 이상 필요하지 않다면, 반드시 shutdown을 호출해야만 한다.

ForkJoinPool에 넘긴 모든 작업이 완료되도록 보장하기 위해, 추가로 awaitTermination 메소드를 호출해야 한다. 이때 작업의 완료를 최대 얼마 동안 기다릴지 지정한다. sleep을 호출하는 대신 다음과 같이 할 수 있다.

```
import java.util.concurrent.TimeUnit
executor.shutdown()
executor.awaitTermination(60, TimeUnit.SECONDS)
```

scala.concurrent 패키지에는 ExecutionContext 트레이트가 들어 있다. 이 트레이트는 Executor 객체와 비슷한 기능을 제공하지만 더 스칼라에 특화된 것이다. 나중에 수많은 스칼라 메소드가 ExecutionContext 객체를 암시적 매개변수로 받고 있음을 볼 것이다. 실행 컨텍스트는 추상 execute 메소드를 제공하며, 이 메소드는 Executor 인터페이스에 있는 execute 메소드와 완전히 같다. 또한, 컨텍스트는 작업 중 일부가 예외를 발생시켰을 때 Throwable 객체를 인자로 넘겨서 호출할 수 있는 reportFailure 메소드도 제공한다. ExecutionContext 동반 객체에는 기본 실행 컨텍스트인 global이 들어 있다. global은 ForkJoinPool 인스턴스를 내부적으로 사용한다.

```
object ExecutionContextGlobal extends App {
  val ectx = ExecutionContext.global
  ectx.execute(new Runnable {
    def run() = log("Running on the execution context.")
  })
  Thread.sleep(500)
}
```

ExecutionContext 동반 객체는 한 쌍의 메소드 fromExecutor와 fromExecutorService를 정의한다. 이들은 각각 Executor와 ExecutorService 인터페이스로부터 ExecutionContext 객체를 생성한다.

```
object ExecutionContextCreate extends App {
  val pool = new forkjoin.ForkJoinPool(2)
  val ectx = ExecutionContext.fromExecutorService(pool)
  ectx.execute(new Runnable {
    def run() = log("Running on the execution context again.")
```

```
  })
  Thread.sleep(500)
}
```

이 예에서는 ExecutionContext 객체를 ForkJoinPool로부터 병렬화 수준 2로 만든다. 이는 ForkJoinPool이 작업 스레드를 보통 2개 유지한다는 뜻이다.

다음 예제는 전역 ExecutionContext 객체에 의존한다. 코드를 더 간략하게 만들기 위해 이번 장의 패키지 객체에 execute 편의 메소드를 추가한다. 이 메소드는 전역 ExecutionContext를 사용해 코드 블록을 실행한다.

```
def execute(body: =>Unit) = ExecutionContext.global.execute(
  new Runnable { def run() = body }
)
```

Executor나 ExecutionContext 객체는 아주 훌륭한 동시 프로그래밍 추상 도구다. 하지만 이들이 수행하는 작업의 도움이 없다면 아무 소용이 없다. 이들은 여러 작업에 같은 스레드를 재사용해 스루풋을 향상시킬 수 있지만, 이런 스레드 중 일부가 사용 가능하지 못하면 작업을 실행할 수가 없다. 왜냐하면 모든 스레드가 바빠서 다른 작업을 실행 중이면 스레드를 재활용할 수 없기 때문이다. 다음 예제는 32개의 2초간 실행되는 독립적인 스레드를 사용하고, 10초간 모든 스레드의 완료를 기다린다.

```
object ExecutionContextSleep extends App {
  for (i<- 0 until 32) execute {
    Thread.sleep(2000)
    log(s"Task $i completed.")
  }
  Thread.sleep(10000)
}
```

아마 모든 스레드 실행이 2초 후에는 끝나리라 생각했을 것이다. 하지만 그렇지 않다. 우리가 사용한 하이퍼 스레딩 쿼드 코어 CPU에서는 ExecutionContext 객체가 스레드 풀에 8개의 스레드만을 사용하기 때문에, 전체 작업을 8개를 한 묶음으로 실행한다. 2초가 지나면 8개의 스레드가 결과를 출력하고 완료된다. 그 후 2초가 더 지나면 또 8개가 실행을 마친다. 이런 일이 계속된다. 이는 `ExecutionContext` 객체가 내부적으로 8개의 작업 스레드 풀을 유지하고, `sleep`을 호출하면 풀 내부의 스레드들이 시간이 정해진 대기상태로 들어가기 때문이다. 이로 인해 이런 작업 스레드에 대한 `sleep` 호출이 모두 끝나야만 다음 8개의 작업을 실행할 수 있다. 상황이 더 나빠질 수도 있다. 2장에서 본 가드가 있는 락 패턴을 활용하고, 다른 스레드 하나를 사용해 `notify`를 호출해 스레드들을 깨우려 시도했다면 어떨까? `ExecutionContext`가 오직 8개의 작업만을 동시에 실행하기 때문에, 이 경우 모든 작업 스레드가 영원히 블록된다. `ExecutionContext` 객체에 대해 블로킹 연산을 수행하면 아사상태 starvation가 발생할 수도 있다.

 ExecutionContext나 Executor 객체에 대해 무한정 블록될지도 모르는 연산을 실행하는 일을 피하라.

동시 실행을 어떻게 정의할지를 봤다. 이제 프로그램 데이터를 변경함으로써 이런 동시 실행이 어떻게 작동하는지 살펴보자.

원자적 구성 요소

2장에서 적절한 동기화 없이는 메모리 쓰기가 즉시 주 메모리에 반영되지 않음을 배웠다. 일련의 메모리 쓰기는 즉시 실행되지 않는다. 즉, 메모리 쓰기는 원자적으로 실행되지 않는다. 우리는 "이전에 발생함" 관계로 정의한 가시성을 보장한다는 사실을 봤다. 또한, `synchronized`에 의존해 그런 관계를 달성한다. 볼레타일 필드는 이전에 발생함 관계를 보장해주는 더 가벼운 방법이지만, 덜 강력한 동기화 도구이다. `getUniqueId` 메소드에서 볼레타일 필드만을 써서는 제대로 구현이 불가능했다는 사실을 기억하라.

이번 절에서는, 여러 메모리 읽기와 쓰기를 한꺼번에 처리하는 것을 기본 지원하는 원자적 변수를 살펴볼 것이다. 원자적 변수는 볼레타일 변수와 매우 가깝지만 훨씬 더 표현력이 풍부하다. 이를 사용해 synchronized 명령 없이 복잡한 동시성 연산을 구현할 수 있다.

원자적 변수

원자적 변수는 복잡한 선형화 가능한linearizable 연산을 지원하는 메모리 위치를 말한다. 선형화 가능한 연산이란 시스템의 다른 부분에 즉시 결과가 전달되는 연산을 말한다. 예를 들어 볼레타일 변수에 대한 쓰기 연산은 선형화 가능 연산이다. 복잡한 선형화 가능 연산이란 최소한 두 개의 읽기 그리고(또는) 쓰기로 구성된 연산이다. 원자적 이라는 말을 복잡한 선형화 가능 연산에 대해서만 사용할 것이다.

java.util.concurrent.atomic 패키지에 있는 여러 원자적 변수가 Boolean, int, long, 참조 타입에 대한 복잡한 선형화 가능 연산을 지원한다. 각각은 순서대로 AtomicBoolean, AtomicInteger, AtomicLong, AtomicReference이다. 2장의 getUniqueId가 어떤 스레드에 의해 호출될 때마다 유일한 식별자를 돌려줘야 했음을 기억하자. 예전에는 synchronized를 사용해 이를 구현했지만, 이제는 원자적 long을 사용할 수 있다.

```
import java.util.concurrent.atomic._
object AtomicUid extends App {
  private val uid = new AtomicLong(0L)
  def getUniqueId(): Long = uid.incrementAndGet()
  execute { log(s"Uid asynchronously: ${getUniqueId()}") }
  log(s"Got a unique id: ${getUniqueId()}")
}
```

여기서 우리는 원자적 long 변수인 uid에 초깃값 0을 지정하고, getUniqueId로부터 incrementAndGet을 호출했다. incrementAndGet 메소드는 복잡한 선형화 가능 연산이다. 이 연산은 uid의 현재값 x를 읽어서 x + 1을 계산해서 그 결과를 다시 uid에 넣은 후, 계산했던 x + 1을 반환한다. 이 연산의 각 단계는 다른 incrementAndGet 호출과 서로 뒤섞이지 않는다. 따라서 getUniqueId가 유일한 식별자를 반환한다는 것을 보장할 수 있다.

원자적 변수에는 원자적으로 변수의 현재 값을 읽으면서 새로운 값을 변수에 설정하고 원래 값을 반환하는 getAndSet과 같은 다른 메소드도 들어 있다. 수 원자적 변수에는 decrementAndGet이나 addAndGet과 같은 다른 메소드도 들어 있다. 이런 여러 연산은 결국 기본 원자 연산인 compareAndSet을 바탕으로 구현된다. 이 compareAndSet 연산은 때로 비교 후 교환CAS, compare-and-swap이라고도 부른다. 이 연산은 예상되는 이전 값과 새 값을 인자로 받아서, 원자적 변수의 현재 값이 예상 이전 값과 동일한 경우에만 새 값을 덮어쓰는 과정을 원자적으로 수행한다.

 CAS 연산은 락이 없는 프로그래밍(lock-free programming)의 기초 요소이다.

CAS 연산은 개념적으로 다음 synchronized 블록과 동일하다. 하지만, 훨씬 더 효율적이고, 대부분의 JVM에서는 프로세서 명령어를 활용해 블로킹 없이 수행된다.

```scala
def compareAndSet(ov: Long, nv: Long): Boolean =
  this.synchronized {
    if (this.get != ov) false else {
      this.set(nv)
      true
    }
  }
```

CAS 연산은 모든 원자적 변수 타입에 존재한다. compareAndSet은 임의의 T 타입의 객체 참조를 저장하고, 다음과 동등한 제네릭 클래스인 AtomicReference[T]에도 있다.

```scala
def compareAndSet(ov: T, nv: T): Boolean = this.synchronized {
  if (this.get ne ov) false else {
    this.set(nv)
    true
  }
}
```

CAS가 옛 값을 새 값으로 바꾼 경우 true를 반환한다. 그렇지 않으면 false를 반환한다. CAS를 사용하는 경우 보통 get을 원자적 변수에 호출해 값을 가져오는 것부터 시작한다. 그 후 읽은 값을 가지고 새 값을 계산한다. 마지막으로, 조금 전에 읽었던 값을 새로 계산한 값으로 변경하기 위해 CAS 연산을 호출한다. 만약 CAS 연산이 true를 반환하면 원하는 조작이 끝난 것이다. 그렇지 않고 false를 돌려받는다면 그 동안 다른 스레드가 원자적 값을 바꾼 것이기 때문에, get을 사용해 값을 가져오는 부분부터 다시 시작한다.

CAS의 동작을 구체적인 예를 통해 이해하자. getUniqueId 메소드를 get과 compareAndSet 메소드를 활용해 구현하자.

```
@tailrec def getUniqueId(): Long = {
  val oldUid = uid.get
  val newUid = oldUid + 1
  if (uid.compareAndSet(oldUid, newUid)) newUid
  else getUniqueId()
}
```

이번에는 스레드 T가 get을 사용해 uid의 값을 읽어서 oldUid라는 지역 변수에 저장한다. oldUid와 같은 지역 변수는 그 변수를 초기화한 스레드에서만 사용할 수 있다. 따라서 다른 스레드는 T 스레드만의 oldUid를 볼 수 없다. T 스레드는 이제 새 값 newUid를 계산한다. 이 계산은 굳이 원자적일 필요가 없다. 그리고, 이 시점에 다른 스레드 S가 uid의 값을 동시에 변경할 수도 있다. T가 호출하는 compareAndSet은 다른 스레드가 uid의 값을 변경하지 않아서 uid의 값이 T가 get을 호출한 이래 변하지 않은 경우에만 uid의 값을 변경한다. compareAndSet이 성공적이지 않은 경우라면 꼬리재귀tail-recursion를 사용해 메소드 자신을 다시 호출한다. 따라서, @tailrec 애노테이션을 사용해 컴파일러가 이 메소드의 꼬리재귀 호출을 최적화하도록 했다. 이런 경우 T 스레드가 연산을 재시도할 필요가 있다고 말한다. 이런 상황을 다음 그림에 표현해 두었다.

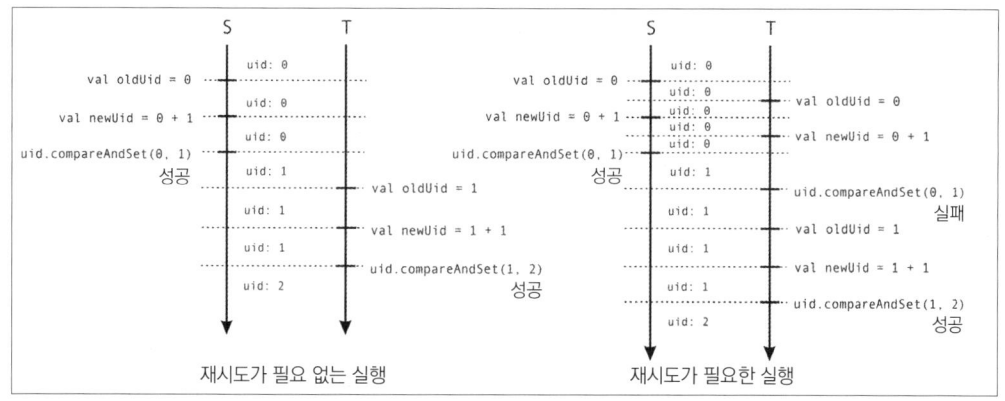

 꼬리재귀를 사용하는 것이 의도인 함수에 대해서는 반드시 @tailrec 애노테이션을 사용하라. 컴파일러가 애노테이션이 붙은 함수가 진짜 꼬리재귀 함수인지 검사해 줄 것이다.

CAS 연산을 사용해 프로그래밍하는 경우 재시도가 일반적이다. 이런 재시도가 제한 없이 여러 번 일어날 수 있다. CAS 사용시 좋은 점 하나는 스레드 T가 CAS에 실패하는 경우는 다른 스레드가 같은 연산에 성공하는 경우뿐이라는 것이다. 즉, 시스템 중 일부는 진행이 되지 않지만, 적어도 다른 한 부분은 진행이 이루어진다는 의미이다. 사실, getUniqueId는 실제로는 모든 스레드에게 공정하게 기회를 부여한다. 또한 대부분의 JDK 구현에서는 incrementAndGet 구현도 CAS로 구현한 getUniqueId와 비슷한 방식을 사용한다.

락이 없는 프로그래밍

락lock은 여러 스레드가 접근할 수 있는 자원에 대한 접근 제어에 사용하는 동기화 메커니즘이다. 2장에서 JVM 객체에는 내부적인 락이 있어서 그 객체에 대한 synchronized 호출에 사용한다는 것을 배웠다. 이 내부 락을 사용하면 어느 시점에 최대 하나의 스레드만 해당 객체에 대한 synchronized 명령을 실행할 수 있음을 기억하라. 내부 락은 자신을 획득하고자 하는 모든 스레드를 블록시키는 방식으로 이를 달성한다. 이 절에서는 다른 락 사용법을 살펴본다.

이미 배웠지만, 락을 사용한 프로그래밍은 교착상태를 낳을 수 있다. 또한, OS가 락을 소유한 스레드를 선점하면 다른 스레드들이 무한정 기다려야 하는 경우가 생길 수 있다. 락이 없는 프로그래밍을 사용하면 프로그램 성능을 조금 희생해 이런 결과가 덜 일어나게 할 수 있다.

원자적 변수가 필요한 이유가 뭘까? 원자적 변수를 사용해 락이 없는 연산을 구현할 수 있다. 이름이 암시하듯, 락이 없는 연산을 수행하는 스레드는 아무런 락도 획득하지 않는다. 그에 따라, 여러 락이 없는 알고리즘은 스루풋이 좋아질 수 있다. 락이 없는 알고리즘을 수행하는 스레드를 운영체제가 선점하더라도 다른 스레드를 블록하지 않는다. 더 나아가, 락이 없는 연산들은 교착상태에 빠지는 일이 거의 없다. 락이 없다면 무한정 블록되는 경우도 없기 때문이다.

우리가 구현한 CAS 기반의 `getUniqueId`가 락이 없는 연산의 예이다. 그 메소드는 다른 스레드를 블록시킬 수 있는 락을 전혀 요청하지 않는다. 한 스레드가 동시에 실행 중인 CAS 연산 때문에 실패하더라도, 그 스레드는 즉시 재시작해서 다시 `getUniqueId`를 시도할 수 있다.

하지만, 동기적 구성 요소를 활용한 모든 연산이 락을 사용하지 않는 것은 아니다. 동기적 변수를 사용하는 것은 락을 사용하지 않기 위한 필요조건이지만, 충분조건은 아니다. 이를 보이기 위해, 동기적 변수를 활용한 `synchronized`를 직접 구현해보자.

```
object AtomicLock extends App {
  private val lock = new AtomicBoolean(false)
  def mySynchronized(body: =>Unit): Unit = {
    while (!lock.compareAndSet(false, true)) {}
    try body finally lock.set(false)
  }
  var count = 0
  for (i<- 0 until 10) execute { mySynchronized { count += 1 } }
  Thread.sleep(1000)
  log(s"Count is: $count")
}
```

mySynchronized는 코드 블록 body를 독립적으로 실행한다. 그 메소드는 원자적 lock 불린 변수를 사용해 다른 스레드가 mySynchronized를 사용 중인지 판단한다. compareAndSet를 사용해 lock을 false로 바꿀 수 있었던 첫 스레드는 body를 계속 실행할 수 있다. 그 스레드가 body를 실행하는 동안, mySynchronized를 호출한 다른 스레드들은 반복적으로 lock에 대해 compareAndSet를 호출하지만 계속 실패한다. body의 실행이 끝나면 body를 실행한 스레드는 finally 블록에서 아무 조건 없이 lock을 false로 만든다. 이제 다른 스레드 중 하나의 compareAndSet 호출이 성공할 수 있고, 전체 과정이 반복된다. 모든 작업이 완료된 다음 count의 값은 항상 10이다. 위 코드를 synchronized를 사용해 만든 버전과의 가장 큰 차이는 mySynchronized를 호출하는 스레드는 while 루프 안에서 락을 사용 가능할 때까지 바쁜 대기를 수행한다는 점이다. 이런 락은 위험하며, synchronized 명령보다 훨씬 더 나쁘다. 이 예제는 락이 없는 코드를 작성할 때 더 조심해야 한다는 사실을 보여준다. 프로그래머는 인식하지 못했는데, 프로그램에 락이 암시적으로 존재할 수 있기 때문이다.

2장에서 우리는 대부분의 운영체제가 선점형 멀티태스킹을 사용하기 때문에, 스레드 T가 언제든 운영체제에 의해 일시 중단될 수 있음을 배웠다. 이런 일이 T가 락을 소유한 동안 일어나면, 그 스레드를 기다리는 다른 스레드들은 락이 해제될 때까지 더 이상 진행할 수가 없다. 이런 다른 스레드들은 운영체제가 T 스레드 실행을 재개해서 T가 락을 해제할 때까지 기다려야만 한다. 이런 경우, T가 중지상태인 동안 여러 스레드가 아무런 작업을 수행할 수 없기 때문에 바람직하지 않다. 이를 느린 스레드 T가 다른 스레드들의 실행을 블록했다고 말한다. 여러 스레드가 어느 한 연산을 동시에 수행 중이라면, 적어도 그 중 하나는 유한한 시간 내에 실행을 완료해야만 한다.

 한 연산을 수행하는 여러 스레드에 대해, 유한한 단계 이내에 최소한 한 스레드가 그 연산을 마치는 경우, 다른 스레드들의 실행 속도와 관계 없이 그 연산은 락을 사용하지 않는다고 말할 수 있다.

락을 사용한다는 것에 대한 가장 엄밀한 이러한 정의를 가지고, 왜 락을 사용하지 않는 프로그래밍이 어려운지 감을 잡을 수 있을 것이다. 어떤 연산이 락을 사용하지 않음을 증명하는 것은 쉽지 않다. 또한, 더 복잡한 락이 없는 연산을 정의하는 것은 악명 높을 정도로 어렵다. CAS 기반의 `getUniqueId`는 실제로도 락을 사용하지 않는다. 스레드는 오직 CAS가 실패하는 경우에만 루프를 돌며, CAS는 오직 어떤 스레드가 유일한 식별자를 계산한 경우에만 실패한다. 이는 어떤 다른 스레드가 `get`과 `compareAndSet` 호출 사이에 유한한 단계 안에 `getUniqueId`에 성공한다는 뜻이다. 따라서, 락을 사용하지 않음을 증명할 수 있다.

락을 명시적으로 구현

경우에 따라 정말 락이 필요할 때가 있다. 원자적 변수를 사용하면 호출한 쪽을 블록시키지 않고도 락을 구현할 수 있다. 2장에서 본 객체 고유 락의 문제는 어떤 객체의 락을 획득했는지 여부를 검사할 수 없다는 점에 있다. 대신, `synchonized`를 호출한 스레드는 해당 모니터가 사용 가능해질 때까지 블록된다. 때로, 락을 사용할 수 없는 경우 다른 동작을 수행하게 만들고 싶은 경우가 있다.

이제 이 장의 맨 앞에서 언급했던 동시성 파일시스템 API에 대해 살펴보자. 락의 상태를 살펴보는 기능은 파일 관리자와 같은 프로그램에 꼭 필요한 것이다. 도스DOS나 노턴 커맨더Norton Commander의 좋았던 옛 시절에는 파일 복사를 시작하면 전체 사용자 인터페이스가 블록됐다. 그래서 뒤로 물러나, 게임보이Game Boy를 잡고 복사가 끝날 때까지 쉴 수 있었다. 시대가 달라졌다. 최근의 파일 관리자들은 여러 파일 전송을 동시에 시작할 수 있어야 하고, 진행중인 것을 중단하거나, 여러 파일을 동시에 삭제할 수 있어야만 한다. 우리가 만들 파일시스템 API는 다음을 보장한다.

- 어떤 스레드가 새 파일을 생성 중이라면, 그 파일을 복사하거나 삭제할 수 없다.
- 하나 이상의 스레드가 파일을 복사 중이라면, 그 파일을 삭제할 수 없다.
- 어떤 스레드가 파일을 삭제 중이라면, 그 파일을 복사할 수 없다.
- 파일 관리자에서, 어느 순간에 오직 한 스레드만 어떤 파일을 삭제할 수 있다.

이 파일시스템 API는 파일의 동시 복사와 삭제를 허용한다. 이번 절에서는 먼저 오직 한 스레드만 한 파일을 삭제하도록 제한하는 것부터 시작한다. 파일이나 디렉토리는 Entry 클래스로 모델링한다.

```
class Entry(val isDir: Boolean) {
  val state = new AtomicReference[State](new Idle)
}
```

Entry 클래스의 isDir이라는 필드는 해당 경로가 파일인지 디렉토리인지 표시한다. state 필드는 파일의 상태이다. 파일이 사용가능한지, 현재 생성, 복사 중이거나 삭제 대상으로 지정되었는지 여부를 알려준다. 이런 상태를 State라는 봉인한 트레이트를 사용해 표시한다.

```
sealed trait State
class Idle extends State
class Creating extends State
class Copying(val n: Int) extends State
class Deleting extends State
```

Copying 상태의 경우 n 필드가 동시에 수행중인 복사 개수를 표현한다. 원자적 변수를 사용할 때는 도해를 그려서 원자적 변수의 상태 변화를 보는 것이 유용할 때가 많다. 다음 그림과 같이 Entry 클래스의 변수가 만들어지고 나면 즉시 state가 Creating으로 설정되고, 그 후 Idle이 된다. 그 이후, Entry 객체는 Copying이나 Idle 상태를 횟수 제한 없이 오갈 수 있고, 언젠가는 Idle에 도착한 다음 Deleting으로 이동한다. Deleting 상태에 도달한 Entry 객체는 더 이상 변경되지 않는다. 이 상태는 해당 파일을 곧 삭제할 것이라는 의미이기 때문이다.

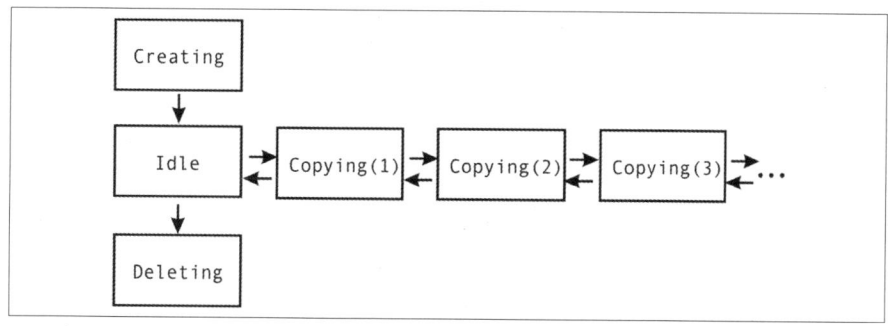

파일을 삭제하고 싶다고 가정하자. 아마도 파일 관리자 안에서 실행 중인 스레드가 여럿 있을 것이다. 그리고, 두 스레드가 동시에 같은 파일을 삭제하지 못하게 방지하고 싶다. 삭제 대상 파일이 Idle 상태여야만 하도록 요구하고, 그 파일을 원자적으로 Deleting 상태로 변경할 것이다. 대상 파일이 Idle 상태가 아니라면 오류를 보고한다. 보고에는 나중에 정의할 logMessage 메소드를 사용할 것이다. 지금은 그냥 해당 메소드가 log 명령을 호출한다고 가정하자.

```
@tailrec private def prepareForDelete(entry: Entry): Boolean = {
  val s0 = entry.state.get
  s0 match {
    case i: Idle =>
      if (entry.state.compareAndSet(s0, new Deleting)) true
      else prepareForDelete(entry)
    case c: Creating =>
      logMessage("File currently created, cannot delete."); false
    case c: Copying =>
      logMessage("File currently copied, cannot delete."); false
    case d: Deleting =>
      false
  }
}
```

prepareForDelete 메소드는 먼저 state 원자적 참조 변수를 읽어서 그 값을 지역변수 s0에 저장한다. 그 후 s0가 Idle인지 검사해 원자적으로 Deleting 상태로 바꾸려 시도한다. getUniqueId 예제와 마찬가지로 CAS가 실패했다는 것은 다른 스레드가 state 변수의 값을 변경했다는 뜻이기 때문에, 다시 prepareForDelete를 반복해야 한다. 다른 스레드가 파일을 만들고 있거나 복사 중이라면 삭제가 불가능하다. 따라서 오류를 보고하고 false를 반환한다. 만약 다른 스레드가 파일을 삭제 중이라면, 그냥 false를 반환하면 된다.

이 예제에서 state 원자적 변수는, 결코 다른 스레드를 블록시키거나 바쁜 대기를 수행하지는 않지만, 암시적으로 락처럼 동작한다. prepareForDelete 메소드가 true를 반환하면 우리는 현재 스레드가 해당 파일을 안전하게 삭제할 수 있음을 안다. 왜냐하면 현재 스레드가 파일의 state를 Deleting으로 바꾼 유일한 스레드이기 때문이다. 하지만, 메소드가 `false`를 반환하면 파일 관리자 UI를 블록하는 대신 오류를 사용자에게 보고한다.

`AtomicReference` 클래스에 대해 언급해야만 할 중요한 것 하나는 그 클래스가 `state`에 대입된 옛 객체와 새 객체를 비교 시 항상 참조 동등성reference equality을 사용한다는 것이다.

 원자적 참조 변수에 대한 CAS 명령은 항상 참조 동등성을 사용하며 결코 equals 메소드를 호출하지 않는다. 혹시 equals를 재정의 했더라도 결코 이를 호출하는 일은 없다.

순차적 스칼라 프로그래밍 전문가라면 `State` 서브타입을 케이스 클래스로 정의해 `equals` 메소드를 거저 얻고 싶은 유혹을 받을 것이다. 하지만, 그렇게 하는 것도 `compareAndSet` 연산에는 영향을 끼치지 못한다.

ABA 문제

ABA 문제는 동시 프로그램에서 같은 메모리에 대한 두 읽기가 A라는 같은 값을 내놓는 경우 중 하나이다. 이때 A라는 값은 해당 메모리 위치가 두 읽기가 벌어진 사이에 변하지 않았음을 표시하기 위한 값이다. 그렇지만, 다른 스레드가 동시에 해당 메모리 위치에 어떤 값 B를 쓰고 다시 A를 덮어쓰면 이 가정은 깨진다. ABA 문제는 보통 경합 조건의 일종이다. 종종 ABA 문제가 프로그램 오류를 야기하는 경우도 있다.

변경 가능 필드 n이 있는 `Copying` 클래스를 구현한다고 하자. 아마도 release와 acquire에 대해 같은 `Copying` 객체를 재사용하고 싶을 것이다. 하지만 이는 거의 대부분의 경우 결코 좋은 생각이 아니다!

가상의 두 메소드 `releaseCopy`와 `acquireCopy`가 있다고 가정하자. `releaseCopy` 메소드는 `Entry` 클래스가 `Copying` 상태에 있다고 가정하고 그 상태를 `Copying`에서 또 다른 `Copying`으로 바꾸거나, `Copying`에서 `Idle`로 바꿀 것이다. 그 후 상태와 연관된 이전 `Copying` 객체를 반환한다.

```
def releaseCopy(e: Entry): Copying = e.state.get match {
  case c: Copying =>
    val nstate = if (c.n == 1) new Idle else new Copying(c.n - 1)
    if (e.state.compareAndSet(c, nstate)) c
    else releaseCopy(e)
}
```

acquireCopy 메소드는 현재 사용하지 않는 Copying 객체를 받아서 상태를 그 Copying 객체로 바꾸려 한다.

```
def acquireCopy(e: Entry, c: Copying) = e.state.get match {
  case i: Idle =>
    c.n = 1
    if (!e.state.compareAndSet(i, c)) acquire(e, c)
  case oc: Copying =>
    c.n = oc.n + 1
    if (!e.state.compareAndSet(oc, c)) acquire(e, c)
}
```

releaseCopy 메소드를 호출하면 스레드가 예전 Copying 객체를 저장할 것이다. 나중에 그 스레드가 그 오랜 Copying 객체를 acquireCopy 메소드를 호출하면서 전달한다. 여기서 프로그래머의 의도는 Copying 객체를 덜 할당해 쓰레기 수집기garbage collector에 가해지는 압력을 줄이는 것이다. 하지만, 이 코드는 다음에 설명하듯 ABA 문제를 야기한다.

releaseCopy 메소드를 두 스레드 T1과 T2가 호출한 경우를 생각해보자. 이들은 모두 Entry 객체의 상태를 읽어서 새로운 Idle 상태 객체 nstate를 만든다. T1 스레드가 compareAndSet을 먼저 실행하고, releaseCopy 메소드로부터 예전 Copying 객체 c를 반환했다고 가정하자. 그 후, 제3의 스레드 T3가 acquireCopy를 호출해 Entry 객체의 상태를 Copying(1)로 변경했다고 가정하자. 이제 T1이 예전 Copying 객체 c를 가지고 acquireCopy를 호출하면 Entry 객체의 상태는 Copying(2)로 바뀐다. 이 시점에, 예전 Copying 객체인 c가 한 번 더 원자적 변수 state에 저장되었다. 이때 T1이 compareAndSet을 호출한다면 호출이 성공하고 Entry 객체의 상태는 Idle이 된다. 그 결과, 마지막 compareAndSet 연산이 상태

를 Copying(2)에서 Idle로 바꾸고, 그에 따라 한 번 더 acquireCopy했던 정보가
사라진다.

이 시나리오를 그림으로 표시하면 다음과 같다.

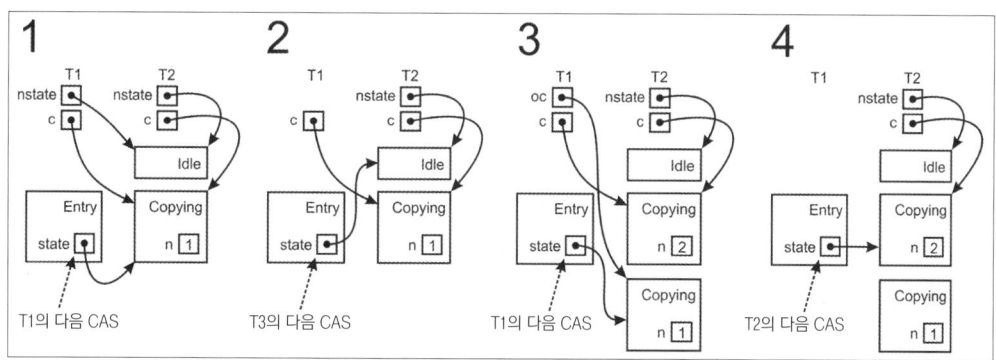

앞의 예제에서는 T2 스레드의 실행에서 ABA 문제가 드러났다. Entry의 state 필드를 get으로 읽은 값을 가지고 나중에 compareAndSet 메서드를 호출할 때, T2 스레드는 처음 읽은 state의 값이 이 두 번의 쓰기 사이에 바뀌지 않았다고 가정한다. 여기서는 이런 가정이 프로그램 오류를 낳는다.

ABA 문제를 예방할 수 있는 일반적인 기법은 없다. 따라서 문제에 따라 그때그때 프로그램을 보호해야만 한다. 하지만, JVM과 같이 관리가 이뤄지는 런타임에서 ABA 문제를 방지해야 하는 경우 아래와 같은 지침이 유용하다.

- AtomicReference 객체에 대입할 때는 새로 객체를 생성하라.
- 변경 불가능한 객체는 AtomicReference 객체 안에 설정하라.
- 원자적 변수에 이미 할당했던 값을 다시 할당하지 말라.
- 가능하면 원자적 수 변수의 값을 변경할 때는 단조적으로 monotonic 변화시켜라. 즉, 이전 값보다 항상 더 작은 값을 대입하거나, 이전 값보다 항상 더 큰 값을 대입하라.

이런 기법 외에 포인터 마스킹pointer masking이나 해저드 포인터hazard pointer 등의 다른 기법을 사용해 ABA 문제를 피할 수 있지만, 그런 기법은 JVM에서는 쓸 수 없다.

경우에 따라 ABA 문제가 알고리즘의 정확성correctness에는 영향을 끼치지 못할 수도 있다. 예를 들어 Idle 클래스를 싱글턴 객체로 바꾸면 prepareForDelete 메소드가 제대로 작동하기 시작할 것이다. 그러나, 락을 사용하지 않는 알고리즘에 대한 추론을 간단하게 만들어 주기 때문에, 여전히 앞에서 제시한 지침을 따르는 것이 좋다.

지연 값

스칼라 순차 프로그래밍에서 지연 값lazy value을 어떻게 사용하는지에 대해 잘 알아야만 한다. 어떤 값을 지연값으로 선언하면, 그 값을 최초로 읽는 시점에 선언의 우변에 있던 식을 계산해 초기화한다. 값을 선언하는 시점에 계산 및 초기화가 이루어지는 일반적인 값과는 다르다. 프로그램에서 지연 값을 결코 읽지 않는다면 결코 초기화되지 않기 때문에 불필요한 초기화 비용을 지불하지 않아도 된다. 지연 값을 사용하면 지연 스트림lazy stream과 같은 데이터 구조를 구현할 수 있다. 지연 스트림을 사용하면 영속적인 데이터 구조의 복잡성을 향상시킬 수 있고, 프로그램 성능을 개선할 있으며, 스칼라 믹스인 합성에서 발생할 수 있는 초기화 순서 문제를 피하는 데도 유용하다.

지연 값은 실전에서 아주 유용하다. 그래서 스칼라에서 마주칠 일이 자주 있을 것이다. 하지만 동시성 프로그램에서 이를 사용하면 예상치 못한 상호작용을 일으킬 수 있다. 이번 절의 주제가 바로 그것이다. 지연값이 다중스레드 프로그래밍에서도 동일한 의미를 유지해야 한다는 점을 기억하자. 즉, 지연값은 어떤 스레드가 그 값을 읽을 때만 초기화되며, 그 초기화는 많아야 한 번만 일어나야 한다. 두 스레드가 지연값 obj와 non에 접근하는 다음 예제를 통해 약간의 통찰을 얻기 바란다.

```
object LazyValsCreate extends App {
  lazy val obj = new AnyRef
  lazy val non = s"made by ${Thread.currentThread.getName}"
  execute {
    log(s"EC sees obj = $obj")
    log(s"EC sees non = $non")
  }
  log(s"Main sees obj = $obj")
  log(s"Main sees non = $non")
  Thread.sleep(500)
}
```

순차 스칼라 프로그래밍에서, 지연값을 초기화할 때는 프로그램의 현재 상태에 따라 달라지는 식으로 초기화하지 않는 편이 더 좋은 습관이라는 점을 알 것이다. obj 지연값은 이런 습관을 따르지만, non은 그렇지 않다. 이 프로그램을 한번 실행해 보면 non이 주 스레드의 이름으로 초기화됨을 알 수 있을 것이다.

[info] main: Main sees non = made by main
[info] FJPool-1-worker-13: EC sees non = made by main

한 번 더 실행해 보면 이번에는 non 작업 스레드에 의해 초기화됨을 알게 될 수 있다.

[info] main: Main sees non = made by FJPool-1-worker-13
[info] FJPool-1-worker-13: EC sees non = made by FJPool-1-worker-13

이 예제가 보여주듯, 지연 값은 비결정성에 의해 영향을 받는다. 비결정적 지연 값은 문제를 일으키는 근원이지만, 항상 이를 피할 수 있는 것은 아니다. 지연값은 스칼라와 매우 밀접한 연관이 있다. 왜냐하면 싱글턴이 내부적으로 지연값으로 구현되기 때문이다.

```
object LazyValsObject extends App {
  object Lazy { log("Running Lazy constructor.") }
  log("Main thread is about to reference Lazy.")
  Lazy
  log("Main thread completed.")
}
```

이 프로그램을 실행하면 Lazy에 대한 초기화가 LazyValsObject 객체를 선언하는 시점이 아니라 최초로 참조하는 시점에 이루어짐을 알 수 있다. 스칼라 코드에서 싱글턴을 제외하는 것은 너무 제약이 심하다. 반면, 싱글턴의 크기가 커지는 일이 자주 있다. 그런 커다란 싱글턴에는 모든 종류의 잠재적으로 비결정적인 코드가 들어있을 수 있다.

여러분이 약간의 비결정성은 우리가 감수해야만 하는 것이라 생각할 지도 모르겠다. 하지만, 이런 비결정성이 위험할 수 있다. 현재 스칼라에서 지연값이나 싱글턴 객체는 내부적으로 이중 검사 락 방식double check locking idiom을 사용한다. 이 동시성 패턴은 한 스레드가 최초로 지연 값을 접근하는 경우 최대 한 번 초기화하도록 보장한다. 이로 인해 지연 값을 일단 초기화한 다음부터는 지연 값을 읽는 비용이 상대적으로 저렴하며, 락을 획득할 필요도 없다. 스칼라 컴파일러는 이 방식을 사용해 앞의 예제에 있는 obj 지연 값 선언을 다음과 같이 번역한다.

```
object LazyValsUnderTheHood extends App {
  @volatile private var _bitmap = false
  private var _obj: AnyRef = _
  def obj = if (_bitmap) _obj else this.synchronized {
    if (!_bitmap) {
      _obj = new AnyRef
      _bitmap = true
    }
    _obj
  }
  // 나머지 클래스 본문이 계속 됨
}
```

클래스에 지연 필드가 있는 경우 스칼라 컴파일러는 볼레타일 필드 _bitmap을 추가한다. 값을 담는 비공개 _obj 필드는 처음에 초기화되지 않는다. obj 게터getter가 _obj에 값을 할당한 다음, _bitmap을 true로 설정해 지연값이 초기화되었음을 표시한다. 그 이후에 이루어지는 다른 게터 호출은 _bitmap 필드를 검사해 _obj를 바로 돌려준다.

obj 게터는 _bitmap이 true인지 검사하는 것부터 시작한다. _bitmap이 true라면 지연 값이 이미 초기화되었으므로 게터가 _obj를 반환한다. 그렇지 않다면, obj 게터는 자신을 둘러싼 객체(이 경우 LazyValsUnderTheHood)의 고유 락을 획득하려 시도한다. synchronized 블록 안에서 한 번 더 _bitmap을 계산해 아직 true가 아닌 경우, 게터는 new AnyRef라는 식을 계산해서 _obj에 설정하고, _bitmap을 true로 변경한다. 이 시점이 되면 지연값이 초기화된 것으로 간주할 수 있다. synchronized 문과 _bitmap 필드가 false인지 검사하는 것이 한데 어우러져야 최대 한 스레드만 지연 값을 초기화하도록 보장할 수 있다.

 이중 검사 락 방식은 모든 지연 값이 최대 1개의 스레드에 의해서만 초기화되도록 보장한다.

이 메커니즘은 튼튼하며, 지연값의 스레드 안전성과 효율을 보장한다. 하지만, 둘러싼 객체에 대해 동기화 하는 것이 문제를 야기할 수 있다. 두 스레드가 지연 값 A.x와 B.y를 동시에 초기화하려 시도하는 다음 예를 보자.

```
object LazyValsDeadlock extends App {
  object A { lazy val x: Int = B.y }
  object B { lazy val y: Int = A.x }
  execute { B.y }
  A.x
}
```

순차적 코드라면 A.x와 B.y를 참조하는 것이 스택 오버플로를 야기할 것이다. A.x를 초기화하려면 게터 B.y를 호출해야 하는데, 아직 이는 초기화되지 않았다. 그래서 B.y를 초기화하려면 A.x를 호출해야 하며, 결국 무한 재귀에 빠진다. 하지만 이 예제는 주 스레드와 작업 스레드에서 A.x와 B.y를 동시에 접근하도록 세밀하게 작성한 것이다. SBT를 재시작할 준비를 하라. A와 B를 동시에 초기화한 다음, 각각의 모니터를 획득하려는 시도가 동시에 서로 다른 두 스레드에 의해 이루어진다. 각 스레드는 각각 다른 스레드가 가지고 있는 모니터를 요청한다. 두 스레드 모두 자기가 소유한 모니터를 해제하지 않기 때문에, 그 결과는 교착상태이다.

순차적인 스칼라 프로그램이나 동시성 스칼라 프로그램 모두, 지연 값 사이의 순환적 의존관계를 지원하지 않는다. 다만 순환 의존관계가 순차 프로그래밍에서는 스택 오버플로를 야기하지만, 동시 프로그래밍에서는 교착상태를 잠재적으로 야기할 수 있다는 점이 다르다.

 지연 값 사이에 순환적 의존관계를 피하라. 교착상태를 야기할 수 있다.

앞의 코드와 같은 것을 여러분이 작성할 가능성은 별로 없다. 하지만, 지연 값과 싱글턴 객체 사이의 순환적 의존관계는 훨씬 경로가 복잡해서 알아보기 어려울 수 있다. 실제로 지연 값을 직접 접근하지 않고도 지연 값 사이의 의존관계를 만들어 낼 방법이 여럿 있다. 지연 값 초기화 식은 다른 값이 사용 가능해 질 때까지 스레드를 블록할 수 있다. 다음 예를 보자. 2장에서 썼던 `thread` 명령을 사용해 초기화 식에서 스레드를 시작하고 조인한다.

```
object LazyValsAndBlocking extends App {
  lazy val x: Int = {
    val t = ch2.thread { println(s"Initializing $x.") }
    t.join()
    1
  }
  x
}
```

예제에는 지연 값이 하나밖에 없지만, 실행해 보면 어쩔 수 없이 교착상태가 발생한다. 새 스레드는 x에 접근하려 시도하고, x는 아직 초기화되지 않았다. 따라서, `LazyValsAndBlocking`에 대한 `synchronized`를 시도하면서 블록된다. 주 스레드가 이미 그 락을 소유하고 있기 때문이다. 반면 주 스레드는 새로 만든 스레드가 종료하기를 기다린다. 결국 두 스레드 모두 더 이상 진행할 수 없다.

이 예제에서는 교착상태가 상대적으로 분명히 보인다. 하지만, 코드 크기가 커지면 순환적 의존 관계가 여러분의 눈을 피하기가 더 쉬워진다. 어떤 경우에는 비결정성까지 있어서, 특정 시스템 상태에서만 교착상태가 발생할 수도 있다. 이런 문제를 피하기 위해서는 지연 값의 초기화 식에서 블로킹하는 것을 피해야 한다.

 지연 값 초기화 식이나 싱글턴 객체 생성자 내부에서 블로킹 연산을 결코 호출하지 말라.

지연 값이 스스로 블록하지 않는데도 교착상태를 야기하는 경우가 있다. 다음 예에서, 주 스레드는 자신을 둘러싼 객체에 대해 synchronized를 호출하고, 새 스레드를 시작한 다음, 그 스레드의 완료를 기다린다. 새 스레드는 x라는 지연값을 초기화하려 하지만, 주 스레드가 모니터를 해제하기 전까지는 모니터를 획득할 수 없다.

```
object LazyValsAndMonitors extends App {
  lazy val x = 1
  this.synchronized {
    val t = ch2.thread { x }
    t.join()
  }
}
```

이런 류의 교착상태는 지연값에만 존재하는 것이 아니며, synchronized를 사용하는 임의의 코드에서 발생할 수 있다. 문제는 LazyValsAndMonitors 락을, 지연값 생성과 주 스레드에서 사용하는 다른 목적의 두 가지 다른 맥락에서 사용한다는 점에 있다. 두 가지 서로 무관한 소프트웨어 컴포넌트가 같은 락을 사용하는 일을 방지하기 위해, 항상 특정 목적을 위해 만든 비공개 객체에 대해서만 synchronized를 사용하라.

 synchronized를 공개된 객체에 사용하지 말라. 항상 동기화를 위한 목적에만 사용하는 비공개 객체에 대해서만 사용하라.

이 책에서는 동기화를 위해 별도의 객체를 만드는 일이 별로 없지만, 이는 예를 단순화하기 위한 것이다. 여러분은 코딩할 때 앞의 조언을 명심해야 한다. 이 조언은 지연 값이 아닌 경우에도 유용하다. 락을 비공개로 별도로 유지하면 교착상태에 빠질 위험을 줄일 수 있다.

동시성 컬렉션

2장에서 자바 메모리 모델에 대해 논의하면서 결론 내렸던 것처럼, 스칼라 표준 라이브러리의 컬렉션을 여러 다른 스레드에서 변경하면 데이터 오염이 생길 수 있다. 표준 컬렉션 구현은 동기화를 사용하지 않는다. 변경 가능한 컬렉션의 내부 데이터 구조는 매우 복잡할 수 있다. 동기화가 없는 경우 여러 스레드가 컬렉션 상태에 어떤 영향을 미칠지에 대해 예측하는 일은 가능하지도 않고, 권할만한 일도 아니다. mutable.ArrayBuffer 컬렉션에 두 스레드가 수를 추가하는 경우를 통해 이런 측면을 살펴보자.

```
import scala.collection._
object CollectionsBad extends App {
  val buffer = mutable.ArrayBuffer[Int]()
  def asyncAdd(numbers: Seq[Int]) = execute {
    buffer ++= numbers
    log(s"buffer = $buffer")
  }
  asyncAdd(0 until 10)
  asyncAdd(10 until 20)
  Thread.sleep(500)
}
```

20개의 다른 원소가 들어 있는 배열 버퍼를 출력하는 대신, 이 예제는 실행할 때마다 서로 다른 결과를 내놓거나 예외를 발생시킨다. 두 스레드가 내부 배열 버퍼의 상태를 동시에 변화시키면서 데이터 오염이 일어나기 때문이다.

 변경 가능 컬렉션을 적절한 동기화 없이 결코 여러 다른 스레드에서 동시에 사용하지 말라.

동기화를 여러 가지 방식으로 회복시킬 수 있다. 첫째로, 변경 불가능 컬렉션을 적절한 동기화를 사용해 여러 스레드 사이에 공유할 수 있다. 예를 들어, 원자적인 참조 변수 안에 변경 불가능한 데이터 구조를 저장할 수 있다. 다음 코드는 동시성 += 연산을 지원하는 AtomicBuffer 클래스를 도입한다. 리스트에 원소를 덧붙이는 append 연산은 현재의 변경 불가능한 List를 원자적 참조 버퍼에서 가져와서 x를 맨 뒤에 추가한 새로운 List 객체를 만드는 방식을 사용한다. 그 후 CAS 연산을 호출해 버퍼를 원자적으로 갱신하려 시도한다. 만약 CAS가 실패하면 전체 덧붙임 연산을 다시 재시도한다.

```
class AtomicBuffer[T] {
  private val buffer = new AtomicReference[List[T]](Nil)
  @tailrec def +=(x: T): Unit = {
    val xs = buffer.get
    val nxs = x :: xs
    if (!buffer.compareAndSet(xs, nxs)) this += x
  }
}
```

원자적 변수나 synchronized 문을 변경 불가능 컬렉션과 함께 사용하는 것은 간단하지만, 여러 스레드가 한꺼번에 원자적 변수를 사용하는 경우 확장성 문제가 발생할 수 있다.

변경 가능 컬렉션을 계속 사용하고 싶다면, 컬렉션 연산 호출을 synchronized 문으로 둘러쌀 수 있다.

```
def asyncAdd(numbers: Seq[Int]) = execute { buffer.synchronized { buffer
++= numbers log(s"buffer = $buffer") } }
```

synchronized 안에서 컬렉션의 연산이 블록되지 않는다면, 이 접근 방법이 만족스러울 수도 있다. 사실, 이런 접근 방식은 컬렉션 연산 주변에 가드가 있는 락을 구현할 수 있게 해준다. 2장의 SynchronizedPool 예제에서 이에 대해 살펴봤다. 하지만, synchronized를 사용하면 여러 스레드가 한꺼번에 락을 획득하려 시도하는 경우 확장성 문제가 발생할 수 있다.

마지막으로 동시성 컬렉션concurrent collection은 여러 스레드에서 동기화 없이 호출해도 안전하도록 연산을 구현한 컬렉션이다. 몇몇 동시성 컬렉션은 기본 컬렉션 연산에 대해 스레드 안전한 버전을 제공하는 외에 더 표현력이 풍부한 연산을 추가 제공하기도 한다. 개념적으로는 원자적 구성 요소나 synchronized 문, 가드가 있는 블록 등을 사용해 같은 연산을 만들 수도 있다. 하지만, 동시성 컬렉션이 훨씬 더 나은 성능과 규모 확장성을 보장한다.

동시성 큐

동시 프로그래밍에서 일반적인 패턴 하나는 생산자-소비자 패턴producer-consumer pattern이다. 이 패턴에서, 계산 부하에 대한 여러 가지 다른 책임이 여러 스레드에 나뉘어 부여된다. FTP 서버라면 하나 이상의 스레드가 디스크에서 큰 파일을 덩어리로 읽어오는 것을 담당할 수 있다. 이런 스레드를 생산자라 한다. 다른 한 그룹의 스레드가 파일의 데이터 덩어리를 네트워크를 통해 전송하는 일만 담당할 수 있다. 이런 스레드를 (읽은 파일을 소비하기 때문에) 소비자라 한다. 이들의 관계에서 소비자는 생산자가 생성한 작업 요소를 처리해야만 한다. 이 두 그룹이 서로 완벽히 동기화되지 못하는 경우가 많기 때문에, 만들어진 작업 요소를 어딘가에 버퍼링할 필요가 있다. 이런 버퍼링을 지원하는 동시성 컬렉션이 동시성 큐queue이다. 우리가 동시성 큐에 기대하는 연산이 세 가지 있다. 원소 추가enqueue 연산은 생산자가 작업 요소를 큐에 추가하도록 한다. 원소 제거dequeue 연산은 소비자가 작업 요소를 큐에서 제거하도록 한다. 마지막으로, 종종 큐의 내용에는 영향을 끼치지 않으면서 큐의 맨 앞에 있는 작업 요소의 값을 확인하는 연산이 있다. 동시성 큐는 바운드된bounded 큐일 수 있다. 이는 큐에 들어갈 수 있는 원소의 최대 개수가 정해져 있다는 뜻이다. 반대로 바운드되지 않은unbounded 큐, 즉 끝없이 길어질 수 있는 큐도 있다. 바운드된 큐에 최대 개수의 원소가 들어가 있는 경우 그 큐가 꽉 찼다고full 이야기한다.

추가나 제거의 종류에 따라 꽉 찬 큐나 빈 큐에 대해 각 연산을 수행했을 때 어떤 결과가 나올지 달라질 수 있다. 동시성 큐는 이런 특수한 경우를 다르게 처리할 수 있어야 한다. 단일 스레드 프로그램에서는 순차적 큐가 비어 있거나 꽉 찬 경우 특별한 값으로 null이나 false를 내놓거나, 예외를 발생시킬 수 있다. 동시 프로그래밍에서는 큐에 원소가 없다는 것이 미래 어느 시점에는 추가하기로 되어 있는 생산자가 아직 원소를 추가하지 않았음을 의미할 수 있다. 마찬가지로, 큐가 꽉 찼다는 것은 나중에 제거할 소비자가 아직 원소를 제거하지는 않았다는 의미일 수 있다. 이런 이유로, 몇몇 동시성 큐는 블로킹 추가와 제거 구현을 사용한다. 그런 경우 꽉 찬 큐에 대한 추가는 큐에 원소를 추가할 수 있을 때까지 블록되고, 빈 큐에 대한 제거는 큐에 다른 원소가 들어올 때까지 블록된다.

JDK의 java.util.concurrent 패키지에는 BlockingQueue 인터페이스를 지원하는 여러 효율적인 동시성 큐 구현이 들어 있다. 스칼라는 바퀴를 다시 만드는 수고를 굳이 하지 않고, 자바의 구현을 채용했다. 따라서 스칼라 전용의 블로킹 큐 트레이트는 없다.

BlockingQueue 인터페이스에는 여러 버전의 기본적인 동시성 큐 연산이 들어 있다. 각 연산은 의미가 약간 다르다. 다음 표에 서로 다른 추가, 제거, 그리고 첫 원소 관찰 메소드를 정리해 두었다. 첫 컬럼에서는 이런 연산을 관찰, 제거, 추가 순으로 볼 때 각각 element, remove, add라 부른다. 이들은 큐가 꽉 찼거나 비어 있을 때 예외를 발생시킨다. poll이나 offer와 같은 메소드는 null이나 false와 같은 특별한 값을 반환한다. 이런 메소드에 대해 타임아웃을 추가한 버전이 있다. 이들은 원소나 특별한 값을 바로 반환할 수 없는 경우, 정해진 타임아웃까지 블록 상태에서 기다린다. 블로킹 메소드는 큐가 비어 있지 않거나, 꽉 차지 않은 상태가 될 때까지 호출 스레드를 블록시킨다.

연산	예외	특별한 값	타임아웃	블로킹
제거	remove(): T	poll(): T	poll(t: Long, u: TimeUnit): T	take(): T
추가	add(x: T)	offer(x: T): Boolean	offer(x: T, t: Long, u: TimeUnit)	put(x: T)
관찰	element: T	peek: T	없음	없음

ArrayBlockingQueue는 바운드된 블로킹 큐의 구체적 구현이다. ArrayBlockingQueue를 생성할 때는 용량, 즉 큐에 몇 개의 원소가 들어 있을 때 꽉 차는지를 지정한다. 생산자가 소비자가 처리하는 것보다 더 빨리 원소를 만들어 낼 가능성이 있다면 바운드된 큐를 사용해야 한다. 그렇지 않으면 큐의 크기가 한없이 커져서 프로그램의 모든 가용 메모리를 소모할 수 있다.

다른 동시성 큐 구현으로는 LinkedBlockingQueue가 있다. 이 큐는 바운드되지 않은 큐이며, 생산자보다 소비자가 더 빠르게 작동할 것이 확실한 경우에만 사용할 수 있다. 이 큐는 파일시스템 API의 로깅에 사용할 완벽한 후계자이다. 로깅은 실행에 관한 피드백을 사용자에게 남겨야만 한다. 파일 관리자의 로깅은 UI 내에 사용자가 볼 수 있는 메시지를 생성한다. FTP 서버에서는 피드백을 네트워크를 통해 전달한다. 예제를 단순화하기 위해, 이 책에서는 표준 출력으로 모든 메시지를 보냈다.

LinkedBlockingQueue를 사용해 파일시스템 API를 구성하는 여러 컴포넌트로부터 전달되는 다양한 메시지를 버퍼링한다. 큐를 messages라는 비공개 변수로 선언한다. logger라는 별도의 스레드가 messages에 대해 take를 반복해서 호출한다. 앞의 표에서 take 메소드가 블로킹이었음을 다시 기억하기 바란다. 따라서 logger는 큐에 메시지가 들어올 때까지 블록된다. logger 스레드는 그 후 log를 호출해 메시지를 출력한다. 예전에 prepareForDelete 메소드 안에서 호출했던 logMessage 메소드는 단순히 messages 큐에 대해 offer를 호출한다. 이를 add나 put 호출로 바꿀 수도 있다. 큐가 바운드되지 않았기 때문에, 이런 메소드는 결코 예외를 던지거나 블록되지 않는다.

```
private val messages = new LinkedBlockingQueue[String]
val logger = new Thread {
  setDaemon(true)
  override def run() = while (true) log(messages.take())
}
logger.start()
def logMessage(msg: String): Unit = messages.offer(msg)
```

이런 메소드와 예전에 정의한 prepareForDelete 메소드를 FileSystem 클래스에 넣는다. 이들을 시험해 보기 위해서는 그냥 FileSystem 클래스를 인스턴스화하고, logMessage를 호출하면 된다. 주 스레드가 종료하고 나면, logger 스레드도 자동으로 종료한다.

```
val fileSystem = new FileSystem(".")
fileSystem.logMessage("Testing log!")
```

순차적 큐와 동시성 큐의 중요한 차이 하나는 동시성 큐에는 약한 일관성의 이터레이터weakly consistent iterator가 있다는 점이다. iterator 메소드로 만들어지는 이터레이터는 해당 이터레이터가 생성되는 시점에 큐에 존재하던 원소를 이터레이션하게 해준다. 하지만, 그런 방문 연산이 끝나기 전에 추가나 제거 연산을 수행하면, 모든 것이 백지상태로 돌아간다. 그래서 이터레이터가 그 변경을 반영할 수도 있고, 그렇지 못할 수도 있다. 다음 예제를 보자. 한 스레드가 동시성 큐를 방문하는 동안 다른 스레드가 원소를 제거한다.

```
object CollectionsIterators extends App {
  val queue = new LinkedBlockingQueue[String]
  for (i <- 1 to 5500) queue.offer(i.toString)
  execute {
    val it = queue.iterator
    while (it.hasNext) log(it.next())
  }
  for (i <- 1 to 5500) queue.poll()
  Thread.sleep(1000)
}
```

주 스레드는 원소가 5500개인 큐를 만든다. 그 후 이터레이터를 만들고 그를 통해 원소를 하나하나 출력하는 다른 동시 작업을 하나 만든다. 동시에, 주 스레드는 큐에서 원소를 같은 순서로 제거한다. 우리의 실험에서는 이터레이터가 1,4779, 5442를 반환했다. 이 출력은 이해하기 어렵다. 왜냐하면 큐가 이 세 원소만을 가지는 경우는 결코 없기 때문이다. 아마도 1부터 5500 사이의 어떤 연속된 값을 볼 수 있을 것이라 예상하기가 더 쉽다. 이 경우 이터레이터가 일관성이 없다고 말한다. 이 이터레이터는 더럽혀지는 일도 없었고, 예외도 발생시키지 않았다. 하지만,

어떤 시점에 큐에 존재하던 원소의 집합을 일관성 있게 반환하지는 못했다. 몇 가지 아주 유명한 예외를 제외하면, 이런 효과는 거의 모든 동시성 데이터 구조에서 나타난다.

 동시성 데이터 구조의 이터레이터를 사용할 때는, 이터레이터 생성 시점부터 이터레이터의 hasNext 메소드가 false를 반환하는 시점까지 다른 스레드가 그 데이터 구조를 변경하지 않는다는 것을 확신할 수 있는 경우에만 사용하라.

JDK에 있는 `CopyOnWriteArrayList`와 `CopyOnWriteArraySet`은 이 규칙의 예외이다. 하지만, 이들은 컬렉션이 변경될 때마다 내부 데이터 구조를 복사하기 때문에 느릴 수 있다. 이번 절의 뒷 부분에서 `scala.collection.concurrent`가 제공하는 `TrieMap`이라는 동시성 컬렉션을 볼 것이다. 그 컬렉션은 이터레이션하는 도중에도 임의의 변경을 허용한다.

동시성 집합과 맵

동시성 API 설계자는 가능하면 프로그래머에게 순차적 프로그래밍에서 사용하는 컬렉션을 닮은 인터페이스를 제공하기 위해 노력한다. 이런 경우를 순차적 큐에서 살펴봤다. 생산자-소비자 패턴은 동시성 큐를 이용하는 가장 주된 용례이며, `BlockingQueue` 인터페이스는 추가로 순차적인 큐에서 사용 가능한 메소드에 대한 블로킹 버전을 제공한다. 동시성 맵과 동시성 집합은 각각 다중 스레드에서 안전하게 접근하고 변경할 수 있는 맵과 집합 컬렉션이다. 동시성 큐와 마찬가지로, 이들도 각각에 상응하는 순차 컬렉션의 API를 유지한다. 동시성 큐와 달리, 이들은 블로킹 연산을 제공하지는 않는다. 이유는 이런 컬렉션을 주로 사용하는 경우가 생산자-소비자 패턴이 아니고 프로그램 상태를 인코딩하는 것이기 때문이다.

`scala.collection` 패키지가 제공하는 `concurrent.Map` 트레이트는 여러 다른 동시성 맵 구현을 대표한다. 파일시스템 API에서는 이 트레이트를 사용해 기존 파일시스템에 있는 파일들을 다음과 같이 추적한다.

```
val files: concurrent.Map[String, Entry]
```

이 동시성 맵에는 경로와 그에 따른 Entry 객체가 들어간다. Entry는 앞에서 prepareForDelete에 사용한 것과 동일하다. 동시성 files 맵은 FileSystem 객체를 생성할 때 채워 넣는다.

이 절에서 사용할 예제를 위해, 다음 의존관계를 build.sbt 파일에 추가하라. 이렇게 하면 아파치 커먼스 IO 라이브러리를 사용해 파일을 처리할 수 있다.

```
libraryDependencies += "commons-io" % "commons-io" % "2.4"
```

FileSystem 객체가 root가 가리키는 특정 디렉토리에 있는 파일만을 추적하도록 허용할 것이다. FileSystem 객체를 "." 문자열로 인스턴스화하면, root 디렉토리를 예제 코드 프로젝트의 최상위 디렉토리로 설정한다. 이렇게 하면, 최악의 경우 모든 예제를 삭제하게 되어, 다시 이를 다운로드해서 풀어야 한다. 하지만, 그래도 좋다. 연습이 완벽함을 만드는 법이니까! FileSystem 클래스는 다음과 같다.

```
import scala.collection.convert.decorateAsScala._
import java.io.File
import org.apache.commons.io.FileUtils
class FileSystem(val root: String) {
  val rootDir = new File(root)
  val files: concurrent.Map[String, Entry] =
    new ConcurrentHashMap().asScala
  for (f <- FileUtils.iterateFiles(rootDir, null, false).asScala)
    files.put(f.getName, new Entry(false))
}
```

먼저 새 ConcurrentHashMap 메소드를 java.util.concurrent에서 가져와서, 거기에 asScala를 호출해 감싸서 스칼라의 concurrent.Map 트레이트로 바꾼다. 위 코드에서 처럼 decorateAsScala를 임포트하기만 하면, 대부분의 자바 컬렉션에 대해 asScala를 호출해 감쌀 수 있다. asScala 메소드는 자바 컬렉션을 가지고 스칼라 컬렉션 API를 사용할 수 있도록 해준다. FileUtils 클래스에 있는 iterateFiles 메소드는 특정 폴더에 있는 파일을 이터레이션할 수 있는 자바 이터레이터를 반환한다. for 내장에서는 스칼라 이터레이터만 사용할 수 있기 때문에 그 이터레이터에 대해 다시 asScala를 호출한다. iterateFiles 메소드의 첫 인자는 root 폴더를 지정하며, 선택적인 두 번째 인자는 파일에 대해 적용할 필터를 지정한다. 마지막 false 인자는 root의 하위 디렉토리에 있는 파일을 재귀적으로 방문하지 않는다는 의미이다. 안전을 위해 오직 root 디렉토리에 있는 파일만 FileSystem 클래스에게 노출시킨다. 각각의 f 파일에 대해 새 Entry 객체를 만들어서 files 동시성 맵에 put한다. put을 synchronized로 감쌀 필요가 없다. 동시성 맵이 동기화를 알아서 해준다. put 연산은 원자적이다. 따라서 그 이후에 오는 get 연산들과 이전에 발생함 관계를 가진다.

동시성 맵에서 키-값 쌍을 제거하는 remove와 같은 다른 메소드도 마찬가지이다. 이제 삭제를 위해 파일에 원자적으로 락을 거는 prepareForDelete 메소드를 사용한 다음, files 맵에서 제거할 수 있다. 이를 위해 deleteFile 메소드를 구현한다.

```
def deleteFile(filename: String): Unit = {
  files.get(filename) match {
    case None =>
      logMessage(s"Path '$filename' does not exist!")
    case Some(entry) if entry.isDir =>
      logMessage(s"Path '$filename' is a directory!")
    case Some(entry) => execute {
      if (prepareForDelete(entry))
        if (FileUtils.deleteQuietly(new File(filename)))
          files.remove(filename)
    }
  }
}
```

deleteFile 메소드가 주어진 이름의 파일을 동시성 맵에서 찾으면, execute 메소드를 호출해 비동기적으로 삭제한다. 호출 스레드를 블록하지 않는 편이 좋기 때문이다. execute를 호출해 시작한 동시 작업은 prepareForDelete 메소드를 호출한다. prepareForDelete가 true를 반환하면, 동시 작업이 커먼스 IO 라이브러리에 있는 deleteQuietly 메소드를 호출해도 안전하다. 이 메소드는 파일을 디스크에서 물리적으로 삭제한다. 삭제에 성공하면 파일 엔트리를 files 맵에서 제거한다. test.txt라는 파일을 새로 만들고 이를 `deleteFile`을 시험하기 위해 사용한다. 빌드 설정 파일을 가지고 삭제 실험을 하고 싶지는 않기 때문이다. 다음 코드는 파일 삭제 과정을 실행한다.

```
fileSystem.deleteFile("test.txt")
```

이 코드를 두 번째 실행하면, 앞에서 만들었던 로거 스레드가 해당 파일이 존재하지 않는다는 오류 메시지를 출력한다. 파일 매니저를 살펴보면 test.txt가 더 이상 없음을 알 수 있다.

`concurrent.Map` 트레이트는 여러 복잡한 선형화 메소드를 정의한다. 복잡한 선형화 연산은 여러 읽기와 쓰기 연산으로 이뤄진다는 사실을 기억하라. 동시성 맵의 경우, 여러 `get`과 `put`으로 이루어진 연산 전체를 한꺼번에 실행하는 것처럼 보이는 메소드가 바로 복잡한 선형화 연산이다. 이런 메소드는 동시성을 처리하는 데 있어 강력한 무기이다. 이미 볼레타일 읽기와 쓰기로는 `getUniqueId` 메소드를 구현할 수 없어서, `compareAndSet`이 필요하다는 것을 배웠다. 동시성 맵에 비슷한 메소드가 있다면 비슷한 이점을 누릴 수 있을 것이다. 원자적 맵에 대한 여러 원자적 연산을 다음 표에 정리해 두었다. CAS 명령과 달리, 이런 메소드는 키와 값을 비교할 때 구조적 동등성structural equality을 사용한다는 점에 유의하라. 따라서 이들은 `equals` 메소드를 호출한다.

시그니처	설명
putIfAbsent(k: K, v: V): Option[V]	키 k가 맵에 없는 경우에 원자적으로 키 k와 값 v를 맵에 넣는다. 그렇지 않은 경우 k와 연관된 값을 반환한다.
remove(k: K, v: V): Boolean	키 k에 연관된 값이 v인 경우에 원자적으로 그 원소를 제거한다. 성공시 true를 반환한다.
replace(k: K, v: V): Option[V]	원자적으로 키 k에 대한 연관값을 v로 바꾼다. 이전에 k와 연관된 값이 있었으면 그 값을 반환한다.
replace(k: K, ov: V, nv: V): Boolean	k가 ov와 연관되어 있으면 원자적으로 k에 대한 연관 값을 nv로 변경한다. 성공하는 경우 true를 반환한다.

파일시스템 API로 돌아가서, 이런 메소드가 어떤 이점을 우리에게 제공할 수 있는지 살펴보자. 이제 FileSystem 클래스의 copyFile 메소드를 구현할 것이다. 원자적 변수에 대한 절에서 봤던 도해를 기억하라. 복사 연산은 파일이 Idle 상태이거나 이미 Copying 상태인 경우에만 수행 가능하다. 따라서 파일의 상태를 원자적으로 Idle에서 Copying으로 바꾸거나, 원자적으로 Copying 상태에서 n의 값을 증가시키면서 또 다른 Copying 상태로 바꿀 필요가 있다. 이를 acquire 메소드로 구현한다.

```
@tailrec private def acquire(entry: Entry): Boolean = {
  val s0 = entry.state.get
  s0 match {
    case _: Creating | _: Deleting =>
      logMessage("File inaccessible, cannot copy."); false
    case i: Idle =>
      if (entry.state.compareAndSet(s0, new Copying(1))) true
      else acquire(entry)
    case c: Copying =>
      if (entry.state.compareAndSet(s0, new Copying(c.n+1))) true
      else acquire(entry)
  }
}
```

스레드가 파일 복사를 끝내고 나면, Copying 락을 해제해야 할 필요가 있다. 이를 위 코드와 비슷한 release 메소드로 수행한다. 이 메소드는 Copying의 카운터를 감소시키거나, 상태를 Idle로 바꾼다. 중요한 것 하나는, 파일이 새로 만들어진 다음에 반드시 이 메소드를 호출해야 상태를 Creating에서 Idle로 바꿀 수 있다는 점이다. 이제는 아래와 같이 CAS 연산이 성공하지 못하는 경우 다시 재시도하는 것이 어린 아이 장난처럼 쉽게 느껴질 것이다.

```
@tailrec private def release(entry: Entry): Unit = {
  val s0 = entry.state.get
  s0 match {
    case c: Creating =>
      if (!entry.state.compareAndSet(s0, new Idle)) release(entry)
    case c: Copying =>
```

```
      val nstate = if (c.n == 1) new Idle else new Copying(c.n-1)
      if (!entry.state.compareAndSet(s0, nstate)) release(entry)
  }
}
```

이제 CopyFile을 만드는 데 필요한 모든 부품을 다 만들었다. 이 메소드는 먼저 src 엔트리가 files 맵에 있는지 검사한다. 해당 원소가 있는 경우, copyFile 메소드는 그 파일을 복사하는 동시 작업을 시작한다. 동시 작업은 복사를 위해 파일을 획득하려 시도하고, 새 destEntry 파일 원소를 Creating 상태로 만든다. 그 후 putIfAbsent 메소드를 호출해 원자적으로 dest 경로가 맵에 키로 이미 존재하는지 살펴보고, 기존 키가 없는 경우 맵에 dest와 destEntry 쌍을 넣는다. 이 시점에는 srcEntry와 destEntry가 모두 잠겨 있다. 따라서 커먼스 IO 라이브러리의 FileUtils.copyFile 메소드를 호출해 디스크상의 파일을 복사한다. 복사가 끝나면 srcEntry와 destEntry를 모두 해제한다.

```
def copyFile(src: String, dest: String): Unit = {
  files.get(src) match {
    case Some(srcEntry) if !srcEntry.isDir => execute {
      if (acquire(srcEntry)) try {
        val destEntry = new Entry(isDir = false)
        destEntry.state.set(new Creating)
        if (files.putIfAbsent(dest, destEntry) == None) try {
          FileUtils.copyFile(new File(src), new File(dest))
        } finally release(destEntry)
      } finally release(srcEntry)
    }
  }
}
```

CopyFile 메소드가 먼저 get을 호출해 맵에 dest가 있는지 검사한 다음 put을 호출해 dest를 맵에 추가한다면 잘못될 수 있음을 잘 이해해야만 한다. 그런식으로 구현하면 여러 스레드가 get하고 put하는 연산이 서로 뒤섞여서 잠재적으로 files 맵에 있는 엔트리를 덮어쓸 가능성이 있다. 이는 putIfAbsent 메소드의 중요성을 잘 보여준다.

concurrent.Map 트레이트에는 mutable.Map에서 가져온 몇 가지 비 원자적 메소드가 있다. 키가 맵에 있으면 값을 가져오고, 그렇지 않으면 키, 값 쌍을 등록하는 getOrElseUpdate가 그런 메소드 중 하나이다. 메소드 안의 각 단계는 원자적일지 몰라도, 메소드 전체는 원자적이 아니다. 동시에 getOrElseUpdate를 호출하면 각 단계가 서로 뒤섞일 수 있다. 다른 예로는 Clear를 들 수 있다. 일반적으로 동시성 컬렉션에서 Clear도 원자적일 필요가 없기 때문에, 앞에서 설명했던 동시성 데이터 구조의 이터레이터와 비슷하게 동작한다.

 concurrent.Map 트레이트의 +=, -=, put, update, get, apply, remove 메소드는 선형화 가능 메소드이다. 오직 concurrent.Map 트레이트의 putIfAbsent, 조건이 붙은 remove와 replace 메소드만이 선형화를 보장하는 복잡한 메소드들이다.

자바 동시성 라이브러리와 마찬가지로 스칼라에도 동시성 집합을 위한 전용 트레이트가 없다. Set[T] 타입의 동시성 집합은 키에 연관된 값을 무시하는 ConcurrentMap[T,Unit] 타입의 동시성 맵으로 만들 수 있다. 그래서 동시성 프레임워크에서 동시성 집합을 따로 정의하는 경우가 드물다. 드문 경우 중 하나가 자바 동시성 집합인 ConcurrentSkipListSet[T] 클래스이다. 이 클래스를 스칼라 동시성 집합으로 변환할 필요가 있다. asScala 메소드를 사용해 mutable.Set[T] 클래스로 이를 변환 가능하다.

마지막으로, 동시성 집합이나 맵에서 결코 null을 키나 값으로 사용하면 안 된다는 점을 명심하라. JVM에 구현된 여러 동시성 데이터 구조는 null을 원소가 없는 경우를 표현하는 특별한 표지로 사용한다.

 동시성 데이터 구조에서 null을 값이나 키로 사용하는 것을 피하라.

일부 조심스러운 구현은 예외를 발생할 것이다. 반면, 다른 구현에서는 결과가 정의되어 있지 않을 수도 있다. null을 허용하는 동시성 컬렉션이라고 할지라도, 프로그램 논리와 null 값을 엮지 않는 편이 나중에 혹시 리팩토링할 경우 더 편하다.

동시성 순회

지금까지 본 것처럼, 스칼라는 여러 기본 동시성 도구를 자바의 동시성 패키지로부터 가져왔다. 무엇보다도 자바 동시성 패키지는 JVM의 동시성 전문가가 구현한 것이다. 자바의 전통적인 동시성 도구에 스칼라의 향기를 첨가하기 위해 변환을 제공하는 것을 제외하면, 이미 있는 기능을 굳이 새로 만들 필요가 없었다. 동시성 컬렉션의 경우 특히 귀찮은 제약사항은 컬렉션을 변경하는 동시에 안전하게 순회할 수 없다는 것이다. 순차적 컬렉션에서는 이런 제약이 문제가 되지 않는다. foreach를 호출하거나 이터레이터를 사용하는 스레드를 제어할 수 있기 때문이다. 각 스레드가 완벽하게 동기화되지 않는 동시 시스템에서 순회 도중에 변경이 일어나지 않도록 보장하는 것은 더욱 더 힘든 일이다.

다행히 스칼라는 동시성 컬렉션의 순회에 대한 답을 가지고 있다. scala.collection.concurrent 패키지에 있는 TrieMap 컬렉션은 동시성 시트라이 Ctrie 데이터 구조를 기반으로 하며, 일관성이 있는 이터레이터를 만들 수 있는 동시성 맵 구현이다. TrieMap의 iterator를 호출하면 원자적으로 모든 원소의 스냅샷을 만든다. 스냅샷snapshot은 어떤 데이터 구조의 상태에 대한 모든 정보이다. 그 후 이터레이터는 스냅샷을 사용해 원소를 순회한다. 순회 중에 TrieMap이 변경돼도 스냅샷에는 반영되지 않기 때문에 이터레이터에도 변경 내용이 반영되지 않는다. 아마 스냅샷을 만들려면 모든 원소를 복사해야 하므로 비용이 많이 들 것이라 생각할 수도 있다. 하지만 그렇지 않다. TrieMap 클래스의 snapshot 메소드는 TrieMap 컬렉션의 일부가 스레드에 의해 처음 접근되는 경우에만 이를 점진적으로 재구축한다. 게다가 iterator 메소드가 내부적으로 사용하는 readOnlySnapshot 메소드는 더욱 효율적이다. 그 메소드는 TrieMap 컬렉션에서 변경된 부분만 지연 복사하는 것을 보장한다. 이후 컬렉션에 변화가 없는 한, TrieMap 컬렉션에서 어떤 부분도 복사할 필요가 없다.

자바 ConcurrentHashMap과 스칼라 concurrent.TrieMap 컬렉션의 차이를 예제를 통해 알아보자. 어떤 이름과 그 이름 안에 들어 있는 수를 연결해주는 맵이 있다고 하자. 예를 들어 "Jane"은 0으로, "John 4"는 4로 연관지어 준다. 한 동시 작업에서 John으로 시작하는 이름을 0부터 10까지 순서대로 만들어서 ConcurrentHashMap에 넣는다. 아래와 같이 그 맵을 순회하면서 이름을 출력한다.

```
object CollectionsConcurrentMapBulk extends App {
  val names = new ConcurrentHashMap[String, Int]().asScala
  names("Johnny") = 0; names("Jane") = 0; names("Jack") = 0
  execute { for (n <- 0 until 10) names(s"John $n") = n }
  execute { for (n <- names) log(s"name: $n") }
  Thread.sleep(1000)
}
```

이터레이터가 일관성이 있다면, 원래부터 들어 있던 Johnny, Jane, Jack과 함께 이터레이터 방문 시 동시 작업에 얼마나 많은 이름이 들어 왔느냐에 따라 John 0부터 John n까지의 이름을 볼 수 있을 것이다. 예를 들어 John 0, John 1, John 2가 될 수도 있다. 대신, John 8, John 5처럼 임의의 비 연속적인 이름이 출력된다면 이상한 일이다. 왜냐하면 John 8은 반드시 John 7이나 그 전에 추가된 원소들과 함께 보여야만 하기 때문이다. 이런 일은 TrieMap 컬렉션에서는 결코 일어나지 않는다. 같은 실험을 TrieMap을 사용해 실험하고 출력하기 전에 이름을 사전 순으로 정렬하자. 다음 프로그램을 실행하면 항상 John 0부터 John n까지의 이름을 볼 수 있다.

```
object CollectionsTrieMapBulk extends App {
  val names = new concurrent.TrieMap[String, Int]
  names("Janice") = 0; names("Jackie") = 0; names("Jill") = 0
  execute {for (n <- 10 until 100) names(s"John $n") = n}
  execute {
    log("snapshot time!")
    for (n <- names.map(_._1).toSeq.sorted) log(s"name: $n")
  }
}
```

실제로 이런 맵이 얼마나 유용할까? 파일시스템에서 일관성 있는 스냅샷을 반환해야 할 필요가 있다고 상상해보자. 어느 시점에 파일 관리자나 FTP 서버에서 모든 파일을 보여주는 경우에 그럴 것이다. TrieMap 컬렉션은 파일을 삭제하거나 복사하는 다른 스레드들이 파일 이름을 나열하는 스레드에 영향을 끼치지 못하게 해준다. 따라서 `TrieMap`을 사용해 파일시스템 API에 파일을 저장하고, 모든 파일을 반환하는 간편한 `allFiles` 메소드를 제공할 것이다. `files` 맵을 `for` 내장에서 사용하는 시점에 파일시스템의 내용에 대한 스냅샷을 만든다.

```
val files: concurrent.Map[String, Entry] =
  new concurrent.TrieMap()

def allFiles(): Iterable[String] =
  for ((name, state) <- files) yield name
```

`allFiles`를 사용해 root 디렉토리에 있는 모든 파일을 표시할 수 있다.

```
val rootFiles = fileSystem.allFiles()
log("All files in the root dir: " + rootFiles.mkString(", "))
```

이런 동시성 맵을 살펴보고 나면, 언제 어느 것을 사용해야 할까라는 의문이 자연스럽게 떠오를 것이다. 이는 전적으로 어떤 방식으로 사용해야 하는가에 달려있다. 애플리케이션에서 일관성 있는 이터레이터가 필요하다면 분명 `TrieMap` 컬렉션을 사용해야만 한다. 반면, 애플리케이션에서 일관성 있는 이터레이터가 필요없고 동시성 맵을 변경하는 경우가 그리 잦지 않다면, 검색 연산이 약간 더 빠른 `ConcurrentHashMap` 컬렉션 사용을 검토해 볼만 하다.

 일관성 있는 이터레이터가 필요하면 TrieMap 컬렉션을 사용하고, get과 apply 연산이 프로그램의 병목지점이라면 ConcurrentHashMap 컬렉션을 사용하라.

성능 면에서 볼 때, 이 조언은 애플리케이션이 항상 동시성 맵만 사용하고 다른 작업을 하지 않을 경우에만 적용 가능하다. 실제로 그런 경우는 거의 없기 때문에, 두 컬렉션 중 어느 것을 사용해도 좋다.

프로세스를 만들고 다루기

지금까지는 단일 JVM 프로세스에서 스칼라 프로그램을 실행하면서 동시 프로그래밍을 하는 방법에 초점을 맞췄다. 여러 가지 계산을 동시에 진행할 필요가 있으면 Runnable 객체를 Executor 스레드에게 전달하거나, 새로운 스레드를 만들었다. 동시성을 처리하는 또 다른 방법으로는 별도의 프로세스를 만드는 것이 있다. 2장에서 설명한 것처럼, 별도의 프로세스는 독립적인 메모리 공간을 가지기 때문에 서로 메모리를 직접 공유할 수 없다.

이런 다중 프로세스를 채택해야 하는 이유가 몇 가지 있다. 첫째로, JVM이 거의 모든 작업을 처리해 줄 수 있는 수천 가지 라이브러리로 이루어진 풍부한 에코시스템을 갖추고 있지만, 가끔은 특정 소프트웨어 컴포넌트가 명령행 프로그램만 제공하거나, 독립적인 프로그램으로만 배포되는 경우가 있다. 이런 프로그램을 새로운 프로세스로 실행하는 것만이 그 기능을 활용할 수 있는 유일한 방법이다. 두 번째로, 때로 스칼라나 자바 코드를 신뢰할 수 있는 샌드박스 내부에서만 실행하고 싶은 경우가 있다. 예를 들어 제3자가 제공하는 플러그인을 권한을 제한해 실행해야만 하는 경우를 들 수 있다. 세 번째로, 때로 성능상 문제로 인해 동일한 JVM 프로세스 안에서 실행하기를 원치 않을 수도 있다. 실행하는 컴퓨터에 충분한 메모리와 CPU가 있는 한, 독립적인 프로세스의 쓰레기 수집이나 JIT 컴파일이 우리가 실행 중인 JVM 프로세스에 영향을 끼치지 못할 것이다.

scala.sys.process 패키지에는 다른 프로세스를 다루기 위한 간단한 API가 들어 있다. 자식 프로세스를 동기화해서 실행할 수도 있다. 그런 경우, 자식 프로세스를 생성한 부모 프로세스의 스레드는 자식 프로세스가 종료될 때까지 기다린다. 반대로 비동기적으로 실행할 수도 있다. 그럴 경우, 자식 프로세스가 부모 프로세스의 스레드와 동시에 실행된다. 먼저, 새 프로세스를 동기화해서 실행하는 방법을 보여줄 것이다.

```
import scala.sys.process._
object ProcessRun extends App {
  val command = "ls"
  val exitcode = command.!
```

```
    log(s"command exited with status $exitcode")
}
```

scala.sys.process 패키지의 내용을 임포트하면 임의의 문자열을 받는 ! 메소드를 사용할 수 있다. 이 메소드를 호출하면 문자열에 들어 있는 셸shell 명령어가 현재 프로세스의 작업 디렉토리에서 실행된다. 반환 값은 새 프로세스의 종료 코드(exit 코드)이다. 보통 프로세스가 성공적으로 완료된 경우 0, 그렇지 않은 경우 0이 아닌 오류 코드를 반환하는 것이 관례이다.

때때로, 종료 코드보다는 표준 출력이 더 필요한 경우도 있다. 그런 경우, 프로세스를 !! 메소드로 시작할 수 있다. FileSystem에 텍스트 파일의 줄 수를 세는 lineCount 메소드를 구현할 필요가 있다고 하자. 게으른 개발자라면 이를 완전히 새로 만들고 싶지는 않을 것이다.[2]

```
def lineCount(filename: String): Int = {
  val output = s"wc -l $filename".!!
  output.trim.split(" ").head.toInt
}
```

출력에서 String의 trim을 사용해 공백을 없애고, 출력의 첫 부분을 정수로 바꾸면 해당 파일의 줄 수를 알 수 있다.

프로세스를 비동기적으로 시작하려면 run 메소드에 명령어 문자열을 인자로 넘긴다. 이 메소드는 exitValue와 destroy 메소드를 제공하는 Process 객체를 반환한다. exitValue 메소드는 만들어진 자식 프로세스가 종료할 때까지 블록된다. destroy는 프로세스를 즉시 끝낸다.[3] 파일시스템의 모든 파일 이름을 나열하는 프로세스가 있다고 하자. 이 프로세스는 시간이 아주 오래 걸릴 가능성이 있다. 1초

---

[2] 펄(Perl)을 만든 래리 월(Larry Wall)이 유명한 낙타 책에서 말했듯, 게으름은 프로그래머의 미덕이다. 사람이 적게 일하고 컴퓨터가 더 많이 일하게 만드는 것이 좋은 프로그래머가 할 일이다. wc는 유닉스 명령어로, 아무 옵션 없이 파일 이름만 지정하면 '231 633 8849 hello.scala'처럼 문자, 단어, 줄 수, 파일 이름을 출력한다. wc -l을 하면 줄 수만 보고해준다. 참고로, 유닉스는 파이프와 입출력 리디렉션을 가지고 이런 작은 프로그램을 조합해서 필요한 작업을 완료한다는 개념을 처음 도입한 운영체제이다. 어찌 보면 이는 함수를 조합해서 입력 데이터를 변환해 결과를 내어주는 함수 프로그래밍의 프로그래밍 패턴과도 같다. – 옮긴이

[3] 보통은 '프로세스를 죽인다'라고 표현한다. 실제로 유닉스에서 특정 프로세스에 신호(signal)를 보내 프로세스를 종료하거나 하는 명령어의 이름이 kill이다. – 옮긴이

가 지나 Process 객체에 있는 `destroy` 메소드를 호출해서 이 프로세스를 끝내고 싶어졌다.

```
object ProcessAsync extends App {
  val lsProcess = "ls -R /".run()
  Thread.sleep(1000)
  log("Timeout - killing ls!")
  lsProcess.destroy()
}
```

중복정의된 여러 `run` 메소드들은 입출력 스트림을 여러분이 원하는 대로 지정해서 프로세스와 통신을 하거나, 별도의 `logger` 객체를 지정해서 새 프로세스가 한 줄을 출력할 때마다 로그를 남기는 등의 기능을 제공한다.

`scala.sys.process` API는 여러 프로세스를 시작하고, 각각의 출력을 서로 연결하거나, 현재 프로세스가 실패하는 경우 다른 프로세스를 실행하거나, 출력을 파일에 보내는 등의 다른 기능도 제공한다. 이들은 유닉스 셸의 기능과 상당히 비슷하다. 완전한 정보를 얻고 싶은 독자는 스칼라 표준 라이브러리 문서에서 `scala.sys.process` 패키지에 대한 문서를 살펴보라.

요약

이번 장은 스칼라의 전통적인 동시성 프로그램 구성 요소를 살펴봤다. Executor 객체를 사용해 동시 계산을 수행하는 방법을 봤다. 원자적 구성 요소들을 사용해 원자적으로 프로그램의 상태를 변경하는 방법과 락을 구현하는 방법과 락이 없는 알고리즘을 구현하는 방법도 봤다. 지연 값이 어떻게 구현되는지 공부했고, 그런 구현이 동시 프로그램에 어떤 영향을 끼치는지 살펴봤다. 그 후 동시성 컬렉션 중에 중요한 클래스를 몇 가지 살펴보고, 실전에서 각각을 어떻게 적용할 수 있는지 배웠다. 마지막으로 `scala.sys.process` 패키지를 검토하면서 이번 장을 마쳤다. 여기서 얻은 직관은 스칼라에서만 유용한 것이 아니다. 대부분의 언어나 플랫폼은 이번 장에서 설명한 것과 비슷한 동시성 도구를 제공하기 마련이다.

다른 여러 자바 동시성 API는 에디슨 웨슬리Addison Wesley에서 펴낸 브라이언 고에츠Brian Goetz, 팀 페이얼스Tim Peierls, 죠수아 블로흐Joshua Bloch, 조셉 바우비어Joseph Bowbeer, 데이빗 홈즈David Holmes, 더그 레아Doug Lea 공저, 『자바 병렬 프로그래밍』(에이콘출판, 2008)에 자세히 설명되어 있다. 락을 사용하지 않는 알고리즘, 원자적 변수, 여러 가지 락의 종류, 또는 동시성 데이터 구조에 대해 더 알고 싶은 독자에게는 모건 커프만Morgan Kaufmann에서 나온 모리스 허리히Maurice Herlihy, 니르 샤비트Nir Shavit저, 『멀티프로세서 프로그래밍: The Art of Multiprocessor Programming』(한빛미디어, 2009)을 권한다.

이번 장에서 설명한 동시성 구성 요소들이 2장에서 다뤘던 동시성 기본 요소들보다 더 고수준이긴 하지만, 여전히 이들을 사용할 때 곳곳에 숨어있는 암초에 부딪치게 된다. 실행 컨텍스트에서 실행하는 동안에는 블록시키는 일이 없도록 주의를 기울여야 하며, ABA 문제를 잘 피해야 하고, 지연값을 사용하는 객체에 대해 동기화를 하는 일을 피해야 하며, 동시성 컬렉션의 이터레이터를 사용하는 동시에 컬렉션을 변경하지 않도록 주의를 기울여야 한다. 이런 조건을 모두 만족시키려 노력하는 것은 너무 힘든 일이다. 더 단순하게 동시 프로그래밍을 할 수는 없을까? 다행히도, 그에 대한 답은 "예"이다. 스칼라는 더 고수준에서 선언적인 스타일로 동시성을 기술할 수 있도록 지원한다. 그렇게 하면 교착상태나 아사, 비결정성 등이 덜 발생하고, 프로그램에 대해 추론하고 이해하기도 더 쉽다. 다음 장에서는 더 사용하기 안전하고 직관적인 스칼라 동시성 API로 뛰어들 것이다. 먼저 퓨처future와 프라미스promise를 다음 장에서 다룬다. 이들을 사용하면 비동기적 계산을 스레드 안전하고 직관적인 방식으로 서로 조합할 수 있다.

연습문제

다음 문제들은 이번 장의 여러 주제를 다룬다. 대부분의 문제는 원자적 변수와 CAS 명령을 사용해 새로운 동시성 데이터 구조를 구현하는 것이다. 이런 데이터 구조는 synchronized 문을 사용해 해결할 수도 있다. 따라서, 그 두 접근 방식 사이의 차이를 비교하는 데 도움이 될 것이다.

1. ExecutionContext를 약간 바꾼 PiggybackContext 클래스를 만들라. 이 클래스는 execute를 호출하는 클래스와 같은 클래스에서 Runnable 객체를 실행한다. PiggybackContext에서 실행되는 Runnable이 또 다시 execute를 호출할 수 있게 만들고, 예외 발생시 제대로 보고할 수 있게 구현하라.

2. 아래와 같은 동시성 스택stack 추상화를 구현한 TreiberStack 클래스를 작성하라.

   ```
   class TreiberStack[T] {
     def push(x: T): Unit = ???
     def pop(): T = ???
   }
   ```

   원자적 참조 변수를 사용해 (push를 사용해) 이전에 스택에 넣었던 원소의 연결 리스트linked list를 가리키게 만들라. 여러분의 구현이 락을 사용하지 않고, ABA 문제를 일으키지 않게 하라.

3. 아래와 같은 동시성 정렬된 리스트를 구현한 ConcurrentSortedList 클래스를 작성하라.

   ```
   class ConcurrentSortedList[T](implicit val ord: Ordering[T]) {
     def add(x: T): Unit = ???
     def iterator: Iterator[T] = ???
   }
   ```

   내부에서 ConcurrentSortedList 클래스는 원자적 참조의 연결 리스트를 사용해야 한다. 여러분의 구현이 락을 사용하지 않고, ABA 문제를 일으키지 않게 하라.

iterator 메소드가 반환하는 Iterator 객체는 누군가 add 메소드를 동시에 호출하지 않는 한 오름차순으로 리스트의 원소를 올바르게 순회할 수 있어야 한다.

4. 앞 문제의 ConcurrentSortedList 클래스를 변경해서, 여러 스레드에서 동시에 add를 호출하는 경우에도 재시도가 없도록 매번 일정한 개수의 새로운 객체를 생성하도록 만들고, add 메소드가 리스트의 길이에 선형적으로 비례한 시간이 걸리게 만들라.

5. 아래와 같은 인터페이스를 따르는 LazyCall 클래스를 작성하라.

   ```
   class LazyCell[T](initialization: =>T) {
     def apply(): T = ???
   }
   ```

   LazyCall 객체를 만들고 apply 메소드를 호출하는 것은 각각 지연 값을 만들고 그 값을 읽는 것과 같은 의미이다. 이를 구현하기 위해 지연값을 사용해서는 안 된다.

6. 앞 문제의 LazyCall와 같은 인터페이스와 의미인 PureLazyCell 클래스를 작성하라. PureLazyCell은 초기화 매개변수가 부수 효과를 야기하지 않는다고 가정한다. 따라서 매개변수를 2번 이상 계산할 수도 있다.

   apply 메소드는 반드시 락을 사용하지 말아야 하며, 초기화를 가능하면 적게 호출해야 한다.

7. scala.collection.concurrent 패키지의 Map 인터페이스를 확장한 SyncConcurrentMap를 구현하라. 동시성 맵의 상태를 보호하기 위해 synchronized 문을 사용하라.

8. 스칼라 코드 블록을 받아서 새 JVM 프로세스를 시작해 그 안에서 실행하는 spawn 메소드를 구현하라.

   ```
   def spawn[T](block: =>T): T = ???
   ```

블록이 값을 반환하면 spawn 메소드는 자식 프로세스로부터 그 값을 반환해야 한다. 블록이 예외를 발생시키는 경우 spawn도 같은 예외를 발생시켜야 한다.

 자바 직렬화를 사용해 코드 블록, 반환 값, 발생하는 예외를 부모와 자식 JVM 프로세스 사이에 주고 받아라.

4
퓨처와 프라미스를 사용한 비동기적 프로그래밍

> "함수 스타일 프로그래밍은 코드에 있는 상태를 명시적으로 만들기 때문에 훨씬 더 추론하기 쉽고, 완전히 순수한 함수 프로그래밍이라면 스레드 경합 조건이 아예 발생할 수 없다."
>
> – 존 카맥(John Carmack)[1]

앞의 여러 장에서 다룬 예제 중 일부에서 블로킹 연산을 다뤘다. 블로킹을 사용한 동기화는 교착상태, 아사 상태의 스레드 풀, 또는 깨진 지연 값 초기화 등의 부정적 결과를 야기할 수도 있다. 어떤 경우 블로킹이 문제 해결을 위한 도구일 수도 있지만, 많은 경우 이를 피해야 한다. 비동기적asynchronous 프로그래밍은 실행이 주 프로그램 흐름과 독립적으로 이루어지는 프로그래밍 스타일을 의미한다. 비동기적 프로그래밍을 사용하면 블로킹을 없앨 수 있다. 자원이 사용 불가능할 때마다 스레드를 일지 중단suspend시키는 대신, 자원이 사용 가능해지면 처리할 수 있도록

---

1 울펜스타인 3D(Wolfenstein 3D)로 시작해 둠(Doom), 퀘이크(Quake) 등을 개발한 전설적인 개발자이다. – 옮긴이

별도의 계산을 스케줄한다.

어떤 측면에서는 이제껏 살펴봤던 여러 동시성 패턴도 비동기적 프로그래밍을 지원한다. 스레드를 만들고 실행 컨텍스트를 스케줄링하는 것을 주 프로그램 흐름과 동시에 계산을 실행하는 목적에 사용할 수 있다. 하지만, 이런 도구를 블로킹을 막고 비동기적 계산을 조합할 때 어떻게 직접적으로 활용할 수 있을지는 여전히 단순하지는 않다. 이번 장에서는 그런 경우에 쓰도록 스칼라가 제공하는 두 가지 추상적 도구인 퓨처future(미래라는 의미)와 프라미스promise(약속이라는 의미)를 설명한다. 더 구체적으로 말하자면, 이 장에서는 다음 주제를 공부할 것이다.

- 비동기 계산을 시작하는 방법과 Future 객체를 사용하는 방법
- 비동기 계산의 결과를 처리하기 위해 콜백callback을 지정하는 방법
- Future 객체에서 예외의 의미와 Try 타입 사용법
- Future 객체를 함수적으로 합성하는 방법
- Promise 객체를 사용해 콜백 기반의 API와 인터페이스하고, 퓨처 컴비네이터combinator를 구현하고, 실행 중지를 지원하는 방법
- 비동기적 계산 안에서 스레드를 블로킹하는 방법
- 스칼라의 비동기 라이브러리를 사용하는 방법

퓨처

앞에서 동시 프로그램에서 스레드라는 단위를 사용해 병렬 실행을 달성한다는 사실을 배웠다. 어느 시점에, 특정 조건을 만족할 때까지 스레드 실행이 잠시 일시 중단될 수 있다. 이런 일이 벌어지면, 그 스레드가 블록되었다고 말한다. 그렇다면 애초에 동시 프로그래밍에서 스레드를 일시 중단해야 할 이유가 무엇일까? 한 가지 이유는 사용할 수 있는 자원이 유한하기 때문이다. 이런 유한한 자원을 공유하는 계산들은 때로 기다려야 할 수밖에 없다. 다른 경우로, 어떤 계산을 계속하기 위해 특정 데이터가 필요한데, 아직 그 데이터가 존재하지 않을 수도 있다. 해당

데이터를 생산하는 스레드가 느리거나, 그 데이터의 근원이 프로그램 외부에 있을 수도 있다. 고전적인 예제로 네트워크를 통해 데이터가 도착하는 것을 기다리는 경우를 들 수 있다. 웹 페이지를 가리키는 어떤 url 문자열에 대해 그 웹 페이지의 내용을 반환하는 getWebpage 메소드가 있다고 하자.

```
def getWebpage(url: String): String
```

getWebpage 메소드의 반환 타입은 String이다. 이 메소드는 웹 페이지의 내용을 문자열로 반환한다. HTTP 요청을 보내자 마자 바로 웹 페이지 내용을 받을 수는 없다. 요청이 네트워크를 건너서 웹 서버에 전달되고, 다시 응답이 돌아와서 프로그램이 문서에 접근할 수 있기까지는 시간이 걸린다. 한 가지 방법은 이 메소드가 HTTP 응답이 돌아올 때까지 기다렸다가 웹 페이지 내용을 표현하는 문자열을 반환하는 것이다. 하지만, 그런 식으로 처리하면 프로그램의 관점에서는 상대적으로 너무 오랜 시간이 걸린다. 아무리 고속 인터넷 연결을 사용한다고 해도 getWebpage 메소드는 여전히 대기해야만 한다. getWebpage를 호출한 스레드는 웹 페이지의 내용이 없이 더 이상 진행할 수 없기 때문에, 실행을 중단할 수 밖에 없다. 따라서, getWebpage 메소드를 제대로 구현하는 유일한 방법은 블록시키는 것뿐이다.

블로킹이 부정적인 영향을 끼친다는 사실을 이미 잘 안다. 그렇다면, getWebpage의 반환 값을 즉시 반환할 수 있는 어떤 특별한 값으로 바꿀 수는 없을까? 답은 그렇다 이다. 스칼라에서는 그런 특별한 값을 퓨처라고 부른다. 퓨처는 위치 지정자placeholder로 값에 대한 메모리 위치를 표현한다. 퓨처 생성시 이 위치 지정자에 꼭 값이 들어 있어야 할 필요는 없다. getWebpage는 적절한 시점에 퓨처에 값을 채워 넣는다. getWebpage 메소드의 시그니처를 퓨처를 반환하도록 다음과 같이 변경할 수 있다.

```
def getWebpage(url: String): Future[String]
```

여기서 Future[String] 타입은 퓨처가 언젠가 String 값을 가지게 된다는 뜻이다. 이제 getWebpage를 블로킹 없이 구현할 수 있다. HTTP 요청을 비동기적으로 시작하고, 응답이 오면 퓨처에 웹 페이지의 내용을 채워 넣으면 된다. 이렇게 퓨처에 값을 채워 넣는 것을 일컬어 GetWebpage가 퓨처를 완료했다completed라고 한다. 중요한 것은, 퓨처가 어떤 값으로 완료된 이후에는 그 값이 더 이상 바뀌지 않는다는 점이다.

 Future[T] 타입은 프로그램에 지연시간을 인코딩해 넣는다. 이를 사용해 실행시 나중에 사용 가능해지는 값을 인코딩할 수 있다.

이렇게 하면 getWebpage 메소드에서 블로킹을 없앨 수 있다. 하지만, 이 메소드를 호출한 스레드에서 언제 퓨처의 값을 사용할 수 있는지가 불분명하다. 값을 가져오는 방법 중 하나로는 폴링polling이 있다. 폴링 접근 방식을 사용하는 스레드는 값이 사용 가능해질 때까지 블록하는 특별한 메소드를 호출한다. 이 접근 방식은 블록을 완전히 없애지는 못한다. 하지만, 블로킹의 책임을 getWebpag에서 호출 스레드 쪽으로 전가한다. 자바에도 미래에 사용 가능해질 값을 인코딩하는 Future가 있다. 하지만, 스칼라 개발자라면 스칼라의 퓨처를 사용해야만 한다. 스칼라 퓨처는 퓨처 값을 처리하고 블로킹을 방지할 수 있는 다른 방식을 여럿 제공한다. 그에 대해 곧 살펴볼 것이다.

스칼라 퓨처로 프로그래밍하는 경우, 퓨처 값과 퓨처 계산을 구분해야 할 필요가 있다. Future[T]라는 타입의 퓨처 값은 현재는 사용할 수 없지만 언젠가는 사용 가능해 질 T 타입의 값을 표현한다. 보통, 우리가 퓨처라고 이야기하는 경우에는 이런 퓨처 값을 의미한다. scala.concurrent 패키지는 퓨처를 Future[T] 트레이트로 표현한다.

trait Future[T]

반대로 퓨처 계산은 퓨처 값을 생성해내는 비동기적 계산을 의미한다. 퓨처 계산은 Future 동반 객체의 apply 메소드를 호출해 시작할 수 있다. scala.concurrent 패키지에 있는 이 메소드의 시그니처는 다음과 같다.

```
def apply[T](b: =>T)(implicit e: ExecutionContext): Future[T]
```

이 메소드는 T 타입의 이름에 의한 호출call by name 매개변수를 받는다. 이 매개변수는 T 타입의 값이 결과인 비동기적인 계산의 본문이다. apply에는 암시적 매개변수로 ExecutionContext 타입의 객체가 있다. 이는 어떤 스레드에서 비동기 연산을 수행할지를 추상화한 것이다. 이에 대해서는 3장에서 이미 배웠다. 스칼라의 암시적 매개변수는 메소드 호출 시 일반적인 매개변수와 마찬가지로 명시적으로 지정할 수도 있고, 그냥 생략할 수도 있음을 기억하라. 생략하는 경우에는 스칼라 컴파일러가 둘러싸고 있는 범위에서 ExecutinoContext 타입의 암시적 값을 찾는다. 대부분의 Future 메소드는 암시적으로 실행 컨텍스트를 받는다. 마지막으로 Future.apply 메소드는 T 타입의 값에 대한 퓨처를 반환한다. 이 퓨처는 매개변수로 받은 비동기적 계산 b가 넘겨주는 결과 값을 받아 완료된다.

퓨처 계산 시작

퓨처 계산을 시작하는 방법을 예제로 살펴보자. 먼저 scala.concurrent 패키지를 임포트한다. 그 후 global 실행 컨텍스트를 Implicits 객체로부터 가져온다. 이를 통해 퓨처 계산을 global(대부분의 경우 사용하는 기본 실행 컨텍스트)에서 실행하는 것을 확신할 수 있다.

```
import scala.concurrent._
import ExecutionContext.Implicits.global
object FuturesCreate extends App {
  Future { log("the future is here") }
  log("the future is coming")
  Thread.sleep(1000)
}
```

log 메소드 호출(퓨처 계산 또는 주 스레드)이 실행되는 순서는 비결정적이다. Future 싱글턴 객체와 그 뒤에 있는 블록은 Future.apply 메소드 호출을 편하게 쓴 것이다. Future.apply 메소드는 3장에서 본 execute 명령과 비슷하다. 차이는 Future.apply가 퓨처 값을 반환한다는 점뿐이다. 이 퓨처 값이 완료될 때까지 폴링할 수도 있다. 다음 예제에서는 퓨처 계산에서 scala.io.Source 객체를 사용해 build.sbt 파일의 내용을 읽는다. 주 스레드는 퓨처 계산이 반환한 퓨처 값 buildFile의 isCompleted 메소드를 호출한다. 빌드 파일을 그렇게 빠르게 읽을 수 없어서 isCompleted가 false를 반환할 것이다. 250밀리초가 지나고, 주 스레드가 isCompleted를 다시 호출하면 이번에는 true가 반환될 것이다. 마지막으로 주 스레드는 빌드 파일의 내용을 돌려주는 value 메소드를 호출한다.

```
import scala.io.Source
object FuturesDataType extends App {
  val buildFile: Future[String] = Future {
    val f = Source.fromFile("build.sbt")
    try f.getLines.mkString("\n") finally f.close()
  }
  log(s"started reading the build file asynchronously")
  log(s"status: ${buildFile.isCompleted}")
  Thread.sleep(250)
  log(s"status: ${buildFile.isCompleted}")
  log(s"value: ${buildFile.value}")
}
```

이 예제에서는 폴링을 사용해 퓨처의 값을 얻었다. Future 싱글턴 객체의 폴링 메소드는 비 블로킹이다. 하지만 그 또한 비결정적이다. 즉, isCompleted는 퓨처가 완료될 때까지 반복적으로 false를 반환한다. 중요한 것은, 퓨처의 완료와 폴링 호출 사이에는 이전에 발생함 관계가 있다는 것이다. 따라서 폴링 메소드를 호출하기 이전에 퓨처가 완료되는 경우, 그 퓨처 완료의 효과는 이후에 폴링 메소드를 호출하는 모든 스레드에서 관찰 가능하다.

그림으로 이를 표현하면, 폴링은 다음과 같다.

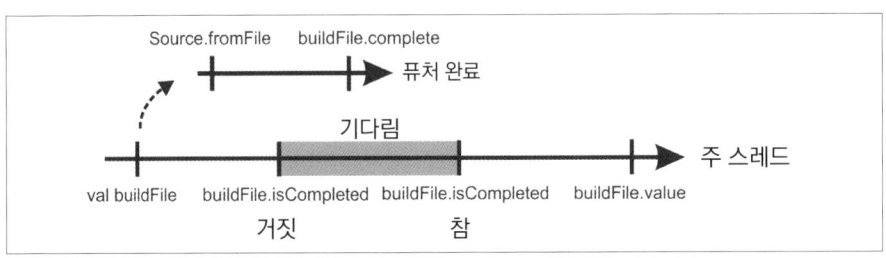

폴링은 여러분이 직장을 구하면서 잠재적인 고용주에게 5분마다 전화를 해서 채용 여부를 묻는 것과 비슷하다. 실제로 여러분이 원하는 것은 지원서를 제출한 다음, 계속 그 회사에 채용 여부를 묻는 바쁜 대기를 수행하는 대신에 다른 여러 회사에 지원하는 것일 것이다. 지원했던 회사가 고용하기로 결정을 하면, 여러분이 남겨둔 전화로 연락이 올 것이다. 퓨처가 같은 역할을 하길 원한다. 즉, 완료 후 퓨처가 우리가 남겨뒀던 특정 함수를 호출해 줬으면 한다. 바로 그에 대해 다음 절에서 다룰 것이다.

퓨처 콜백

콜백 함수란 그 함수에 대한 인자가 준비된 다음에 호출을 받는 함수를 말한다. 스칼라 퓨처는 콜백을 받을 수 있고, 나중에 퓨처는 자신이 전달 받았던 콜백을 호출한다. 하지만, 퓨처 자신이 어떤 값으로 완료되기 전에는 콜백을 호출하지 않는다.

W3 컨소시엄consortium에서 자세한 URL 명세를 찾고 싶다고 하자. 그 안에 `telnet`이라는 단어가 몇 번 나왔는지 궁금하다. URL 명세는 w3c.org 도메인에서 텍스트 파일로 받을 수 있다. `scala.io.Source` 객체를 사용해 명세의 내용을 가져오고, `getUrlSpec` 메소드의 퓨처를 사용해 HTTP 요청을 비동기적으로 수행한다. `getUrlSpec` 메소드는 처음에 `fromURL`을 호출해 텍스트 문서를 포함하는 `Source` 객체를 얻는다. 그 후 `getLines`를 호출해 문서에서 각 줄을 분리해 리스트로 가져온다.

```
object FuturesCallbacks extends App {
  def getUrlSpec(): Future[List[String]] = Future {
    val url = "http://www.w3.org/Addressing/URL/url-spec.txt"
    val f = Source.fromURL(url)
    try f.getLines.toList finally f.close()
  }
  val urlSpec: Future[List[String]] = getUrlSpec()
```

`urlSpec` 퓨처에 있는 줄에서 `telnet` 키워드를 포함한 것만 얻기 위해, 줄의 리스트와 키워드를 받아서 매치되는 문자열을 반환하는 `find` 메소드를 사용한다.

```
def find(lines: List[String], keyword: String): String =
  lines.zipWithIndex collect {
    case (line, n) if line.contains(keyword) => (n, line)
  } mkString("\n")
```

find 메소드는 List[String] 매개변수를 받는다. 하지만, urlSpec은 Future[List[String]] 타입이다. urlSpec 퓨처를 find 메소드에 직접 넘길 수는 없다. 그리고, 퓨처의 값이 find를 호출하는 시점에 사용 가능하지 않을 수도 있기 때문에, 직접 넘기지 않는 것이 좋을 수도 있다.

대신에, foreach 메소드를 사용해 퓨처에 콜백을 지정한다. foreach 메소드와 동일한 역할을 하는 메소드는 onSuccess라고 부르지만, 스칼라 2.11 이후에는 사용 금지될 수도 있다. 이 메소드는 다음과 같이 퓨처의 값에 대해 어떤 동작을 수행하는 부분 함수를 받는다.

```
urlSpec foreach {
  case lines => log(find(lines, "telnet"))
}
log("callback registered, continuing with other work")
Thread.sleep(2000)
```

콜백을 지정하는 과정은 비 블로킹 연산이라는 점이 중요하다. 주 스레드의 log 문은 콜백을 등록한 다음 즉시 실행된다. 하지만, 콜백에 있는 log 문은 훨씬 뒤에 호출될 수도 있다. 다음 그림은 이를 보여준다.

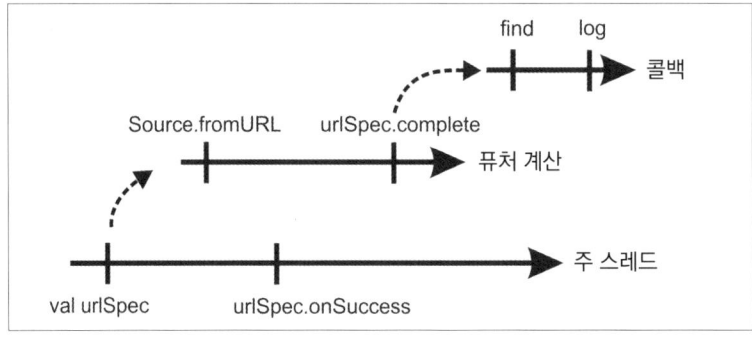

퓨처가 완료되자마자 콜백이 꼭 호출되는 것은 아니라는 점에 유의하라. 대부분의 실행 컨텍스트는 콜백을 처리하는 작업을 따로 비동기적 프로세스로 만든다. 퓨처가 이미 완료된 상태에서 콜백을 지정하려고 하는 경우에도 마찬가지이다.

퓨처가 완료된 후, 콜백은 언젠가, 같은 퓨처의 다른 콜백과는 독립적으로 호출된다. 지정한 실행 컨텍스트가 언제 어떤 스레드의 콜백을 실행할지 결정한다. 퓨처 완료와 콜백 시작 사이에는 이전에 발생함 관계가 성립한다.

퓨처에 콜백을 하나만 만들 수 있는 것이 아니다. 추가로 password 키워드가 있는지 찾아보고 싶다면, 다른 콜백을 등록할 수 있다.

```
urlSpec foreach {
  case lines => log(find(lines, "password"))
}
Thread.sleep(1000)
}
```

경험 많은 스칼라 개발자라면 아마 참조 투명성referential transparency에 대해 들었을 것이다. 대강 이야기하자면, 변수 대입, 변경 가능 컬렉션 변경, 표준 출력에 쓰기 등 아무런 부수 효과side effect를 실행하지 않는 함수를 참조 투명하다고 말한다. 퓨처에 대한 콜백에는 한 가지 아주 유용한 특성이 있다. 참조 투명한 콜백을 사용해 Future.apply와 foreach만을 호출하는 프로그램은 결정적deterministic이다. 입력이 같다면, 그런 프로그램은 항상 같은 결과를 내놓는다.

참조 투명한 퓨처 계산과 콜백으로 조합한 프로그램은 결정적이다.

지금까지 다룬 예제에서는 비동기적 계산이 항상 성공한다고 가정했다. 하지만, 계산은 종종 실패하고 예외를 던지기도 한다. 비동기적 계산의 실패를 어떻게 다룰지 다음에 배울 것이다.

퓨처와 예외

퓨처 계산이 예외를 던지면 그에 대응하는 퓨처는 값으로 완료될 수 없다. 이런 일이 발생하면 따로 통지를 받을 수 있어야 이상적일 것이다. 여러분이 입사 지원을 했는데, 그 회사가 누군가 다른 사람을 고용하기로 결정하는 경우, 그래도 전화로 불합격 통지를 받는 편이 더 나을 것이다. 그렇지 않다면, 어쩌면 전화기 앞에서 하염없이 며칠을 기다려야 할지도 모른다.

스칼라 퓨처는 성공적으로 완료되거나, 실패로 완료된다. 퓨처가 실패로 완료되는 경우를 퓨처가 실패했다failed라고 말한다. 퓨처의 여러 상태를 요약하기 위해, 다음 상태 도해를 살펴보자. 어떤 퓨처를 콜백 없이 생성했다. 그 후, 임의의 개수의 콜백 f1, f2, ..., fn을 등록할 수 있다. 퓨처가 완료되면, 성공적으로 완료하거나, 실패한다. 그 이후 퓨처의 상태는 더 이상 바뀌지 않고, 콜백을 등록하면 바로 실행하도록 스케줄링 된다.

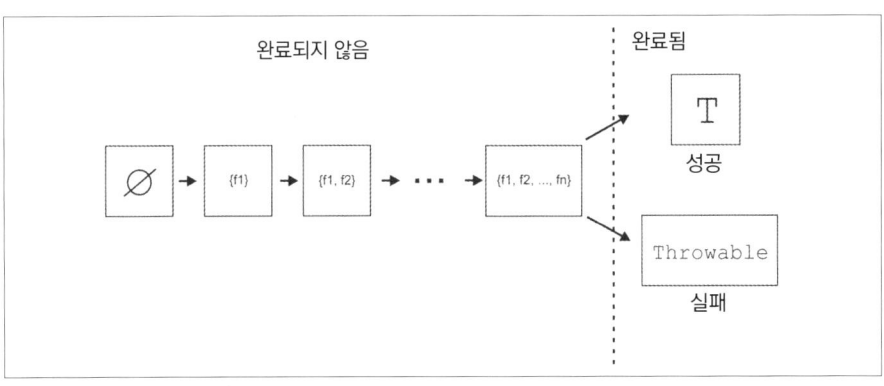

이제 실패 처리를 더 자세히 살펴보자. foreach 메소드는 성공적으로 완료한 퓨처에서만 값을 받는 콜백만을 받는다. 따라서 실패 콜백을 지정하기 위해서는 다른 메소드가 필요하다. 그런 메소드는 failed라 불린다. failed 메소드는 퓨처가 실패하면서 내놓는 예외를 포함하는 Future[Throwable] 객체를 반환하며, 그 퓨처에 대해 foreach를 사용하면 예외를 처리할 수 있다.

```
object FuturesFailure extends App {
  val urlSpec: Future[String] = Future {
    val invalidUrl = "http://www.w3.org/non-existent-url-spec.txt"
    Source.fromURL(invalidUrl).mkString
  }
  urlSpec.failed foreach {
    case t => log(s"exception occurred - $t")
  }
  Thread.sleep(1000)
}
```

위 예제에서 비동기적 계산은 HTTP 요청을 잘못된 URL에 보낸다. 그 결과 fromURL에서 예외가 발생하고, urlSpec 퓨처는 실패한다. 이 프로그램은 그 이후 예외 이름과 메시지를 log 명령으로 출력한다.

Try 타입 사용

간결성을 위해 때로 같은 콜백에서 성공과 실패에 대한 통지를 받고 싶을 때가 있다. 이를 위해서는 Try[T] 타입을 사용해야 한다. Try[T] 타입은 Option[T] 타입과 매우 비슷하다. 순차적 스칼라 프로그래밍에서 Option[T] 타입을 T 타입의 값이 있거나, 그런 값이 없는 경우를 함께 인코딩하기 위해 사용했던 것을 기억하라. Option[T] 타입의 값은 해당 값이 존재하는 경우 Some[T] 타입의 값이고, 아무 값을 담고 있지 않은 경우 None이다. 패턴 매칭을 사용해 Option[T] 타입의 값이 Some[T]인지 None인지 결정할 수 있다. 옵션 타입은 자바에서 사용하는 전형적인 null 값을 대신할 수 있다. 하지만, Option[T] 타입에서는 None 서브타입에 실패를 인코딩할 수 없다. None은 계산이 실패하게 된 이유를 알려주는 예외에 대한 정보를 포함할 수 없기 때문이다. 그렇기 때문에, Try[T] 타입을 사용한다.

```
def handleMessage(t: Try[String]) = t match {
  case Success(msg) => log(msg)
  case Failure(error) => log(s"unexpected failure - $error")
}
```

Try[T] 객체는 동기적으로 사용할 수 있는 변경 불가능한 객체이다. 퓨처와 달리 그 안에는 해당 객체가 생성될 당시에 저장된 값이나 예외가 들어 있다. Try[T] 객체는 퓨처보다는 컬렉션에 더 가깝다. 심지어 for 내장을 사용해 Try[T] 값을 합성할 수도 있다. 다음 코드에는 현재 스레드의 이름을 몇 가지 텍스트와 조합한다.

```
import scala.util.{Try, Success, Failure}
object FuturesTry extends App {
  val threadName: Try[String] = Try(Thread.currentThread.getName)
  val someText: Try[String] = Try("Try objects are synchronous")
  val message: Try[String] = for {
    tn <- threadName
    st <- someText
  } yield s"Message $st was created on t = $tn"
  handleMessage(message)
}
```

먼저 Try.apply 팩토리 메소드를 사용해 두 개의 Try[String] 값 threadName과 someText를 만든다. for 내장은 스레드 이름 tn을 threadName 값에서 뽑아낸 다음 st를 someText 값에서 뽑아낸다. 그 후 이 두 값을 사용해 다른 문자열을 생성한다. for 내장에서 두 Try 값 중 어느 하나가 실패한다면 결과로 생기는 Try 값도 처음 실패한 Try 값에서 가져온 Throwable 객체로 설정된다. 하지만 모든 Try가 Success라면 결과 Try도 우리가 yield 키워드 다음에 넣은 식으로부터 계산한 값이 들어 있는 Success이다. 만약 yield 뒤의 식에서 예외가 발생한다면 결과 Try도 그 예외가 들어간 Failure가 된다.

 Future[T]와 달리, Try[T] 값은 동기적으로 다뤄진다.

대부분의 경우 Try 값을 패턴 매칭에 사용한다. onComplete 콜백을 호출하려면 Success나 Failure 값과 매치되는 부분 함수를 전달해야 한다. URL 명세를 가져오는 예제는 다음과 같다.

```
urlSpec onComplete {
  case Success(txt) => log(find(txt))
  case Failure(err) => log(s"exception occurred - $err")
}
```

심각한 예외

퓨처가 실패로 끝나면 실패하게 된 원인이 된 예외를 저장한다는 사실을 봤다. 하지만, 퓨처 계산이 잡아내지 않는 Throwable 객체가 몇 가지 있다. 다음 간단한 프로그램에서 f 퓨처에 대한 콜백은 결코 호출되지 않는다. 대신에 InterruptedException의 스택 트레이스가 표준 오류에 출력된다.

```
object FuturesNonFatal extends App {
  val f = Future { throw new InterruptedException }
  val g = Future { throw new IllegalArgumentException }
  f.failed foreach { case t => log(s"error - $t") }
  g.failed foreach { case t => log(s"error - $t") }
}
```

InterruptedException 예외와 LinkageError, VirtualMachineError, ThreadDeath과 같은 심각한 프로그램 오류, 그리고 스칼라의 ControlThrowable 오류는 3장에서 설명한 실행 컨텍스트의 reportFailure 메소드에 전달된다. 이런 타입의 Throwable 객체는 심각한 오류라 불린다. 어떤 Throwable이 Future 인스턴스 안에 저장되는지 알기 위해서는 Throwable 객체를 NonFatal 익스트랙터extractor와 패턴 매치시켜본다.

```
f.failed foreach {
  case NonFatal(t) => log(s"$t is non-fatal!")
}
```

퓨처에서 발생한 오류가 심각하지 않은 오류인지 알기 위해 수동으로 이런 매치를 실행할 필요는 결코 없다. 심각한 오류는 자동으로 실행 컨텍스트로 전달된다.

 퓨처 계산은 심각한 오류를 잡아내지 않는다. NonFatal 익스트랙터를 사용해 심각하지 않은 오류에 대해 패턴 매치할 수 있다.

퓨처를 함수적으로 합성

콜백은 유용하지만, 프로그램이 커지면 이를 사용한 프로그램 흐름에 대한 추론이 어려워진다. 또한, 콜백을 사용하면 특정 패턴의 비동기 프로그래밍을 사용할 수 없게 된다. 특히, 여러 퓨처에 한꺼번에 한 콜백을 등록하는 것은 귀찮은 일이다. 다행히, 스칼라 퓨처는 이런 문제에 대한 해답으로 함수적 합성functional composition 을 제공한다. 퓨처를 함수적으로 합성할 수 있으면 퓨처를 for 내장 안에서 사용할 수 있고, 때로 콜백보다 더 직관적이기까지 하다.

퓨처를 도입하면 블록을 시켜야 할 책임이 API에서 호출자 쪽으로 전가된다. foreach는 블로킹을 막도록 돕는다. foreach는 또한 isCompleted와 value와 같은 폴링 메소드에 내재한 비결정성을 없애준다. 하지만 여전히 foreach가 최고의 해법이 아닌 상황이 있다.

기트Git 버전 관리 시스템의 일부 기능을 구현하고 싶다고 하자. .gitignore 파일을 사용해 버전관리 대상이 아닌 파일들을 프로젝트 트리에서 찾고 싶다. 이 작업을 단순화하기 위해 .gitignore 파일에 오직 제외할 파일 경로의 접두사만 들어가 있고, 정규식은 사용하지 않는다고 하자.

두 가지 비동기 액션을 수행한다. 첫째로 .gitignore 파일의 내용을 퓨처 계산을 사용해 가져온다. 그 후, 그 내용을 사용해 비동기적으로 프로젝트 디렉토리에 있는 모든 파일과 매치시킨다. 먼저 파일 처리에 필요한 패키지를 임포트하는 것부터 시작한다. scala.io.Source 객체와 더불어, java.io 패키지와 아파치 커먼스 IO의 FileUtils 클래스를 사용한다. 따라서, 이들을 다음과 같이 임포트한다.

```
import java.io._
import org.apache.commons.io.FileUtils._
import scala.collection.convert.decorateAsScala._
```

앞 장에서 build.sbt에 커먼스 IO에 대한 의존관계를 추가하지 않았다면, 다음과 같이 지금 의존관계를 추가하는 것이 좋다.

```
libraryDependencies += "commons-io" % "commons-io" % "2.4"
```

먼저 blacklistFile 메소드를 사용해 퓨처를 만들 것이다. 이 메소드는 .gitignore 파일의 내용을 읽는다. 요즘 새 기술이 진화하고 있는 속도를 보면, 언제 어떤 새로운 버전 관리 시스템이 더 유명해 질지 예상할 수 없다. 따라서, 제외대상 목록이 담긴 파일 이름을 받도록 name 매개변수를 추가한다. 빈 줄을 제외시키고, # 기호로 시작하는 코멘트도 제외한다. 그 후 남은 파일 내용을 리스트로 만든다. 이런 과정은 다음 코드와 같다.

```
object FuturesClumsyCallback extends App {
  def blacklistFile(name: String): Future[List[String]] = Future {
    val lines = Source.fromFile(name).getLines
    lines.filter(x => !x.startsWith("#") && !x.isEmpty).toList
  }
```

우리의 경우 blacklistFile이 반환한 퓨처는 결국 target이라는 문자열이 들어가 있는 리스트를 포함하게 된다. 이 디렉토리는 스칼라 컴파일러가 만든 파일을 저장하기 위해 SBT가 사용하는 디렉토리다. 그 후, findFiles라는 메소드를 구현한다. 이 메소드는 주어진 패턴 리스트에 대해, 현재 디렉토리에서 그 패턴을 포함하는 파일을 모두 찾는다. 커먼스 IO의 iterateFiles 메소드는 프로젝트 파일에 대한 자바 이터레이터를 반환하기 때문에, 이에 대해 asScala를 호출해 스칼라 이터레이터로 바꿔야 한다. 그 후 매치된 파일 경로를 yield한다.

```
def findFiles(patterns: List[String]): List[String] = {
  val root = new File(".")
  for {
    f <- iterateFiles(root, null, true).asScala.toList
    pat <- patterns
    abspat = root.getCanonicalPath + File.separator + pat
    if f.getCanonicalPath.contains(abspat)
  } yield f.getCanonicalPath
}
```

이제 제외대상 파일을 나열하고 싶다. 먼저 blacklistFile 퓨처에 대해 foreach를 호출한다. 그 후 콜백 안에서 findPatterns를 호출한다. 다음과 같다.

```
blacklistFile(".gitignore") foreach {
  case lines =>
    val files = findFiles(lines)
    log(s"matches: ${files.mkString("\n")}")
}
Thread.sleep(1000)
```

이제 동료 개발자들이 blacklisted라는 다른 메소드를 만들어 달라고 요청했다고 가정하자. 이 메소드는 제외 대상 목록이 들어 있는 파일의 이름을 받아서 제외 대상인 파일의 목록이 들어 있는 퓨처를 반환한다. 이 메소드가 있으면 프로그램에서 독립적으로 콜백을 지정할 수 있다. 예를 들어, 그런 파일의 이름을 표준 출력에 내보내는 대신, 프로그램의 다른 부분에서 다음 메소드를 사용해 제외 대상 파일들의 백업을 만들 수 있다.

```
def blacklisted(name: String): Future[List[String]]
```

객체지향 개발 경험이 많은 개발자라면 앞에서 본 blacklistFile 퓨처와 findFiles 메소드를 재활용하고 싶을 것이다. 무엇보다, 기본적인 기능은 이미 구현된 상태이다. 우리는 여러분에게 기존 메소드를 사용해 새로운 blacklisted 메소드를 만들어 보라고 도전하는 바이다. foreach를 시도해 보라. 이 과제가 매우 어려운 일임을 깨달을 것이다.

지금까지는 기존 퓨처에 있는 값을 사용해 새 퓨처를 만드는 메소드를 살펴보지 않았다. Future 트레이트에는 한 퓨처에 들어 있는 값을 다른 퓨처의 값으로 변환하는 map 메소드가 있다.

```
def map[S](f: T => S)(implicit e: ExecutionContext): Future[S]
```

이 메소드는 비 블로킹이다. 즉, 호출하자마자 Future[S] 객체를 바로 반환한다. 원래의 퓨처가 어떤 값 x로 끝난 다음에야 map이 반환하는 Future[S] 객체도 f(x)라는 값으로 끝난다. map 메소드가 있으면 우리 작업은 아주 단순해진다. 패턴을 findFiles 메소드를 호출해 매치되는 파일의 목록으로 변환하면 된다.

```
def blacklisted(name: String): Future[List[String]] =
  blacklistFile(name).map(patterns => findFiles(patterns))
```

스칼라 개발자라면 여러 원소의 컬렉션을 다른 컬렉션으로 변환할 때 쓰는 map 연산을 잘 알 것이다. map과 같은 연산을 퓨처에 적용하는 것을 더 쉽게 이해하려면, 퓨처를 최대 하나의 값만을 저장할 수 있는 일종의 컬렉션으로 생각하면 된다.

함수적 합성은 간단한 값을 컴비네이터combinator라 부르는 고차 함수를 사용해 점점 더 복잡한 값으로 합성해 나가는 프로그래밍 패턴을 말한다. 순차적 스칼라 프로그래밍에서 스칼라 컬렉션을 사용한 함수적 합성에 이미 익숙해졌을 것이다. 예를 들어 컬렉션의 map 메소드를 호출하면 그 컬렉션에 있던 모든 원소에 map에 제공한 함수를 호출해 얻은 결과값으로 이루어진 새 컬렉션을 만들어낸다. 퓨처에 대한 함수적 합성도 비슷하다. 앞의 예와 같이 기존 퓨처를 변환하거나 합쳐서 새 퓨처를 만들 수 있다. 콜백의 유용성은 이미 봤다. 하지만, 콜백으로는 직접적으로 map과 같은 컴비네이터로 할 수 있는 함수적인 합성을 할 수는 없다. 콜백에서와 마찬가지로 컴비네이터에 전달한 함수는 대상 퓨처가 완료될 때까지는 결코 호출되지 않는다.

 퓨처와 그 퓨처에 컴비네이터를 호출할 때 전달한 함수의 호출 사이에는 이전에 발생함 관계가 성립한다.

퓨처를 처리하는 여러 대안 중 어느 것을 선택해야 할지 혼란스러울 수 있다. 언제 콜백 대신 함수적 합성을 사용해야 하는 걸까? 황금률은 단일 퓨처에 연관된 부수 효과가 있는 동작에는 콜백을 활용하라는 것이다. 다른 경우에는 함수적 합성을 사용할 수 있다.

 프로그램의 동작이 한 퓨처에만 의존한다면 퓨처에 대한 콜백을 사용하라. 프로그램의 다음 동작이 여러 퓨처에 의존하거나 새로운 퓨처를 만들어 내야 한다면, 퓨처의 함수적 합성을 사용하라.

함수적 합성에 사용하는 몇 가지 중요한 컴비네이터를 살펴보자. Future[T]에 대한 map 메소드는 f 함수를 받아서 새로운 Future[S] 퓨처를 만든다. Future[T]가 완료되고 나면 Future[S]는 Future[T]의 값에 f를 적용한 값으로 완료된다. Future[T]가 예외 e로 실패하거나, f 함수가 예외 e를 발생하면, Future[S]도 예외 e로 실패한다.

스칼라가 map 메소드가 있는 객체에 대해 for 내장을 허용한다는 점을 기억하자. 따라서 퓨처에서도 for 내장을 사용할 수 있다. build.sbt 파일에서 가장 긴 줄을 찾고 싶다고 가정하자. 계산은 두 단계로 이뤄진다. 먼저, 디스크에서 파일을 읽어오고, 그 후 maxBy를 호출해 가장 긴 줄을 찾는다.

```
val buildFile = Future { Source.fromFile("build.sbt").getLines }
val longest = for (ls <- buildFile) yield ls.maxBy(_.length)
longest foreach { case line => log(s"longest line: $line") }
```

longest 선언은 스칼라 컴파일러에 의해 다음과 같이 바뀐다.

```
val longest = buildFile.map(ls => ls.maxBy(_.length))
```

for 내장의 이점은 flatMap 컴비네이터를 활용하는 경우 더 분명해진다. 시그니처는 다음과 같다.

```
def flatMap[S](f: T => Future[S])(implicit e: ExecutionContext):
  Future[S]
```

flatMap 컴비네이터는 Future[T] 타입의 현재 퓨처와 T 타입의 값에서 Future[S] 타입의 다른 퓨처를 만들어 내는 함수를 함께 사용한다. 결과로 생기는 Future[S]는 현재 퓨처의 결과인 T 타입의 값 x에 f를 적용한 결과인 f(x)라는 다른 퓨처(타입은 Future[s])이다. map을 호출해 생기는 퓨처는 현재 퓨처가 완료되면 f를 적용한 결과값으로 완료된다. 반면, flatMap을 호출해 생기는 퓨처는, 현재 퓨처가 완료되고 그 결과값에 f를 적용해 생기는 새로운 퓨처가 완료되어야만 완료된다.

이 컴비네이터의 유용성을 보기 위해 다음 예제를 살펴보자. 여러분의 지원서가 잘 처리되고 원하는 직장을 얻게 되었다고 하자. 새 직장에서의 첫 날, 비서로부터 전자우편으로 행운의 편지를 하나 받는다. 거기에는 ftp://로 시작하는 URL에는 바이러스가 들어있으니 결코 열어서는 안 된다는 주장이 들어 있다. 경험 많은 컴퓨터 도사인 여러분은 그 편지가 어떤 편지가 어떤 것(즉, 사기 편지)인지를 즉시 알 수 있다. 따라서 비서에게 전자우편으로 의사소통 하는 방법과 FTP 링크가 무엇인지에 대해 알려줌으로써 그녀를 일깨워주고자 한다. 여러분은 비동기적으로 답을 하는 짧은 프로그램을 하나 만든다. 하루종일 전자우편을 기다리는 것보다 더 중요한 일이 많기 때문이다.

```
val netiquetteUrl = "http://www.ietf.org/rfc/rfc1855.txt"
val netiquette = Future { Source.fromURL(netiquetteUrl).mkString }
val urlSpecUrl = "http://www.w3.org/Addressing/URL/url-spec.txt"
val urlSpec = Future { Source.fromURL(urlSpecUrl).mkString }
val answer = netiquette.flatMap { nettext =>
  urlSpec.map { urltext =>
    "Check this out: " + nettext + ". And check out: " + urltext
  }
}
answer foreach { case contents => log(contents) }
```

이 프로그램은 비동기적으로 엄청 오래된 RFC 1855(전자우편을 통한 의사소통에 대한 지침, 즉 네티켓)을 가져온다. 그 후 비동기적으로 ftp에 대한 정보가 들어 있는 URL 명세를 가져온다. 이 프로그램은 그 두 정보를 하나로 모은다. 그 후 flatMap을 netiquette 퓨처에 대해 호출한다. netiquette 퓨처에 있는 nettext 값을 기초로, flatMap은 또 다른 퓨처를 반환할 필요가 있다. flatMap이 urlSpec 퓨처를 직접 반환할 수도 있을 것이다. 하지만 그렇게 해서 생기는 answer는 URL 명세만 있으면 완료된다. 대신에, urlSpec 퓨처에 map 컴비네이터를 호출할 수 있다. urlSpec의 값인 urltext를 nettext와 urltext를 연결한 것으로 바꾼다. 결과는 연결한 문자열을 저장하는 새로운 중간 단계의 퓨처이다. 이 퓨처가 완료되면 answer 퓨처도 완료될 수 있다. 그림으로 표현하면 다음과 같다.

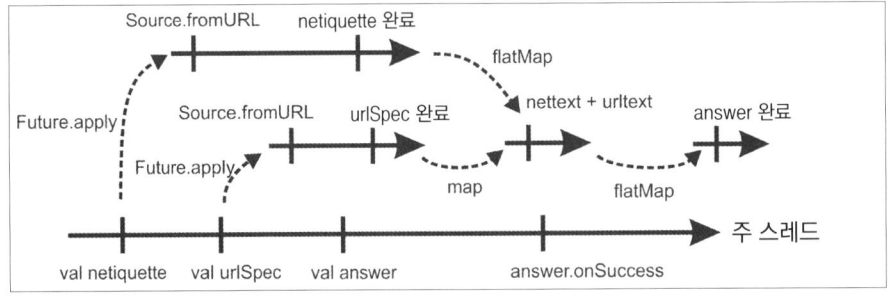

이 실행 도해를 멀리서 보면, 비동기적 계산 사이에 근본적인 순서가 존재함을 알 수 있다. 이런 순서 관계를 그래프로 표현하면 다음과 같다.

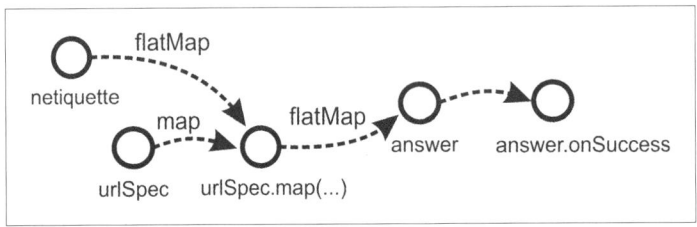

이런 그래프를 데이터흐름 그래프dataflow graph라고 부른다. 한 퓨처에서 다른 퓨처로의 데이터 흐름을 보여주기 때문이다. 퓨처는 정점vertex, 비동기적 계산은 정점 사이에서 방향성 있는 간선edge으로 나타낸다. 한 정점에서 다른 정점으로 가는 간선은 첫 정점의 퓨처의 값을 두 번째 정점의 퓨처가 사용하는 경우를 표현한다. 이 그래프에서 Future.apply가 만들어내는 퓨처들이 원 정점source vertex이다. 따라서 이들로부터 밖으로 나가는 간선밖에 없다. map이나 flatMap과 같은 여러 퓨처 컴비네이터는 다른 정점을 연결한다. foreach와 같은 콜백 함수는 대상 정점sink vertex, 즉 밖으로 나가는 간선이 없는 정점으로 연결한다. flatMap과 같은 컴비네이터는 여러 정점의 값을 사용할 수 있다.

 flatMap 컴비네이터는 두 퓨처를 하나로 합친다. 하나는 flatMap을 호출하는 대상 객체이고, 다른 하나는 인자로 전달한 함수가 반환하는 퓨처이다.

우리가 만든 전자우편 예제에는 두 가지 문제가 있다. 첫째로, 새 비서에게 좀 더 잘 해줘야만 한다. 그녀는 우리와 같은 컴퓨터 전문가가 아니다. 둘째로, flatMap을 직접 사용하면 프로그램을 이해하기 어렵게 만든다. 스칼라 커뮤니티에서 이와 같이 flatMap을 활용하는 개발자는 얼마 되지 않는다. 대신, flatMap을 for 내장을 통해 간접적으로 사용해야 한다.

```
val answer = for {
  nettext <- netiquette
  urltext <- urlSpec
} yield {
  "First, read this: " + nettext + ". Now, try this: " + urltext
}
```

컴파일러가 위 for 내장을 풀면 앞에서 봤던 예제와 같아진다. 이 예제가 훨씬 더 간단하다. 프로그램을 보면 거의 즉시 이해할 수 있다. netiquette 퓨처가 돌려주는 nettext 값과 urlSpec 퓨처가 돌려주는 urltext 값에 대해 answer 퓨처는 nettext와 urltext를 서로 이어붙인 값을 내놓는 퓨처이다.

 flatMap을 직접 사용하는 것보다 for 내장을 사용하는 것을 더 선호해야 한다. 프로그램이 더 간결하고 이해하기 쉬워진다.

다음 for 내장은 앞에서 본 것과 매우 비슷하지만, 그 둘이 서로 같지는 않다. 주의하라.

```
val answer = for {
  nettext <- Future { Source.fromURL(netiquetteUrl).mkString }
  urltext <- Future { Source.fromURL(urlSpecUrl).mkString }
} yield {
  "First, read this: " + nettext + ". Now, try this: " + urltext
}
```

이 코드에서는 nettext 값을 첫 번째 퓨처에서 추출했다. 첫 퓨처가 완료한 다음에야 두 번째 퓨처의 계산을 시작할 수 있다. 물론 두 번째 계산이 nettext를 사용한다면 이런 특징이 유용할 수도 있다. 하지만, 우리 예의 경우 netiquette 문서와 URL 명세를 가져오는 작업을 동시에 진행할 수 있다.

지금까지는 성공적인 퓨처와 작동하는 컴비네이터만 살펴봤다. 입력 퓨처 중 일부가 실패하거나 컴비네이터가 수행하는 계산이 예외를 던지면, 결과 퓨처도 같은 예외를 내며 실패한다. 경우에 따라 퓨처의 예외를 순차 프로그래밍의 try-catch 블록처럼 처리하고 싶은 경우가 있다. 이런 경우 도움이 되는 컴비네이터가 recover이다. 간단하게 정리한 시그니처는 다음과 같다.

```
def recover(pf: PartialFunction[Throwable, T])
  (implicit e: ExecutionContext): Future[T]
```

T 타입의 값 x로 성공하는 퓨처에 대해 이 컴비네이터를 호출하면 결과 퓨처도 같은 값 x로 성공한다. 반면, 퓨처가 실패하면 실패한 퓨처가 던지는 Throwable를 pf 부분함수에 넘긴다. pf 부분함수가 Throwable 객체에 대해 정의되어 있지 않다면(즉, isDefinedAt이 false 반환) 결과 퓨처도 역시 원래 퓨처와 같은 Throwable 객체로 실패한다. 그렇지 않으면, 결과 퓨처는 pf에 Throwable 객체를 적용한 결과로 완료된다. 물론 pf 부분함수가 예외를 발생시키면 그 예외로 결과 퓨처가 실패한다.

netiquette 문서의 URL을 잘못 입력하는 실수가 걱정된다면, recover 컴비네이터를 netiquette에 사용해서 실패시 적절한 문자를 표시하도록 만들 수 있다.

```
val netiquetteUrl = "http://www.ietf.org/rfc/rfc1855.doc"
val netiquette = Future { Source.fromURL(netiquetteUrl).mkString }
val answer = netiquette recover {
  case e: java.io.FileNotFoundException =>
    "Dear secretary, thank you for your e-mail." +
    "You might be interested to know that ftp links " +
    "can also point to regular files we keep on our servers."
}
answer foreach { case contents => log(contents) }
Thread.sleep(2000)
```

퓨처는 filter, fallbackTo, zip과 같은 다른 컴비네이터도 제공한다. 하지만 그들에 대해 여기서 다루지는 않을 것이다. 기본 컴비네이터를 이해하는 것으로 충분하다. 나머지 컴비네이터는 API 문서에서 공부하면 될 것이다.

프라미스

2장에서 작업 스레드와 작업 큐를 사용해 비동기적 계산을 받아서 수행하는 asynchronous 메소드를 만들었다. 그 예제를 통해 실행 컨텍스트 하에서 execute 메소드가 어떻게 구현되는지에 대해 기본적인 직관을 얻었을 것이다. 아마도 Future.apply 메소드가 어떻게 Future 객체를 반환하고 완료시킬 수 있는지 궁금해 하는 독자가 있을 것이다. 이번 절에서는 그에 대해 답하기 위해 프라미스(promise, 약속이라는 뜻)에 대해 공부할 것이다. 프라미스는 값이나 예외를 오직 한번만 지정할 수 있는 객체이다. 그래서 때로 프라미스를 단일 할당 변수single assignment variable이라고 부르기도 한다. 스칼라에서 프라미스는 Promise[T] 타입으로 표현한다. 프라미스 인스턴스를 만들기 위해서는 Promise 동반 객체에 있는 Promise.apply 메소드를 사용한다.

```
def apply[T](): Promise[T]
```

이 메소드는 새 프라미스 인스턴스를 반환한다. Future.apply 메소드처럼 Promise.apply 메소드도 바로 반환된다. 즉, 비 블로킹이다. 하지만, Promise.apply는 비동기적 계산을 바로 시작하지는 않는다. 단지 새 프라미스 객체를 만들기만 한다. 처음 만들어진 프라미스 객체에는 값이나 예외가 들어 있지 않다. 프라미스에 값이나 예외를 할당하기 위해서는 success나 failure 메소드를 각각 사용해야 한다.

아마 프라미스가 퓨처와 유사하다는 것을 알아챘을 것이다. 퓨처나 프라미스 모두 처음에 비어있고, 값이나 예외로 완료된다. 이런 특성은 의도적인 것이다. 모든 프라미스 객체는 정확히 오직 하나의 퓨처 객체에 대응한다. 프라미스와 연결된 퓨처를 얻고 싶으면, 그 프라미스에 대해 future 메소드를 호출하면 된다. 이 메소드를 여러번 호출해도 언제나 같은 퓨처 객체를 얻는다.

 프라미스와 퓨처는 단일 할당 변수의 두 가지 측면을 표현한다. 프라미스는 퓨처 객체에 값을 지정할 수 있게 해주고, 퓨처는 언제나 그 값을 읽을 수 있게 해준다.

다음 코드에서 두 프라미스 p와 d를 만들어서 문자열 값을 담는다. p 프라미스에 연결된 퓨처에 foreach 콜백을 지정해 1초간 기다린다. p 프라미스가 success 메소드를 호출해 성공하기 전까지 그 콜백은 호출되지 않는다. 그 후 q 프라미스도 마찬가지 방식으로 실패하게 만들고, filed.foreach 콜백을 설정한다.

```
object PromisesCreate extends App {
  val p = Promise[String]
  val q = Promise[String]
  p.future foreach { case x => log(s"p succeeded with '$x'") }
  Thread.sleep(1000)
  p success "assigned"
  q failure new Exception("not kept")
  q.future.failed foreach { case t => log(s"q failed with $t") }
  Thread.sleep(1000)
}
```

대신에 complete 메소드를 사용하고 Try[T] 객체를 통해 프라미스를 완료할 수 있다. Try[T] 객체가 성공이냐 실패냐에 따라 프라미스도 성공적으로 종료하거나 실패한다. 중요한 것은, 프라미스가 성공하거나 실패한 다음에는 같은 방식으로 다시 예외나 값을 설정할 수 없다는 점이다. 그런 시도를 하면 예외가 발생한다. 이런 특성은 여러 스레드가 동시에 success나 complete를 호출하는 경우에도 역시 참이라는 것에 유의하라. 오직 한 스레드만 프라미스를 완료시킬 수 있고, 나머지는 예외를 발생한다.

 이미 완료한 프라미스에 값이나 예외를 다시 할당하는 것은 허용되지 않으며 예외를 발생시킨다.

success, failure, complete와 각각 대응하는 trySuccess, tryFailure, tryComplete 메소드를 사용할 수도 있다. 이들은 값이나 예외 설정에 성공했는지 여부를 알려주는 불린 값을 반환한다. Future.apply와 콜백을 참조 투명성이 있는 함수에 사용하면 항상 결정론적인 동시성 프로그램이 된다는 사실을 기억하자. 따라서 trySuccess, tryFailure, tryComplete 메소드를 사용하지 않고, success, failure, complete 메소드가 예외를 발생시키지 않는 한, 프라미스를 사용하면서 프로그램의 결정성을 유지할 수 있다.

이제 원하는대로 Future.apply 메소드를 구현할 모든 재료를 다 마련했다. 다음 예에서 그런 메소드에 대해 myFuture라고 이름을 붙였다. myFuture는 비동기적 계산을 이름에 의한 매개변수를 사용해 받는다. 그 메소드는 먼저 p 프라미스를 만든다. 그 후, 비동기적 계산을 global 실행 컨텍스트 하에서 수행한다. b를 참조해 계산을 수행하고, 문제 없이 결과가 나오면 프라미스를 완료시킨다. 만약 b의 본문을 실행하는 과정에서 심각하지 않은 오류가 발생하면 비동기적 계산에서 그 오류로 프라미스를 실패 처리한다. 한편으로, myFuture 메소드는 비동기적 계산을 시작하자마자 바로 퓨처 객체를 반환한다.

```
import scala.util.control.NonFatal
object PromisesCustomAsync extends App {
  def myFuture[T](b: =>T): Future[T] = {
    val p = Promise[T]
    global.execute(new Runnable {
      def run() = try {
        p.success(b)
      } catch {
        case NonFatal(e) => p.failure(e)
      }
    })
    p.future
  }
  val f = myFuture { "naa" + "na" * 8 + " Katamari Damacy!" }
  f foreach { case text => log(text) }
}
```

퓨처를 만들 때 이런 패턴을 자주 사용한다. 프라미스를 만들고, 어떤 다른 연산이 그 프라미스를 완료하게 한다. 그리고 그 프라미스와 연관된 퓨처를 반환한다. 하지만, 프라미스는 myFuture와 같은 방식으로 퓨처 계산을 원하는 대로 정의하는 목적을 위해서만 만들어진 도구가 아니다. 다음 절에서는 프라미스가 유용한 용례를 살펴볼 것이다.

콜백 기반의 API 변환

스칼라 퓨처는 굉장하다. 퓨처를 사용해 블로킹을 피하는 방법을 이미 살펴봤다. 폴링이나 바쁜 대기를 피하기 위해 콜백을 쓸 수 있다는 것도 봤다. 또, 함수 컴비네이터와 for 내장을 사용해 퓨처를 잘 조합할 수 있다는 것도 봤다. 종종 퓨처나 프라미스가 결정론적인 프로그램을 보장하는 경우가 있다. 하지만, 우리는 현실을 직시해야 한다. 모든 기존 API가 스칼라 퓨처를 사용하지는 않는다. 퓨처가 비동기 계산을 수행하는 데 있어 바람직한 방법이긴 하지만, 여러 서드파티 라이브러리는 다른 방식으로 지연을 표현하곤 한다.

기존 프레임워크는 일반 콜백을 사용해 비동기 처리를 하곤 한다. 완료되는데 걸리는 시간이 정해져 있지 않은 메소드는 결과를 내놓지 않고, 콜백을 인자로 받아서 나중에 그 콜백에 결과를 넘겨준다. 자바스크립트 라이브러리나 프레임워크가 좋은 예이다. 자바스크립트 실행이 단일 스레드이기 때문에 블로킹 메소드를 호출할 때마다 스레드를 블록하는 것을 용납해서는 안 된다.

이런 기존 시스템은 대규모 개발 시 문제가 많다. 첫 번째로, 앞에서 이미 살펴본 대로 콜백 방식은 잘 조합하기가 어렵다. 두 번째로, 콜백을 이해하거나 그 실행에 대해 추론하기가 쉽지 않다. 구조적이지 않은 콜백이 여러 개 있으면 거의 스파게티 코드처럼 느껴진다. 프로그램의 제어 흐름을 코드에서 명확히 알기 어렵다. 제어 흐름이 라이브러리 내부에 숨겨져 있기 때문이다. 이런 경우를 제어의 역전 inversion of control라 부른다. 이런 기존 콜백 기반의 API와 퓨처 사이에 어떻게든 다리를 놓고, 제어의 역전을 피하고 싶다. 이 부분에서 프라미스가 유용하다.

> 콜백 기반 API와 퓨처 사이의 간극을 메우기 위해 프라미스를 사용하라.

아파치 커먼스 IO 라이브러리의 `org.apache.commons.io.monitor` 패키지를 생각해 보자. 이 패키지는 파일이나 디렉토리 생성이나 삭제 같은 파일시스템 이벤트를 받을 수 있게 해준다. 퓨처를 사용하는 것에 대해 정통한 이후로, 더 이상 이 API를 직접 사용하고 싶지 않아졌다. 그래서 디렉토리 이름을 받고 그 디렉토리에서 새롭게 파일이 생성되면 파일 이름을 알려주는 퓨처를 반환하는 `fileCreated`라는 메소드를 만들어서 사용할 것이다.

```
import org.apache.commons.io.monitor._
```

이 패키지를 사용해 파일시스템 이벤트를 받기 위해 먼저 필요한 것은 `FileAlterationMonitor` 객체를 만드는 것이다. 이 객체는 주기적으로 특정 디렉토리가 변경되었는지 검사한다. 다음으로 할 일은 콜백을 표현하는 `FileAlterationListenerAdaptor`를 만드는 것이다. 이 객체의 파일시스템에 파일이 생기면 `onFileCreate` 메소드가 호출된다. 우리는 변경된 파일 이름으로 퓨처를 완료시킬 수 있다.

```scala
def fileCreated(directory: String): Future[String] = {
  val p = Promise[String]
  val fileMonitor = new FileAlterationMonitor(1000)
  val observer = new FileAlterationObserver(directory)
  val listener = new FileAlterationListenerAdaptor {
    override def onFileCreate(file: File): Unit =
      try p.trySuccess(file.getName) finally fileMonitor.stop()
  }
  observer.addListener(listener)
  fileMonitor.addObserver(observer)
  fileMonitor.start()
  p.future
}
```

이 메소드의 구조는 myFuture 메소드의 구조와 같다는 것에 유의하라. 먼저 프라미스를 만들고, 그 프라미스의 완료를 다른 계산에 위임한다. 그 후, 프라미스와 관련된 퓨처를 반환한다. 자주 볼 수 있는 이런 패턴을 퓨처-콜백 브리지future-callback bridge라고 말한다.

이제 퓨처를 사용해 파일시스템의 첫 번째 파일 변경 이벤트를 전달받을 수 있다. fileCreated가 반환한 퓨처에 foreach 호출을 추가하고, 에디에터에서 파일을 새로 만들면 프로그램이 어떻게 새 파일 생성을 처리하는지 볼 수 있다.

```
fileCreated(".") foreach {
  case filename => log(s"Detected new file '$filename'")
}
```

유용한데 퓨처가 제공하지 않는 기능이 바로 시간 초과timeout이다. 시간 t를 밀리초 단위로 받고, 최소한 t밀리초 안에는 완료되는 퓨처를 반환하는 timeout 메소드가 있으면 좋겠다. java.util 패키지의 Timer 클래스에 대해 퓨처-콜백 브리지를 적용할 것이다. 모든 timeout 호출에 타이머를 하나만 사용할 것이다.

```
import java.util._
private val timer = new Timer(true)
```

다시, 먼저 프라미스 p를 만든다. 이 프라미스에는 완료여부를 제외한 다른 유용한 정보가 없다. 따라서 타입은 Promise[Unit]이면 된다. 그 후 Timer 클래스의 schedule 메소드에 t밀리초 후에 완료되는 TimerTask 객체를 넘긴다.

```
def timeout(t: Long): Future[Unit] = {
  val p = Promise[Unit]
  timer.schedule(new TimerTask {
    def run() = {
      p success ()
      timer.cancel()
    }
  }, t)
  p.future
}
timeout(1000) foreach { case _ => log("Timed out!") }
Thread.sleep(2000)
```

timeout이 반환하는 퓨처를 콜백 지정에 사용할 수 있다. 또, 다른 퓨처와 컴비네이터로 조합할 수도 있다. 다음 절에서는 이를 위한 새로운 컴비네이터를 다룰 것이다.

퓨처 API 확장

보통 기존 퓨처 컴비네이터 만으로도 대부분의 작업에 충분하다. 하지만, 때로 새로운 컴비네이터를 정의하고 싶은 경우도 있다. 이런 때가 프라미스를 사용할 수 있는 다른 경우이다. 다음과 같은 퓨처의 컴비네이터를 정의하고 싶다고 하자.

```
def or(that: Future[T]): Future[T]
```

이 메소드는 this 퓨처나 that 퓨처와 같은 타입의 새 퓨처를 반환한다. 반환되는 퓨처는 두 퓨처 중 빨리 완료한 쪽의 값을 반환한다. 퓨처가 스칼라 표준 라이브러리에 정의되어 있기 때문에 이런 메소드를 직접 Future 트레이트에 추가할 수는 없다. 대신, 이 메소드를 추가해주는 암시적 변환을 정의할 수 있다. A 타입의 객체에 존재하지 않는 xyz 메소드를 호출하면, 스칼라 컴파일러가 A 타입을 xyz 메소드를 제공하는 다른 타입으로 변환해주는 암시적 변환이 있는지 찾아본다는 사실을 기억하자. 이런 암시적 변환을 만드는 방법 중 하나로는 암시적 클래스를 정의하는 것이 있다.

```
implicit class FutureOps[T](val self: Future[T]) {
  def or(that: Future[T]): Future[T] = {
    val p = Promise[T]
    self onComplete { case x => p tryComplete x }
    that onComplete { case y => p tryComplete y }
    p.future
  }
}
```

암시적 클래스인 FutureOps는 Future[T] 타입을 변환해 or 메소드를 제공하는 객체로 만든다. futureOps 객체 안에서 원래의 퓨처를 self라는 이름으로 참조한다. 이 목적에 FuturePos 객체를 가리키는 키워드인 this를 사용할 수는 없다. or 메소드는 self와 that에 콜백을 지정한다. 두 콜백은 tryComplete 메소드를

p 프라미스에 대해 호출한다. 따라서 두 콜백 중 먼저 성공적으로 호출된 쪽이 p 프라미스를 완료시킨다. 다른 쪽 콜백에서 호출한 `tryComplete`는 `false`를 반환하며, 프라미스의 상태를 변경시키지 못한다.

 퓨처에 다른 함수 컴비네이터를 추가하기 위해서 프라미스를 사용하라.

이 예제에서 `tryComplete`를 사용했기 때문에 우리가 만든 or 컴비네이터가 비결정적임에 유의하라. 컴비네이터가 반환하는 퓨처는 실행 스케줄에 따라 입력 퓨처 중 어느 한 값으로 완료된다. 이 예제에서는 그런 비결정성이 바로 우리가 원하는 것이다.

비동기적 계산 취소

퓨처 계산을 중단하고 싶은 경우가 있다. 퓨처가 할당된 제한 시간보다 더 오래 걸리거나, 사용자가 UI에서 취소 버튼을 클릭한 경우 등에 그럴 것이다. 어느 경우건, 취소된 퓨처가 특정 값을 가지게 만들 필요가 있다.

기본적으로 퓨처는 취소를 지원하지 않는다. 퓨처 계산이 시작되면 이를 직접 중단시킬 방법은 없다. 2장에서 동시 계산을 갑자기 중단시키는 것이 좋지 않고, 그래서 초기 JVM의 `Thread`가 제공하던 `stop`과 같은 메소드가 사용금지 되었다는 내용을 설명한 바 있다.

퓨처를 중단시키기 위한 접근 방법 중 하나는 취소 퓨처cancellation future라는 다른 퓨처와 함께 조합해 퓨처를 만드는 것이다. cancellation 퓨처는 퓨처를 취소시켰을 때 가질 디폴트 값을 제공한다. 앞 절에서 설명한 or 컴비네이터를 timeout 메소드와 함께 사용해 퓨처를 cancellation 퓨처와 조합할 수도 있다.

```
val f = timeout(1000).map(_ => "timeout!") or Future {
  Thread.sleep(999)
  "work completed!"
}
```

이 프로그램을 실행해 보면 or 컴비네이터의 비결정성을 분명히 알 수 있다. timeout과 sleep 문이 거의 동시에 일어나도록 주의 깊게 조정했다. 또, Future. apply 메소드로 시작한 계산은 실제로 타임아웃 발생 시 중단되지 않고, 계속 동시에 진행된다는 점을 알아둘 필요가 있다. 다만 나중에 계산이 끝난 시점에 or 컴비네이터 안에서 tryComplete로 퓨처의 값을 설정하지 못할 뿐이다. 보통은 이런 특성이 문제가 되지는 않는다. 퓨처를 완료시켜야 할 HTTP 요청은 보통 자원을 그리 많이 사용하지 않는다. 퓨처를 완료시키는 키보드 이벤트도 발생시 CPU를 약간 소모할 뿐이다. 보통 콜백 기반의 퓨처는 앞에서 본 것과 같이 취소할 수 있다. 반면, 비동기 계산을 수행하는 퓨처는 CPU나 다른 자원을 많이 사용할 수 있다. 예를 들어 파일시스템을 스캔 하거나 큰 파일을 다운로드하는 동시 작업이라면 실제로도 중단하길 바랄 것이다.

퓨처 계산은 강제로 멈출 수 없다. 그래서 퓨처와 퓨처를 사용하는 쪽 사이에 협력이 필요하다. 지금까지 본 예에서는 비동기 계산이 퓨처를 사용해 값을 사용자 쪽에 전달했다. 그런 경우, 반대로 사용자 쪽에서 비동기적 계산에게 언제 실행을 멈출지 의사소통 할 수도 있을 것이다. 당연히, 퓨처와 프라미스를 사용하면 이런 양방향 통신이 가능하다.

먼저, Promise[Unit]와 Future[T]의 쌍을 Cancellable[T] 타입으로 정의한다. 사용하는 쪽에서는 Promise[T]를 사용해 취소 요청을 전달하며, Future[T]를 사용해 계산 결과를 전달받는다.

```
object PromisesCancellation extends App {
  type Cancellable[T] = (Promise[Unit], Future[T])
```

cancellable 메소드는 b라는 비동기 계산을 받는다. b가 받는 Future[Unit] 인자는 취소 요청이 들어왔는지 검사하기 위한 것이다. cancellable 메소드는 Promise[Unit] 타입의 cancel 프라미스를 만들고 그에 상응하는 퓨처를 비동기적 계산에 전달한다. 이 프라미스를 취소 프라미스_{cancellaion promise}라고 부른다. cancel 프라미스를 비동기 계산인 b를 중단해야 할지 알려주기 위해 사용한다. 비동기 계산 b가 어떤 값 r을 돌려준다면 cancel 프라미스가 실패해야 한다. 그래야

Future[T] 타입이 완료된 다음 사용측에서 cancel 프라미스를 사용해 계산을 중단하려는 시도가 실패한다.

```
def cancellable[T](b: Future[Unit] => T): Cancellable[T] = {
  val cancel = Promise[Unit]
  val f = Future {
    val r = b(cancel.future)
    if (!cancel.tryFailure(new Exception))
      throw new CancellationException
    r
  }
  (cancel, f)
}
```

cancel 프라미스의 tryFailure 호출이 실패해 false를 반환하면, 사용하는 쪽에서 이미 cancel 프라미스를 완료시킨 것이다. 그런 경우 계산을 중단시키려는 시도를 더 이상 계속할 수 없으므로 CancellationExcption을 발생시킨다. 이 검사는 비동기 계산을 수행하는 퓨처가 취소 퓨처를 완료시키는 동시에 사용자 쪽에서 성공적으로 취소를 요청하는 경합 조건을 방지하기 때문에 생략할 수 없다.

비동기 계산은 주기적으로 cancel 퓨처의 isCompelete 메소드를 사용해 취소 요청이 있는지 검사해야 한다. 취소된 경우에는 CancellationException을 발생시키면서 실행을 중단해야만 한다.

```
val (cancel, value) = cancellable { cancel =>
  var i = 0
  while (i < 5) {
    if (cancel.isCompleted) throw new CancellationException
    Thread.sleep(500)
    log(s"$i: working")
    i += 1
  }
  "resulting value"
}
```

cancellable 계산이 시작된 다음, 주 스레드는 1500밀리초 동안 기다린 다음 trySuccess를 호출해 취소 프라미스를 완료시키려 시도한다. 그 시점에서 취소 퓨처는 이미 실패했을 것이다. 그래서 이 경우 trySuccess 대신 success를 호출하면 예외가 발생할 것이다.

```
Thread.sleep(1500)
cancel trySuccess ()
log("computation cancelled!")
Thread.sleep(2000)
}
```

마지막 working 메시지가 주 스레드의 "computation cancelled!" 메시지 다음에 출력되리라 예상할 수 있다. 비동기 계산이 폴링polling을 사용하기 때문에 취소 여부를 즉시 알 수는 없기 때문이다.

> 비동기 계산과 클라이언트 사이에서 프라미스나 다른 형태의 양방향 통신을 활용해 실행 취소 기능을 구현하라.

cancel 프라미스에 대해 trySuccess를 호출해도 계산 중단을 보장하지는 않는다는 사실에 유의하라. 클라이언트가 cancel 프라미스를 완료시키기 전에 비동기 계산이 cancel 프라미스를 실패시킬 수도 있다. 따라서 이 예제의 주 스레드와 같이 trySuccess를 사용하는 경우, 그 반환값을 사용해 취소가 성공했는지 검사할 필요가 있다.

퓨처와 블로킹

이 책의 예제를 살펴봤다면 블로킹을 때로 안티패턴[2]으로 취급해야만 하는 이유를 깨달았을 것이다. 퓨처와 비동기 계산은 주로 블로킹을 피하기 위해 사용된다. 하

---

2 소프트웨어 개발 시 발생하는 문제 중 흔한 것의 공통점을 뽑아내서, 그에 대해 적절한 대응방법을 정의할 수 있을 것이다. 그 중 효과적이고 비슷한 문제에 대해 성공적으로 적용 가능한 해법을 패턴이라고 하고, 더 좋은 해법이 있고 득보다 실이 많은 경우를 안티패턴(anti pattern)이라고 말한다. 안티패턴이라는 말은 1995년 앤드류 케니그(Andrew Koenig)가 쓴 『안티패턴』이라는 책에서 유래했다. – 옮긴이

지만 경우에 따라 블로킹이 꼭 필요한 경우도 있다. 따라서 블로킹과 퓨처가 어떻게 상호작용하는가에 대해 의문을 가지는 것이 타당하다.

퓨처 기다리기

드물지만 콜백이나 퓨처 컴비네이터를 사용해 블로킹을 막을 수 없는 경우가 있다. 예를 들어 여러 비동기 계산을 시작한 주 스레드가 여러 비동기 계산을 기다려야 하는 경우가 있다. global 실행 컨텍스트와 같이 실행 컨텍스트가 데몬 스레드를 사용한다면 JVM 프로세스가 종료되는 일이 없도록 주 스레드가 다른 스레드의 실행 완료를 기다려야만 한다.

이런 예외적인 경우에 scala.concurrent 패키지가 제공하는 Await 객체의 ready와 result 메소드를 사용할 수 있다. ready 메소드는 지정한 스레드가 완료될 때까지 호출하는 쪽 스레드를 블록시킨다. result 메소드도 호출하는 스레드를 블록시키는데, 퓨처가 정상적으로 완료된 경우 퓨처의 값을 반환하며, 퓨처가 실패하는 경우 예외를 발생시킨다.

두 메소드 모두 타임아웃을 지정할 수 있다. 지정된 시간이 지나면 TimeoutException이 발생한다. 타임아웃을 지정하기 위해 scala.concurrent.duration 패키지를 임포트한다. 그 후, 10.seconds와 같은 식을 사용할 수 있다.

```
import scala.concurrent.duration._
object BlockingAwait extends App {
  val urlSpecSizeFuture = Future {
    val specUrl = "http://www.w3.org/Addressing/URL/url-spec.txt"
    Source.fromURL(specUrl).size
  }
  val urlSpecSize = Await.result(urlSpecSizeFuture, 10.seconds)
  log(s"url spec contains $urlSpecSize characters")
}
```

이 예제에서 주 스레드는 지정한 URL을 가져오는 스레드를 시작하고 대기한다. 월드 와이드 웹 컨소시엄이 DOS 공격을 의심할 수 있기 때문에, 이 예제가 마지막으로 URL 명세를 가져오는 예제가 될 것이다.

비동기 계산 블록

퓨처 완료를 기다리는 것만이 블록시키는 유일한 방법은 아니다. 비동기적 결과를 돌려주기 위해 콜백을 사용하지 않는 기존 API가 몇 가지 있다. 그런 API는 그 대신 블로킹 메소드를 제공한다. 블로킹 메소드를 호출하면 우리 프로그램은 스레드에 대한 제어를 잃는다. 해당 스레드가 블록된 상태를 해제하고 제어를 돌려주는 것은 블로킹 메소드의 몫이 되어 버린다.

실행 컨텍스트를 스레드 풀을 사용해 구현하고는 한다. 3장에서 본 것처럼 블로킹 작업 스레드로 인해 스레드 아사가 발생할 수 있다. 따라서 블록이 일어나는 퓨처 계산을 시작하는 경우 병렬화 정도가 감소하거나 심지어 교착상태가 발생하는 경우도 생긴다. sleep을 호출하는 퓨처를 16개 시작하고, 주 스레드가 모든 퓨처의 완료를 무한정 기다리는 다음 예제를 통해 이를 확인할 수 있다.

```
val startTime = System.nanoTime
val futures = for (_ <- 0 until 16) yield Future {
  Thread.sleep(1000)
}
for (f <- futures) Await.ready(f, Duration.Inf)
val endTime = System.nanoTime
log(s"Total time = ${(endTime - startTime) / 1000000} ms")
log(s"Total CPUs = ${Runtime.getRuntime.availableProcessors}")
```

프로세서에 코어가 8개 있다고 가정하자. 이 프로그램은 1초 안에 끝나지 않는다. 대신, `Future.apply`로 시작한 8개의 퓨처가 모든 작업 스레드가 블록되고, 나머지 8개의 퓨처가 다음 1초간 블록된다. 따라서 코어가 8개인 경우 모든 코어가 1초간 유용한 작업을 수행할 수 없다.

 비동기 계산에서 아사를 발생시킬 수 있는 블로킹을 피하라.

블록을 반드시 시켜야 한다면 블록해야 하는 코드를 반드시 blocking 호출로 감싸야 한다. 이를 통해 실행 컨텍스트에게 작업 스레드가 블록되므로 필요하다면 다른 작업 스레드를 새로 시작해도 좋다고 알릴 수 있다.

```
val futures = for (_ <- 0 until 16) yield Future {
  blocking {
    Thread.sleep(1000)
  }
}
```

sleep 호출을 blocking 호출로 감싸면 global 실행 컨텍스트가 작업 스레드를 할당할 작업이 더 있음을 감지하는 경우 작업 스레드를 더 추가한다. 따라서 16개의 퓨처 계산이 동시에 실행될 수 있고, 프로그램은 1초 후 종료된다.

 Await.ready와 Await.result 문은 호출하는 스레드를 퓨처 종료시까지 블록시킨다. 다른 비동기 계산 내부에서 이 두 스레드를 사용하는 것이 일반적이다. 이들은 블로킹 연산이다. blocking 문을 사용해 내부 코드에 블로킹 호출이 들어있음을 알릴 수 있다. 하지만 blocking 자체는 블로킹 연산이 아니다.

스칼라 비동기 라이브러리

이번 장의 마지막 절에서는 스칼라의 비동기 라이브러리Async library를 살펴볼 것이다. 스칼라 비동기 라이브러리가 퓨처나 프라미스에 개념적으로 새로운 기능을 추가하지는 않음을 이해해야 한다. 이번 장을 지금까지 읽어왔다면 이미 비동기 프로그래밍, 콜백, 퓨처 합성, 프라미스, 블로킹 등에 대한 모든 내용을 이해했을 것이다. 이제 비동기 애플리케이션을 바로 작성하기 시작할 수 있다.

이미 말했지만, 스칼라 비동기 라이브러리는 퓨처와 프라미스를 사용해 비동기 계산을 더 편리하게 조합할 수 있도록 도와주는 편의를 제공하는 라이브러리일 뿐이다. 스칼라 비동기 라이브러리를 사용해 작성한 모든 프로그램은 퓨처와 프라미스를 조합해 표현 가능하다. 하지만 스칼라 비동기 라이브러리를 사용하는 편이 더 짧고 간결하며 이해하기 좋은 프로그램을 만들 수 있게 해준다.

스칼라 비동기 라이브러리는 두 메소드 호출 async와 await를 제공한다. async

메소드는 개념상 Future.apply 메소드와 같다. 즉, 비동기 계산을 시작하고 퓨처 객체를 반환한다. await 메소드를 퓨처에 대해 블록할 때 사용하는 Await 객체와 혼동해서는 안 된다. await 메소드는 퓨처를 받아서 그 퓨처의 값을 반환한다. 하지만, Await에 있는 메소드와는 달리 await는 스레드를 블록시키지 않는다. 어떻게 이런 동작이 가능한지는 조금 있다 살펴볼 것이다.

스칼라 비동기 라이브러리는 스칼라 표준 라이브러리에 들어 있지 않다. 따라서 사용하기 위해 빌드 정의 파일에 다음 내용을 추가해야만 한다.

```
libraryDependencies +=
  "org.scala-lang.modules" %% "scala-async" % "0.9.1"
```

간단한 예로 delay 메소드를 생각해 보자. 이 메소드는 n초 후에 완료되는 퓨처를 반환한다. async 메소드를 사용해 sleep을 호출하는 비동기 계산을 시작한다. sleep에서 돌아오면, 퓨처가 완료된다.

```
def delay(n: Int): Future[Unit] = async {
  blocking { Thread.sleep(n * 1000) }
}
```

await 메소드는 반드시 async 블록 안에 들어가야만 한다. await를 async 블록 밖에서 호출하면 컴파일 오류가 발생한다. async 블록 안에서 실행이 await 문에 도달하면 await 문 안에 있는 퓨처에 있는 값이 사용 가능해질 때까지 실행을 중단한다. 다음 예를 보자.

```
async {
  log("T-minus 1 second")
  await { delay(1) }
  log("done!")
}
```

여기서 async 블록 안의 비동기 계산은 "T-minus 1 second"를 출력한다. 그 후 delay를 호출해 1초 후 완료되는 퓨처를 얻는다. await 호출은 delay가 반환한 퓨처가 완료된 다음에 계산을 계속 진행하라고 지정한다. 퓨처 완료 이후에 async 블록은 done을 출력한다.

스칼라 비동기 라이브러리가 어떻게 방금 본 예제를 블록시키지 않고 실행할 수 있는지 궁금해 하는 것이 당연하다. 해답은 스칼라 비동기 라이브러리는 스칼라의 매크로macro를 사용해 async 문 내부의 코드를 변환한다는 것이다. 이때 모든 await 문 뒤에 있는 코드를 각 await 문 내에 있는 퓨처의 콜백으로 등록하는 방식을 사용한다. 이런 변환이 어떻게 이루어지는지 극단적으로 단순화한다면, 앞의 코드는 다음과 같이 변환된다.

```
Future {
  log("T-minus 1 second")
  delay(1) foreach {
    case x => log("done!")
  }
}
```

이 코드에서 보듯, 스칼라 비동기 라이브러리가 생성하는 코드는 완전히 블로킹이 배제된 코드이다. async와 await를 사용하는 경우의 이점은 이해하기 더 쉽다는 것이다. 예를 들어, 주어진 n초 동안 초읽기를 하면서 매 초마다 f 함수를 실행하는 countdown 메소드를 정의한다고 하자. 이때, 매 번 await 인스턴스가 호출될 때마다 실행이 1초간 연기된다. 스칼라 비동기 라이브러리를 사용해 구현한 것은 일반적인 절차적 코드와 조금 더 비슷해 보이는 반면, 블로킹에 의한 비용은 들지 않는다.

```
def countdown(n: Int)(f: Int => Unit): Future[Unit] = async {
  var i = n
  while (i > 0) {
    f(i)
    await { delay(1) }
    i -= 1
  }
}
```

주 스레드에서 countdown 메소드를 사용해 매 초마다 표준 출력에 메시지를 표시할 수 있다. countdown 메소드가 퓨처를 반환하기 때문에, foreach 콜백을 설정해서 countdown 메소드가 끝난 다음 수행할 작업을 넣을 수 있다.

```
countdown(10) { n => log(s"T-minus $n seconds") } foreach {
  case _ => log(s"This program is over!")
}
```

비동기 라이브러리가 실제 얼마나 표현력이 좋은지 살펴봤기 때문에, 언제 콜백이나 퓨처 컴비네이터, for 내장 등을 대신해 이 라이브러리의 기능을 사용할지 궁금할 것이다. 단일 메소드 안에서 비동기적 계산을 연쇄적으로 활용하는 경우에는 대부분 자유롭게 비동기 라이브러리를 활용해도 좋다. 이런 기법들을 활용할 경우 항상 프로그램의 간결성, 이해의 용이성, 유지보수성 등을 감안해 가장 나은 것을 판단해야만 한다.

 연쇄적인 비동기 계산을 async와 await 문을 사용해 절차적 코드와 비슷하게 더 직관적으로 작성할 수 있다면 스칼라 비동기 라이브러리를 사용하라.

다른 퓨처 프레임워크들

스칼라의 퓨처와 프라미스 API는 비동기 프로그래밍을 위한 여러 API를 통합하기 위한 시도의 결과 생겨난 것이다. 그러한 API로는 기존의 스칼라 퓨처, 아카 퓨처, 스칼라제드Scalaz 퓨처, 그리고 트위터Twitter의 피네이글Finagle 퓨처 등이 있다. 기존 스칼라 퓨처와 아카 퓨처는 이미 이번 장에서 살펴본 퓨처와 프라미스 API로 통합된 상태이다. 피네이글의 com.twitter.util.Future 타입은 미래에 scala.concurrent.Future와 같은 인터페이스를 구현할 계획이 있지만 스칼라제드의 scalaz.concurrent.Future 타입은 약간 다른 인터페이스를 구현한다. 이번 절에서는 스칼라제드의 퓨처를 살펴볼 것이다.

스칼라제드를 사용하기 위해서는 build.sbt 파일에 다음 내용을 추가해야 한다.

```
libraryDependencies +=
  "org.scalaz" %% "scalaz-concurrent" % "7.0.6"
```

이제 스칼라제드를 사용해 비동기적인 복권 게임을 구현할 것이다. 스칼라제드의 Future 타입에는 foreach 메소드가 없다. 대신, 퓨처 계산을 비동기적으로 실행해 값을 얻고, 특정 콜백을 호출해 주는 runAsync 메소드를 사용한다.

```
import scalaz.concurrent._
object Scalaz extends App {
  val tombola = Future {
    scala.util.Random.shuffle((0 until 10000).toVector)
  }
  tombola.runAsync { numbers =>
    log(s"And the winner is: ${numbers.head}")
  }
  tombola.runAsync { numbers =>
    log(s"... ahem, winner is: ${numbers.head}")
  }
}
```

여러분이 운이 엄청나게 좋아서 같은 순열이 두 번 반복되지 않는 이상, 이 프로그램의 두 runAsync 비동기 호출은 다른 수를 출력할 것이다. 각 runAsync 호출은 난수의 순열을 독립적으로 계산한다. 이는 그리 놀랍지 않다. 스칼라제드의 퓨처는 끌어내기 의미pull semantics를 사용하며, 콜백에서 값을 요청할 때마다 값을 계산하기 때문이다. 이는 피네이글이나 스칼라 퓨처의 밀어넣기 의미push semantics와 다른 점이다. 밀어넣기 의미의 경우 콜백을 저장해 두고, 비동기 계산이 값을 계산해서 사용 가능해지면 콜백에 그 값을 적용한다.

스칼라 퓨처에서와 같은 의미를 달성하기 위해서는, 비동기 계산을 한번만 실행해 결과를 저장해 두는 start 컴비네이터를 사용해야 한다.

```
val tombola = Future {
  scala.util.Random.shuffle((0 until 10000).toVector)
} start
```

이렇게 바꾸고 나면 두 runAsync 호출에서 tombola의 같은 난수 순열을 사용하기 때문에 같은 값을 출력한다.

다른 프레임워크의 내부까지 자세히 들여다 보지는 않을 것이다. 이번 장에서 배운 퓨처와 프라미스 기초만으로도 필요할 때 다른 비동기 프로그래밍 라이브러리에 쉽게 적응할 수 있을 것이다.

요약

이번 장은 비동기 프로그래밍을 위한 몇 가지 강력한 추상화 도구를 다뤘다. 지연을 Future 타입을 사용해 코드로 표현하는 방법과 퓨처에 대한 콜백을 사용해 블로킹을 방지하는 방법, 여러 퓨처로부터 값을 합성하는 방법 등을 배웠다. 퓨처와 프라미스가 서로 밀접하게 관련되어 있고, 프라미스를 사용해 기존의 콜백 기반의 시스템에 대한 인터페이스를 제공할 수 있음을 배웠다. 블로킹을 피할 수 없는 상황에서 Await 객체와 blocking 문을 어떻게 사용하는지도 공부했다. 마지막으로, 퓨처 계산을 더 간결하게 표현하기 위해 스칼라 비동기 라이브러리를 사용할 수 있음을 배웠다.

퓨처와 프라미스를 사용하면 한 번에 한 값만을 다룰 수 있다. 비동기적 계산이 완료하기 전에 둘 이상의 값을 만들어낸다면 어떻게 해야 할까? 또는, 커다란 데이터 집합의 여러 다른 요소에 대해 수천 가지의 비동기적 연산을 어떻게 하면 효율적으로 실행할 수 있을까? 그런 경우에도 퓨처를 사용해야 할까? 다음 장에서는 스칼라의 데이터 병렬성 지원을 살펴볼 것이다. 이는 동시성의 한 종류로, 비슷한 비동기적 계산을 컬렉션의 여러 다른 원소에 대해 동시에 실행하는 것이다. 컬렉션 크기가 큰 경우, 데이터 병렬성 컬렉션을 사용하는 것이 퓨처를 사용하는 것보다 더 성능이 좋기 때문에 더 바람직하다는 것을 알게 될 것이다.

연습문제

다음 연습문제는 이번 장에서 다룬 퓨처와 프라미스를 요약하고, 여러분 자신의 퓨처 팩토리 메소드와 컴비네이터를 작성하도록 요구한다. 몇몇 연습문제는 이번 장에서 다루지 않았던 몇 가지 결정론적deterministic 프로그래밍 추상화 도구를 다룬다. 예를 들면, 단일 할당 변수single assignment variable나 맵 등이 있다.

1. 사용자가 웹사이트 URL을 입력하도록 요청하고, 사용자에게서 입력받은 사이트의 HTML을 출력하는 명령행 프로그램을 구현하라. 사용자가 엔터키를 누른 다음 HTML을 가져오는 동안 프로그램은 표준 출력에 마침표(.)를 50밀리초마다 표시해야 한다. 또한, 최대 2초 이상이 걸리면 타임아웃을 발생시켜야 한다. 퓨처와 프라미스만을 사용하고, 앞 장에서 다뤘던 동기화 기본 구성요소는 사용하지 말라. 이번 장에서 정의했던 timeout 메소드를 재활용해도 좋다.

2. 단일 할당 변수라는 추상화를 구현하라. 아래 IVar 클래스로 표현할 수 있다.

   ```
   class IVar[T] {
   def apply(): T = ???
   def :=(x: T): Unit = ???
   }
   ```

   생성된 시점에 IVar 클래스에는 값이 들어 있지 않다. 이 상태에서 apply를 호출하면 예외가 발생한다. := 메소드로 값을 일단 할당한 다음부터 다시 :=를 호출하면 예외가 발생하며, apply는 할당한 값을 반환한다. 퓨처와 프라미스만을 사용하고, 앞 장에서 다뤘던 동기화 기본 구성요소는 사용하지 말라.

3. Future[T] 타입을 확장해 exist 메소드를 추가하라. 이 메소드는 술어predicate를 받아서 Future[Boolean] 객체를 반환한다.

   ```
   def exists(p: T => Boolean): Future[Boolean]
   ```

   반환하는 퓨처는 원래의 퓨처가 완료되고 그 값에 대해 술어가 true를 반환하는 경우에만 true로 완료된다. 그렇지 않은 경우에는 false로 완료된다. 구현 시 퓨처 컴비네이터는 사용해도 되지만 Promise 객체를 만들면 안 된다.

4. 앞의 연습문제를 이번에는 퓨처 컴비네이터 대신 프라미스를 사용해 구현하라.

5. 앞의 연습문제를 이번에는 스칼라 비동기 프레임워크를 사용해 구현하라.

6. 명령행 문자열을 받아서 자식 프로세스로 비동기적으로 실행하는 spawn 메소드를 구현하라. 자식 프로세스의 종료 코드를 반환하는 퓨처를 돌려줘야 한다.

   ```
   def spawn(command: String): Future[Int]
   ```

   여러분의 구현이 스레드 아사를 일으키지 않는 것을 분명히 확인하라.

7. 단일 할당 맵을 표현하는 IMap 클래스를 구현하라.

   ```
   class IMap[K, V] {
     def update(k: K, v: V): Unit
     def apply(k: K): Future[V]
   }
   ```

   IMap 객체에는 키와 값의 쌍을 추가할 수 있지만, 변경이나 삭제는 허용하지 않는다. 특정 키는 오직 한 번만 맵에 할당될 수 있고, 동일한 키에 대해 update를 두 번 이상 호출하면 예외가 발생한다. 특정 키를 가지고 apply를 호출하면 퓨처를 반환한다. 이 퓨처는 해당 키가 맵에 들어간 다음에 완료된다. 퓨처나 프라미스와 더불어 scala.collection.concurrent.Map 클래스를 사용할 수도 있다.

8. Promise[T] 타입을 확장해 compose 메소드를 제공하라. 이 메소드는 S => T 타입의 함수를 받아서, Promise[S] 객체를 반환한다.

   ```
   def compose[S](f: S => T): Promise[S]
   ```

   원래의 프라미스(Promise[T])가 이미 완료된 상태가 아니라면, 결과 프라미스가 S 타입의 어떤 값 x로 완료할 때마다(또는 실패할 때마다), 원래의 프라미스도 비동기적으로 f(x) 값으로 완료(또는 실패)되어야 한다.

5
데이터 병렬 컬렉션

"섣부른 최적화는 만악의 근원이다."
– 도널드 커누스(Donald Knuth)[1]

지금까지는 여러 계산 스레드를 조합해 안전한 동시 프로그램을 작성하는 법을 살펴봤다. 그렇게 함으로써 동시 프로그래밍의 올바름을 보장하는 것에 집중할 수 있었다. 동시 프로그램에서 블로킹을 피하는 방법, 비동기 계산의 완료에 대응하는 방법, 동시성 데이터 구조를 사용해 스레드 사이에 정보를 공유하는 방법 등을 배웠다. 이런 도구는 모두 동시성 프로그램을 더 쉽게 조직적으로 작성하도록 돕는다. 이번 장에서는 주로 좋은 성능을 달성하는 법에 초점을 맞출 것이다. 기존 프로그램의 구조를 바꾸지 않거나, 바꾸더라도 최소한만 변경하면서, 다중 프로세서의 이점을 살려서 실행 시간을 줄이는 방법을 알아볼 것이다. 앞 장에서 살펴본

---

1 저명한 전산학자로 『The Art of Computer Programming』이라는 책 시리즈(보통 TAOCP라고 줄여 부른다)와 TeX 조판 시스템으로 유명하며, 1974년 튜링상 수상자이다. TAOCP 시리즈는 한빛미디어에서 나온 우리말 번역(류 광 번역)도 있다.
– 옮긴이

퓨처도 어느 정도는 이런 역할을 할 수 있지만, 각 퓨처가 수행하는 비동기적 계산이 짧은 경우 상대적으로 무겁고 효율이 떨어진다.

데이터 병렬성data parallelism은 여러 데이터 요소에 동일한 연산을 계속 적용하는 형태의 계산을 말한다. 동기화를 사용해서 서로 통신하는 계산 작업을 여러 개 사용하는 대신, 데이터 병렬 프로그래밍에서는 독립적인 여러 계산이 값을 생성하고 나중에 그 모든 값을 한데 합친다. 데이터 병렬 연산에 대한 입력은 보통 컬렉션과 같은 데이터 집합이며 출력은 어떤 값이거나 어떤 데이터 집합이다.

이번 장에서는 다음 주제를 다룬다.

- 데이터 병렬 연산을 시작하기
- 데이터 병렬 컬렉션의 병렬화 수준 설정하기
- 성능을 측정하는 방법과 성능 측정의 중요성
- 순차 컬렉션과 병렬 컬렉션을 사용하는 것의 차이점
- 병렬 컬렉션을 동시 컬렉션과 함께 사용하기
- 병렬 문자열과 같은 특수한 병렬 컬렉션 구현하기
- 다른 데이터 병렬 프레임워크

스칼라 컬렉션 간단 정리

스칼라 컬렉션 모듈은 스칼라 표준 라이브러리에 있는 패키지로, 여러 범용 컬렉션 타입을 제공한다. 스칼라 컬렉션은 함수 컴비네이터를 활용해 데이터를 쉽고 선언적인 방식으로 다룰 수 있는 일반적인 방법을 제공한다. 예를 들어 다음 프로그램은 filter 컴비네이터를 범위에 사용해 0부터 100,000 사이에 있는 회문palindrome을 반환한다. 회문이란 정방향로도 역방향으로도 똑같이 읽히는 수나 문자열을 말한다.

```
(0 until 100000).filter(x => x.toString == x.toString.reverse)
```

스칼라 컬렉션은 시퀀스sequence, 맵map, 집합set의 세 가지 기본 타입을 정의한다. 시퀀스에 들어 있는 원소는 순서가 정해져 있고 정수 인덱스를 사용해 `apply` 메소드로 꺼낼 수 있다. 맵은 키-값 쌍key-value pair을 저장하며 특정 키와 연관된 값을 꺼내기 위해 사용할 수 있다. 집합은 `apply` 메소드로 원소가 속해 있는지를 검사할 수 있다.

스칼라 컬렉션 라이브러리는 변경 불가능한immutable 컬렉션과 변경 가능한mutable 컬렉션을 구분한다. 변경 불가능한 시퀀스 컬렉션 중 흔히 쓰는 것으로는 `List`와 `Vector`를 들 수 있고, `ArrayBuffer`는 흔히 사용하는 변경 가능한 시퀀스이다. 변경 가능한 `HashMap`과 `HashSet` 컬렉션은 해시 테이블을 사용하는 맵과 집합 구현이며, 변경 불가능한 `HashMap`과 `HashSet`은 조금 덜 유명한 해시 트라이hash trie 데이터 구조를 기반으로 한다.

스칼라 컬렉션에 `par` 메소드를 호출하면 대응하는 병렬 컬렉션으로 변환할 수 있다. 변환된 결과 컬렉션을 병렬 컬렉션parallel collection이라 부른다. 병렬 컬렉션의 연산은 여러 프로세서를 동시에 사용해 더 빨리 실행된다. 앞에서 본 예제를 다음과 같이 병렬 실행할 수 있다.

```
(0 until 100000).par.filter(x => x.toString == x.toString.reverse)
```

이 예에서 `filter` 컴비네이터는 데이터 병렬 연산이다. 이번 장에서는 병렬 컬렉션을 더 자세히 살펴본다. 언제 어떻게 병렬 컬렉션을 만드는지 살펴보고, 순차 컬렉션과 병렬 컬렉션을 함께 사용하는 방법을 공부하며, 자신만의 병렬 컬렉션 클래스를 구현하는 방법을 배울 것이다.

병렬 컬렉션 사용

지금까지 살펴본 대부분의 동시 프로그래밍 도구들은 여러 서로 다른 계산 스레드간에 정보 교환을 가능하게 만들기 위한 것이었다. 원자적 변수, `synchronized` 문, 동시성 큐, 퓨처, 프라미스 등은 동시 프로그래밍의 올바름correctness에 초점을 맞춘다. 반면, 병렬 컬렉션 프로그래밍 모델은 순차적 스칼라 컬렉션의 모델을 대부분 그대로 따른다. 즉, 병렬 컬렉션은 주로 프로그램의 실행 성능을 향상시키기 위해서 존재한다. 이번 장에서는 병렬 컬렉션을 사용한 상대적인 프로그램 성능 향상을 살펴볼 것이다. 이를 쉽게 하기 위해 이번 장의 패키지 객체에 `timed`라는 메소드를 만든다. 이 메소드는 코드 블록 `body`를 받아서 그 블록을 실행하는 데 걸린 시간을 측정한다. 먼저 JDK의 `System` 클래스에 있는 `nanoTime` 메소드를 사용해 현재 시간을 알아내고, `body`를 실행한 다음, 다시 현재 시간을 알아내서 차이를 계산한다.

```
@volatile var dummy: Any = _
def timed[T](body: =>T): Double = {
  val start = System.nanoTime
  dummy = body
  val end = System.nanoTime
  ((end - start) / 1000) / 1000.0
}
```

JVM의 미사용 코드 제거dead-code elimination 등의 최적화가 `body` 블록 호출을 없애서 시간 측정이 잘못될 가능성이 있다. 이를 막기 위해 `body` 블록의 반환 값을 `dummy`라는 볼레타일 필드에 저장한다.

프로그램 성능은 여러 요소에 의해 영향을 받기 때문에 실제로 예측하는 것은 매우 어렵다. 가능하면 여러분이 성능에 대해 가정한 것을 측정을 통해 검증해야 한다. 다음 예제에서는 스칼라의 `Vector` 클래스를 사용해 5백만 개의 난수를 생성하고 `scala.util` 패키지의 `Random` 클래스를 사용해 뒤섞는다. 그 후 `numbers`에 있는 최대 정수를 찾아내는 `max` 메소드를 순차 컬렉션과 병렬 컬렉션에 대해 실행해 그 실행 시간을 비교한다.

```
import scala.collection._
import scala.util.Random
object ParBasic extends App {
  val numbers = Random.shuffle(Vector.tabulate(5000000)(i => i))
  val seqtime = timed { numbers.max }
  log(s"Sequential time $seqtime ms")
```

```
  val partime = timed { numbers.par.max }
  log(s"Parallel time $partime ms")
}
```

인텔 i7-4900MQ 쿼드 코어 프로세서(하이퍼 쓰레딩 지원)에서 오라클 JVM 버전 1.7.0_5로 이 프로그램을 실행하면 순차 max 메소드는 244밀리초, 병렬 버전은 35밀리초가 걸린다. 병렬 컬렉션이 순차 컬렉션보다 조금 더 최적화되어 있기 때문이기도 하고, 병렬 버전은 여러 프로세서를 사용하기 때문이기도 하다. 하지만, 프로세서나 JVM 버전이 달라지면 결과도 달라질 것이다.

 성능에 대해 가정한 것을 실행 시간을 측정해 항상 검증하라.

max 메소드는 특히 병렬화에 잘 들어맞는다. 작업 스레드는 numbers와 같은 컬렉션의 부분 집합을 검사할 수 있다. 어떤 작업 스레드가 자신이 살펴본 부분 집합에서 최댓값을 찾아내고 나면, 다른 프로세서에 이를 알리고, 여러 프로세서는 가장 큰 값을 합의할 수 있다. 이런 합의를 통한 도출 과정은 각 컬렉션 부분 집합에서 최댓값을 찾는 과정보다 훨씬 더 적은 시간이 걸린다. 따라서 max 메소드를 쉽게 병렬화 가능_{trivially parallelizable}이라 말한다.

일반적으로 데이터 병렬 연산에는 max 메소드보다 더 많은 프로세서간 통신이 필요하다. 3장에서 본 원자적 변수에 대한 incrementAndGet 메소드를 생각해 보자. 이 메소드를 유일한 식별자를 계산하기 위해 다시 사용할 것이다. 다만, 이번에는 유일한 식별자를 많이 생성하기 위해 병렬 컬렉션을 사용할 것이다.

```
import java.util.concurrent.atomic._
object ParUid extends App {
  private val uid = new AtomicLong(0L)
  val seqtime = timed {
    for (i <- 0 until 10000000) uid.incrementAndGet()
  }
  log(s"Sequential time $seqtime ms")
  val partime = timed {
```

```
    for (i <- (0 until 10000000).par) uid.incrementAndGet()
  }
  log(s"Parallel time $partime ms")
}
```

이번에는 병렬 컬렉션을 for 루프 안에서 사용했다. 컴파일러가 for 루프를 foreach 호출로 변환한다는 것을 다시 떠올리자. 따라서, 앞의 코드에서 본 병렬 for 루프는 다음과 같다.

```
(0 until 10000000).par.foreach(i => uid.incrementAndGet())
```

foreach 메소드를 병렬 컬렉션에 대해 호출하면 컬렉션의 원소를 동시에 처리한다. 이는 개별 작업 스레드가 지정한 함수를 동시에 호출한다는 뜻이다. 따라서 적절한 동기화가 필요하다. 이 예제의 경우 3장에서 본 원자적 변수에 의해 동기화를 보장할 수 있다.

이 프로그램을 내 기계에서 실행해 본 결과 속도 향상을 찾아볼 수 없었다. 심지어는 병렬 버전이 더 느렸다. 순차 foreach는 320밀리초가 걸린 반면, 병렬 foreach 호출은 1,041밀리초가 걸렸다.

이 결과를 보고 놀랄지도 모르겠다. 하이퍼 스레딩을 사용하는 쿼드 코어 프로세서라면 4배 더 빨라야 하는 것 아닌가? 앞의 예제에서 본 것처럼 항상 그런 것은 아니다. 여기서는 병렬 foreach에서 작업 스레드가 동시에 같은 메모리 위치에 있는 원자적 변수 uid에 대해 incrementAndGet을 호출하기 때문에 더 느려진다.

현대적인 아키텍처에서는 메모리 쓰기가 직접 임의 접근 메모리RAM, Random Access Memory로 가지 않는다. 그렇게 하면 너무 느리기 때문이다. 대신, 최신 컴퓨터 아키텍처는 CPU와 RAM 사이에 여러 단계의 캐시가 존재한다. 캐시는 프로세서가 현재 사용중인 RAM 영역을 복사해 보관하는 더 작고 훨씬 더 빠른 메모리이다. CPU에 가장 가까운 캐시를 L1 캐시라고 부른다. L1 캐시는 캐시 라인cache line이라고 부르는 연속적인 부분으로 나뉜다. 보통 캐시 라인의 크기는 64바이트이다. 표준적인 다중코어 프로세서에서 여러 코어가 동시에 같은 캐시 라인을 읽을 수 있지만, 어떤 코어가 캐시 라인에 쓰는 경우에는 배타적으로 캐시 라인을 소유해야 한다.

다른 코어가 동일한 캐시 라인을 읽으려 시도하면 해당 캐시 라인을 복사해 요청한 캐시의 L1 캐시로 보내야 한다. 이를 가능하게 하는 캐시 일관성cache coherence 프로토콜을 MESIModified Exclusive Shared Invalid(변경, 독점, 공유, 무효)[2]라 부른다. MESI의 명세는 이 책의 범위를 벗어난다. 여러분이 알아야 할 것은 캐시 라인의 소유권을 교환하는 것은 프로세서의 시간 규모에서 볼 때 상대적으로 비쌀 수 있다는 점이다.

uid가 원자적 변수이기 때문에, 2장에서 본 것처럼 JVM은 uid에 대한 쓰기와 읽기에 대해 이전에 발생함 관계를 보장하고, 메모리 쓰기를 다른 프로세서에 보여줘야 한다. 이를 보장하는 유일한 방법은 쓰기 전에 캐시 라인을 배타적으로 획득하는 것이다. 우리의 예에서 여러 다른 프로세서 코어가 반복적으로 uid가 들어있는 캐시 라인의 소유권을 교환하기 때문에, 결과적으로 병렬 프로그램이 순차 프로그램보다 훨씬 더 느려진다. 이를 다음 그림에서 볼 수 있다.

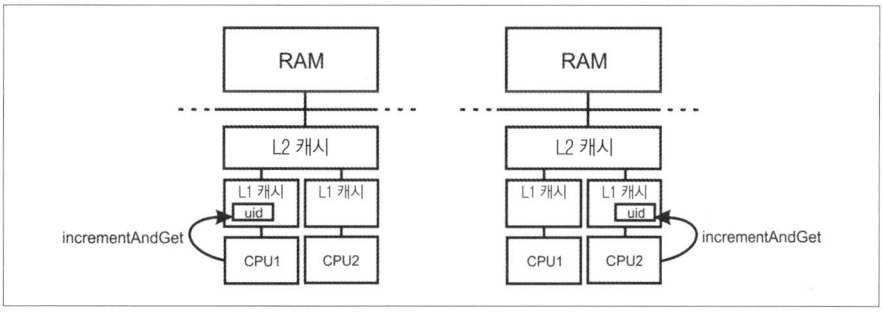

서로 다른 프로세서가 공유된 메모리 위치를 읽기만 한다면 이런 시간 지연이 없다. 반면, 같은 메모리 위치에 쓰는 것은 규모 확장의 장애물이다.

 같은 메모리 위치에 적절한 동기화를 사용해 쓰는 것은 성능상 병목과 경합을 야기한다. 데이터 병렬 연산에서는 이를 피하라.

---

2 MESI라는 이름은 캐시 일관성 프로토콜에서 각 캐시 라인이 가질 수 있는 상태가 변경(M), 독점(E), 공유(S), 무효(I)의 네 가지여서 지어진 이름이다. 다른 프로토콜로는 MESI의 원조라 할 수 있는 MSI, 독점 대신 소유(Owned)가 추가된 MOSI, E와 O가 모두 있는 MOESI 등이 있다. 이에 대해서는 다중 코어 CPU에 대한 책을 참조하라. - 옮긴이

병렬 프로그램은 계산 능력 외에 다른 자원도 서로 공유한다. 서로 다른 병렬 계산이 현재 사용 가능한 것보다 더 많은 자원을 요청한다면, 자원 경합resource contention 현상이 발생한다. 방금 본 예에서 발생한 경합은 메모리 경합memory contention이다. 이는 메모리 특정 부분에 대한 쓰기 권한을 배타적으로 획득하기 위해 충돌이 일어나는 것이다.

동시성 맵에서 같은 키에 대한 값을 반복해서 변경하거나, 동시성 큐에 동시에 원소를 집어 넣거나, 같은 객체에 대해 여러 스레드가 동시에 synchronized 문을 시작하는 경우에도 비슷한 성능 감소를 예상할 수 있다. 이런 연산은 모두 같은 메모리 위치를 쓰기 때문이다. 하지만, 이런 사실이 스레드가 결코 메모리에 값을 쓰지 말아야 한다는 뜻은 아니다. 애플리케이션에 따라서는 동시 쓰기가 그리 자주 일어나지 않는 경우도 있다. 경합이 일어난 메모리 위치에 쓰는 데 소비한 시간과 다른 작업에 소비한 시간의 비율이 병렬화를 통한 이익이 있는지 여부를 결정한다. 이 비율을 프로그램만 보고 결정하기는 어렵다. ParUid 예제는 경합이 끼치는 영향을 확인하기 위해서는 측정이 반드시 필요함을 보여준다.

병렬 컬렉션 계층 구조

우리가 본 것처럼 병렬 컬렉션 연산은 여러 작업 스레드에서 동시에 실행된다. 병렬 연산을 실행하는 도중에는 한 병렬 컬렉션에 속한 원소는 최대 1개의 작업 스레드에 의해 처리될 수 있다. 특정 병렬 연산과 연관된 코드 블록은 각 원소에 대해 별도로 실행된다. ParUid 예제의 경우 incrementAndGet 메소드가 동시에 여러 번 호출됐다. 어떤 병렬 연산에 부수 효과가 있는 경우라면 제대로 동기화될 수 있게 주의를 기울어야 한다. var를 사용해 uid를 저장하는 안이한 접근 방식은 2장에서 본 것처럼 데이터 경합을 야기한다. 순차 스칼라 컬렉션에는 이런 문제가 없다.

이로 인해, 병렬 컬렉션은 순차 컬렉션의 하위 타입이 될 수 없다. 만약 하위 타입이 된다면 리스코프Liskov 치환 모델을 위배할 것이다. 리스코프 치환 모델은 S 타입이 T 타입의 하위 타입이라면, T 타입의 객체를 S 타입의 객체로 바꿔도 프로그램의 올바름에 영향을 끼치지 않아야 한다고 말한다.

병렬 컬렉션이 순차 컬렉션의 하위 타입이라면, 정적 타입이 Seq[Int]인 컬렉션을 반환하는 메소드가 실제로는 실행 시점에 병렬 시퀀스를 반환할 수 있을 것이다. 이 시퀀스에 대해 foreach를 호출하는 클라이언트는 (정적 타입이 순차적 컬렉션 타입이기 때문에) 적절한 동기화가 필요하다는 사실을 인식하지 못하고 foreach를 호출할 수 있다. 그러면 프로그램이 제대로 작동하지 않을 수 있다. 이런 이유로 아래 그림과 같이 병렬 컬렉션의 계층 구조는 순차 컬렉션과 별도로 이루어져 있다.

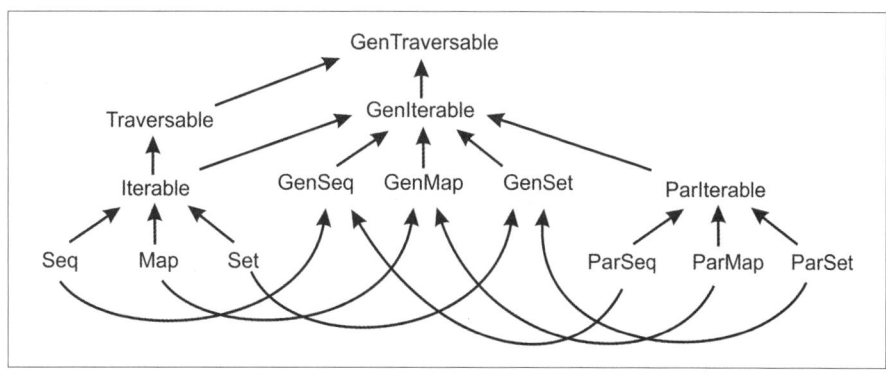

▲ 스칼라 컬렉션 계층구조

앞의 그림은 간략한 스칼라 컬렉션 계층 구조를 보여준다. 왼쪽에는 순차 컬렉션이 있다. 가장 일반적인 컬렉션 타입은 Traversable이다. find, map, filter, reduceLeft와 같은 컬렉션 연산은 이 타입에 있는 추상 foreach 메소드를 사용해 구현된다. 그 하위 타입인 Iterable[T]는 그 안에 정의된 iterator 메소드를 사용해 구현하는 zip, grouped, sliding, sameElements와 같은 연산을 제공한다. Seq, Map, Set은 스칼라 시퀀스를 표현하는 이터레이션 가능한 컬렉션으로 각각 시퀀스, 맵, 집합을 표현한다. 구체적인 스칼라 컬렉션 타입을 일반화시킨 코드를 작성하고 싶을 때 이런 트레이트를 사용한다. 다음 nonNull 메소드는 xs 컬렉션에서 null이 아닌 원소를 복사한다. 여기서 xs는 Vector[T]거나 List[T], 또는 다른 어떤 시퀀스일 수 있다.

```
def nonNull(xs: ParSeq[T]): ParSeq[T] = xs.filter(_ != null)
```

병렬 컬렉션은 별도의 계층구조에 속해 있다. 가장 일반적인 병렬 컬렉션 타입은 ParIterable이다. ParIterable에 있는 foreach, map, reduce 등의 메소드는 병렬로 실행된다. ParSeq, ParMap, ParSet 컬렉션은 각각 Seq, Map, Set과 대응하는 병렬 컬렉션이지만, 하위 타입은 아니다. 병렬 컬렉션을 사용해 nonNull 메소드를 다시 작성할 수 있다.

```
def nonNull(xs: ParSeq[T]): ParSeq[T] = xs.filter(_ != null)
```

구현이 동일함에도 불구하고 더 이상 nonNull에 순차 컬렉션을 넘길 수 없다. 순차 xs 컬렉션을 이 메소드에 넘기기 위해서는 .par를 호출해야만 한다. 그렇지만, .par를 호출하면 filter가 병렬로 수행될 것이다. 대신 컬렉션 타입을 모르면서 nonNull을 작성할 수는 없을까? 일반적 컬렉션 타입generic collection type[3]인 GenTraversable, GenIterable, GenSeq, GenMap, GenSet이 바로 이런 목적을 위한 것이다. 각각은 대응하는 순차 및 병렬 컬렉션의 하위 타입을 표현한다. 예를 들어 GenSeq 제네릭 시퀀스 타입을 사용하면 nonNull 메소드를 다음과 같이 작성할 수 있다.

```
def nonNull(xs: GenSeq[T]): GenSeq[T] = xs.filter(_ != null)
```

일반적 컬렉션 타입을 사용하는 경우, 이들이 순차와 병렬 컬렉션 양쪽으로 될 수 있음을 감안해야 한다. 따라서 일반적 컬렉션에 대해 부수 효과가 있는 연산을 호출하는 경우, 예방 차원에서 동기화를 사용해야만 한다.

 일반적 컬렉션이 호출하는 연산은 병렬 컬렉션에 대한 연산처럼 다뤄야 한다.

병렬성 수준 설정

병렬 컬렉션은 기본적으로 모든 프로세서를 활용한다. 즉, 실행기가 프로세서 개수만큼 작업 스레드를 할당한다. 이런 동작 방식을 병렬 컬렉션의 TaskSupport

---

3 자바에서 제네릭 클래스라는 말은 타입 매개변수를 받는 클래스를 말한다. 여기서는 타입 매개변수를 받는 제네릭 클래스와 구별하기 위해 '일반적 컬렉션 타입'이라고 번역했다. – 옮긴이

객체를 변경해 바꿀 수 있다. `TaskSupport`의 기본 구현은 `ForkJoinTaskSupport` 클래스이다. 이 클래스는 `ForkJoinPool` 컬렉션을 받아서 병렬 연산을 스케줄할 때 사용한다. 따라서 병렬 컬렉션의 병렬화 수준을 바꾸기 위해서는 원하는 병렬화 수준을 사용해 `ForkJoinPool` 컬렉션을 인스턴스화하면 된다.

```
import scala.concurrent.forkjoin.ForkJoinPool
object ParConfig extends App {
  val fjpool = new ForkJoinPool(2)
  val customTaskSupport = new parallel.ForkJoinTaskSupport(fjpool)
  val numbers = Random.shuffle(Vector.tabulate(5000000)(i => i))
  val partime = timed {
    val parnumbers = numbers.par
    parnumbers.tasksupport = customTaskSupport
    val n = parnumbers.max
    println(s"largest number $n")
  }
  log(s"Parallel time $partime ms")
}
```

`TaskSupport` 객체를 만들고 나면 이를 여러 다른 병렬 컬렉션에 사용할 수 있다. 모든 병렬 컬렉션에는 `TaskSupport` 객체를 할당하기 위해 사용하는 `taskSupport` 필드가 들어 있다.

JVM상의 성능 측정

JVM상의 실행 시간을 제대로 측정하는 것은 쉬운 작업이 아니다. 내부적으로 JVM 은 겉보기와 달리 훨씬 많은 작업을 수행한다. 스칼라 컴파일러는 CPU에서 실행 가능한 기계어 코드를 직접 생성하지 않는다. 대신 자바 바이트코드라는 특별한 중간 코드를 만들어낸다. 스칼라가 만든 바이트코드가 JVM 내부에서 실행될 때, JVM은 처음에 해석 모드interpreted mode로 바이트코드를 실행한다. JVM은 바이트코드 명령을 해석해서 프로그램 실행을 시뮬레이션 한다. JVM이 프로그램의 특정 메소드를 기계어로 변환해 실행하기 충분한 회수만큼 실행된다는 사실을 확인하고 나면, 바이트코드를 기계어로 번역해 직접 CPU에서 실행한다. 이런 과정을 적시 컴파일just in time compilation(JIT 컴파일)이라 부른다.

플랫폼 간 실행을 보장하기 위해 JVM은 바이트코드를 표준화했다. 따라서 같은 바이트코드는 JVM을 지원하는 프로세서나 운영체제라면 어디서든 실행될 수 있다. 하지만, 프로그램의 전체 바이트코드가 프로그램이 실행되자 마자 기계어로 번역되지는 않는다. 전체를 기계어로 변환하려면 시간이 오래 걸리기 때문이다. 대신, JVM은 메소드 등 프로그램의 일부를 점진적으로 짧은 컴파일 시간을 써 가면서 기계어로 변환한다. 추가로, JVM은 프로그램에서 아주 자주 실행되는 코드를 추가로 최적화할 수 있다. 그 결과 JVM에서 실행되는 프로그램은 시작한 직후에는 느리지만 나중에 최적화한 성능에 도달하곤 한다. 이렇게 최적 성능을 발휘하는 상태가 된 것을 JVM이 안정 상태steady state에 도달했다고 말한다. JVM의 성능을 평가할 때는 보통 안정 상태steady state에 관심이 있다. 대부분의 프로그램은 그런 상태에 도달할 만큼 오래 실행된다.

이런 효과를 보기 위해, 여러분이 HTML에 있는 TEXTAREA 태그의 의미를 알아내고 싶다고 가정하자. HTML 명세를 다운로드하는 프로그램을 작성하고 TEXTAREA 문자열의 첫 번째 위치를 검색한다. 4장을 공부했기 때문에, HTML 명세를 다운로드하는 비동기 계산을 시작하고, 명세에 있는 정의 부분을 돌려주는 퓨처를 반환하는 getHtmlSpec 메소드를 만들 수 있을 것이다. 그 후 콜백을 지정한다. HTML 명세가 사용 가능해지면 indexWhere 메소드를 호출해 .*TEXTAREA.*라는 정규식과 일치하는 줄을 찾아낼 수 있다.

```
object ParHtmlSearch extends App {
  def getHtmlSpec() = Future {
    val url = "http://www.w3.org/MarkUp/html-spec/html-spec.txt"
    val specSrc = Source.fromURL(url)
    try specSrc.getLines.toArray finally specSrc.close()
  }
  getHtmlSpec() foreach { case specDoc =>
    def search(d: GenSeq[String]): Double =
      timed { d.indexWhere(line => line.matches(".*TEXTAREA.*")) }
    val seqtime = search(specDoc)
    log(s"Sequential time $seqtime ms")
    val partime = search(specDoc.par)
```

```
      log(s"Parallel time $partime ms")
  }
}
```

SBT에서 이 예제를 여러 번 실행해 보면 실행할 때마다 시간이 다름을 알 수 있다. 처음에는 순차와 병렬 버전이 각각 45밀리초와 16밀리초가 걸린다. 다음 번에는 36과 10밀리초가 걸리고, 나중에는 10과 4밀리초가 걸린다. 이런 효과를 관찰하기 위해서는 SBT를 실행하는 JVM 프로세스 자체 내에서 항상 같은 JVM으로 코드를 실행해야 함에 유의하라.

이 시점에 안정 상태에 도달했다고 잘못 결론 내릴 수도 있다. 하지만, JVM이 제대로 최적화를 하기 위해서는 훨씬 더 많이 같은 프로그램을 실행해야 한다. 따라서 패키지 객체에 warmedTimed 메소드를 추가한다. 이 메소드는 코드 블록을 n번 실행한 다음 실행 시간을 측정한다. n의 기본 값으로 200을 지정한다. JVM이 코드 블록을 200번 실행했다고 해도 안정 상태에 도달한다는 보장은 없지만, 이 정도 값이면 수긍할 만하다.

```
def warmedTimed[T](n: Int = 200)(body: =>T): Double = {
  for (_ <- 0 until n) body
  timed(body)
}
```

이제 ParHtmlSearch 예제에서 timed 메소드 대신 warmedTimed 메소드를 사용하자.

```
def search(d: GenSeq[String]) = warmedTimed() {
  d.indexWhere(line => line.matches(".*TEXTAREA.*"))
}
```

이렇게 하면 같은 기계에서 실행 시간이 순차와 병렬 버전에 대해 각각 1.5와 0.5밀리초가 나온다.

 프로그램의 실행 시간을 측정하기 전에 JVM이 확실히 안정 상태에 도달하도록 만들라.

JVM에서 성능을 측정하는 것이 어려운 이유가 또 있다. JVM이 우리가 측정하려는 코드에 대해서는 안정 상태에 도달했다고 해도, JIT 컴파일러가 언제든 그 실행을 중단시키고 프로그램의 다른 부분을 컴파일 할 수 있다. 이런 경우 결국 실행 시간이 느려진다. C++과 같은 언어에서는 객체 생성 new 키워드는 그 객체가 차지한 메모리를 재사용 하기 위해 해제하는 delete와 맞아 떨어져야 한다. 하지만, 스칼라나 자바에서는 delete 문이 없고, 객체는 쓰레기 수집기GC, Garbage Collector라는 별도의 과정에 의해 언젠가 자동으로 해제된다. JVM은 주기적으로 실행을 멈추고 힙 영역의 모든 객체를 뒤져서 프로그램에서 더 이상 사용하지 않는 객체를 찾아내 그들이 사용 중인 메모리를 해제한다. 우리가 실행 시간을 측정하는 코드가 GC를 자주 일으킨다면 GC가 측정 결과를 오도할 여지가 커진다. 어떤 경우에는 같은 프로그램을 실행하더라도 JVM 프로세스에 따라 프로그램 성능에 영향을 끼치는 특정 메모리 접근 패턴을 만들어냄에 따라 실행 시간이 달라질 수도 있다.

진정 안정적인 실행 시간 값을 얻고 싶다면 별도의 JVM 프로세스를 만들어 코드를 많이 실행해봐야 한다. 그리고 JVM이 안정 상태에 도달하도록 만들고, 모든 측정치의 평균값을 얻어내야 한다. 9장에서 소개할 스칼라미터ScalaMeter와 같은 프레임워크는 이런 과정을 상당히 자동화해준다.

병렬 컬렉션 사용시 주의할 점

병렬 컬렉션은 순차 스칼라 컬렉션과 비슷한 프로그래밍 API를 제공하기 위해 설계된 것이다. 모든 순차 컬렉션에는 대응하는 병렬 컬렉션이 있고 대부분의 연산은 병렬 컬렉션과 순차 컬렉션에서 같은 시그니처를 제공한다. 하지만 여전히 병렬 컬렉션을 사용할 때 주의해야 할 점이 있다. 이번 절은 그에 대해 다룬다.

병렬화 불가능한 컬렉션

병렬 컬렉션은 병렬 연산을 제공하기 위해 Splitter[T] 타입의 분할기splitter를 사용한다. 분할기는 이터레이터를 더 발전시킨 것으로, 이터레이터의 next와

hasNext 메소드와 더불어 S 분할기를 S의 일부분을 순회할 수 있는 분할기의 시퀀스로 나눠주는 split 메소드를 제공한다.

```
def split: Seq[Splitter[T]]
```

이 메소드는 각 프로세서가 입력 컬렉션의 다른 부분들을 순회할 수 있게 해준다. split 메소드를 반드시 효율적으로 구현해야 한다. 병렬 연산을 실행하면서 이 메소드를 많이 호출하기 때문이다. 계산 복잡도 이론에서 빌려온 용어를 사용하자면, split 메소드의 점근적asymptotic 실행 복잡도는 O(log N) 이하여야 한다. N은 분할기의 원소 수이다. 배열이나 해시 테이블과 같은 평면적인 데이터 구조나, 변경 불가능 해시 맵이나 벡터와 같은 트리와 비슷한 데이터 구조에 대해서는 분할기를 정의할 수 있다. 하지만 스칼라 List나 Stream과 같은 선형 데이터 구조에서는 split 메소드를 효율적으로 구현할 수 없다. 긴 연결 리스트를 두 부분으로 나누려면 노드들을 모두 순회해야 하며, 이는 컬렉션 크기에 비례한 시간이 걸린다.

Array, ArrayBuffer, 변경 가능 HashMap, HashSet, Range, Vector, 변경 불가능 HashMap, HashSet, 동시성 TrieMap은 모두 병렬화 가능하다. 이들을 병렬화 가능parallelizable하다고 말한다. 이런 컬렉션에 .par를 호출하면 원래 컬렉션과 같은 데이터 집합을 공유하는 병렬 컬렉션이 생긴다. 이때 원소 복사를 하지 않기 때문에 빠르게 변환된다.

다른 스칼라 컬렉션에 par를 호출하면 병렬 컬렉션으로 변환하는 과정을 거쳐야 한다. 이런 컬렉션을 병렬화 불가능non-parallelizable 컬렉션이라 부른다. 병렬화 불가능 컬렉션에 대해 par를 호출하면 원소를 새 컬렉션에 복사하는 과정이 따라온다. 예를 들어 List 컬렉션에 par를 호출하면 Vector 컬렉션으로 변환할 필요가 있다. 이는 다음 코드와 같다.

```
object ParNonParallelizableCollections extends App {
  val list = List.fill(1000000)("")
  val vector = Vector.fill(1000000)("")
  log(s"list conversion time: ${timed(list.par)} ms")
  log(s"vector conversion time: ${timed(vector.par)} ms")
}
```

우리 기계에서 List에 par를 호출하면 55밀리초가 걸린다. 반면 Vector에 par를 호출하면 0.025밀리초가 걸린다. 여기서 중요한 것은 순차 컬렉션에서 병렬 컬렉션으로 변환하는 과정 자체를 병렬화 할 수는 없기 때문에, 순차 병목지점이 생길 여지가 있다는 점이다.

 병렬화 불가능 순차 컬렉션을 병렬 컬렉션으로 변환하는 것은 병렬 연산이 아니다. 이 연산은 호출하는 스레드 내에서 실행된다.

때로는 병렬화 불가능한 컬렉션을 변환하는 데 드는 비용이 용인할만한 수준일 수도 있다. 병렬 연산에서 수행해야 하는 작업의 양이 변환 비용을 훨씬 넘어선다면, 이를 감수하고 변환 비용을 지불할 수도 있다. 그렇지 않은 경우에는 프로그램의 데이터를 병렬화 가능한 컬렉션에 저장하고 빠른 변환에 따른 이점을 활용하는 편이 더 일반적이다. 어떤 방식을 택해야 할지 의심스럽다면 측정해 보라!

병렬화 불가능한 연산

병렬 컬렉션 연산이 대부분 여러 프로세서에서 실행하는 방식을 통해 뛰어난 성능을 달성하기는 하지만, 몇몇 연산은 근본적으로 순차적이라서 그 의미상 병렬 실행이 불가능할 수도 있다. 스칼라 컬렉션 API의 foldLeft를 살펴보자.

```
def foldLeft[S](z: S)(f: (S, T) => S): S
```

이 메소드는 컬렉션의 원소를 왼쪽에서 오른쪽으로 순회하면서 S 타입의 누적 값에 누적시켜간다. 누적값은 처음에 영$_{zero}$ 값 z와 같고, 누적 값과 T 타입의 컬렉션 원소를 받아 새 누적 값을 만들어내는 f 함수에 의해 변화한다. 예를 들어 정수 리스트 List(1, 2, 3)에 대해 다음 식을 사용해 전체 합계를 구할 수 있다.

```
List(1, 2, 3).foldLeft(0)((acc, x) => acc + x)
```

이 foldLeft 식은 처음에 acc에 0을 대입해 시작한다. 그 후 리스트의 첫 원소 1을 취해서 f 함수에 넘겨서 0 + 1을 계산한다. acc는 그 후 1이 된다. 이 과정을 리스트의 모든 원소를 방문할 때까지 반복하고, 결국 foldLeft는 6이라는 결과를 반환한다. 이 예에서 누적 값의 타입 S는 Int이다. 일반적으로, 누적 값의 타입은 아무 타입이나 될 수 있다. 원소 리스트를 문자열로 변환한다면 영 값으로 빈 문자열("")을 사용하고, f는 문자열과 수를 순서대로 합쳐주면 된다.

foldLeft 연산에서 중요한 특징은 리스트 원소를 왼쪽부터 오른쪽 순서로 방문한다는 것이다. 이는 함수 f의 타입에 반영되어 있다. f는 타입 S인 누적 값과 타입 T인 원소를 받는다. f는 누적 값 타입 S의 두 값을 받아서 S타입의 새 누적 값으로 합칠 수 없다. 결과적으로, 누적 값을 계산하는 과정은 병렬화할 수 없다. foldLeft 메소드가 서로 다른 두 프로세서로부터 두 누적값을 받아 합칠 수 없기 때문이다. 다음 프로그램을 통해 이를 확인해보자.

```
object ParNonParallelizableOperations extends App {
  ParHtmlSearch.getHtmlSpec() foreach { case specDoc =>
    def allMatches(d: GenSeq[String]) = warmedTimed() {
      val results = d.foldLeft("") { (acc, line) =>
        if (line.matches(".*TEXTAREA.*")) s"$acc\n$line" else acc
      }
    }
    val seqtime = allMatches(specDoc)
    log(s"Sequential time - $seqtime ms")
    val partime = allMatches(specDoc.par)
    log(s"Parallel time - $partime ms")
  }
  Thread.sleep(2000)
}
```

위 프로그램에서는 앞에서 HTML 명세에서 필요한 줄을 가져오는 getHtmlSpec 메소드를 사용한다. foreach를 사용해 HTML 명세 도착 시 처리하기 위한 콜백을 설정한다. allMatches 메소드는 foldLeft를 호출해 명세에서 TEXTAREA 문자열이 들어 있는 줄을 누적한다. 이 프로그램을 실행해 보면 foldLeft의 순차 버전이나 병렬 버전 모두 5.6밀리초가 걸림을 알 수 있다.

여러 다른 프로세서가 만들어낸 값을 한데 합치는 방식을 지정하기 위해 aggregate 메소드를 사용할 필요가 있다. aggregate 메소드는 foldLeft와 비슷하지만 원소 순회 순서를 왼쪽에서 오른쪽으로 지정하지 않는다. 대신, 데이터의 하위 집합을 왼쪽에서 오른쪽으로 순회하는 것만 정해져 있다. 각각의 하위 집합은 별도의 누적 값을 만들어낸다. aggregate 메소드는 추가로 여러 누적 값을 합칠 때 사용하기 위한 (S, S) => S 타입의 함수를 받는다.

```
d.aggregate("")(
  (acc, line) =>
  if (line.matches(".*TEXTAREA.*")) s"$acc\n$line" else acc,
  (acc1, acc2) => acc1 + acc2
)
```

이 예제를 다시 실행해 보면 순차 버전과 병렬 버전의 차이가 드러난다. 병렬 aggregate 메소드는 우리 기계에서 1.4초만에 끝난다.

이런 유형의 축약 연산을 수행하는 경우 대신 reduce나 fold 메소드를 사용할 수도 있다. 이들은 왼쪽에서 오른쪽으로 방문 순서를 보장하지 않는다. aggregate 메소드가 조금 더 표현력이 풍부하다. 왜냐하면 누적 값 타입과 컬렉션 원소 타입을 다르게 할 수 있기 때문이다.

 병렬 축약 연산을 수행하려면 aggregate를 사용하라.

근본적으로 순차적인 연산으로는 foldRight, reduceLeft, reduceRight, reduceLeftOption, reduceRightOption, scanLeft, scanRight과 병렬화 불가능 컬렉션을 만들어내는 toList와 같은 연산을 들 수 있다.

병렬 연산에서 부수 효과 사용

이름 그대로 병렬 컬렉션은 동시에 여러 스레드에서 실행된다. 이미 2장에서 배웠지만, 적절한 동기화 없이는 여러 스레드가 공유된 메모리 위치를 동시에 올바르게 변경할 수 없다. 동시 컬렉션 연산에서 변경 가능한 변수에 대입하고 싶을 때가 있겠지만, 이는 거의 확실히 잘못된 일이다. 다음 예는 이를 잘 보여준다. 두 집합

a와 b를 만들되 b를 a의 부분집합으로 만든다. 그 후 교집합의 크기를 계산하기 위해 total이라는 변경 가능한 변수를 사용한다.

```
object ParSideEffectsIncorrect extends App {
  def intersectionSize(a: GenSet[Int], b: GenSet[Int]): Int = {
    var total = 0
    for (x <- a) if (b contains x) total += 1
    total
  }
  val a = (0 until 1000).toSet
  val b = (0 until 1000 by 4).toSet
  val seqres = intersectionSize(a, b)
  val parres = intersectionSize(a.par, b.par)
  log(s"Sequential result - $seqres")
  log(s"Parallel result - $parres")
}
```

병렬화 버전은 250을 반환하는 대신 비결정적으로 여러 다른 잘못된 결과를 보여준다. 여러분은 이를 확인하기 위해 집합 a와 b의 크기를 바꿔야 할 수도 있다.

```
run-main-32: Sequential result - 250
run-main-32: Parallel result - 244
```

병렬 버전이 바른 값을 반환하게 하려면 원자적 변수와 incrementAndGet 메소드를 사용해야 한다. 하지만 그렇게 하면 앞에서 설명했던 규모 확장성 문제가 다시 생긴다. 더 나은 대안은 병렬 count 메소드를 쓰는 것이다.

```
a.count(x => b contains x)
```

원소 당 작업의 양이 적고 조건을 만족하는 일이 빈번하다면 병렬 count 메소드 쪽이 foreach 메소드에 원자적 변수를 사용하는 것보다 더 성능이 좋다.

 동기화가 필요한 경우를 피하고 더 나은 규모 확장성을 얻기 위해, 병렬 for 루프에 부수 효과를 조합하는 것보다는 선언적인 병렬 연산을 사용하라.

마찬가지로, 병렬 연산이 읽고 있는 메모리 위치를 동시에 쓰는 일이 없어야 한다. 마지막 예제에서 병렬 연산을 진행하는 도중에 b 집합을 동시에 별도의 스레드가 변경해서는 안 된다. 그런 변경은 병렬 연산 내부에서 변경 가능한 변수를 사용했을 때와 비슷하게 잘못된 결과를 야기한다.

비결정적 병렬 연산

2장에서 우리는 다중 스레드 프로그램이 비결정적일 수 있음을 봤다. 즉, 입력이 같더라도 실행 스케줄에 따라 출력이 달라질 수 있다. find 컬렉션 연산은 주어진 술어를 만족하는 원소를 하나 반환한다. 병렬 find 연산은 여러 프로세서가 가장 먼저 발견한 원소를 반환한다. 다음 예에서는 find를 사용해 HTML 명세를 검색해 TEXTAREA 문자열을 찾는다. 예제를 여러 번 실행해 보면 결과가 다른 결과를 얻는다. 왜냐하면 TEXTAREA라는 문자열이 HTML 명세의 여기저기에 여러 번 나타나기 때문이다.

```
object ParNonDeterministicOperation extends App {
  ParHtmlSearch.getHtmlSpec() foreach { case specDoc =>
    val patt = ".*TEXTAREA.*"
    val seqresult = specDoc.find(_.matches(patt))
    val parresult = specDoc.par.find(_.matches(patt))
    log(s"Sequential result - $seqresult")
    log(s"Parallel result - $parresult")
  }
  Thread.sleep(3000)
}
```

맨 처음 나타난 TEXTAREA가 필요하다면 indexWhere를 대신 사용해야 한다.

```
val index = specDoc.par.indexWhere(_.matches(patt))
val parresult = if (index != -1) Some(specDoc(index)) else None
```

find 외의 다른 병렬 컬렉션 연산은 연산자가 순수 함수pure function인 한 결정적이다. 순수 함수란 입력이 같으면 항상 같은 값을 반환하고, 아무 부수 효과도 없는 함수이다. 예를 들어 (x: Int) => x + 1은 순수 함수이다. 반면, 다음 f는 uid의 상태를 변경하기 때문에 순수 함수가 아니다.

```
val uid = new AtomicInteger(0)
val f = (x: Int) => (x, uid.incrementAndGet())
```

어떤 함수가 메모리에 있는 값을 변경하지 않고, 변경될 수 있는 메모리 위치를 읽기만 해도 순수 함수가 아니다. 예를 들어 다음 g 함수는 순수 함수가 아니다.

```
val g = (x: Int) => (x, uid.get)
```

비 순수 함수와 함께 사용하면 병렬 연산이 비결정적으로 바뀔 수 있다. 아래 예와 같이 어떤 범위의 값을 병렬적으로 유일한 식별자로 매핑하면 비결정적인 결과를 얻는다.

```
val uids: GenSeq[(Int, Int)] = (0 until 10000).par.map(f)
```

결과 시퀀스 uids는 매 실행 시 마다 달라진다. 병렬 map 연산은 0 until 10000이라는 범위로부터 얻은 원소의 상대적 순서를 유지한다. 따라서 uids에 있는 튜플은 0 until 10000의 첫 원소 값에 따라 순서가 정해진다. 반면, 각 튜플의 두 번째 원소는 비결정적으로 할당된다. 한 실행에서는 uids가 (0, 0), (1, 2), (2, 3), …인 반면, 다른 실행에서는 (0, 0), (1, 4), (2, 9),… 순서가 될 수 있다.

연산자의 교환성과 결합성

reduce, fold, aggregate, scan과 같은 병렬 컬렉션 연산은 인자의 일부로 이항 연산자를 받는다. 이항 연산자 op는 두 인자 a와 b를 받는 함수이다. 이항 연산자 op의 인자 순서를 바꿔도 결과가 같은 경우, 즉 op(a, b) == op(b, a) 인 경우를 교환법칙이 성립commutative한다고 말한다. 예를 들어 두 수를 더하는 연산은 교환성이 있는 연산이다. 반면 두 문자열을 이어 붙이는 연산은 교환적이지 않다. 이어 붙이는 순서에 따라 결과 문자열이 달라진다.

병렬 reduce, fold, aggregate, scan에 들어가는 이항 연산에서 교환 법칙이 반드시 성립할 필요는 없다. 병렬 컬렉션 연산은 하부의 컬렉션에 어떤 순서가 있다면 원소들 사이에 동일한 상대적 순서를 항상 보장한다. ArrayBuffer 컬렉션과 같은 시퀀스 컬렉션의 원소는 항상 순서가 정해져 있다. 다른 컬렉션 타입도 원소 순서를 정할 수 있지만, 항상 그럴 필요는 없다.

다음 예제에서는 ArrayBuffer 컬렉션 안에 있는 문자열을 순차 reduceLeft 연산과 병렬 reduce 연산을 사용해 서로 이어붙인다. 그 후 결과 ArrayBuffer 컬렉션을 특별한 순서가 정해지지 않은 집합으로 변환한다.

```
object ParNonCommutativeOperator extends App {
  val doc = mutable.ArrayBuffer.tabulate(20)(i => s"Page $i, ")
  def test(doc: GenIterable[String]) {
    val seqtext = doc.seq.reduceLeft(_ + _)
    val partext = doc.par.reduce(_ + _)
    log(s"Sequential result - $seqtext\n")
    log(s"Parallel result - $partext\n")
  }
  test(doc)
  test(doc.toSet)
}
```

병렬 배열에 병렬 reduce를 호출하면 제대로 문자열이 합쳐졌음을 볼 수 있다. 하지만, 집합에 대해 reduceLeft나 reduce 연산을 호출한 경우 페이지 순서가 뒤죽박죽임을 확인할 수 있다. 기본 스칼라 집합 구현은 원소에 순서가 없기 때문이다.

 병렬 연산에 인자로 넘기는 이항 연산자가 반드시 교환적일 필요는 없다.

어떤 연산자 op를 세 원소 a, b, c에 대해 적용하는 순서를 바꿔도 같은 결과를 얻을 수 있는 경우, 즉 op(a, op(b, c)) == op(op(a, b), c)면 이를 결합법칙이 성립associative한다고 말한다. 두 수를 더하거나 두 수 중 더 큰 수를 구하는 연산은 모두 결합성이 있는 연산이다. 반면 뺄셈은 결합적이지 않다. 1 - (2 - 3)과 (1 - 2) - 3은 같지 않기 때문이다.

병렬 컬렉션의 연산은 보통 결합적인 이항 연산자를 필요로 한다. reduceLeft에 뺄셈을 넘기면 컬렉션의 모든 원소를 첫 번째 수로부터 빼는 의미이지만, reduce, fold, scan에 대해 빼기 연산을 사용하면 비결정적인 잘못된 결과를 가져온다. 다음 코드를 보자.

```
object ParNonAssociativeOperator extends App {
  def test(doc: GenIterable[Int]) {
    val seqtext = doc.seq.reduceLeft(_ - _)
    val partext = doc.par.reduce(_ - _)
    log(s"Sequential result - $seqtext\n")
    log(s"Parallel result - $partext\n")
  }
  test(0 until 30)
}
```

reduceLeft 연산은 일관성 있게 -435를 반환하는 반면, reduce 연산은 의미 없는 결과를 아무렇게나 내놓는다.

 병렬 연산에 사용하는 이항 연산자의 결합 법칙이 성립하는지 확인하라.

Aggregate와 같은 병렬 연산은 두 이항 연산자 sop와 cop를 요구한다.

```
def aggregate[S](z: S)(sop: (S, T) => S, cop: (S, S) => S): S
```

sop 연산자는 reduceLeft가 요구하는 것과 같은 타입이다. 그 연산자는 누적 값과 컬렉션의 원소를 인자로 받는다. sop는 특정 프로세서에 할당된 원소들을 축약할 때 사용한다. cop 연산자는 각 하위 집합을 한데 합칠 때 사용하며, 타입은 reduce나 fold가 요구하는 이항 연산의 타입과 같다. aggregate 연산자는 cop에서 결합성이 성립하고, z가 누적을 위한 영 원소일 것을 요구한다. 즉, cop(z, a) == a여야 한다. 추가로, sop와 cop는 프로세서에 할당된 하위 집합의 원소 순서와 무관하게 같은 결과를 내놓아야 한다. 즉, cop(sop(z, a), sop(z, b)) == cop(z, sop(sop(z, a), b))여야 한다.

병렬과 동시 컬렉션을 함께 사용

이미 병렬 컬렉션 연산에서 동기화를 사용하지 않고 변경 가능한 상태를 접근할 수 없다는 사실을 봤다. 이런 연산에는 순차 스칼라 컬렉션을 병렬 연산 안에서 변경하는 것도 포함된다. 앞에서 교집합의 크기를 계산하기 위해 변경 가능한 변수의 부수 효과를 사용했던 것을 기억해 보자. 다음 예제에서는 HTML 명세와 URL 명세를 다운로드해서 단어 집합으로 바꾼 다음 두 집합의 교집합을 구할 것이다. intersection 메소드 안에서 HashSet 컬렉션을 병렬로 변경한다. scala.collection.mutable 패키지에 있는 컬렉션은 스레드 안전하지 않다. 다음 예제는 비결정적으로 일부 원소를 잃거나, 버퍼 상태가 오염되거나, 예외가 발생할 것이다.

```
object ConcurrentWrong extends App {
  import ParHtmlSearch.getHtmlSpec
  import ch4.FuturesCallbacks.getUrlSpec
  def intersection(a: GenSet[String], b: GenSet[String]) = {
    val result = new mutable.HashSet[String]
    for (x <- a.par) if (b contains x) result.add(x)
    result
  }
  val ifut = for {
    htmlSpec <- getHtmlSpec()
    urlSpec <- getUrlSpec()
  } yield {
    val htmlWords = htmlSpec.mkString.split("\\s+").toSet
    val urlWords = urlSpec.mkString.split("\\s+").toSet
    intersection(htmlWords, urlWords)
  }
  ifut onComplete { case t => log(s"Result: $t") }
  Thread.sleep(3000)
}
```

3장에서 배운 것처럼 동시 컬렉션을 사용하면 여러 스레드에서 데이터 오염 없이 변경 가능하다. JDK에서 가져온 동시 스킵 리스트skip list 컬렉션을 두 명세에 함께 들어 있는 단어를 수집하기 위해 사용할 것이다. 자바 컬렉션에 asScala 메소드를 추가하기 위해 decorateAsScala 객체를 활용한다.

```
import java.util.concurrent.ConcurrentSkipListSet
import scala.collection.convert.decorateAsScala._
def intersection(a: GenSet[String], b: GenSet[String]) = {
  val skiplist = new ConcurrentSkipListSet[String]
  for (x <- a.par) if (b contains x) skiplist.add(x)
  val result: Set[String] = skiplist.asScala
  result
}
```

약한 일관성 이터레이터

3장에서 대부분의 동시 컬렉션의 이터레이터는 약한 일관성을 제공함을 배웠다. 이는 컬렉션 순회 도중에 다른 스레드가 같은 컬렉션을 변경하면 데이터를 제대로 순회할 수 없다는 뜻이다.

동시 컬렉션에 대해 병렬 연산을 실행하는 경우에도 같은 한계가 있다. 순회는 약한 일관성이 있기 때문에 연산을 시작한 시점의 데이터 상태를 제대로 반영하지 못할 수 있다. 스칼라의 TrieMap 컬렉션은 이 규칙의 예외이다. 다음 예제에서 cache라고 부르는 TrieMap을 사용해 0부터 100까지 수를 각각에 대한 문자 표현과 매핑한다. 그 후 각 수를 순회하는 병렬 연산을 시작해서 각 수의 음수에 대한 문자 표현을 추가한다.

```
object ConcurrentTrieMap extends App {
  val cache = new concurrent.TrieMap[Int, String]()
  for (i <- 0 until 100) cache(i) = i.toString
  for ((number, string) <- cache.par) cache(-number) = s"-$string"
  log(s"cache - ${cache.keys.toList.sorted}")
}
```

병렬 foreach 연산은 그 연산이 시작된 다음에 추가된 원소를 방문하지 않는다. 그래서 오직 양수만 순회한다. TrieMap 컬렉션은 시트라이Ctrie 동시성 데이터 구조를 사용해 구현되어 있으며, 동시 연산을 시작할 때 원자적으로 컬렉션의 스냅샷을 만든다. 스냅샷 생성은 효율적이고, 추가 원소 복사가 필요 없다. 그 이후 컬렉션을 변경하는 연산이 호출됨에 따라 TrieMap 컬렉션의 일부를 점진적으로 재구축한다.

 프로그램 데이터를 변경하면서 병렬 순회해야 하는 경우 TrieMap 컬렉션을 사용하라.

원하는 대로 동시 컬렉션 구현

대부분의 경우 스칼라 표준 라이브러리의 병렬 컬렉션으로 충분하다. 하지만 경우에 따라 우리가 만든 컬렉션에 병렬 연산을 추가하고 싶을 때가 있다. 자바 String 클래스는 그에 상응하는 병렬 컬렉션 프레임워크가 없다. 이번 절에서는 ParString을 만들어서 병렬 연산을 지원하는 방법을 배울 것이다. 그 후 우리가 만든 병렬 컬렉션 클래스를 여러 예제 프로그램에서 활용할 것이다.

원하는 병렬 컬렉션을 만드는 첫 단계는 적당한 병렬 컬렉션 트레이트를 확장하는 것이다. 병렬 문자열은 문자의 시퀀스이다. 따라서 ParSeq 트레이트에 Char 타입 인자를 넘겨서 확장할 필요가 있다. 문자열은 만들고 나면 더 이상 변경할 수가 없다. 따라서 문자열은 변경 불가능 컬렉션이라 할 수 있다. 이런 이유로 scala.collection.parallel.ParSeq 트레이트의 하위 타입인 scala.collection.parallel.immutable에 있는 ParSeq를 확장한다.

```
class ParString(val str: String) extends immutable.ParSeq[Char] {
  def apply(i: Int) = str.charAt(i)
  def length = str.length
  def splitter = new ParStringSplitter(str, 0, str.length)
  def seq = new collection.immutable.WrappedString(str)
}
```

병렬 컬렉션을 확장하려면 apply, length, splitter, seq 메소드를 구현해야 한다. apply 메소드는 시퀀스에서 i번째에 있는 원소를 반환한다. length 메소드는 시퀀스에 있는 원소의 개수를 반환한다. 이 두 메소드는 순차적 컬렉션에 있는 것과 동일하며, 여기서는 String 클래스의 charAt과 length 메소드를 사용해 구현할 수 있다. 원하는 순차 시퀀스를 정의하기 위해 iterator 메소드를 구현해야 하듯, 병렬 컬렉션을 원하는 대로 정의하기 위해서는 splitter 메소드를 구현해야 한다. splitter를 호출하면 Splitter[T] 타입의 객체를 반환한다. 이 객체는 컬렉션을 여러 하위 집합으로 나눌 수 있는 특별한 이터레이터이다. 여기서는 splitter가 조금 후에 설명할 ParStringSplitter 객체를 반환하도록 만든다. 마지막으로, 병렬 컬렉션은 스칼라 순차 시퀀스를 돌려주는 seq 메소드를 제공해야 한다. String이 자바에서 온 것이고 스칼라 컬렉션이 아니기 때문에, 우리는 스칼라 컬렉션 라이브러리에 있는 WrappedString 래퍼 클래스를 사용할 것이다.

우리가 원하는 병렬 컬렉션 클래스 구현이 대부분 끝났다. 이제 필요한 것은 ParStringSplitter 객체를 구현하는 것뿐이다. 이에 대해 다음 절에서 설명한다.

분할기

분할기splitter는 컬렉션을 서로 소disjoint인 하위 집합으로 효율적으로 분할할 수 있는 이터레이터이다. 여기서 효율적이라는 말은 분할기의 split 메소드가 O(log N)보다 나은 실행시간 복잡도를 가져야 한다는 뜻이다(N은 분할기 안의 원소 개수). 엄밀하지 않게 말하자면, 분할기가 분할 시 컬렉션의 상당부분을 복사하는 것은 허용될 수 없다. 그런 복잡도의 연산을 허용할 경우 분할에 따른 계산 부가비용이 병렬화에 따른 성능상 이점을 상쇄하고 순차적 병목 지점이 될 것이기 때문이다.

스칼라 병렬 컬렉션 프레임워크에서 새 Splitter 클래스를 선언하는 가장 쉬운 방법은 IterableSplitter[T] 트레이트를 확장하는 것이다. 이 트레이트를 간단히 정리하면, 다음과 같은 인터페이스를 제공한다.

```
trait IterableSplitter[T] extends Iterator[T] {
  def dup: IterableSplitter[T]
  def remaining: Int
  def split: Seq[IterableSplitter[T]]
}
```

분할기 인터페이스에는 현재 분할기를 복제하는 dup 메소드가 있다. 이 메소드는 단순히 컬렉션에서 같은 하위 집합을 가리키는 새 분할기를 반환한다. 분할기에는 remaining 메소드도 있다. 이 메소드는 hasNext가 false를 반환하기 전에 이 분할기에서 next를 호출해 순회할 수 있는 원소의 개수를 반환한다. remaining 메소드는 분할기의 상태를 바꾸지 않으며, 필요할 때마다 원하는 만큼 호출할 수 있다.

하지만, split 메소드는 한 번만 호출할 수 있고, 이 메소드를 호출하면 분할기 상태가 바르지 않은 상태로 바뀐다. 따라서 split 메소드를 호출한 다음에 분할기의 메소드를 호출해서는 안 된다. split 메소드는 원래의 분할기를 서로 겹치지 않게 나눈 하위 집합을 이터레이션할 수 있는 분할기들의 시퀀스를 반환한다. 원래의 분할기에 둘 이상의 원소가 남아 있다면, 둘 이상의 분할기를 시퀀스에 반환해야 하며, 반환하는 모든 분할기가 비어 있으면 안 된다. 하지만, 원래의 분할기가 비어 있거나 원소가 하나만 있는 경우 split이 빈 시퀀스를 반환해도 된다. 중요한 성질 하나는 split이 반환하는 분할기들이 거의 비슷한 개수의 원소를 포함해야 한다는 것이다. 그렇게 해야 병렬 컬렉션 스케줄러가 좋은 성능을 내도록 할 수 있다.

zip, sameElements, corresponds와 같은 시퀀스에만 있는 연산을 허용하기 위해 병렬 컬렉션은 IterableSplitter보다 더 자세한 하위 타입인 SeqSplitter를 사용한다.

```
trait SeqSplitter[T] extends IterableSplitter[T] {
  def psplit(sizes: Int*): Seq[SeqSplitter[T]]
}
```

시퀀스 분할기에는 추가 메소드로 psplit이 들어 있다. 이 메소드는 분할기가 분할할 각 파티션의 크기를 지정하는 리스트를 sizes 인자로 받고, sizes의 길이만큼 분할기가 들어 있는 시퀀스를 반환한다. 만약 sizes가 지정하는 길이가 분할기 안에 있는 원소의 개수보다 많다면, 현재 분할기를 분할하기에 충분한 분할기를 제외한 시퀀스의 나머지 원소들은 빈 분할기이다. 예를 들어 원소가 15개 있는 분할기에 대해 s.psplit(10, 20, 15)를 호출하면 각각 길이가 10, 5, 0인 세 분할기를 반환한다.

반대로, sizes 인자가 현재 분할기에 있는 원소의 수보다 더 작은 개수를 지정한다면, 시퀀스의 맨 마지막에 나머지 원소를 포함하는 분할기가 하나 더 덧붙여진다.

우리가 만들 병렬 문자열 클래스는 병렬 시퀀스이다. 따라서 시퀀스 분할기를 구현해야만 한다. 먼저 SeqSplitter 클래스를 Char 타입을 지정해 확장하는 것부터 시작한다.

```
class ParStringSplitter
    (val s: String, var i: Int, val limit: Int)
extends SeqSplitter[Char] {
```

s 필드는 ParStringSplitter 생성자 안에서 사용할 String 객체를 가리킨다. 병렬 문자열 분할기는 문자열 원소의 하위집합을 표현해야만 한다. 따라서 i 필드를 추가해 이 분할기가 다음에 순회할 문자 위치를 가리키게 만든다. i를 동기화할 필요가 없다는 것에 유의하라. 왜냐하면 어느 순간 한 프로세서는 오직 하나의 분할기만 사용하기 때문이다. limit 필드는 분할기가 다루는 문자의 마지막 위치 바로 다음을 가리킨다. 이런 방법을 사용해 분할기로 원래 문자열의 부분 문자열을 표현할 수 있다.

Iterator 트레이트에서 상속한 메소드를 구현하는 것은 쉽다. i가 limit보다 작은 동안 hasNext는 true를 반환해야 한다. next 메소드는 i 위치의 문자를 가져온 다음 i를 1 증가시키고 가져온 문자를 반환한다.

```
final def hasNext = i < limit
final def next = {
  val r = s.charAt(i)
  i += 1
  r
}
```

dup와 remaining 메소드도 간단하다. dup는 현재 분할기의 상태를 가진 새 분할기를 만든다. remaining 메소드는 limit와 i를 사용해 남은 원소 개수를 계산한다.

```
def dup = new ParStringSplitter(s, i, limit)
def remaining = limit - i
```

분할기에서 중심이 되는 부분은 split과 psplit 메소드이다. 다행히 split은 psplit을 가지고 구현할 수 있다. 남은 원소 개수가 1보다 크면 psplit을 호출한다. 그렇지 않은 경우엔 분할할 원소가 없는 것이므로 this 분할기를 반환한다.

```
def split = {
  val rem = remaining
  if (rem >= 2) psplit(rem / 2, rem - rem / 2)
  else Seq(this)
}
```

psplit 메소드는 sizes를 사용해 원래의 분할기의 원소를 부분부분 떼어낸다. i를 증가시키면서 sizes의 각 크기 sz와 같은 크기의 분할기를 만드는 방식으로 이를 수행한다. split이나 psplit을 호출한 다음에는 현재의 분할기는 더 이상 올바른 것이 아님을 기억하라. 그렇기 때문에 i의 값을 변경해도 문제가 없다.

```
def psplit(sizes: Int*): Seq[ParStringSplitter] = {
  val ss = for (sz <- sizes) yield {
    val nlimit = (i + sz) min limit
    val ps = new ParStringSplitter(s, i, nlimit)
    i = nlimit
    ps
  }
  if (i == limit) ss
  else ss :+ new ParStringSplitter(s, i, limit)
}
```

분할기를 만들 때 기저의 문자열을 결코 복사하지 않았다는 사실을 기억하라. 우리는 단지 분할기의 시작과 끝을 나타내는 인덱스 값만을 변경했다.

이제 ParString 클래스를 모두 만들었다. 이제 이를 사용해 문자열에 대해 병렬 연산을 실행할 수 있다. 문자열에서 대문자의 개수를 세기 위해 다음과 같이 병렬 문자열을 사용할 수 있다.

```
object CustomCharCount extends App {
  val txt = "A custom text " * 250000
  val partxt = new ParString(txt)
  val seqtime = warmedTimed(50) {
```

```
    txt.foldLeft(0) { (n, c) =>
      if (Character.isUpperCase(c)) n + 1 else n
    }
  }
  log(s"Sequential time - $seqtime ms")
  val partime = warmedTimed(50) {
    partxt.aggregate(0)(
      (n, c) => if (Character.isUpperCase(c)) n + 1 else n,
      _ + _)
  }
  log(s"Parallel time - $partime ms")
}
```

우리 기계에서 순차 `foldLeft`는 57밀리초가 걸리는 반면, 병렬 `aggregate`는 19밀리초가 걸린다. 이 결과는 우리가 구현한 병렬 문자열이 효율적임을 잘 보여준다.

병합기

스칼라 표준 라이브러리의 컬렉션 메소드는 주로 접근자accessor와 변환자transformer의 두 가지 그룹으로 나눌 수 있다. `foldLeft`, `find`, `exists`와 같은 접근자 메소드는 컬렉션으로부터 단일 값을 반환한다. 반대로 `map`, `filter`, `groupBy`와 같은 변환자 메소드는 새 컬렉션을 만들어서 이를 결과로 반환한다.

변환자 연산을 일반적으로 구현하기 위해, 스칼라 컬렉션 프레임워크는 빌더builder라는 추상화를 사용한다. 빌더는 대략 다음과 같은 인터페이스를 제공한다.

```
trait Builder[T, Repr] { // 단순화한 인터페이스임
  def +=(x: T): Builder[T, Repr]
  def result: Repr
  def clear(): Unit
}
```

여기서 `Repr`은 구체적인 빌더가 만들어낼 컬렉션의 타입이며, `T`는 그 원소의 타입이다. 빌더는 반복적으로 `+=` 메소드를 호출해 원소를 추가하고, 나중에 `result` 메소드를 호출해 컬렉션을 얻는다. `result` 메소드를 호출한 다음에는 빌더의 내용이 정의되어 있지 않다. `clear` 메소드를 빌더 상태를 초기화하기 위해 사용한다.

모든 컬렉션은 여러 변환자 연산에 사용할 전용 빌더 정의가 들어 있다. 예를 들어 Traversable 트레이트에 정의된 filter 연산은 대강 다음과 같다.

```
def newBuilder: Builder[T, Traversable[T]]
def filter(p: T => Boolean): Traversable[T] = {
  val b = newBuilder
  for (x <- this) if (p(x)) b += x
  b.result
}
```

이 예에서 filter 구현은 추상 newBuilder 메소드에 의존한다. 이 메소드는 Traversable 트레이트의 하위 클래스에 구현되어 있다. 이런 설계로 인해, 컬렉션의 모든 메소드는 컬렉션 계층에서 단 한 번만 정의되고, foreach(또는 iterator)와 newBuilder 메소드만 새 컬렉션 타입에서 제공하면 모든 다른 메소드도 자동으로 사용할 수 있다.

병합기combiner는 표준 빌더에 상응하는 병렬 컬렉션의 트레이트로, Combiler[T, Repr] 타입으로 표현한다. 이 타입은 다시 Builder[T, Repr] 타입의 하위 타입이다.

```
trait Combiner[T, Repr] extends Builder[T, Repr] {
  def size: Int
  def combine[N <: T, NewRepr >: Repr]
    (that: Combiner[N, NewRepr]): Combiner[N, NewRepr]
}
```

size 메소드는 이름만 보면 역할을 알 수 있다. combine 메소드는 that이라는 다른 병합기를 받아서 this와 that의 원소를 모두 포함하는 새로운 병합기를 만들어낸다. combine 메소드가 새 병합기를 반환한 다음에는 this와 that의 내용은 모두 정의되어 있지 않으며, 다시 사용해서는 안 된다. 이런 제약조건으로 인해 결과로 반환하는 병합기로 this나 that을 재활용할 수 있다. 중요한 것으로, 실행 시점에 that 병합기와 this 병합기가 동일한 객체라면 combine이 반환하는 병합기는 반드시 this여야 한다는 것이다.

원하는 병합기를 구현하는 데는 다음 세 가지 방법이 있다.

- **합병**merging: 데이터 구조에 따라서는 combine 메소드에서 활용할 수 있는 효율적인 합병 연산을 제공하기도 한다.
- **2단계 계산**2-phase evaluation: 먼저 원소들을 쉽게 서로 연결할 수 있는 버킷 단위로 부분적으로 정렬한다. 그 이후 최종 데이터 구조를 할당하고 버킷으로부터 원소를 최종 구조에 넣는다.
- **동시성 데이터 구조**: += 메소드를 여러 다른 병합기가 공유하는 동시성 데이터 구조를 변경하는 방식으로 구현한다. 그리고 combine 메소드는 아무 일도 하지 않는다.

대부분의 데이터 구조는 효율적인 합병 연산을 제공하지 못한다. 따라서 보통은 2단계 계산 방식의 병합기 구현을 사용한다. 다음 예제는 병렬 문자열에 대한 병합기를 2단계 계산을 사용해 구현한다. ParStringCombiner 클래스에는 크기를 조절할 수 있는 chunks라는 이름의 배열이 들어 있고, 그 배열에는 StringBuilder 객체가 들어 있다. += 메소드를 호출하면 배열의 가장 오른쪽에 있는 StringBuilder에 문자를 추가한다.

```
class ParStringCombiner extends Combiner[Char, ParString] {
  private val chunks = new ArrayBuffer += new StringBuilder
  private var lastc = chunks.last
  var size = 0
  def +=(elem: Char) = {
    lastc += elem
    size += 1
    this
  }
```

combine 메소드는 that 병합기의 StringBuilder를 가지고 와서 this 병합기의 chunks 배열에 추가한다. 그 후 this 병합기에 대한 참조를 반환한다.

```
def combine[N <: Char, NewRepr >: ParString]
  (that: Combiner[U, NewTo]) - {
  if (this eq that) this else that match {
    case that: ParStringCombiner =>
      size += that.size
```

```
        chunks ++= that.chunks
        lastc = chunks.last
        this
}
```

마지막으로 result 메소드는 새 StringBuilder 객체를 할당해 모든 chunks에 있는 문자들을 결과 문자열에 추가한다.

```
  def result: ParString = {
    val rsb = new StringBuilder
    for (sb <- chunks) rsb.append(sb)
    new ParString(rsb.toString)
  }
}
```

이제 병렬 filter 메소드의 성능을 시험해 보기 위해 다음 코드를 사용할 수 있다.

```
val txt = "A custom txt" * 25000
val partxt = new ParString(txt)
val seqtime = warmedTimed(250) { txt.filter(_ != ' ') }
val partime = warmedTimed(250) { partxt.filter(_ != ' ') }
```

우리 기계에서 이 코드를 실행하는데 순차 컬렉션은 11밀리초, 병렬 컬렉션은 6밀리초가 걸린다.

다른 데이터 병렬 프레임워크

병렬 컬렉션이 스칼라에서 데이터 병렬성 애플리케이션을 작성할 때 선호하는 방식이긴 하지만, 컬렉션에 기본 타입의 값이 들어 있는 경우에는 최적의 성능을 내지 못한다. 병렬 컬렉션은 내부에 들어 있는 값의 타입에 대한 제네릭 타입이기 때문에 기본 타입의 값을 자동으로 객체로 변환하는 과정인 자동 박싱autoboxing의 영향을 받는다. 이는 선형대수, 여러 수치 계산, 텍스트 처리 등의 응용에 나쁜 영향을 끼친다.

병렬 컬렉션은 스칼라 2.9부터 스칼라 표준 라이브러리에 들어갔다. 그 이후, 스칼라 언어에도 많은 발전이 있었다. 특히 스칼라 매크로는 잠재력이 큰 새로운 특징 중 하나이다. 스칼라 매크로를 사용하면 스칼라 프로그램의 일부분에 대한 추상 구문 트리abstract syntax tree를 조작할 수 있는 언어 라이브러리를 만들 수 있다. 스칼라 매크로는 표현력이 매우 풍부하며, 이를 활용하면 병렬 컬렉션을 도입했던 시절에는 불가능했던 여러 새로운 최적화가 가능하다.

스칼라 매크로를 활용해 이런 비효율성을 개선하는 제3자 프레임워크 중 하나로 스칼라블리츠ScalaBlitz가 있다. 이를 사용하기 위해서는 다음 의존 관계를 `build.sbt` 파일에 추가해야 한다.

```
libraryDependencies +=
  "com.github.scala-blitz" %% "scala-blitz" % "1.2"
```

스칼라블리츠는 표준 병렬 컬렉션과 비슷하게 사용할 수 있게 설계되었다. 스칼라블리츠에 정의된 병렬 연산을 사용하려면 `scala.collection.par` 패키지를 임포트해야 한다. 스칼라블리츠 컬렉션에는 스케줄러 변경을 위한 `tasksupport` 필드가 들어 있지 않다. 그 대신, 각 연산은 암시적인 `Scheduler` 인자를 받는다. 기본 스케줄러를 사용하기 위해 `global` 스케줄러를 임포트해야 한다.

```
import scala.collection.par._
import scala.collection.par.Scheduler.Implicits.global
```

스칼라블리츠의 병렬 연산을 사용하기 위해서는 컬렉션에 대해 `toPar` 메소드를 호출해야 한다. 이 메소드는 암시적 변환을 통해 기존 컬렉션에 추가된다. 컬렉션을 표준 병렬 컬렉션으로 변환하는 `par` 메소드와 구분하기 위해 이름을 `toPar`라고 붙였다.

```
object BlitzComparison extends App {
  val array = (0 until 100000).toArray
  val seqtime = warmedTimed(1000) {
    array.reduce(_ + _)
  }
  val partime = warmedTimed(1000) {
    array.par.reduce(_ + _)
  }
  val blitztime = warmedTimed(1000) {
    array.toPar.reduce(_ + _)
```

```
    }
    log(s"sequential time - $seqtime")
    log(s"parallel time - $partime")
    log(s"ScalaBlitz time - $blitztime")
}
```

이 예제를 우리 기계에서 실행하면 순차 reduce 연산에 1.6밀리초, 병렬 reduce 연산에 0.8밀리초가 걸린다. 스칼라블리츠 reduce 연산은 단지 0.06밀리초가 걸린다. 이는 병렬 컬렉션 버전보다도 10배 이상 빠른 것이다.

알아둬야 할 교훈은 프로그램의 데이터가 기본 타입의 값으로 꽉 찬 배열로 이루어져 있다면 최상의 성능을 얻기 위해 스칼라블리츠와 같은 다른 매크로 기반의 프레임워크를 사용할 것을 고려해야 한다는 것이다. 대부분의 다른 상황에서는 병렬 컬렉션과 스칼라블리츠가 비슷한 성능을 보인다. 이 책을 쓰는 현재를 기준으로 스칼라블리츠는 아직 개발 초기 단계이고, 매크로도 스칼라에서 실험 중인 기능이다. 성능에 대한 여러분의 가정을 구체적인 측정을 통해 반드시 검토해야만 한다. 사용하는 대상과 방법에 따라 표준 병렬 컬렉션만으로 충분한 성능을 낼 수도 있다.

스칼라블리츠의 컬렉션 계층 구조

표준 스칼라 병렬 컬렉션과 달리 스칼라블리츠는 컬렉션 계층 구조에 직접 통합되어 있지 않다. 대신, 암시적 변환을 사용해 기존 컬렉션에 데이터 병렬 연산을 추가한다. 이 과정에서 스칼라블리츠는 Par[Repr] 타입에 의존한다. 이 타입은 다른 컬렉션 타입을 둘러싸는 래퍼wrapper 타입이다.

```
trait Par[Repr]
```

어떤 컬렉션 타입 Repr에 대해 toPar 메소드를 호출하면 Par[Repr] 객체가 반환된다. 예를 들어 Array[Int] 컬렉션은 Par[Array[Int]] 객체로 바뀌고, Range 컬렉션은 Par[Range] 객체가 된다. Par 래퍼 객체는 내부에 아무런 병렬 연산도 들어 있지 않다. 병렬 연산은 Par 객체에 대해 암시적 변환으로 추가된다. 이렇게 설계한 이유 중 하나는 병렬화 불가능한 컬렉션에 대해 데이터 병렬 연산을 호출하는 것을 막는 것이다. 예를 들어 Par[List[Int]] 객체에 병렬 연산을 추가하는 암시적 변환은 존재하지 않는 반면, Par[Array[Int]]에 대해 병렬 연산을 추가하는 암시적 변환은 있다.

이번 장 앞 부분에서 임의의 병렬 컬렉션을 인자로 받는 nonNull 메소드를 살펴봤다. 이 메소드는 표준 스칼라 병렬 컬렉션에 있는 ParSeq 타입에 의존한다. 그렇다면 스칼라블리츠의 임의의 컬렉션을 인자로 받는 제네릭 메소드는 어떻게 작성할 수 있을까? 다음 코드는 모든 시퀀스 타입에 대해 정수의 시퀀스의 합계를 구하는 sum 메소드를 구현하려고 시도한 것이다.

```
def sum(xs: Par[Seq[Int]]): Int = {
  xs.reduce(_ + _) // 작동하지 않는다.
}
```

불행히도 이 코드는 컴파일할 수 없다. 왜냐하면 xs 객체가 임의의 시퀀스 객체일 수 있어서, 병렬화 불가능한 것일 수도 있기 때문이다. 제네릭 병렬 코드를 표현하기 위해 스칼라블리츠는 Zippable[T]라는 타입을 정의한다. 모든 병렬화 가능한 시퀀스 컬렉션은 Zippable 객체로 암시적 변환이 가능하다. 다음 예에는 sum을 다시 정의해 Zippable 타입을 사용하고, 한 번은 Par[Array[Int]] 타입의 병렬 배열, 다른 한 번은 Par[Range] 타입의 병렬 범위에 호출하도록 한 것이다.

```
object BlitzHierarchy extends App {
  val array = (0 until 100000).toArray
  val range = 0 until 100000
  def sum(xs: Zippable[Int]): Int = {
    xs.reduce(_ + _)
  }
  println(sum(array.toPar))
  println(sum(range.toPar))
}
```

mutable.HashMap, immutable.HashMap, mutable.HashSet, immutable.HashSet 과 같은 몇몇 병렬화 가능한 컬렉션은 시퀀스가 아니다. 하지만 이들에 대한 연산은 효율적으로 병렬화 가능하다. 이런 컬렉션에 대해 스칼라블리츠는 더 일반적인 Reducible[T] 타입을 정의한다. 이 타입은 Zippable[T] 타입의 상위 타입이다.

`Reducible[T]`는 표준 병렬 컬렉션의 `ParIterable[T]`과 가장 가깝게 대응한다.

`Reducible[T]`와 `Zippable[T]` 인터페이스를 사용한 프로그램은 컴파일러가 정확한 컬렉션 타입을 알 때만큼 최적화되지는 못할 수도 있다. 하지만, 차이를 느끼기 어려운 응용 분야가 많이 있다.

요약

이번 장에서는 프로그램 성능을 향상시키기 위해 병렬 컬렉션을 사용하는 방법을 배웠다. 커다란 컬렉션에 순차 연산을 적용한 것을 쉽게 병렬화할 수 있음을 살펴봤고, 병렬화 가능한 컬렉션과 병렬화 불가능한 컬렉션의 차이에 대해 배웠다. 또, 변경가능성과 부수 효과가 병렬 연산의 올바름과 결정성에 어떤 영향을 끼치는지 검토했고, 병렬 연산에서 결합법칙이 성립하는 연산을 사용하는 것이 중요하다는 것을 봤다. 마지막으로, 우리가 원하는 대로 병렬 컬렉션 클래스를 작성하는 방법을 공부했다.

하지만, 프로그램 성능을 튜닝하는 것이 쉽지 않은 일이라는 것도 배웠다. 메모리 경합, 쓰레기 수집, 동적인 컴파일 등이 프로그램의 성능에 영향을 끼칠 수 있으며, 프로그램 소스코드만 보고는 그런 영향을 예측하기 어렵다. 이 장을 진행하면서 우리는 계속해서 프로그램 성능에 미심쩍은 부분이나 성능에 대한 주장이 있으면 실험을 통해 검증해야 함을 강조했다. 여러분이 짠 프로그램의 성능 특성을 이해하는 것은 프로그램을 최적화하는 첫 단계이다.

병렬 컬렉션이 프로그램 성능을 향상시키리라 확신하는 경우라도, 병렬 컬렉션을 도입하기 전에 한번 더 심사숙고해야 한다. 도널드 커누스는 "섣부른 최적화는 만악의 근원이다"라고 말한 바 있다. 사용 가능하다고 모든 곳에 병렬 컬렉션을 도입하는 것은 꼭 필요한 일도 아닐뿐더러 그리 바람직하지도 않다. 경우에 따라 병렬 컬렉션이 제공하는 속도 향상이 무시할만하거나 아예 없을 수도 있다. 다른 상황에서는, 병렬 컬렉션이 프로그램의 실제 병목 지점이 아닌 부분의 성능만 향상시킬 수도 있다. 병렬 컬렉션을 사용하기 전에 프로그램에서 가장 시간을 많이 소비하는 부분이 어디인지 확인해야 한다. 그를 위한 유일한 방법은 애플리케이션의 각 부분의 실행 시간을 측정하는 것이다. 9장에서는 스칼라메터라는 프레임워크를 소개할 것이다. 스칼라메터는 이번 장에서 사용했던 방법보다 더 강건하게 프로그램 성능을 측정하는 방법을 제공한다.

이번 장에서 간략하게 임의 접근 메모리, 캐시 라인, MESI 프로토콜 등의 개념을 소개했다. 이에 대해 더 알고 싶은 독자는 울리히 드레퍼Ulrich Drepper가 쓴 『What Every Programmer Should Know About Memory』를 읽어야 할 것이다. 스칼라의 컬렉션 계층에 대해 더 깊이 알고 싶다면 마틴 오더스키Martin Odersky와 렉스 스푼Lex Spoon이 쓴 'The Architecture of Scala Collections'라는 문서나 마틴 오더스키와 아드리안 무어스Adriaan Moors가 쓴 'Fighting Bit Rot with Types'라는 논문을 찾아보라. 데이터 병렬 프레임워크의 내부 동작을 이해하고 싶다면 졸저의 박사 논문인 'Data Structures and Algorithms for Data-Parallel Computing in a Managed Runtime'을 찾아보라.

지금까지는 모든 컬렉션 원소를 데이터 병렬 연산 시작 시 사용 가능했다고 가정했다. 데이터 병렬 연산 중에 컬렉션의 내용이 바뀌는 일은 없었다. 이미 모든 데이터 집합을 가지고 있고, 이를 한 덩어리로 처리해야 하는 경우 병렬 컬렉션이 이상적이다. 다른 응용의 경우 데이터 원소가 즉시 사용 가능하지 않고 비동기적으로 도착할 수도 있다. 다음 장에서는 이벤트 스트림이라 부르는 추상화에 대해 배울 것이다. 이를 사용하면 비동기 계산이 여러 중간 결과를 만들어내는 경우를 다룰 수 있다.

연습문제

다음 연습문제에서 여러분은 데이터 병렬 컬렉션을 여러 구체적인 용례에 적용하고, 전용 병렬 컬렉션을 구현할 것이다. 모든 연습문제에서 병렬화에 다른 성능상 이점이 얼마인지 확인해 보라. 문제에 명시하지 않았더라도 여러분이 만든 프로그램은 올바른 것이어야 할 뿐 아니라, 순차 버전에 비해 더 빨리 실행되어야 한다.

1. 간단한 객체를 JVM에서 할당하는 데 걸리는 평균 시간을 측정하라.
2. 임의로 생성한 문자열에서 공백 문자의 빈도를 계산하라. 생성시 각 자리에서 공백 문자가 생길 확률은 p라는 매개변수에 의해 결정된다. 병렬 `foreach` 메소드를 사용하라. 이 연산의 실행 시간과 p 매개변수 값 사이의 관계 그래프를 그려보라.
3. 병렬적으로 만델브로트 집합Mandelbrot set을 계산하는 프로그램을 작성하라.
4. 병렬적으로 셀룰러 오토마타cellular automaton 시뮬레이션을 수행하는 프로그램을 작성하라.
5. 병렬 반즈-헛Barnes-Hut N체 시뮬레이션 알고리즘을 구현하라.
6. 이번 장에서 본 `ParStringCombiner` 클래스의 `result` 메소드를 어떻게 하면 향상시킬 수 있을지 설명하라. 이 메소드를 병렬화할 수 있겠는가?
7. 이진 힙binary heap 데이터 구조에 대한 분할기를 구현하라.
8. 크리스 오카사키Chris Okasaki의 박사논문 'Purely Functional Data Structures'에 설명된 이항 힙binomial heap은 변경 불가능한 데이터 구조로 원소 추가, 최소 원소 검색, 최소 원소 삭제, 두 이항 힙 병합의 네 연산을 효율적으로 구현한 우선순위 큐이다.

```
class BinomialHeap[T] extends Iterable[T] {
  def insert(x: T): BinomialHeap[T]
  def remove: (T, BinomialHeap[T])
  def smallest: T
  def merge(that: BinomialHeap[T]): BinomialHeap[T]
}
```

`BinomialHeap` 클래스를 구현하라. 그 후 이항 힙을 위한 분할기와 병합기를 구현하고, `par` 연산을 재정의하라.

6
반응형 확장을 활용한 동시 프로그래밍

"여러분의 마우스도 데이터베이스다."
– 에릭 메이어(Erik Meijer)[1]

4장에서 본 퓨처와 프라미스는 동시 프로그래밍을 새로운 수준으로 끌어 올렸다. 첫째로 그 둘을 사용하면 계산 결과를 생산자로부터 소비자로 보내면서 블록시킬 필요가 없어진다. 둘째로, 그들을 사용하면 간단한 퓨처 객체를 엮어서 더 복잡한 퓨처를 만들 수 있는 숙어와 같은 합성을 사용해 프로그램을 더 간결하게 만들 수 있다. 퓨처는 비동기 통신의 패턴을 더 깔끔하면서 더 쉽게 이해할 수 있는 방법으로 묶어준다.

퓨처의 단점 하나는 결과를 한 번만 처리할 수 있다는 것이다. HTTP 요청이나 값을 한 번만 만들어 내는 비동기 계산의 경우에는 퓨처가 적당하지만, 동일한 계산

---

[1] 마이크로소프트(Microsoft)에 재직하면서 .Net Rx(반응형 확장, Reactive Extension)을 만든 컴퓨터 과학자이다. 코세라(coursera)에서 반응형 프로그래밍에 대한 강좌(https://www.coursera.org/course/reactive)를 오더스키와 함께 개설하니 관심 있는 독자는 수강해 볼 것을 권한다. – 옮긴이

으로부터 여러 번 서로 다른 이벤트를 받아야 하는 경우도 있기 마련이다. 예를 들어 퓨처로는 파일 다운로드 상태를 추적하기가 어렵다. 이런 경우 이벤트 스트림이 훨씬 더 나은 도구이다. 퓨처와 달리 이벤트 스트림은 원하는 대로 값을 생성할 수 있고, 그렇게 매 번 생성되는 값을 이벤트라고 부른다. 함수 컴비네이터를 활용해 일급 계층 이벤트 스트림을 합성하고 변환할 수 있다.

전산학에서 이벤트 기반 프로그래밍event driven programming은 프로그램의 흐름이 외부 입력, 사용자의 동작, 다른 계산에서 생겨난 메시지 등의 이벤트에 따라 결정되는 프로그래밍 스타일이다. 사용자 동작의 예로는 마우스 클릭을 들 수 있고, 외부 입력의 예로는 네트워크 인터페이스를 들 수 있다. 퓨처나 이벤트 스트림 모두 이벤트 기반 프로그래밍에 속하는 추상화라고 말할 수 있다.

프로그램 안에서 변화의 전파와 데이터의 흐름을 담당하는 반응형 프로그래밍 reactive programming도 이와 가까운 프로그래밍 방식이다. 전통적으로 반응형 프로그래밍은 프로그램 내의 데이터 값 사이의 여러 제약조건을 표현하는 프로그래밍 스타일로 정의해 왔다. 예를 들어 절차 프로그래밍에서 a = b + 1이라고 쓰면, a에 b의 현재 값에 1을 더해서 대입한다는 뜻이다. 그 후 b의 값이 바뀌더라도 a는 변하지 않는다. 반면, 반응형 프로그래밍에서는 b가 바뀌면 a의 값도 a = b + 1이라는 제약조건에 따라 바뀐다.

동시성에 대한 요구가 늘어남에 따라 이벤트 기반 프로그래밍이나 반응형 프로그래밍의 필요성도 훨씬 더 커졌다. 전통적인 콜백 기반이나 절차형 API는 그런 목적에 부적합하다는 것이 드러났다. 왜냐하면 콜백이나 절차형 API를 동시 프로그래밍에 사용하면, 프로그램 흐름을 이해하기 힘들고, 동시성 도입에 따라 고민해야 하는 문제를 프로그램 논리와 섞어 쓰게 되며, 변경 가능한 상태에 의존하기 때문이다. 더 큰 애플리케이션에서, 잘 구조화되지 않은 콜백이 많이 있으면 콜백 지옥callback hell이라는 효과를 낳는다. 이는 프로그래머가 더 이상 프로그램의 제어 흐름을 이해하지 못하는 상황을 의미한다. 어떤 면에서 콜백은 반응형 프로그래밍의 GOTO라 할 수 있다. 이벤트 스트림 합성은 콜백 선언 패턴을 잡아내서, 프로그래머가 더 쉽게 콜백을 표현할 수 있게 해준다. 그것은 이벤트 기반 시스템을 구축하는 데 있어 훨씬 더 구조화된 접근 방법이다.

반응형 확장Rx은 비동기의 이벤트 기반 프로그램을 이벤트 스트림을 사용해 조합하는 프로그래밍 프레임워크이다. Rx에서는 T 타입의 이벤트를 만들어내는 이벤트 스트림을 Observable[T]라는 타입으로 표현한다. 이번 장에서 배우겠지만, Rx 프레임워크에는 반응형과 이벤트 기반 프로그래밍에 함께 존재하는 원칙이 한데 들어 있다. Rx의 기본 개념은 이벤트와 데이터를 비슷한 방식으로 다룰 수 있다는 것이다.

이번 장에서는 RxObservable 객체의 의미를 공부하고, 이를 이벤트 기반 또는 반응형 애플리케이션을 작성하기 위해 사용하는 방법을 배울 것이다. 구체적으로는 다음과 같은 주제를 살펴볼 것이다.

- Observable 객체를 만들고 구독하기
- 관찰 가능observable 계약과 원하는 대로 Observable 객체를 구현하는 방법
- 구독을 사용해 이벤트 소스source를 취소하기. Rx 컴비네이터를 사용해 관찰가능 객체를 합성하기
- Rx 스케줄러 인스턴스를 사용해 동시성 제어하기
- 더 큰 애플리케이션을 설계하기 위해 Rx 사용하기

먼저 Observable 객체를 만들고 조작하는 방법을 보여주는 간단한 예제를 가지고 시작할 것이다. 그 후, Observable 객체가 어떻게 이벤트를 전파하는지 보여줄 것이다.

Observable 객체 생성

이번 절에서는 Observable 객체를 만드는 여러 방법을 공부할 것이다. 또, Observable 인스턴스가 생산하는 서로 다른 여러 종류의 이벤트를 어떻게 구독하는 지와 전용 Observable 객체를 제대로 만드는 방법도 배울 것이다. 마지막으

로, 차가운 관찰 가능 객체와 뜨거운 관찰 가능 객체의 차이를 논의할 것이다.

Observable 객체는 subscribe라는 메소드를 제공하는 객체이며, subscribe는 관찰자observer를 인자로 받는다. 관찰자는 이벤트 처리 논리가 들어가 있는 사용자가 만든 객체이다. 특정 관찰자를 가지고 subscribe 메소드를 호출할 때, 그 관찰자가 대상 Observable 객체를 구독한다고 말한다. Observable 객체는 이벤트를 만들어낼 때마다 구독 중인 관찰자에게 이벤트를 통지한다.

스칼라 Rx 구현은 스칼라 표준 라이브러리의 일부가 아니다. 스칼라 Rx를 사용하기 위해서는 다음 의존 관계를 build.sbt 파일에 추가해야 한다.

```
libraryDependencies +=
  "com.netflix.rxjava" % "rxjava-scala" % "0.19.1"
```

이제 rx.lang.scala 패키지의 내용을 임포트해 Rx를 시작한다. 여러 String 타입의 이벤트를 만들어낸 다음 실행을 끝마치는 간단한 Observable 객체를 만들고 싶다고 하자. Observable 동반 객체의 items 팩터리 메소드를 사용해 Observable 타입 객체 o를 만들 수 있다. 그 후 subscribe 메소드를 호출한다. 이 메소드는 4장에서 본 퓨처의 foreach 메소드와 비슷하다. subscribe 메소드는 콜백 함수를 받아서 Observable 객체 o에게 이벤트를 만들 때마다 그 콜백을 호출하라고 알려준다. subscribe 메소드는 안 보이는 곳에서 Observable 객체를 만들어서 이런 작업을 수행한다. 퓨처와의 차이는 Observable 객체는 여러 번 이벤트를 발생시킬 수 있다는 점에 있다. 우리 예제에서 콜백 함수는 아래와 같이 log를 사용해 이벤트를 화면에 출력한다.

```
import rx.lang.scala._
object ObservablesItems extends App {
  val o = Observable.items("Pascal", "Java", "Scala")
  o.subscribe(name => log(s"learned the $name language"))
  o.subscribe(name => log(s"forgot the $name language"))
}
```

이 예제를 실행하면 두 가지 사실을 깨닫게 된다. 첫째로 모든 log 함수가 주 프로그램 스레드에서 실행된다. 둘째로, 첫 subscribe와 관계된 콜백에 세 언어가 차례로 인자로 호출된 다음, 두 번째 subscribe에서 등록한 콜백에 세 언어가 호출된다.

```
run-main-0: learned the Pascal language
run-main-0: learned the Java language
run-main-0: learned the Scala language
run-main-0: forgot the Pascal language
run-main-0: forgot the Java language
run-main-0: forgot the Scala language
```

subscribe 호출이 동기적으로 실행된다고 결론을 내릴 수 있을 것이다. 즉, subscribe가 o가 만들어내는 모든 이벤트에 대해 콜백을 호출한 다음 반환된다고 결론을 내릴 수 있을 것이다. 하지만 항상 그런 것은 아니다. subscribe 호출도 주 스레드에 제어를 즉시 돌려주고, 콜백 함수를 비동기적으로 호출할 수 있다. 이런 동작 방식은 Observable 객체의 구현에 따라 달라진다. 우리 Rx 구현에서 items 메소드로 생성한 Observable 객체는 그 객체가 만들어진 시점에 모든 이벤트를 사용 가능하다. 따라서 subscribe 메소드가 동기화될 수 있다.

앞의 예에서 Observable 객체는 거의 변경 불가능한 스칼라 컬렉션과 비슷하고, subscribe는 컬렉션에 대한 foreach메소드와 비슷하게 느껴진다. 하지만, Observable 객체가 좀 더 일반적이다. 다음에는 이벤트를 비동기적으로 발생시키는 Observable 객체에 대해 살펴볼 것이다.

일정한 시간이 지난 다음 이벤트를 발생시키는 Observable 객체가 필요하다고 가정하자. timer 팩터리 메소드를 사용해서 그런 Observable 객체를 만들고, 타임아웃을 1초로 맞춘다. 그 후, 아래와 같이 subscribe를 사용해 두 가지 다른 콜백을 지정한다.

```
import scala.concurrent.duration._
object ObservablesTimer extends App {
  val o = Observable.timer(1.second)
  o.subscribe(_ => log("Timeout!"))
  o.subscribe(_ => log("Another timeout!"))
  Thread.sleep(2000)
}
```

이번에는 subscribe 메소드가 비동기적으로 호출된다. 주 스레드를 1초 동안 블록하고 타임아웃 이벤트가 발생할 때까지 기다리는 것은 의미가 없기 때문이다. 이 예제를 실행하면 콜백 함수가 호출되기 전에 주 스레드가 진행된다는 사실을 확인할 수 있다.

```
RxComputationThreadPool-2: Another timeout!
RxComputationThreadPool-1: Timeout!
```

더 나아가 log의 결과를 보면 콜백 함수가 Rx가 사용하는 내부 스레드 풀에서, 미리 정해져 있지 않은 순서로 호출됨을 알 수 있다.

 Observable 객체는 이벤트를 동기적으로나 비동기적으로 발생시킬 수 있다. 이는 Observable의 구체적 구현에 따라 달라진다.

앞으로 보겠지만 대부분의 경우 subscribe를 호출할 때 모든 이벤트가 사용 가능하지는 않다. UI 이벤트, 파일 변경 이벤트, HTTP 응답 등이 그 예이다. subscribe를 호출하는 스레드가 블록되는 것을 피하기 위해 Observable 객체는 그런 이벤트를 비동기적으로 발생시켜야 한다.

Observable과 예외

4장에서 비동기 계산이 때로 예외를 발생시킬 수 있음을 살펴봤다. 그런 경우, 예외가 발생한 계산과 연관된 Future 객체는 실패한다. 즉, 계산 결과를 가지고 성공적으로 종료하는 대신, Future 객체가 비동기 계산을 실패하게 만든 예외와 함께 실패로 종료한다. Future 객체를 사용하는 쪽에서는 failed.foreach나 onComplete에 콜백을 등록해 예외에 반응할 수 있다.

Observable 객체에서 이벤트를 만들어내는 계산도 예외를 던질 수 있다. Observable 객체가 발생시키는 예외에 반응하기 위해서는 관찰자 생성시 콜백을 둘 받는 중복 정의된 subscribe 메소드를 사용할 수 있다. 각각은 이벤트와 예외에 대한 콜백 함수이다.

다음 프로그램은 1, 2을 내보내고 RuntimeException 예외를 던지는 Observable 객체를 만든다. items 팩터리 메소드는 수를 가지고 Observable 객체를 만들고, error 팩터리 메소드는 예외를 가지고 다른 Observable 객체를 만든다. 그 후 Observable 인스턴스에 대한 ++ 연산자를 사용해 두 Observable 객체를 연결한다. 첫 번째 콜백은 수를 표준 출력에 출력하고 예외를 무시한다. 두 번째 콜백은 Throwable 객체의 로그를 남기고 수를 무시한다. 다음 코드를 보자.

```
object ObservablesExceptions extends App {
  val exc = new RuntimeException
  val o = Observable.items(1, 2) ++ Observable.error(exc)
  o.subscribe(
    x => log(s"number $x"),
    t => log(s"an error occurred: $t")
  )
}
```

이 프로그램은 1, 2를 먼저 화면에 출력하고, 그 후 예외 객체를 출력한다. subscribe에 넘긴 두 번째 콜백 함수가 없었다면, Observable 객체 o가 예외를 발생시키기는 하지만 결코 관찰자에게는 전달되지 않았을 것이다. 중요한 것은, 예외가 발생한 다음에 Observable 객체가 다른 (정상적인) 이벤트를 추가로 발생시키는 것은 허용되지 않는다는 점이다. Observable 객체 o를 다음과 같이 정의해 볼 수도 있다.

```
import Observable._
val o = items(1, 2) ++ error(exc) ++ items(3, 4)
```

프로그램이 3과 4도 출력하리라 생각할 수도 있다. 하지만 Observable 객체 o는 그 두 이벤트를 발생시키지 않는다. Observable 객체가 예외를 만들면 그 객체가 오류 상태에 진입했다고 말한다.

 Observable 객체가 예외를 만들면 오류 상태에 들어가며 더 이상 이벤트를 발생시킬 수 없다.

Observable 객체가 팩터리 메소드를 사용해 만들어졌는지, 다음 절에서 설명할 전용 Observable 구현을 사용해 만들어졌는지 관계없이, Observable 객체가 예외를 발생시킨 다음에 이벤트를 발생시키는 것은 금지되어 있다. 다음 절에서는 이런 계약 조건을 좀 더 자세히 살펴볼 것이다.

관찰 가능 계약 조건

간단한 Observable 객체를 만드는 방법과 이벤트에 반응하는 법을 배웠다. 이제 Observable 객체의 생명 주기에 대해 자세히 살펴볼 때이다. 모든 Observable 객체는 미완료uncompleted, 오류error, 완료completed의 세 가지 상태 중 하나에 있을 수 있다. Observable[T] 객체가 미완료 상태인 한, 그 객체는 T 타입의 이벤트를 발생시킬 수 있다. 이미 배웠듯이 Observable 객체는 추가 데이터를 생성하는 데 실패했음을 나타내는 예외를 발생시킬 수 있다. 예외가 발생하면 Observable 객체는 오류 상태에 들어가며, 더 이상 이벤트를 발생시킬 수 없다. 마찬가지로 Observable은 더 이상 추가 데이터를 만들어내지 않기로 결정하고, 완료 상태로 들어갈 수 있다. Observable 객체가 완료하고 나면, 더 이상 이벤트를 발생시킬 수 없다.

Rx에서 Observable 객체의 이벤트를 구독하는 객체들을 Observer 객체라고 부른다. Observer[T] 트레이트에는 onNext, onError, onCompleted라는 세 메소드가 들어 있다. 이 세 메소드는 각각 Observable 객체가 이벤트를 발생시키거나, 오류를 발생시키거나, 완료된 경우 호출된다. 다음 코드는 이 트레이트를 보여준다.

```
trait Observer[T] {
  def onNext(event: T): Unit
  def onError(error: Throwable): Unit
  def onCompleted(): Unit
}
```

지금까지 본 예에서, 우리가 subscribe 메소드를 호출하면 Rx는 Observer 객체를 생성하고 Observable 인스턴스에 할당한다. 그 대신, 우리가 직접 subscribe를 중복정의한 버전에 Observer 객체를 인자로 넘길 수도 있다. 다음 프로그램은 영화 제목 리스트를 Observable로 바꾸는 from 팩터리 메소드를 사용한다. 그 후 Observer 객체를 만들어서 subscribe 메소드에 넘긴다.

```
object ObservablesLifetime extends App {
  val classics = List("Good, bad, ugly", "Titanic", "Die Hard")
  val movies = Observable.from(classics)
  movies.subscribe(new Observer[String] {
    override def onNext(m: String) = log(s"Movies Watchlist - $m")
    override def onError(e: Throwable) = log(s"Ooops - $e!")
    override def onCompleted() = log(s"No more movies.")
  })
}
```

이 프로그램은 처음에 우리가 좋아하는 영화 목록을 출력하고, onCompleted가 호출되어 "No more movies."를 출력한 다음에 종료한다. Observable 객체 movies는 길이가 정해진 문자열 컬렉션으로부터 만들어진다. 이들에 대한 이벤트를 발생시키고 나서 movies는 onCompleted를 호출한다. 일반적으로, Observable 객체는 더 이상 이벤트를 발생시키지 않을 것임이 확실한 경우에만 onCompleted를 호출할 수 있다.

모든 Observable는 자신의 Observer에 대해 onNext를 0번 이상 원하는 만큼 호출할 수 있다. Observable 객체는 그 후 Observer객체의 onCompleted나 onError를 호출해 완료나 오류 상태로 들어갈 것이다. 이를 일컬어 관찰 가능 계약이라고 말하며, 다음과 같이 그림으로 표현할 수 있다. 아래 그림에서 서로 다른 노드는 Observable의 상태를 표현하며, 화살표는 서로 다른 Observer 메소드 호출을 표현한다.

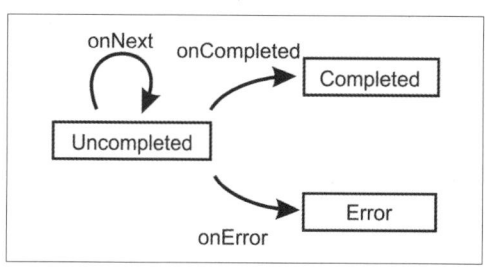

Observable 객체는 자신이 더 이상 이벤트를 발생시키지 않을 것임을 아는 경우에만 onCompleted나 onError를 호출한다는 점과, 그 두 메소드를 모두 호출하지 않을 수도 있다는 점에 유의하라. items와 같은 어떤 관찰 가능 객체는 마지막 이벤트를 발생시키면서 그 사실을 안다. 반면, 마우스나 키보드 이벤트를 발생시키는 Observable 인스턴스는 결코 onCompleted를 호출하지 않는다.

 Observable 객체는 자신을 구독 중인 Observer 객체의 onNext를 원하는 회수만큼 호출할 수 있다. 반면, onCompleted나 onError는 선택적으로 호출 가능하며, 일단 그 둘 중 하나를 Observable 객체가 호출한 다음 추가로 Observer의 메소드를 호출하는 것은 허용되지 않는다.

Rx API가 만들어낸 Observable 객체는 관찰 가능 계약을 구현한다. 실제로는 직접 원하는 Observable 객체를 구현하지 않는 한 관찰 가능 계약 조건에 대해 고민할 필요는 없다. 다음 절에서는 원하는 대로 Observable 객체를 만들 것이다.

전용 Observable 객체 구현

원하는 대로 Observable 객체를 구현하기 위해서 다음과 같은 Observable.factory 팩터리 메소드를 사용할 수 있다.

```
def create(f: Observer[T] => Subscription): Observable[T]
```

이 메소드는 Observer에서 Subscription으로 가는 함수 f를 받아서 새 Observable 객체를 반환한다. subscribe 메소드가 호출될 때마다 그와 연관된 Observable 객체에 대해 함수 f가 호출된다. f 함수는 Subscription 객체를 반환하며, 그 객체는 Observable 인스턴스로부터 Observer 객체의 구독을 중지할 때 사용한다. Subscription 트레이트는 unsubscribe라는 메소드만을 제공한다.

```
trait Subscription {
    def unsubscribe(): Unit
}
```

다음 절에서 Subscription 객체에 대해 더 자세히 이야기할 것이다. 지금은 그냥 빈 Subscription 객체를 사용할 것이다. 따라서 Observer 객체를 구독 중지하지는 못한다.

Observable.create 메소드를 사용하는 방법을 보여주기 위해, vms라는 Observable 객체를 구현할 것이다. 이 객체는 유명한 가상 기계 구현의 이름을 이벤트로 발생시킨다. Observable.create 안에서, 모든 VM 이름을 가지고 onNext를 먼저 호출하도록 조심하고, 그 다음 onCompleted를 한번 호출한다. 마지막으로 빈 Subscription 객체를 반환한다. 이를 다음 프로그램에서 볼 수 있다.

```
object ObservablesCreate extends App {
  val vms = Observable.create[String] { obs =>
    obs.onNext("JVM")
    obs.onNext("DartVM")
    obs.onNext("V8")
    obs.onCompleted()
    Subscription()
  }
  vms.subscribe(log _, e => log(s"oops - $e"), () => log("Done!"))
}
```

Observable 객체 vms에는 동기적인 subscribe 메소드가 있다. subscribe를 호출한 스레드에 제어를 넘겨주기 전에 모든 이벤트를 obs 관찰자에게 발생시킨다. 일반적으로 Observable.create 메소드를 사용해 이벤트를 동기적으로 발생시키는 Observable 인스턴스를 만들 수 있다. 다음으로는 Future 객체를 Observable 객체로 바꾸는 방법을 공부할 것이다.

퓨처에서 Observable 생성

퓨처는 비동기 계산의 결과를 표현하는 객체이다. Observable을 Future 객체를 일반화한 것으로 생각할 수도 있다. 단 하나의 성공이나 실패 이벤트를 발생시키는 퓨처와 달리 Observable은 실패하거나 성공적으로 완료하기 전에 일련의 이벤트를 발생시킨다.

비동기 계산을 다루는 스칼라 API는 보통 Observable이 아니라 Future 객체를 반환한다. 경우에 따라 Future 객체를 Observable 객체로 변환할 수 있다면 편리하다. 여기서 Future 객체가 성공적으로 완료된 경우, 그에 상응하는 Observable 객체는 퓨처의 결과값을 이벤트로 내놓은 다음에 onCompleted 메소드를 호출해야 한다. 만약 Future 객체가 실패하면 상응하는 Observable 객체도 onError를 호출해야만 한다. 시작하기 전에, 다음과 같이 scala.concurrent 패키지의 내용과 전역 ExecutionContext를 임포트해야 한다.

```
import scala.concurrent._
import ExecutionContext.Implicits.global
```

그 후 Observable.create 메소드를 호출해 Observable 객체 o를 만든다. Observer에 대해 onNext, onCompleted, onError를 직접 호출하는 대신, 다음 프로그램과 같이 Future 객체 f에 콜백을 지정한다.

```
object ObservablesCreateFuture extends App {
  val f = Future { "Back to the Future(s)" }
  val o = Observable.create[String] { obs =>
    f foreach { case s => obs.onNext(s); obs.onCompleted() }
    f.failed foreach { case t => obs.onError(t) }
    Subscription()
  }
  o.subscribe(log _)
}
```

여기서 subscribe 메소드는 비동기적이다. Future 객체에 콜백을 설정한 다음 즉시 반환된다. 사실 이런 패턴은 너무 흔하기 때문에, Rx에는 Observable.from이라는 팩터리 메소드가 있다. 그 메소드는 아래 코드와 같이 Future 객체를 Observable 객체로 바로 바꿔준다.

```
val o = Observable.from(Future { "Back to the Future(s)" })
```

이런 메소드가 없더라도, Future 객체를 Observable 객체로 바꾸는 것을 배우는 일은 쉬웠을 것이다. 콜백 기반의 API를 Observable 객체로 바꿀 때는 Observable.create 메소드를 더 선호한다. 이에 대해서는 나중에 살펴볼 것이다.

Observable.create 팩터리 메소드를 사용해 콜백 기반의 API에서 Observable 객체를 만들라.

지금까지 본 예제에서는 항상 빈 Subscription 객체를 반환했다. 그런 Subscription 메소드에 unsubscribe를 호출해도 아무 소용이 없다. 때로, Subscription 객체가 대응하는 Observable 인스턴스와 연관된 자원을 해제해야 하는 경우가 있다. 이제 Subscription 객체를 구현하고 사용하는 방법에 대해 다룰 것이다.

Subscription

4장에서 본 파일시스템 감시 예제를 기억해보자. 그 예제에서는 아파치 커먼스 IO 라이브러리에 있는 파일 감시 패키지를 사용해 새 파일이 생성되면 Future를 완료시켰다. Future는 한 번만 완료될 수 있다. 따라서 가장 먼저 생성된 파일 이름으로 퓨처를 완료시켰다. 이런 경우, 파일시스템에 파일이 여러 번 생기거나 삭제될 수 있기 때문에 Observable을 사용하는 것이 더 자연스럽다. FTP나 파일 브라우저 같은 애플리케이션이라면 그런 이벤트를 모두 받기 원할 것이다.

그 프로그램에서 나중에 Observable 객체로부터 구독을 중지하고 싶은 경우가 생길 수 있다. 이제 Subscription 객체를 사용해 구독 중지를 만드는 방법을 볼 것이다. 먼저 아파치 커먼스 IO 파일 감시 패키지를 다음과 같이 임포트한다.

import org.apache.commons.io.monitor._

특정 디렉토리에서 변경된 파일의 이름을 알려주는 Observable 객체를 반환하는 modified 메소드를 정의한다. Observable.create 메소드는 커먼스 IO 콜백 기반 API와 Rx 사이를 연결해준다. subscribe 메소드가 불리면 별도의 스레드에서 매 1000밀리초마다 파일시스템을 검사해 파일시스템 이벤트를 발생시키는 FileAlterationMonitor 객체를 만든다. FileAlterationObserver 객체는 감시할 디렉토리를 지정하고, FileAlterationListener 객체는 파일 이벤트에 반응해

Rx의 Observer 객체에 대해 onNext 메소드를 호출한다. 그 다음 fileMonitor 객체의 start를 호출한다. 마지막으로, 전용 Subscription 객체를 반환한다. 이 객체는 fileMonitor 객체에 대해 stop을 호출한다. modified 메소드는 다음과 같다.

```
def modified(directory: String): Observable[String] = {
  Observable.create { observer =>
    val fileMonitor = new FileAlterationMonitor(1000)
    val fileObs = new FileAlterationObserver(directory)
    val fileLis = new FileAlterationListenerAdaptor {
      override def onFileChange(file: java.io.File) {
        observer.onNext(file.getName)
      }
    }
    fileObs.addListener(fileLis)
    fileMonitor.addObserver(fileObs)
    fileMonitor.start()
    Subscription { fileMonitor.stop() }
  }
}
```

이 코드에서는 Subscription의 apply 팩터리 메소드를 호출했다. 그 결과 생기는 Subscription 객체의 unsubscribe 메소드가 호출되면 apply에 지정한 코드 블록이 실행된다. unsubscribe를 두 번 호출해도 해당 코드 블록을 다시 실행하지 않는다는 점이 중요하다. 그래서 unsubscribe 메소드가 멱등적idempotent이라고 말한다. 이는 여러 번 호출해도 한 번 호출한 것과 같은 효과를 낸다는 뜻이다. 우리의 예제에서 unsubscribe 메소드는 fileMonitor 객체의 stop 메소드를 최대 한 번 호출한다. Subscription 트레이트의 하위 클래스를 만드는 경우, unsubscribe가 반드시 멱등적인 메소드가 되도록 해야 한다. Subscription의 apply 메소드는 멱등성을 자동으로 보장해주는 편리한 메소드이다.

 Subscription의 unsubscribe 메소드 구현은 멱등적이어야 한다. Subscription.apply 메소드를 사용하면 멱등적인 Subscription 객체를 만들 수 있다.

modified 메소드를 사용해 우리 프로젝트에 속한 파일의 변경사항을 추적할 수 있다. modified 메소드가 반환하는 Observable 객체에 subscribe를 호출하고 나면, 주 스레드는 10초간 실행을 중단한다. 그 시간 동안 에디터에서 파일을 저장하면 프로그램이 파일 변경 이벤트를 표준 출력에 보낼 것이다. 이런 과정을 다음 코드에서 볼 수 있다.

```
object ObservablesSubscriptions extends App {
  log(s"starting to monitor files")
  val sub = modified(".").subscribe(n => log(s"$n modified!"))
  log(s"please modify and save a file")
  Thread.sleep(10000)
  sub.unsubscribe()
  log(s"monitoring done")
}
```

이 예제에서 FileAlterationMonitor 객체는 프로그램이 subscribe 메소드를 호출한 경우에만 생긴다는 점을 알아두라. modified가 반환하는 Observable 인스턴스는 자신을 구독하는 Observer가 없는 경우 이벤트를 발생시키지 않는다. Rx에서 구독하는 객체가 있는 경우에만 이벤트를 발생시키는 Observable 객체를 찬 관찰가능cold observable 객체라고 부른다. 반면 일부 Observable 객체는 자신을 구독하는 객체가 없어도 이벤트를 발생시킨다. 키보드나 마우스 이벤트와 같은 사용자 입력을 처리하는 Observable 인스턴스가 보통 그렇다. 구독자가 있는지 여부와 관계 없이 이벤트를 발생시키는 Observable 객체를 뜨거운 관찰가능hot observable 객체라고 부른다. 이제 파일 변경을 추적하는 뜨거운 Observable 객체를 다시 구현할 것이다. 먼저 다음과 같이 FileAlterationMonitor 객체를 시작해야 한다.

```
val fileMonitor = new FileAlterationMonitor(1000)
fileMonitor.start()
```

Observable 객체는 fileMonitor 객체를 사용해 감시할 대상 디렉토리를 지정한다. 이런 방식의 단점은 이제는 구독하는 객체가 없어도 Observable 객체가 계산 자원을 소비한다는 것이다. 뜨거운 관찰가능 객체를 사용하는 것의 장점은 구독하는 객체가 많아도 상대적으로 더 무거운 FileAlterationMonitor 객체를 여럿 인스턴스화할 필요가 없다는 것이다. 다음 코드와 같이 hotModified 메소드 안에 뜨거운 Observable 객체를 구현한다.

```
def hotModified(directory: String): Observable[String] = {
  val fileObs = new FileAlterationObserver(directory)
  fileMonitor.addObserver(fileObs)
  Observable.create { observer =>
    val fileLis = new FileAlterationListenerAdaptor {
      override def onFileChange(file: java.io.File) {
        observer.onNext(file.getName)
      }
    }
    fileObs.addListener(fileLis)
    Subscription { fileObs.removeListener(fileLis) }
  }
}
```

hotModified 메소드는 fileMonitor 객체에 주어진 디렉토리의 변경을 등록해서 Observable 객체를 만들고, 그 후 Observable.create를 호출한다. 결과 Observable 객체에 대해 subscribe 메소드가 호출되면, 새 FileAlterationListener 객체를 인스턴스화해서 추가한다. Subscription 객체 안에서는 FileAlterationListener 객체를 제거해서 새로운 파일 변경 이벤트를 추가로 받는 일이 없게 막는다. 하지만, 프로그램이 멈출 때까지 fileMonitor에 대해 stop을 호출하지는 않는다.

Observable 객체 합성

여러 유형의 Observable 객체를 만드는 방법을 살펴봤고, 이벤트를 구독하는 방법과 Subscription 객체를 사용하는 방법을 봤다. 이제는 Observable를 합성해 큰 프로그램을 만드는 방법으로 관심을 돌릴 때이다. 지금까지 본 것만으로는 콜백 기반의 API보다 Observable 객체를 사용하는 것이 더 이롭다고는 하지만, 굳이 Observable로 옮겨가는 수고를 무릅쓸 만큼 대단하지는 않아 보인다.

Rx의 진정한 능력은 Observable 객체를 여러 컴비네이터로 조합할 때 나타난다. Observable 객체를 스칼라의 시퀀스 컬렉션과 비슷하게 생각할 수 있다. Seq[T] 타입으로 표현하는 스칼라 시퀀스에서는 타입이 T인 원소의 인덱스를 가지고 메모리상의 순서를 알 수 있다. Observable[T] 트레이트에서는 타입이 T인 이벤트가 시간 순으로 순서가 매겨진다.

Observable.interval 팩터리 메소드를 사용해 비동기적으로 매 0.5초마다 수를 이벤트로 발생시키는 Observable 객체를 만들자. 그 후, 맨 앞부터 5개의 홀수를 출력하자. 이를 위해서는 먼저 Observable 객체에 filter를 호출해서 홀수만을 발생시키는 중간 단계 Observable 객체를 만들어야 한다. Observable 객체에 filter를 호출하는 것이 스칼라 컬렉션에 filter를 호출하는 것과 비슷하다는 것을 눈 여겨 봐 두라. 마찬가지로, 중간 객체에서 각 홀수를 문자열로 변환하기 위해 map을 호출해서 새 Observable 객체를 얻어낸다. 그 후 take를 사용해 오직 최초의 5개 이벤트만을 포함하는 새 Observable 객체 odds를 만든다. 마지막으로, odds를 구독해서 그 Observable이 발생시키는 이벤트를 화면에 출력할 수 있다. 이 과정은 다음 코드와 같다.

```
object CompositionMapAndFilter extends App {
  val odds = Observable.interval(0.5.seconds)
    .filter(_ % 2 == 1).map(n => s"num $n").take(5)
  odds.subscribe(
    log _, e => log(s"unexpected $e"), () => log("no more odds"))
  Thread.sleep(4000)
}
```

여러 다른 Rx 컴비네이터의 의미를 간결하게 설명하기 위해 종종 구슬 도식 marble diagram을 활용하고는 한다. 이런 도식은 Observable 객체의 이벤트와 여러 Observable 객체 사이의 이벤트 변환을 그림으로 보여준다. 구슬 도식은 모든 Observable 객체를 각 이벤트가 발생한 시간 축을 따라 보여준다. 첫 세 중간 단계 Observable 객체는 결코 관찰자의 onComplete를 호출하지 않는다. odds라는 Observable 객체는 최대 5개의 이벤트만을 포함하기 때문에, 이벤트를 5개 발생시킨 다음에 onComplete를 호출한다. 구슬 도식에서는 onComplete를 호출하는 것을 시간 축 위에 짧은 굵은 수직선으로 표현한다. 아래 그림을 보자.

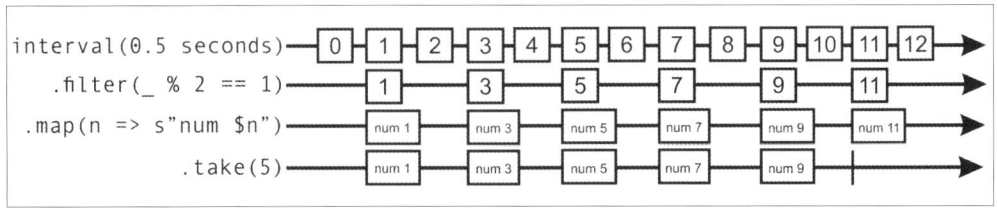

앞의 그림은 여러 Observable 객체 간의 관계를 추상적으로 보여준다. 하지만, 이 이벤트 중 일부는 실행 중 생략될 수도 있다. Rx 구현에 따라서는 효율을 위해 그 두 이벤트를 발생시키지 않기 때문에 subscribe를 호출해도 11과 12 이벤트를 관찰하지 못할 수도 있다.

스칼라 순차 프로그래밍의 전문가라면, 아마도 앞의 예제를 for 내장을 사용해 더 간략하게 쓸 수 있다는 사실을 눈치챘을 것이다. 예를 들어 최초의 5개의 짝수는 다음과 같이 for 식으로 표현 가능하다.

```
val evens = for (n <- Observable.from(0 until 9); if n % 2 == 0)
    yield s"even number $n"
evens.subscribe(log _)
```

더 복잡한 for 내장을 다루기 전에, 먼저 이벤트로 다른 Observable 객체를 발생시키는 특수한 Observable 객체를 공부할 것이다.

내포된 Observable

내포된 Observable은 다른 말로 고차 이벤트 스트림higher-order event stream이라고도 한다. 이는 이벤트로 Observable을 발생시키는 Observable 객체를 말한다. foreach와 같은 고차 함수를 고차 함수라고 부르는 이유는 (T => Unit) => Unit 타입에서 보듯 함수 타입 안에 함수가 내포되어 있기 때문이다. 마찬가지로 고차 이벤트 스트림은 Observable[T] 타입이 Observable[Observable[T]]안에 내포되어 있기 때문에 붙은 이름이다. 이번 절에서는 내포된 Observable 객체가 유용한 경우가 언제 인지와 어떻게 그런 객체를 효율적으로 다룰 수 있을지에 대해 배울 것이다.

책을 하나 쓰는데, 각 장의 맨 앞에 유명한 인용문을 넣고 싶다고 가정하자. 제대로 인용문을 고르는 것은 어려운 일이기 때문에 이를 자동화하고 싶다. Observable 객체를 사용해 I Heart Quotes 웹사이트에서 0.5초마다 임의의 인용문을 가져와서 화면에 출력하고 싶다. 맘에 드는 인용문을 발견하면, 이를 복사해 책에 넣을 수 있다.[2]

먼저 인용문을 돌려주는 Future 객체를 반환하는 fetchQuote 메소드를 정의하는 것부터 시작할 것이다. 다행히 I heart Quotes 웹사이트의 API는 단순 텍스트를 반환하기 때문에 JSON이나 XML을 구문분석할 필요가 없다. 아래와 같이 scala.io.Source 객체를 사용해 제대로 된 URL의 내용을 가져올 수 있다.

```
import scala.io.Source
def fetchQuote(): Future[String] = Future {
  blocking {
    val url = "http://www.iheartquotes.com/api/v1/random?" +
      "show_permalink=false&show_source=false"
    Source.fromURL(url).getLines.mkString
  }
}
```

from 팩터리 메소드를 사용하면 Future를 Observable로 바꿀 수 있다는 사실을 기억하라.

```
def fetchQuoteObservable(): Observable[String] = {
  Observable.from(fetchQuote())
}
```

이제 Observable.interval 팩터리 메소드를 사용해 매 0.5초마다 수를 내놓는 Observable 객체를 만든다. 예제이기 때문에 그 중 최초의 4개만을 가져온다. 그 후 이 수들을 인용문을 내놓는 Observable 객체로 매핑하되, 각 인용문의 앞에 순

---

[2] 애석하게도 iheartquotes.com은 더 이상 정상 동작하지 않는다. 이 책의 코드로 실험을 원하는 독자는 임의의 문장을 반환하는 별도의 웹 서비스를 만들고, 이번 절에서 사용된 url을 그 서비스 url로 변경한 다음에 실험해 보기 바란다. – 옮긴이

서를 나타내는 숫자를 붙인다. 이를 위해 fetchQuoteObservable 메소드를 호출하고, 그 결과를 내포된 map 호출을 사용해 다음과 같이 변환한다.

```
def quotes: Observable[Observable[String]] =
  Observable.interval(0.5 seconds).take(4).map {
      n => fetchQuoteObservable().map(txt => s"$n) $txt")
  }
```

내부의 map 호출은 인용문이 들어 있는 Observable[String] 인스턴스를 인용문 앞에 번호가 붙은 문자열이 들어 있는 Observable[String] 객체로 변환한다. 외부의 map 호출은 최초의 수 4가 들어 있는 Observable[Long] 객체를 Observable[Observable[String]] 인스턴스로 변환한다. 그 인스턴스는 각각의 인용문을 발생시키는 Observable이 들어 있다. quotes 메소드가 만들어내는 Observable 객체를 다음에 구슬 도식으로 표현했다. 내포된 Observable 객체가 마지막에 발생시키는 이벤트도 Future 객체가 반환하는 인용문이 들어가는 이벤트가 오직 하나씩만 들어 있는 Observable 객체이다. 그림을 이해하기 쉽게 만들기 위해 내부의 map 호출은 생략했다.

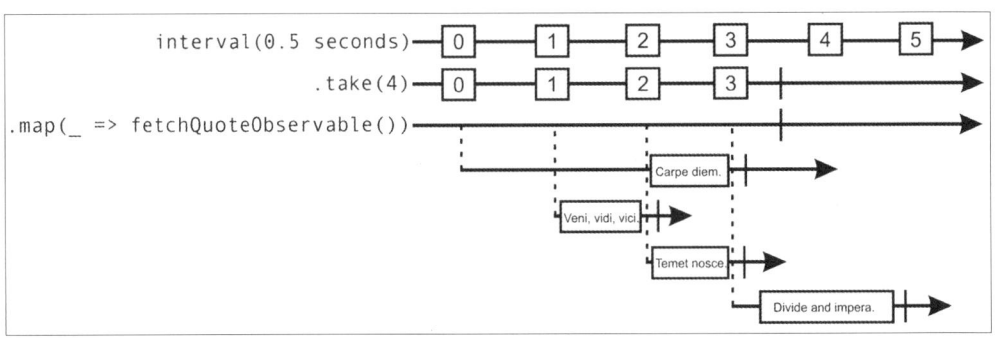

구슬 도식을 그리면 Observable의 내용을 더 잘 이해할 수 있다. 하지만, Observable[Observable[T]] 객체에 있는 이벤트를 어떻게 구독할 수 있을까? quotes에 대해 subscribe를 호출하는 것은 Observable[String] 객체를 처리하기 위함이지 String 이벤트를 직접 처리하기 위한 것이 아니다.

이런 문제를 해결하는 방법을 이해하는 데 있어, 스칼라의 시퀀스 컬렉션과의 대비가 다시 한번 유용하게 쓰일 수 있다. Seq[Seq[T]]와 같이 내포된 시퀀스에 대해 flatten을 호출하면 Seq[T] 컬렉션을 얻을 수 있다. 이 연산을 적용할 때, 각 내포된 시퀀스의 원소들은 단순히 서로 이어 붙여진다. Rx API도 Observable 객체를 평평하게 하는 비슷한 메소드를 제공한다. 하지만, 그런 메소드는 이벤트가 발생하는 시간과 관련해 발생하는 복잡성을 추가로 해결해야만 한다. 각 이벤트가 도착하는 시간에 따라 Observable 객체를 평평하게 만드는 방법도 달라진다.

첫 번째 메소드인 concat은 내포된 Observable 객체를 서로 붙이되, 한 Observable의 모든 이벤트를 그 다음에 오는 Observable 객체의 모든 이벤트보다 더 앞에 위치시킨다. 더 앞에 나타난 Observable 객체가 완료되어야만 그 다음에 있는 Observable 객체가 발생시키는 이벤트가 전달될 수 있다. concat 연산의 구슬 도식은 아래와 같다. "Veni, vidi, vici."라는 문구가 "Carpe diem."보다 먼저 도착했지만, "Veni, vidi, vici."는 오직 "Carpe diem."과 연관된 Observable이 완료된 다음에만 발생할 수 있다. 전체 결과로 생기는 Observable 객체는 Observable 객체인 quotes가 완료되고, 그 안에 내포된 모든 Observable 객체도 완료된 뒤에 완료된다.

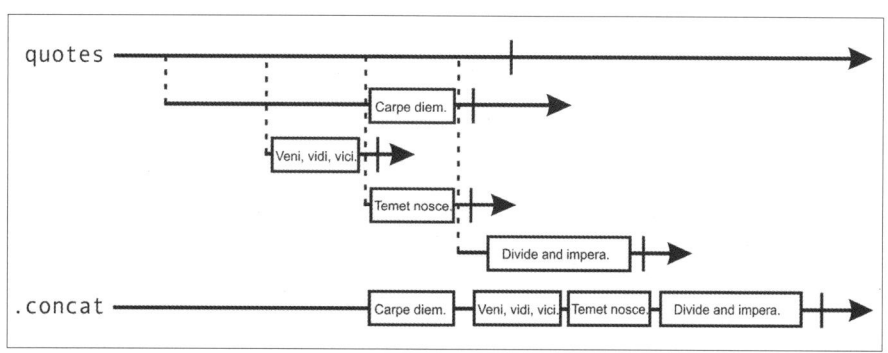

두 번째 메소드는 'flatten'으로, 스칼라 컬렉션 API에 있는 같은 이름의 메소드와 비슷하다. 이 메소드는 내포된 Observable 객체의 이벤트들을 도착 시간에 따라 발생시킨다. 이때 내포된 Observable의 선후관계는 따지지 않는다. 더 뒤에 나타난 내포된 Observable 객체가 이벤트를 발생시키기 위해, 그 이전의 내포

Observable 객체가 완료되야 할 필요도 없다. 이를 다음 도식으로 표현할 수 있다. 결과 Observable에서는 내포된 Observable 객체가 인용문을 발생시키자마자 인용문 이벤트를 발생시킨다. quotes와 모든 내포된 Observable 객체가 완료되면 결과 Observable 객체도 역시 완료된다.

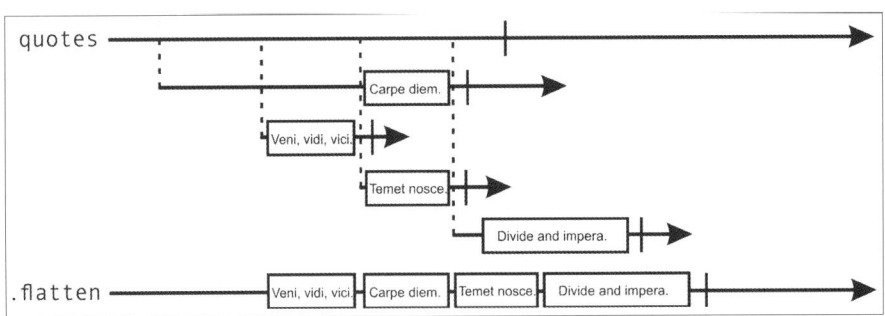

concat과 flatten 메소드의 차이를 보기 위해, 이 두 메소드를 사용해 quotes에 있는 이벤트를 구독한다. 네트워크의 신뢰성이 떨어지거나, 특히 지연시간이 비결정적이라면, 두 번째 subscribe가 quotes를 받아 출력한 결과가 뒤섞일 수 있다. 이런 효과를 관찰하기 위해 각 HTTP 요청 사이의 간격을 0.5초에서 0.01초로 줄일 수도 있다. flatten을 사용하면 각 인용문 앞에 붙은 번호가 뒤죽박죽이 된다. 이런 동작을 다음 프로그램으로 볼 수 있다.

```
object CompositionConcatAndFlatten extends App {
  log(s"Using concat")
  quotes.concat.subscribe(log _)
  Thread.sleep(6000)
  log(s"Now using flatten")
  quotes.flatten.subscribe(log _)
  Thread.sleep(6000)
}
```

concat과 flatten 메소드 중 언제 어떤 것을 택해야 할까? Concat 메소드는 서로 다른 Observable가 발생시킨 이벤트의 상대적 순서가 유지된다는 장점이 있다. 만약 인용문을 사전순서로 가져와 출력하려 한다면, concat 메소드가 내포된 Observable 객체를 펼치는 올바른 방법일 것이다.

여러 내포 Observable 객체가 발생시킨 이벤트간의 상대적 순서를 유지해야 하는 경우에는 concat 메소드로 내포 Observable을 펼쳐라.

concat 메소드는 현재 이벤트를 받고 있는 Observable 객체가 완료되기 전까지는 다음에 있는 Observable 객체의 이벤트를 구독하지 않는다. 만약 어떤 Observable 객체가 완료되기까지 시간이 오래 걸리거나, 심지어 완료가 되지 않는 경우, 나머지 Observable 객체가 발생시키는 이벤트는 모두 지연되거나 결코 전달되지 못한다. flatten으로 펼치면 내포된 Observable 객체가 이벤트를 발생시키자 마자 이를 구독하며, 내포된 Observable에서 이벤트가 도착하자마자 그 이벤트를 전달한다.

 내포된 Observable 객체 중 어느 하나가 결코 완료하지 않거나, 어느 하나가 무한정 이벤트를 발생시킬 수 있다면, concat 대신 flatten을 사용하라.

여러 Observable 객체를 for 내장 안에서 순환할 수도 있다. Observable 객체에는 flatMap 메소드가 있기 때문에 for 내장 안에서 사용 가능하다. flatMap 메소드를 Observable 객체에 대해 호출하는 것은 그 Observable의 이벤트를 내포된 Observable 객체로 매핑한 다음 flatten을 호출하는 것과 같다. 따라서 quotes.flatten 메소드를 다음과 같이 바꿔 쓸 수도 있다.

```
Observable.interval(0.5 seconds).take(5).flatMap({
  n => fetchQuoteObservable().map(txt => s"$n) $txt")
}).subscribe(log _)
```

스칼라 컬렉션에 대한 for 내장과 스칼라 퓨처에 대한 for 내장을 모두 다 이해했기 때문에, 이런 식으로 flatMap과 map을 호출이 서로 연이어 발생하는 경우를 다음과 같이 for 문으로 바꿀 수 있음을 안다.

```
val qs = for {
  n <- Observable.interval(0.5 seconds).take(5)
  txt <- fetchQuoteObservable()
} yield s"$n) $txt"
qs.subscribe(log _)
```

이쪽이 더 간결하고 이해하기도 쉬우며, 컬렉션을 다루는 것과 거의 차이도 없다. 하지만, 여전히 주의해야 할 것이 있다. Observable 객체에 대한 for 내장은 컬렉션에 대해 for를 사용했을 때와 달리 Observable 객체 간의 선후관계를 유지하지 않는다. 앞의 예에서는 어떤 수 n을 인용문 txt와 짝지을 수 있게 되자마자 s"$n) $txt" 이벤트가 발생한다. 이때, n의 순서가 뒤섞일 수 있다.

 flatMap을 사용하거나 for 내장 안에서 Observable을 사용하면 이벤트가 도착한 순서대로 발생하며, 이 순서는 여러 Observable 객체 간의 전후 관계와는 다르다. flatMap 메소드를 호출하는 것은 의미상 map을 호출한 다음 flatten을 호출하는 것과 같다.

예리한 독자라면 내포된 Observable 객체 중 하나가 onError를 호출해 실패하는 경우를 고려하지 않았다는 것을 눈치챘을 것이다. 그런 일이 발생하면 concat이나 flatten 모두 발생한 오류를 가지고 onError를 호출한다. 마찬가지로 map과 filter의 결과 Observable도 입력 Observable이 예외를 발생시키는 경우 실패로 끝난다. 그런데, 오류가 발생한 Observable 객체를 어떻게 합성할 수 있는지 불분명하다. 이에 대해 다음 절에서 다룰 것이다.

Observable에서 발생한 오류 처리

앞에서 본 예제를 직접 실행했다면, 아마 일부 인용문이 길고 읽기 지겹다는 사실을 발견했을 것이다. 어떤 장을 시작하면서 지겨운 인용문을 맨 앞에 두기를 바라지는 않는다. 독자들이 흥미를 잃을 수 있기 때문이다. 가장 좋은 인용문은 길이가 짧고 정곡을 찌르는 것이다.

우리의 다음 목표는 100글자보다 긴 인용문을 Retrying...이라는 문자열로 바꾸고, 100글자 이하의 인용문만 출력하는 것이다. 이번에는 구독할 때마다 임의의 인용문을 발생시키는 randomQuote라는 Observable 객체를 정의한다. Observable.create 메소드를 사용해 앞의 예제와 같이 임의의 인용문을 가져와서 관찰자에게 전달한다. 그 후 빈 Subscription 객체를 반환한다. 이는 다음 코드와 같다.

```
def randomQuote = Observable.create[String] { obs =>
  val url = "http://www.iheartquotes.com/api/v1/random?" +
      "show_permalink=false&show_source=false"
  obs.onNext(Source.fromURL(url).getLines.mkString)
  obs.onCompleted()
  Subscription()
}
```

randomQuote가 반환하는 Observable 객체와 예전에 봤던 fetchQuoteObservable이 반환하는 객체 사이에는 중요한 차이가 있다. fetchQuoteObservable 메소드는 Future 객체를 만들어서 인용문을 가져오고 그 Future에 있는 인용문을 모든 관찰자에게 전달했다. 반면, randomQuote는 새 인용문을 subscribe가 호출될 때마다 발생시켰다. 앞에서 설명했던 용어를 사용해 이야기하자면, randomQuote 메소드는 찬 Observable 객체, 즉 구독을 할 때만 이벤트를 발생시키는 객체를 만들고, fetchQuoteObservable 메소드는 모든 관찰자에게 동일한 인용문 이벤트를 발생시키는 뜨거운 Observable 객체를 만든다.

실패한 Observable 객체를 다시 구독하기 위해서는 retry 컴비네이터를 사용할 수 있다. retry 컴비네이터는 입력 Observable을 받아서, 그 Observable이 실패하거나 완료될 때까지 이벤트를 발생시키는 새로운 Observable을 돌려준다. 입력 Observable 객체가 실패한다면 retry 컴비네이터는 입력 Observable에 다시 구독을 시도한다.

이제 retry 컴비네이터를 randomQuote 메소드에 사용해 100글자 이하의 인용문을 얻을 때까지 계속 구독을 시도할 것이다. 먼저 randomQuote에서 받은 긴 인용문을 실패한 Observable로 바꾼다. 그래야 retry가 다른 인용문을 얻기 위해 재구독을 시도한다. 이를 위해 "Retrying..."이라는 문자열을 발생시킨 다음 실패로 끝나는 errorMessage라는 Observable 객체를 만든다. 그 후 randomQuote에서 얻은 인용문 text를 for 내장 안에서 순회한다. 만약 text 인용문이 100글자보다 작으면, 문자열을 발생시키는 Observable 객체를 순회한다. 그렇지 않으면, errorMessage를 순회해 text의 내용 대신 "Retrying..."을 출력한다. 이 for 내장은 짧은 인용문을 발생시키거나, "Retrying..."을 발생시킨 다음 실패하는 quoteMessage라는 Observable을 만든다. 결과 Observable 객체인 quoteMessage에 대한 구슬 도식을 아래 표시했다. 이 도식에서 Observable에서 발생하는 예외를 곱하기 기호로 표시했다.

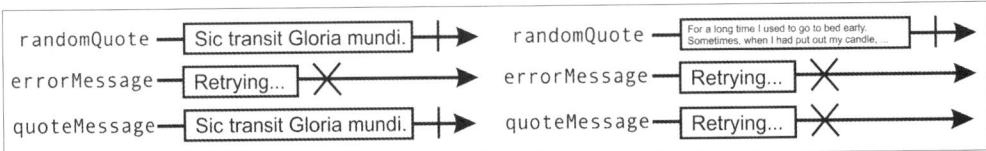

마지막으로, retry를 quoteMessage에 대해 호출하고 구독한다. 최대 5번까지 재시도를 하도록 지정한다. 만약 인자를 생략하면 무한정 재시도할 것이다. 다음 프로그램과 같이 quoteMessage라는 Observable 객체를 구현할 수 있다.

```
object CompositionRetry extends App {
  import Observable._
  def errorMessage = items("Retrying...") ++ error(new Exception)
  def quoteMessage = for {
    text <- randomQuote
    message <- if (text.size < 100) items(text) else errorMessage
  } yield message
  quoteMessage.retry(5).subscribe(log _)
  Thread.sleep(2500)
}
```

이 프로그램을 여러 번 실행해 보라. 인용문의 분포에 따라 짧은 인용문이 즉시 출력되거나 몇 번 재시도 후 출력되는 것을 볼 수 있을 것이다. 평균적으로 얼마나 많은 인용문이 100자 이상인지 궁금할 수도 있다. Rx를 사용하면 그런 통계도 쉽게 구할 수 있음을 알 수 있다. 두 가지 새 컴비네이터를 소개한다. 첫 번째는 repeat라는 것으로, retry와 비슷하다. retry가 실패 시 Observable 객체를 재구독하는 대신, repeat는 Observable이 완료될 때마다 재구독한다. 두 번째 컴비네이터는 scan이며, 이는 컬렉션에 대한 scanLeft 연산자와 비슷하다. scan은 주어진 입력 Observable 객체와 누적을 시작하기 위한 값에 대해, 지정한 이항 연산자를 누적 값과 이벤트에 대해 적용한 결과 값을 이벤트 발생시마다 구해서 누적 값을 갱신한다. repeat와 scan 컴비네이터를 사용하는 방법을 다음 프로그램에서 볼 수 있다.

```
object CompositionScan extends App {
  CompositionRetry.quoteMessage.retry.repeat.take(100).scan(0) {
    (n, q) => if (q == "Retrying...") n + 1 else n
  } subscribe(n => log(s"$n / 100"))
}
```

이 예에서는 예전에 정의했던 quoteMessage라는 Observable을 사용해 짧은 인용문이나 "Retrying..." 다음에 예외가 발생하도록 한다. 실패한 인용문은 너무 긴 것이기 때문에 재 시도해서 원하는 만큼 짧은 것이 나오게 한다. 인용문을 총 100개 얻고, scan 연산을 사용해 길이가 너무 짧은 인용문의 개수를 센다. 이 프로그램을 실행했을 때, 100개 중 57개가 책에 사용하기엔 너무 길었다.

 retry 메소드는 실패한 Observable 객체로부터 이벤트를 반복하기 위해 사용한다. 비슷하게, repeat 메소드는 완료된 Observable 객체로부터 이벤트를 반복하기 위해 사용한다.

지금까지 본 예에서는 같은 Observable 객체 실패 시 실패했던 그 Observable 객체를 대상으로 재 구독을 시도해 추가 이벤트를 받으려 했다. 경우에 따라서는 예외가 발생하면 특정 이벤트를 발생시키거나, 다른 Observable 객체로 전환해야 할 수도 있다. 같은 일을 이전에 Future 객체에서도 해본 적이 있다. 예외를 이벤트로 바꾸거나, 다른 Observable가 발생시키는 이벤트로 바꿔주는 Rx 메소드를 각각 `onErrorReturn`과 `onErrorResumeNext`라고 부른다. 다음 프로그램에서는 먼저 `status`가 발생시키는 예외를 "exception occurred."이라는 문자열로 바꾼다. 그 다음, 그 예외를 다른 `Observable` 객체가 발생시키는 문자열 이벤트로 대치한다.

```
object CompositionErrors extends App {
  val status = items("ok", "still ok") ++ error(new Exception)
  val fixedStatus =
    status.onErrorReturn(e => "exception occurred.")
  fixedStatus.subscribe(log _)
  val continuedStatus =
    status.onErrorResumeNext(e => items("better", "much better"))
  continuedStatus.subscribe(log _)
}
```

`Observable` 객체를 합성하는 여러 방법을 살펴봤다. 이제 Rx의 동시성 측면을 살펴볼 것이다. 지금까지는 어떤 스레드에서 `Observable` 객체가 이벤트를 발생시키는지에 대해 관심을 기울이지 않았다. 다음 절에서는 여러 다른 스레드에서 `Observable` 객체 간에 이벤트를 넘기는 방법을 공부할 것이다. 그리고, 언제 이런 기능이 유용한지 배울 것이다.

Rx 스케줄러

이번 장을 시작하면서, 여러 다른 `Observable` 객체들이 여러 스레드에서 이벤트를 발생시키는 것을 이미 봤다. 동기식 `Observable`은 `subscribe`가 호출되면 호출한 스레드에 이벤트를 보낸다. `Observable.timer` 객체는 Rx가 내부적으로 사용하는 스레드에서 비동기적으로 이벤트를 발생시킨다. 마찬가지로 `Future` 객체로부터 만들어진 `Observable`가 내보내는 이벤트는 `ExecutionContext` 스레드에서 발생한다. 기존 `Observable` 객체를 사용해 특정 스레드에 연결된 `Observable`을 만들고 싶다면 어떻게 해야 할까?

`Observable` 객체가 어떤 스레드로 이벤트를 발생시킬지 지정할 수 있도록, Rx

에는 Scheduler라는 특별한 클래스가 들어 있다. Scheduler 클래스는 3장에서 본 Executor나 ExecutorContext 인터페이스와 비슷하다. Observable에는 observeOn이라는 컴비네이터가 들어 있다. 이 컴비네이터는 지정한 Scheduler 클래스를 사용해 이벤트를 발생시키는 새로운 Observable을 반환한다. 다음 프로그램은 내부 스레드 풀을 사용해 이벤트를 발생시키는 ComputationScheduler라는 Scheduler를 만든다. 그 후 observeOn을 호출하고 호출하지 않으면서 각각 이벤트를 발생시켜서 비교한다.

```
object SchedulersComputation extends App {
  val scheduler = schedulers.ComputationScheduler()
  val numbers = Observable.from(0 until 20)
  numbers.subscribe(n => log(s"num $n"))
  numbers.observeOn(scheduler).subscribe(n => log(s"num $n"))
  Thread.sleep(2000)
}
```

출력을 보면 두 번째 subscribe가 스레드 풀을 사용함을 알 수 있다.

```
run-main-42: num 0
...
run-main-42: num 19
RxComputationThreadPool-1: num 0
...
RxComputationThreadPool-1: num 19
```

ComputationScheduler 객체는 계산 작업을 위한 스레드 풀을 유지한다. 이벤트 처리가 블록되거나 I/O 연산을 기다려야 한다면 자동으로 새로 스레드를 시작해주는 IOScheduler 객체를 사용해야 한다. 예외적인 경우로 각 이벤트를 처리하는 데 시간이 아주 오래 걸린다면 매 이벤트마다 새 스레드를 생성하는 NewThreadScheduler 객체를 사용할 수 있다.

UI 애플리케이션을 위해 전용 스케줄러 사용

대부분의 작업은 내장 Rx 스케줄러로 충분하다. 하지만 좀 더 원하는 대로 제어해야 할 경우도 있다. 대부분의 UI 툴킷에서는 특별히 정해진 스레드에서만 UI 요소를 변경하고 읽을 수 있다. 보통 이를 이벤트 디스패칭 스레드event dispatching thread 라고 부른다. 이런 접근 방법은 UI 툴킷의 설계와 구현을 간단하게 만들어 주며, 클라이언트를 심각한 동시성 오류로부터 보호해준다. UI가 계산상 병목지점이 되는 경우가 거의 없기 때문에, 이런 접근 방법이 널리 쓰이고 있다. 스윙Swing 툴킷도 `EventDispatchThread` 객체를 사용해 이벤트를 전파한다.

UI 애플리케이션에 `Observable` 객체를 적용하면 특히 효과적이다. 사용자 인터페이스는 모두 이벤트와 관련 있기 때문이다. 앞으로 다룰 예제에서는 스칼라 스윙 라이브러리를 사용해 UI 코드에서 Rx가 얼마나 유용한지 보여줄 것이다. 먼저 다음 의존관계를 프로젝트 정의에 추가하는 것부터 시작하자.

```
libraryDependencies +=
  "org.scala-lang.modules" %% "scala-swing" % "1.0.1"
```

버튼이 하나뿐인 간단한 스윙 애플리케이션부터 시작할 것이다. 이 버튼을 클릭하면 표준 출력에 메시지를 표시한다. 이 애플리케이션은 스윙 이벤트를 `Observable` 객체로 변경하는 방법을 보여준다. 먼저 아래와 같이 관련 스칼라 스윙 패키지를 임포트해야 한다.

```
import scala.swing._
import scala.swing.event._
```

스윙 애플리케이션을 만들려면, `SimpleSwingApplication` 클래스를 확장해야 한다. 이 클래스에는 `Frame` 객체를 반환해야만 하는 `top`이라는 추상 메소드가 단 하나 있다. 스윙의 추상 `Frame` 클래스는 애플리케이션 창을 표현한다. 우리는 `Frame`의 하위클래스인 `mainFrame` 객체를 반환한다. `MainFrame` 생성자 안에서, 창의 제목 막대의 텍스트를 `Swing Observables`로 바꾸고, 새 `Button` 객체에 `Click`이라는 텍스트를 지정해 인스턴스화한다. 그 후 `MainFrame`의 내용을 버튼으로 설정한다.

UI 구성요소와 모양, 위치에 대해 충분히 이야기했다. 이제 이 간단한 애플리케이션에 논리를 조금 추가하자. 전통적인 방식이라면 스윙 애플리케이션의 여러 UI 구성요소에 콜백을 설치해 애플리케이션이 상호작용하도록 만들 것이다.

Rx를 사용하는 경우에는 그 대신 콜백을 이벤트 스트림으로 변환한다. 여기서는 버튼이 클릭될 때마다 이벤트를 발생시키는 buttonClicks라는 Observable을 정의한다. Observable.create 메소드를 사용해 관찰자의 onNext를 호출하는 ButtonClicked 콜백을 등록한다. 표준 출력에 클릭 정보를 남기기 위해, buttonClicks를 구독한다. 전체 스윙 애플리케이션은 다음 코드와 같다.

```
object SchedulersSwing extends SimpleSwingApplication {
  def top = new MainFrame {
    title = "Swing Observables"
    val button = new Button {
      text = "Click"
    }
    contents = button
    val buttonClicks = Observable.create[Button] { obs =>
      button.reactions += {
        case ButtonClicked(_) => obs.onNext(button)
      }
      Subscription()
    }
    buttonClicks.subscribe(_ => log("button clicked"))
  }
}
```

이 애플리케이션을 실행하면 아래 그림과 같은 창이 열린다. 버튼을 클릭하면 표준 출력에 문자열이 표시된다. 이벤트가 AWT-EventQueue-0 스레드에서 발생했다는 것을 알 수 있다. 이는 스윙의 이벤트 디스패칭 스레드다.

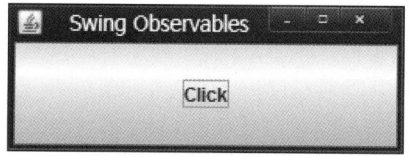

단일 스레드 UI 툴킷의 단점은 오랜 시간이 걸리는 계산이 이벤트 디스패칭 스레드상에서 진행되면 전체 UI를 블록해서 사용자 경험이 나빠진다는 것이다. 사용자가 버튼을 클릭할 때마다 블로킹 HTTP 요청을 보낸다면, 매번 클릭할 때마다 UI

반응이 느려지는 것을 알 수 있다. 다행히, 이런 문제는 오랜 시간이 걸리는 계산을 비동기적으로 처리하면 해결할 수 있다.

하지만 비동기 계산을 시작하는 것만으로 만족할 수는 없다. 비동기 계산이 끝나고 결과가 만들어지면 이를 애플리케이션에 표시해야 할 것이다. 계산 스레드에서 직접 화면 표시를 할 수는 없다는 것을 기억하라. 즉, 제어를 다시 이벤트 디스패칭 스레드로 넘겨야만 한다. 스윙에는 `invokeLater`라는 메소드가 있어서 스윙의 이벤트 디스패칭 스레드에 작업을 스케줄링하도록 요청할 수 있다. 한편, Rx의 `Schedulers.from` 내장 메소드는 `Executor` 객체를 `Scheduler` 객체로 변환할 수 있다. 스윙의 `invokeLater` 메소드와 Rx의 스케줄러 사이의 간극을 메우기 위해, `invokeLater` 호출을 감싸는 `Executor` 객체를 만든다. 그리고, 이 `Executor` 객체를 `Schedulers.from`에 넘긴다. 이렇게 만든 `swingScheduler` 객체는 다음과 같다.

```
import java.util.concurrent.Executor
import rx.schedulers.Schedulers.{from => fromExecutor}
import javax.swing.SwingUtilities.invokeLater
val swingScheduler = new Scheduler {
  val asJavaScheduler = fromExecutor(new Executor {
    def execute(r: Runnable) = invokeLater(r)
  })
}
```

이렇게 새로 정의한 `swingScheduler` 객체를 스윙에 이벤트를 돌려보내기 위해 사용한다. 이 과정을 보여주기 위해 간단한 웹 브라우저 애플리케이션을 구현해 보자. 우리가 만들 브라우저에는 **urlfield**라는 주소 입력 막대와 **Feeling lucky** 버튼이 있다. 주소 입력 막대에 주소를 넣으면 자동으로 관련 URL을 추천해 주고, 버튼을 누르면 해당 홈페이지의 HTML 자체를 표시한다. 이 브라우저는 단순한 애플리케이션이 아니기 때문에 UI 구성과 논리를 분리한다. 먼저 UI 구성요소의 배치를 지정하는 `BrowserFrame` 클래스부터 정의하자.

```
abstract class BrowserFrame extends MainFrame {
  title = "MiniBrowser"
  val specUrl = "http://www.w3.org/Addressing/URL/url-spec.txt"
  val urlfield = new TextField(specUrl)
```

```
  val pagefield = new TextArea
  val button = new Button {
    text = "Feeling Lucky"
  }
  contents = new BorderPanel {
    import BorderPanel.Position._
    layout(new BorderPanel {
      layout(new Label("URL:")) = West
      layout(urlfield) = Center
      layout(button) = East
    }) = North
    layout(pagefield) = Center
  }
  size = new Dimension(1024, 768)
}
```

스칼라 스윙은 Rx를 도입하기 훨씬 전에 만들어졌기 때문에 이벤트 스트림을 지원하지 않는다. 기존 UI 원소 클래스에 `Observable` 객체를 추가하기 위해 스칼라의 확장 패턴을 사용한다.[3] 따라서 `ButtonOps`와 `TextFieldOps`라는 암시적 클래스에 `clicks`와 `texts`라는 메소드를 각각 추가한다. `clicks` 메소드는 해당 버튼이 클릭될 때마다 이벤트를 발생시키는 `Observable` 객체를 반환한다. 비슷하게, `texts` 메소드는 텍스트 입력 창의 내용이 바뀔 때마다 이벤트를 발생시킨다.

```
implicit class ButtonOps(val self: Button) {
  def clicks = Observable.create[Unit] { obs =>
    self.reactions += {
      case ButtonClicked(_) => obs.onNext(())
    }
    Subscription()
  }
}
implicit class TextFieldOps(val self: TextField) {
  def texts = Observable.create[String] { obs =>
```

[3] 스칼라의 암시적 클래스를 활용해 기존 클래스에 새로운 기능을 추가하는 방식을 확장 패턴이라고 한다. 본문에서 ButtonOps나 TextFieldOps라는 암시 클래스를 정의한 다음, 원래의 Button이나 TextField에는 없는 메소드를 호출하면 컴파일러가 암시 클래스를 찾아서 새 객체를 만들어, 암시 클래스에 추가된 메소드를 호출해 준다. 이런 기능을 활용하는 대표적인 예는 스칼라 문자열이다. 스칼라 문자열은 자바 String 객체를 기반으로 하지만, StringOps에서 스칼라 컬렉션에 있는 여러 기능을 제공하기 때문에 스칼라 컬렉션의 여러 메소드를 별다른 명시적 변환 없이 활용할 수 있다. 이에 대해서는 졸역 『Programming in Scala 한국어판』의 21장, '암시적 변환과 암시적 매개변수'를 참조하라. - 옮긴이

```
    self.reactions += {
      case ValueChanged(_) => obs.onNext(self.text)
    }
    Subscription()
  }
}
```

이제 웹 브라우저의 논리를 정의하기 위한 도구를 다 갖췄다. 브라우저의 논리는 BrowserLogic이라는 트레이트에 정의하며, 이때 셀프 타입으로 BrowserFrame 객체를 사용한다. self 타입 지정을 사용하면 BrowserLogic 트레이트를 BrowserFrame을 확장한 클래스에만 믹스인하도록 강제할 수 있다. 브라우저 논리는 자신이 활용할 UI 이벤트를 알아야 하기 때문에 이런 구성은 타당하다.[4]

이 웹 브라우저가 제공하는 주요 기능은 두 가지이다. 첫째, 사용자가 주소 입력 막대에 무언가를 입력하면 브라우저는 사용 가능한 URL을 제안한다. 이를 간편하게 하기 위해 suggestRequest라는 보조 메소드를 정의해 주소 막대에서 값을 읽어서 가능한 URL을 돌려주는 Observable 객체를 반환하게 만든다. 이 Observable 객체는 구글의 질의 제안 서비스를 사용해 가능한 URL을 제공한다. 네트워크 오류를 다뤄야 하기 때문에 Observable의 타임아웃을 0.5초로 설정해서, 서버 응답이 없으면 오류 메시지를 발생시킨다.

두 번째, 사용자가 **Feeling Lucky** 버튼을 클릭하면 주소 입력 막대에 지정한 URL로부터 다운로드한 HTML을 표시한다. 이를 위해 pageRequest라는 보조 메소드를 추가 정의해 웹 페이지의 HTML을 반환하는 Observable 객체를 돌려주게 만든다. 이 Observable 객체의 페이지 읽기 타임아웃은 4초로 한다.

이 두 보조 메소드와 UI 구성요소가 돌려주는 Observable 객체로부터 브라우저 논리를 쉽게 구성할 수 있다. 각각의 urlField 텍스트 변경 이벤트는 URL 제안을 돌려주는 내포된 Observable 객체로 매핑한다. 그 후, concat을 호출해 내포 Observable 객체들을 펼친다. 이렇게 만든 제안 이벤트들을 다시 observeOn 컴

---

4 이런 식으로 self가 가리키는 타입을 한정한 트레이트를 사용해 필요한 기능을 추가하는 일이 흔히 있다. '케이크 패턴'(『Programming in Scala』에서는 '변경 쌓아 올리기(stackable modification)'라는 용어를 사용함)을 찾아보라. – 옮긴이

비네이터를 사용해 스윙의 이벤트 디스패칭 스레드에 돌려보낸다. pagefield 텍스트 영역의 내용을 변경하기 위해서는 스윙의 이벤트 디스패칭 스레드에 있는 이벤트를 구독해야 한다. button.clicks도 비슷한 방식으로 구독한다.

```
trait BrowserLogic {
  self: BrowserFrame =>
  def suggestRequest(term: String): Observable[String] = {
    val url = "http://suggestqueries.google.com/" +
      s"complete/search?client=firefox&q=$term"
    val request = Future { Source.fromURL(url).mkString }
    Observable.from(request)
      .timeout(0.5.seconds)
      .onErrorReturn(e => "(no suggestion)")
  }
  def pageRequest(url: String): Observable[String] = {
    val request = Future { Source.fromURL(url).mkString }
    Observable.from(request)
      .timeout(4.seconds)
      .onErrorReturn(e => s"Could not load page: $e")
  }
  urlfield.texts.map(suggestRequest).concat
    .observeOn(swingScheduler)
    .subscribe(response => pagefield.text = response)
  button.clicks.map(_ => pageRequest(urlfield.text)).concat
    .observeOn(swingScheduler)
    .subscribe(response => pagefield.text = response)
}
```

UI 배치와 논리를 다 만들었으므로, 스윙 애플리케이션 안에서 이를 인스턴스화하면 된다.

```
object SchedulersBrowser extends SimpleSwingApplication {
  def top = new BrowserFrame with BrowserLogic
}
```

이 애플리케이션을 실행하면 브라우저 프레임이 표시되며, 원하는 대로 Rx기반의 브라우저를 사용해 웹 서핑을 할 수 있다. 모질라Mozilla와 구글에 있는 친구들이라면 다음 화면에 분명 감명받을 것이다.

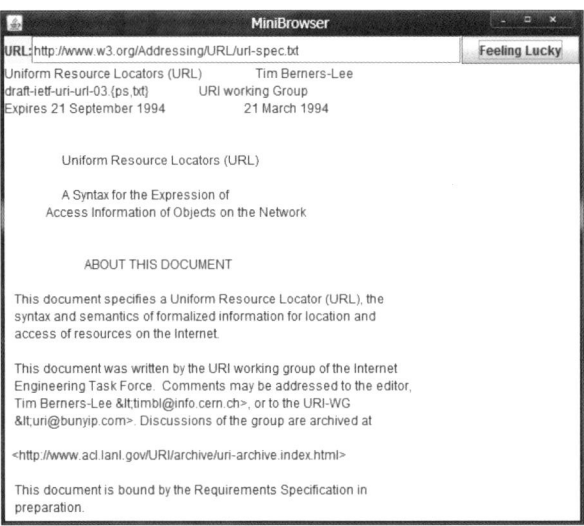

이 브라우저는 매우 단순하다. 하지만, UI 배치와 브라우저 논리 계층을 분리할 수 있었다. UI 배치 계층은 `urlfield.texts`나 `button.clicks`와 같은 Observable 객체를 인터페이스의 일부로 노출시킨다. 브라우저 논리 계층은 UI 배치 계층의 기능에 의존한다. 예를 들어 pagefield UI 요소가 제공하는 `button.clicks`이라는 Observable을 참조하지 않고 입력을 처리할 수는 없다. 따라서 브라우저 논리가 UI 배치 계층에 의존적이라고 할 수는 있지만, 반대로 말할 수는 없다. UI 애플리케이션의 경우 이를 받아들일 만하다. 하지만, 다른 애플리케이션에서는 각 계층이 서로를 직접 참조하지 않도록 좀 더 느슨하게 결합시킨 설계가 필요할 수도 있다.

서브젝트와 하향식 반응형 프로그래밍

`Observable` 객체를 합성하는 것은 함수나 컬렉션 또는 퓨처의 합성과 비슷하다. 함수적 합성을 사용하면 간단한 부분으로부터 복잡한 `Observable` 객체를 만들 수 있다. 이런 패턴은 스칼라에서는 아주 흔하며, 이를 통해 간결하고 이해하기 쉬운 프로그램을 만들 수 있다.

함수적 합성을 사용하는 경우, 한 눈에 알아보기는 어려운 단점은 함수적 합성이 상향식bottom-up 프로그래밍 스타일을 더 잘 다룬다는 점이다. 어떤 Observable 객체를 그 객체가 의존하는 다른 Observable 객체를 참조하지 않고는 만들 수 없다. 예를 들어 map 컴비네이터를 사용해 Observable을 만들려면 map을 적용할 입력 Observable이 필요하다. 상향식 프로그래밍 스타일을 사용하면, 복잡한 프로그램을 만들기 위해 가장 단순한 부분부터 먼저 구현해야 하며, 이를 조합해 점점 복잡한 것으로 진행해야 한다. 반대로 하향식top-down 프로그래밍 스타일을 사용하면 먼저 전체 시스템을 정의한 다음 점차 작은 부분을 구현해 나갈 수 있다. 하향식 프로그래밍을 사용하면 Observable 객체를 먼저 정의하고, 그에 의존하는 다른 부분을 나중에 정의할 수 있다.

하향식 프로그래밍 스타일을 사용해 시스템을 개발할 수 있도록, Rx에서는 서브젝트subject라는 추상 요소를 정의한다. 서브젝트는 Subject 트레이트로 표현한다. Subject 트레이트는 Observable 객체인 동시에 Observer 객체이기도 하다. Observable 객체이기 때문에 Subject는 구독하는 객체에게 이벤트를 발생시킬 수 있다. Observer 객체이기 때문에 Subject 트레이트는 다른 입력 Observable 객체를 구독하고, 이벤트를 자신을 구독한 객체에게 전달할 수 있다.

 Subject 트레이트는 생성 후에 입력을 변경할 수 있는 Observable 객체이다.

Subject 트레이트의 동작을 보기 위해 우리만의 운영체제를 만든다고 가정해 보자. Rx 이벤트 스트림의 실용성에 대해 이미 살펴봤으므로 운영체제에서도 이를 활용하고, 운영체제 이름을 RxOS라고 붙이기로 했다. RxOS가 여러 컴포넌트를 자유롭게 연결할 수 있게 만들기 위해, 여러 기능을 커널 모듈kernel module이라고 부르는 여러 구성요소로 나눈다. 각 커널 모듈은 하나 이상의 Observable을 정의할 수 있을 것이다. 예를 들어 TimeModule은 매 초 시스템의 누적 실행 시간을 이벤트로 내놓는 systemClock이라는 Observable 객체를 노출시킬 수 있다.

```
object TimeModule {
  import Observable._
  val systemClock = interval(1.seconds).map(t => s"systime: $t")
}
```

시스템 출력은 모든 운영체제에서 필수적인 부분이다. RxOS가 시스템 실행 시간과 같은 중요한 시스템 이벤트를 출력하게 만들고 싶다. `TimeModule`로부터 얻은 `systemClock` 객체에 대해 `subscribe`를 호출해서 그런 동작을 구현하는 방법을 이미 알고 있다. 다음과 같다.

```
object RxOS {
  val messageBus = TimeModule.systemClock.subscribe(log _)
}
```

이제 다른 팀에서 독립적으로 `FileSystemModule`이라는 모듈을 개발하고 있다고 가정하자. 이 모듈은 `fileModifications`라는 `Observable`을 노출한다. 이 `Observable` 객체는 파일이 변경될 때마다 파일 이름을 이벤트로 내놓는다.

```
object FileSystemModule {
  val fileModifications = modified(".")
}
```

핵심 개발팀에서 `fileModification` 객체가 중요한 시스템 이벤트이기 때문에 `messageBus` 구독에 포함시켜 로그를 남겨야만 한다고 결정했다. 이제 다음과 같이 싱글턴 객체 RxOS를 변경해야 할 필요가 있다.

```
object RxOS {
  val messageBus = Observable.items(
    TimeModule.systemClock,
    FileSystemModule.fileModifications
  ).flatten.subscribe(log _)
}
```

이렇게 변경하면 현재 상황은 해결할 수 있다. 하지만, 다른 모듈에서 중요한 시스템 이벤트를 추가하는 경우엔 어떻게 해야 할까? 현재의 접근 방법으로는 매번 독립적인 개발팀에서 새 커널 모듈을 내놓을 때마다, RxOS 커널을 재컴파일해야 한다. 설상가상으로 RxOS 객체 정의는 여러 커널 모듈을 참조하며, 각 모듈에 의존한다. 좀 더 기능을 축소시킨 별도의 RxOS를 만들고 싶은 개발자라면 이제 커널 소스코드를 손대야만 한다.

이제 messageBus 객체를 Rx 서브젝트로 다시 정의한다. 문자열 이벤트를 발생시키는 새 Subject 인스턴스를 만든다. 그리고 아래와 같이 그 서브젝트를 구독한다.

```
object RxOS {
  val messageBus = Subject[String]()
  messageBus.subscribe(log _)
}
```

이 시점에, messageBus 객체는 다른 Observable을 구독하지 않으며, 아무 이벤트도 발생시키지 않는다. 이제 RxOS의 부팅 과정을 모듈이나 커널 코드와 별도로 정의할 수 있다. 부팅 과정은 어떤 커널 모듈이 messageBus 객체를 구독해야 하는지 지정하고, 각각의 구독을 loadedModules 리스트에 저장한다.

```
object SubjectsOS extends App {
  log(s"RxOS boot sequence starting...")
  val loadedModules = List(
    TimeModule.systemClock,
    FileSystemModule.fileModifications
  ).map(_.subscribe(RxOS.messageBus))
  log(s"RxOS boot sequence finished!")
  Thread.sleep(10000)
  for (mod <- loadedModules) mod.unsubscribe()
  log(s"RxOS going for shutdown")
}
```

부팅 과정에서는 우선 필요한 커널 모듈을 messageBus 객체가 구독하게 만든다. messageBus 객체가 Observable인 동시에 Observer 객체이기 때문에 그렇게 할 수 있다. 그 다음, 10초간 RxOS를 실행한 다음 모듈을 unsubscribe하고 셧다운한다. RxOS가 실행되는 동안, 시스템 클럭은 messageBus 객체에 매초마다 이벤트를 전달할 것이다. 마찬가지로, messageBus 객체는 파일이 변경될 때마다 그 파일의 이름을 출력할 것이다. 이를 그림으로 표현하면 다음과 같다.

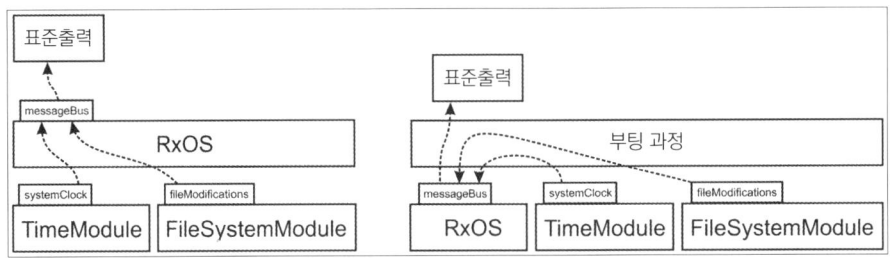

두 접근 방식의 차이를 앞의 그림에서 볼 수 있다. 상향식 접근 방법에서는 먼저 모든 커널 모듈을 정의한 다음 RxOS가 각 모듈에 의존하게 만든다. 하향식 접근 방법에서는 RxOS가 특정 커널 모듈에 의존하지 않는다. 대신 이들을 엮어주는 것은 부팅 과정이다. RxOS를 사용하는 쪽에서 새 커널 모듈을 추가하거나 하기 위해 더 이상 커널 코드를 재컴파일하거나 변경할 필요가 없다. 실제로, 새 설계를 사용하면 부팅 과정이 끝난 이후 실행 중인 RxOS 인스턴스에도 커널 모듈을 끼워 넣을hot-plugging 수 있다.

 Observable 객체를 만들 당시에 입력이 사용 가능하지 않은데 Observable 객체가 필요하다면, Subject 인스턴스를 사용하라.

우리 예제에서, 웹 브라우저를 설계하는 것은 맥북MacBook을 주문하는 것과 상당히 비슷하다. 선호하는 프로세서 유형과 하드디스크 크기를 지정하고 나면 맥북이 조립되며 그 구성요소를 바꾸는 것은 쉽지 않다. 그와 비슷하게, 브라우저의 UI 배치를 구현하고 나면 그 UI 구성요소 간의 상호작용을 표현하는 이벤트 스트림을 오직 한 번만 선언하면 되며, UI 구성요소를 대치하더라도 변경하기가 쉽지 않다. 반면, OS를 구현하는 것은 개별 구성요소를 가지고 데스크탑 PC를 조립하는 경우와 비슷하다. 마더보드를 케이스에 넣고 나면 그래픽 카드나 RAID 컨트롤러와 같은 다른 요소를 독립적으로 끼워 넣을 수 있다. 마찬가지로, messageBus 서브젝트를 선언하고 나면, 프로그램을 실행하는 동안에 언제든지 원하는 커널 모듈을 원하는 개수만큼 끼워 넣을 수 있다.

Subject 인터페이스가 Observable 인터페이스보다 더 유연하기는 하지만, 매번 Subject 인스턴스만 사용하고 하향식 프로그래밍 스타일에만 의존해서는 안 된다. Observable 객체의 의존 관계를 생성 시 지정하면 애플리케이션의 유연성이 줄어들지만, 반면에 좀 더 프로그램이 선언적이 되고, 이해하기도 쉬워진다. 최신 대규모 애플리케이션에서는 보통 하향식과 상향식 접근 방법을 혼용한다.

Rx는 몇 가지 다른 유형의 서브젝트도 제공한다. ReplySubject 타입은 Observer 객체로서 자신이 받은 이벤트를 버퍼에 넣어두는 Subject 구현이다. 다른 Observer 객체가 ReplySubject 인스턴스를 구독하면, ReplySubject는 버퍼에 넣어둔 모든 기존 이벤트를 다시 관찰자 객체에게 재발생시킨다. 다음 코드에서는 RxOS에서 messageLog라는 ReplaySubject 인스턴스를 정의한다.

```
object RxOS {
  val messageBus = Subject[String]()
  val messageLog = subjects.ReplaySubject[String]()
  messageBus.subscribe(log _)
  messageBus.subscribe(messageLog)
}
```

messageLog 객체는 messageBus를 구독해 모든 시스템 메시지를 버퍼에 넣어둔다. 예를 들어, 로그 파일에 있는 모든 메시지를 다시 보고 싶다면, 아래와 같이 애플리케이션이 끝나기 전에 messageLog 객체를 구독하면 된다.

```
log(s"RxOS dumping the complete system event log")
RxOS.messageLog.subscribe(logToFile)
log(s"RxOS going for shutdown")
```

Rx는 BehaviorSubject와 AsyncSubject라는 서브젝트도 제공한다. BehaviorSubject 클래스는 가장 최근의 이벤트만을 버퍼에 넣어둔다. AsyncSubject 클래스는 onComplete 직전의 이벤트만을 전달한다. 이들의 정확한 의미와 용법을 여기서 다루지는 않는다. 하지만, 온라인 문서에서 이들에 대해 찾아볼 것을 권한다.

요약

일급 계층 이벤트 스트림은 시간에 따라 값이 바뀌는 동적인 이벤트 기반 시스템을 모델링할 때 아주 표현력이 좋은 도구이다. Rx의 Observable 객체는 규모 확장성이 있는 동시성 이벤트 기반 애플리케이션을 구축할 수 있도록 설계된 이벤트 스트림 구현이다. 이번 장에서는 Rx의 Observable 객체를 만드는 방법과 이벤트를 구독하는 방법을 살펴봤다. 또한 Observable 계약 조건과 간단한 Observable 객체로부터 복잡한 것을 합성하는 방법을 배웠다. 실패를 복구하는 여러 방식과 스레드 사이에 이벤트를 전달하기 위해 Rx 스케줄러를 사용하는 방법도 봤다. 마지막으로, Rx 서브젝트를 활용해 느슨하게 결합된 시스템을 설계하는 방법을 배웠다. 이런 강력한 도구를 함께 사용하면 웹 브라우저, FTP 서버, 음악과 비디오 플레이어로부터 시작해서 실시간 게임이나 증권거래 플랫폼, 심지어 운영체제에 이르기까지 엄청나게 다양한 애플리케이션을 구축할 수 있다.

반응형 프로그래밍이 유명해지면서 Rx와 비슷한 여러 프레임워크가 최근 생겼다. 몇 가지 예를 들면 레스칼라REScala, 아카 스트림즈Akka Streams, 반응형 컬렉션Reactive Collection 등이 있다. 이런 프레임워크의 의미에 대해서는 이번 장에서 따로 다루지 않는다. 독자들이 이에 대해 직접 살펴보도록 남겨둔다.

Observable 객체가 원래부터 매우 선언적이기 때문에 Rx 프로그래밍 모델을 이해하고 사용하기가 쉽다는 것을 봤다. 하지만, 때로는 생태를 명확하게 기술하면서 시스템을 절차적으로 모델링 하는 것이 더 유용할 때도 있다. 다음 장에서는 2장에서 배웠던 교착상태나 경합조건의 위험이 없이 공유된 프로그램 상태에 접근할 수 있게 해주는 소프트웨어 트랜잭션 메모리software transactional memory에 대해 공부할 것이다.

연습문제

다음 연습문제에서 여러분은 여러 다른 Observale 객체를 구현해야 한다. 각 연습문제들은 여러 다른 Observale 객체의 용례를 보여주며, Observale 객체를 만드는 여러 가지 방식을 대조해 보여준다. 또한, 몇몇 예제는 반응형 맵이나 반응형 우선순위 큐 등의 새로운 반응형 프로그래밍 추상화를 소개한다.

1. 스레드가 시작했는지 감지해서 이벤트를 발생시키는 Observable[Thread]를 구현하라. 이벤트 중 일부를 빠뜨리는 것도 용인할 수 있다.

2. 매 5초와 12초마다 이벤트를 발생시키되, 30초의 배수인 경우에는 이벤트를 발생시키지 않는 Observable을 구현하라. Observable에 대한 함수 컴비네이터를 활용하라.

3. 이 장에서 설명했던 randomQuote 메소드를 사용해 인용문 길이의 이동 평균을 이벤트로 발생시키는 Observable 객체를 만들라. 새로운 인용문이 도착할 때마다 새로운 평균을 계산해 발생시켜야만 한다.

4. 반응형 신호 추상화를 구현하라. Signal[T]라는 타입으로 표현한다. Signal[T] 타입은 apply 메소드를 제공하며, 이 메소드를 사용해 해당 신호가 발생시킨 마지막 이벤트에 대해 질의할 수 있다. Signal[T]는 Observable 메소드가 제공하는 것에 상응하는 여러 컴비네이터를 제공해야 한다.

```
class Signal[T] {
  def apply(): T = ???
  def map(f: T => S): Signal[S] = ???
  def zip[S](that: Signal[S]): Signal[(T, S)] = ???
  def scan[S](z: S)(f: (S, T) => S) = ???
}
```

구현한 다음, toSignal을 Observable[T]에 추가하라. 그 메소드는 Observable 객체를 반응형 신호로 변환해야 한다.

```
def toSignal: Signal[T] = ???
```

5. RCell[T] 타입으로 표현하는 반응형 셀 추상화를 구현하라.

   ```
   class RCell[T] extends Signal[T] {
     def :=(x: T): Unit = ???
   }
   ```

   반응형 셀은 앞의 연습문제에서 정의한 반응형 신호이기도 하다. := 메소드를 호출하면 반응형 셀에 새 값이 설정되며, 이벤트도 발생한다.

6. RMap 클래스로 표현하는 반응형 맵 컬렉션을 구현하라.

   ```
   class RMap[K, V] {
     def update(k: K, v: V): Unit
     def apply(k: K): Observable[V]
   }
   ```

   update 메소드는 일반 Map 컬렉션의 update와 비슷하게 동작한다. 반응형 맵에 대해 apply를 호출하면 지정한 키에 대한 모든 update를 관찰할 수 있는 Observable 객체를 반환한다.

7. 반응형 우선순위 큐를 구현하라. 아래와 같이 RPriorityQueue 클래스를 정의하라.

   ```
   class RPriorityQueue[T] {
     def add(x: T): Unit = ???
     def pop(): T = ???
     def popped: Observable[T] = ???
   }
   ```

   반응형 우선순위 큐는 popped라는 Observable 객체를 노출한다. 이 객체는 우선순위 큐의 pop을 호출해서 가장 작은 원소를 제거할 때마다 이벤트를 발생시킨다.

8. src로 지정한 파일을 dst로 지정한 파일로 복사하는 copyFile 메소드를 구현하라. 이 메소드는 100밀리초마다 파일 복사 진행 정도를 알려주는 Observable[Double]을 반환한다.

   ```
   def copyFile(src: String, dest: String): Observable[Double]
   ```

반환하는 Observable 객체는 파일 복사가 성공하는 경우 성공적으로 완료되어야 한다. 그렇지 않으면 예외와 함께 실패한다.

9. Observable 객체로 마우스 이벤트를 노출시켜주는 스윙 컴포넌트 RxCanvas를 만들라.

```
class RxCanvas extends Component {
  def mouseMoves: Observable[(Int, Int)]
  def mousePresses: Observable[(Int, Int)]
  def mouseReleases: Observable[(Int, Int)]
}
```

RxCanvas를 사용해 여러분 자신만의 그림판 프로그램을 만들라. 붓 기능을 사용해 그림판에 선을 드래그할 수 있고, 그림판의 내용을 이미지 파일로 저장할 수 있어야 한다. 드래깅 기능을 위해 내포된 Observable 객체를 활용할 수 있는지 검토해 보라.

7
소프트웨어 트랜잭션 메모리

"동시성을 배우고 이해했다고 생각하는 모든 사람은 결국 자신이 생각하기엔
발생할 가능성이 없는 이해할 수 없는 경합 조건을 보게 되며,
결국 실제로는 자신이 동시성을 제대로 이해하지 않았다는 사실을 깨닫는다."

— 허브 서터(Herb Sutter)[1]

2장에서 동시성을 위한 기초적인 구성 요소를 살펴보면서 공유된 접근으로부터 프로그램의 일부를 보호해야 할 필요가 있음을 알았다. 이런 보호를 달성하는 기본적인 방법으로, 객체의 고유 락을 사용해 프로그램의 특정 부분을 어느 순간에 오직 한 스레드만 실행할 수 있도록 제한하는 synchronized 문을 봤다. 락을 사용하는 방식의 단점은 프로그램이 더 이상 진행할 수 없는 상황인 교착상태에 빠지기 쉽다는 것이다.

---

[1] 허브 서터는 C++ 개발자로 비주얼 C++ 닷넷(Visual C++.Net)과 C++/CLI 소프트웨어 아키텍트이다. 닥터 돕 저널(Dr. Dobb's Journal)에 기고한 여러 컬럼(예를 들어 "공짜는 끝났다(The Free Lunch Is Over)"가 유명하다)과 『Exceptional C++』, 『More Exceptional C++』 등의 여러 책을 저술했다. - 옮긴이

이번 장에서는 소프트웨어 트랜잭션 메모리STM, Software Transactional Memory를 살펴본다. 이는 공유 메모리에 대한 동시 접근을 제어하기 위한 방법으로 교착상태나 경합 조건의 위험을 현저히 감소시킨다. STM을 코드의 임계 영역critical section을 지정하기 위해 사용할 수 있다. 임계 영역을 보호하기 위해 락을 사용하는 대신, STM은 공유 메모리에 대한 읽기와 쓰기를 모두 추적하고, 임계 영역의 읽기와 쓰기를 교차해 배치interleaving함으로써 직렬화시킨다.[2] synchronized 문은 격리시켜 실행해야 하는 프로그램의 일부를 표현하는 원자적 블록으로 바꿀 수 있다. STM은 더 안전하며 사용하기 쉬우면서도 상대적으로 더 나은 규모 확장성을 보장한다.

메모리 트랜잭션이라는 개념은 일정한 순서로 이루어진 여러 데이터베이스 질의를 격리시켜 실행하는 것을 보장하는 데이터베이스 트랜잭션에서 나온 것이다. 메모리 트랜잭션은 공유 메모리에 대한 읽기와 쓰기의 시퀀스로, 논리적으로는 단 한번에 이루어진다. 메모리 트랜잭션 T가 발생한다면, 그와 동시에 해당 메모리 대해 실행 중인 다른 메모리 트랜잭션은 T가 시작되기 전의 상태를 관찰할 수 있거나, T가 완전히 완료된 뒤의 상태를 관찰할 수 있고, T를 실행 중에 생길 수 있는 중간 상태를 보지 못한다. 이런 특성을 격리isolation라고 부른다.

앞으로 보겠지만, STM을 사용해 얻을 수 있는 또 다른 이점으로 합성성composability이 있다. 스레드 안전한 insert와 remove 연산을 제공하는 락 기반의 해시 테이블 구현을 생각해 보자. 개별 insert나 remove 연산을 여러 다른 스레드에서 호출할 수 있다. 하지만 한 해시 테이블에서 원소를 없애고, 다른 해시 테이블에 그 원소를 추가하는 연산은 양 해시 테이블에 모두 원소가 존재하지 않는 중간 단계가 없이 구현할 수 없다.[3]

전통적으로, STM은 컴파일 시점에 특정 트랜잭션 제한을 보장해주는 이점을 제공하는 프로그래밍 언어의 일부분으로 도입됐다. 이런 접근 방법을 택하면 언어의

---

2 입출력이나 DB 저장 등을 위해 객체나 데이터 구조를 형식화하는 의미의 직렬화와는 다른 용어이다. 동시에 여러 읽기와 쓰기를 동시 수행한 결과가 특정 순서로 순차 실행한 결과와 같을 때, 순차 실행을 동시 수행을 직렬화한 것이라고 말한다. – 옮긴이

3 물론 원소가 존재하지 않는 중간 단계를 원하지 않는다면, 먼저 복사한 다음 삭제할 수도 있다. 이런 경우 두 테이블에 같은 원소가 동시에 존재하는 중간 단계가 생겨버린다. 즉, 어느 방식을 택하건 외부에 노출하면 안 되는 원치 않는 중간 상태가 생기는 것을 막을 수는 없다. – 옮긴이

내부도 변경해야 한다. 이를 피하기 위해 여러 트랜잭션 메모리가 라이브러리 형태로 만들어졌다. 스칼라STM이 그런 라이브러리의 한 예이다. 우리는 스칼라STM을 구체적인 STM 구현으로 사용할 것이다. 구체적으로, 이번 장에서는 다음과 같은 주제를 다룬다.

- 원자적 변수의 단점
- STM의 의미와 내부 구조
- 트랜잭션 참조
- 트랜잭션과 외부 부수 효과 사이의 상호작용
- 단일 연산 트랜잭션과 내포 트랜잭션의 의미
- 트랜잭션을 조건에 따라 재시도하는 방법과 트랜잭션에 타임아웃을 거는 방법
- 트랜잭션 지역 변수transaction-local variable와 트랜잭션 배열, 트랜잭션 맵

이미 3장에서 원자적 변수와 동시 컬렉션을 사용해 락이 없는 프로그램을 작성할 수 있다는 것을 배웠다. 동시 프로그램이 공유 중인 데이터를 표현하기 위해 원자적 변수만을 사용하지 못하는 이유가 무엇일까? STM의 필요성을 더 잘 알기 위해, 원자적 변수만으로 충분하지 못한 경우를 먼저 제시할 것이다.

원자적 변수의 문제점

3장에서 다룬 원자적 변수는 기본적인 동기화 방법 중 하나이다. 2장에서 소개한 볼레타일 변수를 사용하는 경우에도 경합 조건이 생길 수 있다는 것, 다시 말해 프로그램의 올바름이 여러 스레드의 정확한 실행 순서에 달려 있다는 점을 이미 안다. 원자적 변수는 어떤 읽기와 쓰기 사이에 여러 스레드가 동시에 값을 변경하는 일이 없도록 보장한다. 동시에, 원자적 변수는 교착상태의 위험을 줄여준다. 그런 이점에도 불구하고, 원자적 변수만으로 충분하지 못한 경우가 있다.

6장에서 Rx 프레임워크를 사용한 최소주의minimalism 웹 브라우저를 구현했다. 웹 서핑을 할 수 있는 것은 훌륭한 일이지만, 브라우저에 몇 가지 기능을 추가하고 싶다. 예를 들어 웹 브라우저의 방문 기록, 즉 이전에 방문한 웹 URL의 목록을 남기고 싶다. 이런 URL의 목록을 스칼라의 List[String] 컬렉션에 저장하기로 결정했다. 추가로, 모든 URL의 전체 길이(글자수)도 추적하고 싶다. 나중에 URL 문자열을 배열로 복사할 경우 그 정보를 사용하면 적절한 크기의 배열을 빠르게 할당할 수 있을 것이기 때문이다.

브라우저의 여러 부분이 비동기적으로 실행되기 때문에 이 변경 가능한 상태를 동기화할 필요가 있다. URL을 저장하는 리스트와 전체 글자수를 비공개 변경 가능 필드에 넣고, synchronized 문을 사용해 접근할 수 있을 것이다. 하지만, 이 책의 앞 부분에서 synchronized 문의 문제점을 이미 봤기 때문에, 락을 피하기로 결정한다. 대신, 원자적 변수를 사용할 것이다. URL 리스트와 전체 글자수를 두 원자적 변수 urls와 clen에 넣는다.

```
import java.util.concurrent.atomic._
val urls = new AtomicReference[List[String]](Nil)
val clen = new AtomicInteger(0)
```

브라우저가 어떤 URL을 열 때마다 이 두 원자적 변수를 변경해야 한다. 이를 좀 더 쉽게 하기 위해 다음과 같이 addUrl이라는 보조 메소드를 정의한다.

```
import scala.annotation.tailrec
def addUrl(url: String): Unit = {
  @tailrec def append(): Unit = {
    val oldUrls = urls.get
    val newUrls = url :: oldUrls
    if (!urls.compareAndSet(oldUrls, newUrls)) append()
  }
  append()
  clen.addAndGet(url.length + 1)
}
```

앞에서 배웠듯, 원자적 연산을 원자적 변수에 사용해야 그 값이 한 상태에서 다른 상태로 일관성 있게 변하는 것을 보장할 수 있다. 앞의 코드에서, 우리는 compareAndSet 연산을 사용해 oldUrls라는 옛 URL 리스트를 새롭게 바 뀐 newUrls로 원자적으로 바꾸려 한다. 3장에서 두 스레드가 같은 원자적 변수에 대해 compareAndSet 연산을 호출하면 연산이 실패하는 이유를 자세히 설명했다. 그런 이유로 인해, 우리는 내포된 꼬리재귀 메소드 append를 정의해서 compareAndSet을 호출하고 변경 실패시 다시 재시작하도록 만들었다. clen 필드를 변경하는 일은 더 쉽다. 그냥 정수에 대해 정의되어 있는 원자적 addAndGet 메소드를 호출하면 된다.

웹 브라우저의 다른 부분에서 urls와 clen을 브라우저 방문기록을 화면에 표시하거나 로그 파일에 덤프하거나, 파이어폭스firefox가 더 낫다고 결정하는 경우 파이어폭스로 브라우저 데이터를 내보내기 위해 사용할 수 있다. 편의상, URL을 개행 문자로 분리한 문자 배열을 반환하는 getUrlArray라는 외부 메소드를 만든다. clen 필드는 이때 필요한 배열의 크기를 빠르게 얻을 수 있는 방법이다. get을 호출해 clen의 값을 읽고 배열을 할당한다. 그 후 get을 호출해 현재 URL 리스트를 읽어온다. 그리고 각 URL의 뒤에 개행 문자를 덧붙이고, 문자열 리스트를 펼쳐서 한 리스트로 만든 다음, 각 문자와 그 인덱스로 zip한다. 그 후, 이들을 배열에 저장한다.

```
def getUrlArray(): Array[Char] = {
  val array = new Array[Char](clen.get)
  val urlList = urls.get
  for ((ch, i) <- urlList.map(_ + "\n").flatten.zipWithIndex) {
    array(i) = ch
  }
  array
}
```

지금까지 정의한 것들을 시험해 보기 위해, 두 가지 비동기 계산을 사용해 사용자의 상호작용을 시뮬레이션할 수 있다. 첫 번째 비동기 계산은 getUrlArray를 호출해 브라우저 방문기록을 파일에 저장한다. 두 번째 비동기 계산은 addURL을 세 번 호출해서 세 가지 서로 다른 URL을 방문한다. 그리고 표준 출력에 "done browsing" 문자열을 표시한다.

```
import scala.concurrent._
import ExecutionContext.Implicits.global
object AtomicHistoryBad extends App {
  Future {
    try { log(s"sending: ${getUrlArray().mkString}") }
    catch { case e: Exception => log(s"Houston... $e!") }
  }
  Future {
    addUrl("http://scala-lang.org")
    addUrl("https://github.com/scala/scala")
    addUrl("http://www.scala-lang.org/api")
    log("done browsing")
  }
  Thread.sleep(1000)
}
```

이 프로그램을 여러 번 실행해 보면 버그가 드러난다. 때때로 프로그램이 ArrayIndexOutOfBoundsException을 발생시키면서 이유없이 충돌한다. getUrlArray 메소드를 분석하면 버그의 원인을 알 수 있다. 버그는 읽은 clen 값과 리스트의 길이가 같지 않은 경우 발생한다. getUrlArray 메소드는 먼저 원자적 변수 clen을 읽고, 나중에 원자적 변수 urls에서 리스트를 읽는다. 이 두 읽기 연산 사이에 첫 번째 스레드가 추가 URL 문자열을 urls에 추가해 변경할 수 있다. getUrlArray가 urls를 읽는 시점이 되면 전체 문자 개수가 할당한 배열보다 커지기 때문에 예외가 발생한다.

이 예제는 원자적 변수의 큰 약점을 보여준다. 특정 원자적 연산 자체는 원자적이기 때문에 한 번에 일어날 수 있지만, 여러 원자적 연산을 호출하는 것은 보통 원자적이지 않다. 여러 스레드가 여러 원자적 연산을 실행하는 경우, 그 연산들이 서로 예측할 수 없는 순서로 뒤섞여서 볼레타일 변수를 사용하는 경우와 비슷하게 경합 조건을 발생시킬 수 있다. clen과 urls를 변경하는 순서를 바꿔도 이 문제를 해결할 수 없음에 유의하라. 이 예제에서 원자성을 보장하는 다른 방법이 있긴 있지만, 그 해법은 즉각적으로 알아챌 수 있을 만큼 분명하지는 않다.

여러 원자적 변수를 읽는 것은 원자적 연산이 아니기 때문에 프로그램 데이터를 일관성이 없는 상태로 관찰하게 될 수도 있다.

프로그램의 모든 스레드가 어떤 연산들이 함께 벌어지는 것을 관찰할 수 있는 경우 이를 선형화 가능linearizable이라고 한다. 이때 연산이 벌어진 시점을 일컬어 선형화 지점point이라 말한다. compareAndSet과 addAngGet 연산은 근본적으로 선형화 가능한 연산이다. 이들은 보통 한 프로세서 명령어로 원자적으로 실행되며, 다른 모든 스레드가 볼 때 시간 상 한번에 실행된다. 앞의 예에서 본 내포 연산 append도 선형화 가능하다. 그 연산의 선형화 지점은 compareAndSet 연산이 성공하는 부분이다. 그 부분이 append가 프로그램의 상태를 변경하는 유일한 부분이기 때문이다. 반면, addUrl과 getUrlArray 메소드는 선형화 가능하지 않다. 이들은 프로그램의 상태를 읽거나 변경하는 원자적 연산을 하나만 포함하지 않는다. addUrl 메소드는 프로그램의 상태를 두 번 바꾼다. addUrl은 먼저 append 메소드를 호출하고, 그 후 addAndGet 메소드를 호출한다. 비슷하게, getUrlArray는 프로그램 상태를 두 번의 원자적 get 연산을 사용해 읽는다. 원자적 변수를 사용할 때 이런식으로 실수를 저지르는 일이 흔하다. 그래서 원자적 변수는 큰 프로그램으로 합성할 수 없다고 말한다.

이 예제는 clen 변수를 제거하고 urls를 읽은 다음 필요한 배열 길이를 계산하는 방식으로 문제를 해결할 수 있다. 비슷하게, URL 리스트와 리스트의 크기를 한꺼번에 튜플에 넣고 그에 대한 참조를 원자적 변수에 넣어서 해결할 수도 있다. 두 방식 모두 addUrl과 getUrlArray 메소드를 선형화 가능하게 만든다.

동시 프로그래밍 전문가들은 모든 프로그램 상태를 원자적 변수를 사용해 기술할 수 있고, 이 상태를 선형화 가능한 연산을 사용해 원하는 대로 바꿀 수 있음을 증명했다. 실제로 그런 선형 연산을 구현하는 것은 꽤 어려운 일이다. 선형화 가능한 연산을 구현하는 것은 어렵고, 그런 연산을 효율적으로 구현하는 것은 더욱 어렵다.

원자적 변수와 달리, 여러 synchronized 문은 더 쉽게 함께 사용할 수 있다.

synchronized를 사용하면 객체의 여러 필드를 한꺼번에 변경할 수 있고, 심지어 여러 synchronized 문을 서로 내포시킬 수도 있다. 따라서 진퇴양난의 상황에 빠진다. 원자적 변수를 사용해서 큰 프로그램을 구성할 때 경합 조건이 발생할 위험을 무릅쓰거나, synchronized를 사용하는 것으로 돌아가서 교착상태에 빠질 위험을 감수해야 한다. 다행히, STM은 양쪽 기술에서 좋은 부분만을 제공한다. STM을 사용하면 교착상태에 빠질 위험 없이도 간단한 원자적 연산을 합성해 더 복잡한 원자적 연산을 만들 수 있다.

소프트웨어 트랜잭션 메모리 사용

이번 절에서는 STM을 사용법의 기초를 공부할 것이다. 역사적으로 여러 STM 구현이 스칼라와 JVM 플랫폼에 나타났다. 이번 장에서 다룰 구체적인 STM 구현은 스칼라STM이다. 스칼라STM을 선택한 이유가 두 가지 있다. 첫째, 표준화한 API와 특징에 대해 동의하는 일단의 STM 전문가들이 스칼라STM을 작성했다. 스칼라로 STM을 구현하는 경우, 이 API를 준수하도록 강력히 권장한다. 두 번째, 스칼라STM API는 여러 STM 구현을 위해 설계됐고, 효율적인 기본 구현이 함께 따라온다. 프로그램을 시작하면서 여러 STM 구현을 선택할 수 있다. 사용자는 표준 API를 사용해 애플리케이션을 작성하고, 나중에 다른 STM 구현으로 매끄럽게 변경할 수 있다.

atomic 명령은 모든 STM에서 핵심적인 추상화이다. 프로그램이 atomic으로 표시한 코드 블록을 실행하는 경우, 메모리 트랜잭션memory transaction을 시작한다. 즉, 그 블록 안에서 실행한 메모리 읽기와 쓰기는 프로그램의 다른 스레드에 대해 원자적으로 실행된다. atomic 문은 synchronized 문과 비슷하며, 코드 블록이 다른 스레드와의 간섭 없이 독립적으로 실행되도록 보장하며, 그에 따라 경합 조건을 피할 수 있다. synchronized 문과 달리 atomic 문은 교착상태를 야기하지 않는다.

다음 메소드 swap과 inc는 개략적으로 atomic 문을 사용하는 법을 보여준다. swap 메소드는 두 메모리 위치 a와 b의 내용을 원자적으로 교환한다. 어떤 스레드가 a(또는 b) 메모리 위치를 읽는 시점부터 atomic 문이 끝나는 시점 사이에는 실질적으로 다른 어떤 스레드도 a나 b 위치의 값을 변경할 수 없다. 마찬가지로, inc 메소드는 원자적으로 a 메모리 위치에 있는 정수 값을 1 증가시킨다. inc를 호출하는 스레드가 a의 값을 atomic 문 안에서 읽은 시점부터 atomic 문을 끝내는 시점까지, 다른 어떤 스레드도 a 위치에 있는 값을 변경할 수 없다.

```
def swap() = atomic {  // 실제로 사용 가능한 코드가 아님
  val tmp = a
  a=b
  b = tmp
}
def inc() = atomic { a = a + 1 }
```

STM이 교착상태를 방지하고, 여러 스레드가 동시에 같은 메모리 위치를 변경하지 못하도록 방지하는 방법은 매우 복잡하다. 대부분의 STM 구현에서 atomic 문은 읽기와 쓰기 연산에 대한 로그를 보관한다. 메모리 트랜잭션이 일어나는 동안 어떤 메모리 위치를 읽을 때마다 해당 메모리 주소를 로그에 추가한다. 마찬가지로 메모리 트랜잭션이 일어나는 동안 어떤 메모리 위치에 값을 쓰는 경우에도 메모리 주소와 변경할 값을 로그에 기록한다. 실행이 atomic 블록의 마지막 지점에 이르면 트랜잭션 로그에 있는 모든 쓰기 연산을 실제 메모리에 쓴다. 이런 일이 벌어지는 경우, 트랜잭션을 커밋commit한다고 말한다. 반대로, 트랜잭션을 수행하는 동안 다른 스레드가 실행하는 트랜잭션이 같은 메모리 위치를 동시에 읽고 쓴다는 사실을 발견할 수도 있다. 이런 경우를 트랜잭션 충돌conflict이라 말한다. 트랜잭션 충돌이 일어나면 충돌 중인 트랜잭션 중 어느 하나나 전부를 취소하고, 각각을 하나씩 순차적으로 다시 실행한다. 이런 경우 STM이 트랜잭션을 롤백roll back한다고 말한다. 이런 STM을 일컬어 낙관적optimistic이라고 한다. 낙관적 STM은 트랜잭션이 성공할 것으로 가정하고 실행한 다음, 충돌이 발생하는 경우 롤백한다. 어떤 트랜잭션이 커밋되거나 롤백 후 재실행되는 경우, 이를 트랜잭션이 완료됨completed이라고 말한다.

메모리 트랜잭션의 동작을 이해하기 위해 두 스레드 T1과 T2가 동시에 swap과 inc 메소드를 호출하는 경우를 고려해 보자. 이 두 스레드에 있는 atomic 문이 모두 a라는 메모리 위치를 변경하기 때문에, 이들을 실행하면 실행시점 트랜잭션 충돌이 발생한다. 프로그램을 실행하는 동안 STM은 트랜잭션 로그 중 일부가 겹친다는 사실을 감지한다. swap 메소드와 관련 있는 트랜잭션은 a와 b 메모리 위치를 읽고 쓰며, inc 메소드는 a를 읽고 쓰기 때문이다. 이는 잠재적으로 트랜잭션 충돌이 일어날 수 있음을 의미한다. 두 트랜잭션을 모두 롤백할 수 있고, 그 후 다음 그림과 같이 어느 한 트랜잭션과 다른 트랜잭션을 순서대로 실행할 수 있다.

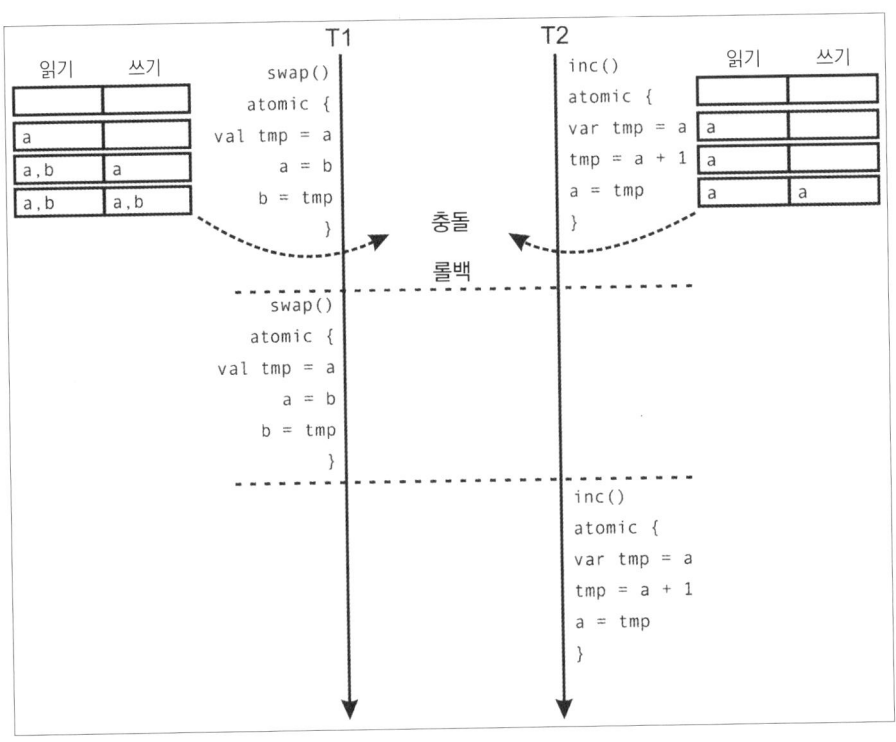

이 책의 범위를 벗어나기 때문에 스칼라STM 구현의 내부 구조를 깊이 살펴보지는 않을 것이다. 대신, 스칼라STM을 사용해 동시성 애플리케이션을 쉽게 작성하는 방법에 초점을 맞출 것이다. 스칼라STM의 의미를 왜 그렇게 정했는지 더 이해하기 좋도록, 적절한 곳에서 몇 가지 자세한 구현 사항에 대해 조금 일러줄 것이다.

일부 STM에서는 atomic 문이 메모리에 대한 모든 읽기와 쓰기를 추적한다. 스칼라STM은 트랜잭션 안에서 특별히 표시된 메모리 위치만을 추적한다. 이렇게 한 것에는 몇 가지 이유가 있다. 첫째로, 프로그램에서 atomic 밖에 있는 부분과 안에 있는 부분이 같은 메모리 위치를 동시에 읽고 쓸 수 있는 경우, STM으로는 안전성을 보장할 수 없다. 스칼라STM은 트랜잭션 안에서만 사용해야 하는 메모리를 특별히 표시하도록 강제하며, 트랜잭션 외부에서 그런 메모리를 실수로 접근하지 못하도록 막는다. 둘째로, JVM에서 실행되는 STM 프레임워크가 읽기와 쓰기를 정확히 잡아내기 위해서는 바이트코드 내부 검사introspection나 컴파일 후 처리post-compilation를 해야 한다. 스칼라STM은 라이브러리만으로 이루어진 STM 구현이기 때문에 컴파일러가 할 수 있는 프로그램 변환이나 분석이 불가능하다.

스칼라STM에서 atomic 문의 영향은 트랜잭션형 참조라는 특별한 객체에만 한정된다. 메모리 트랜잭션을 수행하기 위해 atomic 문을 사용하는 방법을 보여주기 전에, 트랜잭션형 참조를 만드는 방법을 먼저 공부할 것이다.

트랜잭션형 참조

이번 절에서는 트랜잭션형 참조를 선언하는 방법을 공부할 것이다. 트랜잭션형 참조transactional reference는 어떤 단일 메모리 위치에 대한 트랜잭션 읽기와 쓰기를 제공하는 메모리 위치이다. 스칼라STM에서 T 타입에 대한 트랜잭션형 참조는 Ref[T]라는 객체 안에 캡슐화된다.

스칼라에서 STM을 사용하기 전에, 먼저 프로젝트에 외부 의존성을 추가해야 한다. 스칼라STM은 스칼라 표준 라이브러리가 아니기 때문이다.

```
libraryDependencies += "org.scala-stm" %% "scala-stm" % "0.7"
```

스칼라STM의 atomic 문을 컴파일 단위 안에서 사용하기 위해서는 scala.concurrent.stm 패키지의 내용을 임포트해야 한다.

```
import scala.concurrent.stm._
```

Ref 객체를 인스턴스화하기 위해서는 Ref 동반 객체의 `Ref.apply` 팩터리 메소드를 사용한다. 앞에서 본 브라우저 방문 기록 예제를 트랜잭션 메모리를 사용해 다시 작성해보자. 원자적 변수를 트랜잭션형 참조로 바꾸는 작업부터 시작한다. 각 트랜잭션형 참조에 대한 초기값을 `Ref.apply` 메소드에 넘긴다.

```
val urls = Ref[List[String]](Nil)
val clen = Ref(0)
```

어떤 트랜잭션형 참조에 대해 `apply` 메소드를 호출하면 그 값을 반환하며, `update` 메소드를 호출하면 그 값을 변경한다.[4] 하지만, 이런 메소드를 트랜잭션 외부에서 호출할 수는 없다. `apply`나 `update` 메소드는 트랜잭션이 진행중임을 표현하는 `InTxn` 타입의 암시적 매개변수를 받는다(이는 '트랜잭션 내부in transcation'라는 영어의 약자이다). `InTxn` 객체가 없이는 `apply`나 `update`를 호출할 수 없다. 이런 제약사항은 프로그래머가 실수로 스칼라STM의 안전성 메커니즘을 회피하지 못하도록 방지해준다.

트랜잭션형 참조를 읽고 변경하기 위해서는 암시적 `InTxn` 객체를 제공하기 위해 우선 트랜잭션을 시작해야만 한다. 이에 대해 다음 절에서 공부할 것이다.

atomic 문 사용

`urls`와 `clen` 변수를 트랜잭션형 참조로 바꿔 쓰고 나면, `addUrl` 메소드를 다시 써야 한다. 두 원자적 변수를 따로 변경하는 대신, atomic 문으로 소프트웨어 트랜잭션을 시작한다. 스칼라STM에서 atomic 문은 `InTxn => T` 타입의 블록을 받는다. 여기서 `InTxn`은 앞에서 말했던 트랜잭션 객체의 타입이며, T는 트랜잭션이 반환할 값의 타입이다. `InTxn` 매개변수에 `implicit`를 표기할 수 있다는 점을 기억하라.

```
def addUrl(url: String): Unit = atomic { implicit txn =>
  urls() = url :: urls()
  clen() = clen() + url.length + 1
}
```

---

4 스칼라에서 x라는 객체가 있을 때, x = expr이라고 쓰면 x.update(expr)과 같다. 따라서 트랜잭션형 참조 객체의 값을 변경할 때도 일반 대입문과 같은 문법을 사용할 수 있다. – 옮긴이

새로 정의한 `addUrl`은 놀랍도록 간단하다. 먼저 `urls` 리스트의 값을 읽고, 새 URL을 리스트 앞에 추가한다. 그리고 이렇게 변경한 리스트를 다시 `urls`에 대입한다. 그 후, 전체 문자 수를 나타내는 `clen`의 값을 읽어서 새로 추가한 URL의 길이를 더해서 다시 `clen`에 대입한다. 이렇게 새로 정의한 `addUrl`은 단일 스레드 구현과 거의 비슷하다.

스칼라STM의 `atomic` 문이 일반적인 지역 변수나 객체 필드에 대한 읽기나 쓰기를 추적하지 못한다는 점은 스칼라STM의 중요한 한계이다. 나중에 보겠지만, 이런 읽기나 쓰기는 임의의 부수 효과로 생각할 수 있고, 트랜잭션 안에서 사용해서는 안 된다.

`getUrlArray`도 비슷한 방식으로 다시 구현한다. 먼저 `atomic` 문으로 트랜잭션을 만든다. `clen`의 값을 사용해 적절한 크기의 배열을 할당한다. 그 후 `for` 루프에서 `urls` 리스트를 읽어서 배열에 문자를 복사한다. 이 경우도 `getUrlArray`의 구현이 단일 스레드 구현과 놀랍도록 비슷하다.

```
def getUrlArray(): Array[Char] = atomic { implicit txn =>
  val array = new Array[Char](clen())
  for ((ch, i) <- urls().map(_ + "\n").flatten.zipWithIndex) {
    array(i) = ch
  }
  array
}
```

이제는 `clen`과 `urls` 사이에 불일치가 발생할 위험이 없다. 트랜잭션을 사용하는 경우, 아래 프로그램에서 볼 수 있듯이 두 변수 사이에는 항상 일관성이 유지된다.

```
object AtomicHistorySTM extends App {
  Future {
    addUrl("http://scala-lang.org")
    addUrl("https://github.com/scala/scala")
    addUrl("http://www.scala-lang.org/api")
    log("done browsing")
  }
  Thread.sleep(25)
```

```
  Future {
    try { log(s"sending: ${getUrlArray().mkString}") }
    catch { case e: Exception => log(s"Ayayay... $e") }
  }
  Thread.sleep(5000)
}
```

주 프로그램에 sleep 문을 추가했다. 왜냐하면 두 비동기 계산이 거의 비슷한 시간에 벌어지기 때문이다. sleep의 길이를 바꿔서 두 비동기 연산의 실행 순서를 요리조리 바꿔볼 수 있다. 방문 기록을 로그로 남기면서 언제나 예외가 발생하지 않고, 세 addUrl 호출에 따른 URL의 전후 관계를 볼 수 있는지 확인하라.

복잡한 프로그램 상태를 코드로 만들어야 하는 경우, 트랜잭션형 참조를 여러 개 사용하라. 프로그램 상태를 원자적으로 바꿔야 하는 경우, atomic 문을 사용하라.

트랜잭션형 참조와 atomic 문을 사용하는 기본적인 방법을 살펴봤다. 이제 좀 더 어려운 예제를 보면서 STM의 의미를 자세히 살펴볼 것이다.

트랜잭션 합성

제대로 사용한다면, 트랜잭션 메모리는 공유 데이터를 변경하는 동시성 애플리케이션을 작성할 때 사용할 수 있는 강력한 도구이다. 하지만 어떤 기술도 모든 필요를 만족할 수는 없으며, STM도 예외가 아니다. 이번 절에서는 큰 프로그램에서 트랜잭션을 합성하는 방법과 트랜잭션 메모리가 스칼라의 다른 특징과 어떻게 상호 작용하는지에 대해 배울 것이다. 먼저 STM 사용시 빠질 수 있는 몇 가지 함정을 살펴보고, 트랜잭션형 참조와 atomic 블록을 넘어서 STM을 더 효율적으로 사용하는 방법에 대해 보여줄 것이다.

트랜잭션과 부수 효과의 상호작용

앞에서 STM이 트랜잭션을 롤백하고 재시도할 수 있음을 배웠다. 예리한 독자라면 트랜잭션을 재시도한다는 것이 부수 효과를 다시 실행하는 것을 의미한다는 것을 눈치챘을 것이다. 여기서, 부수 효과란 일반적인 객체의 필드나 변수에 대한 임의의 읽기와 쓰기를 말한다.

때로, 부수 효과가 문제가 되지 않을 수도 있다. 트랜잭션형 참조는 트랜잭션 외부에서 변경될 수 없고, 트랜잭션 내부에서 변경된 내용은 재시도를 시작할 때 모두 폐기된다. 하지만 여전히 다른 종류의 부수 효과는 롤백할 수 없다. 다음 프로그램을 생각해 보자.

```
object CompositionSideEffects extends App {
  val myValue = Ref(0)
  def inc() = atomic { implicit txn =>
    log(s"Incrementing ${myValue()}")
    myValue() = myValue() + 1
  }
  Future { inc() }
  Future { inc() }
  Thread.sleep(5000)
}
```

이 예제는 myValue라는 트랜잭션형 참조를 선언하고, myValue를 atomic 블록 안에서 증가시키는 inc라는 메소드를 정의한다. inc 메소드에는 현재의 myValue 값을 출력하는 log 문도 들어 있다. 이 프로그램은 비동기적으로 inc를 두 번 호출한다. 실행하면 다음과 같은 출력을 볼 수 있다.

ForkJoinPool-1-worker-1: Incrementing 0
ForkJoinPool-1-worker-3: Incrementing 0
ForkJoinPool-1-worker-3: Incrementing 1

두 비동기 계산에서 inc를 동시에 호출한다. 그리고 둘 다 트랜잭션을 시작한다. 두 트랜잭션 중 하나는 myValue 참조를 자신의 읽기 집합에 추가하고, log 문에 0이라는 값을 넘긴 다음, myValue 참조를 증가시키기 위해 myValue를 쓰기 집합에도 추가한다. 한편, 다른 트랜잭션은 먼저 0이라는 값을 로그에 남기고, 그 후

myValue를 다시 읽으려 시도한다. 이때 이미 myValue의 값이 다른 활성화상태인 트랜잭션의 쓰기 집합에 들어있음을 발견한다. 따라서 두 번째 트랜잭션은 롤백되고, 첫 번째 트랜잭션이 완료된 다음에 재시도된다. 두 번째 트랜잭션은 다시 한번 myValue의 값을 읽어서 1을 출력하고 myValue를 증가시킨다. 두 트랜잭션은 모두 커밋됐지만, log 호출의 부수 효과는 롤백으로 인해 세 번 발생한다.

단순한 log를 여러 번 실행하는 것은 그리 해롭지 않을 수도 있다. 하지만 어떤 부수 효과는 반복 시 프로그램의 올바름이 쉽게 깨질 수도 있다. 트랜잭션 안에서는 부수 효과를 사용하지 않는 것이 권장할만한 습관이다.

6장에서 설명했듯, 연산을 여러 번 실행해도 효과가 같을 때 이를 멱등성이라고 부른다는 것을 기억하라. 누군가는 아마도 부수 효과가 멱등적인 경우 이를 트랜잭션 안에서 실행해도 안전하리라 생각할지도 모르겠다. 최악의 경우라도 멱등적인 연산이 여러 번 반복되는 것에 지나지 않을 것이기 때문이다. 그렇지 않은가? 불행히도 이런 추측에는 허점이 있다. 어떤 트랜잭션을 롤백하고 재시도하는 경우, 해당 트랜잭션형 참조의 값이 다른 트랜잭션에 의해 변경될 가능성이 높다. 따라서 트랜잭션을 재시도 실행하는 경우에 멱등적 연산에 들어가는 인자의 값이 바뀔 수도 있고, 멱등적 연산이 전혀 호출되지 않을 수도 있다. 따라서 이런 경우를 피하는 가장 안전한 방법은 외부적 부수 효과를 함께 사용하지 않는 것이다.

 트랜잭션은 여러 번 재시도될 수 있다. 따라서, 트랜잭션 내부에서는 외부적 부수 효과를 피해야 한다.

실전에서는 트랜잭션이 커밋된 경우에만 부수 효과를 실행하기 바라는 것이 일반적이다. 이는, 트랜잭션형 참조의 값이 변경되고 이를 모든 다른 스레드에서 관찰 가능해 진 다음을 의미한다. 이를 위해 Txn 싱글턴 객체를 사용한다. 이 객체는 트랜잭션이 커밋 또는 롤백한 다음에 실행해야 할 여러 연산을 스케줄링할 수 있다. 롤백을 할 때는 그 객체 안에 들어 있는 연산은 제거되며, 트랜잭션을 재시도할 때 잠재적으로 다시 스케줄링한다. 이 객체의 내부에 있는 메소드는 실행 중인 트랜잭션 내부에서만 호출할 수 있다. 다음 코드는 Txn 객체에 있는 afterCommit 메소드를 호출해서 트랜잭션이 커밋된 다음에 log 문을 실행하도록 inc 메소드를 다시 작성한 것이다.

```
def inc() = atomic { implicit txn =>
  val valueAtStart = myValue()
  Txn.afterCommit { _ =>
    log(s"Incrementing $valueAtStart")
  }
  myValue() = myValue() + 1
}
```

myValue 참조를 트랜잭션 내부에서 읽어서 valueAtStart라는 지역 변수에 저장했다. 이 valueAtStart 지역 변수의 값을 나중에 표준 출력에 표시한다. 이 값은 아래와 같이 afterCommit 블록에서 읽은 myValue의 값과는 다르다.

```
def inc() = atomic { implicit txn =>
  Txn.afterCommit { _ =>
    log(s"Incrementing ${myValue()}") // 이렇게 하지 말 것!
  }
  myValue() = myValue() + 1
}
```

이 마지막 inc 버전을 호출하면 예외가 발생하며 실패한다. afterCommit 메소드를 호출하는 시점에는 트랜잭션 컨텍스트 txn이 존재했지만, afterCommit으로 등록한 블록이 실행되는 시점에는 커밋된 후 트랜잭션이 이미 끝났기 때문에 더 이상 txn 객체가 유효하지 않다. 트랜잭션 외부에서 트랜잭션형 참조를 읽거나 변경하는 것은 잘못된 일이다. 따라서, 트랜잭션형 변수의 값을 afterCommit 블록에서 사용하기 위해서는 트랜잭션 내부의 적당한 지역 변수에 그 값을 저장해 두어야 한다.

그렇다면 afterCommit 블록 안에서 트랜잭션형 참조를 읽거나 쓰는 것이 왜 컴파일 시점에 오류를 내지 않고 실행 시점에 예외를 던지는 것일까? afterCommit 메소드는 트랜잭션의 정적 영역static scope 내에 있다. 다른 말로 하면, afterCommit 메소드는 atomic 문에 정적으로 내포돼 있다. 이런 이유로 컴파일러는 트랜잭션의 txn 객체를 알 수 있고, myValue와 같은 트랜잭션형 참조를 써도 타입 감사를 통과한다. 하지만, afterCommit 블록은 트랜잭션의 동적 영역dynamic scope 안에서 실행되지는 않는다. 다른 말로 하면, afterCommit 블록은 atomic 블록의 실행에서 돌아온 다음에 실행된다. 반면, atomic 블록의 외부에서 트랜잭션형 참조에 접근하는 것은 트랜잭션의 정적 영역 안에 있지 않기 때문에 컴파일러가 이를 감지하고 오류를 출력한다.

일반적으로 InTxn 객체는 트랜잭션 블록을 벗어나서는 안 된다. 예를 들어, 비동기 연산을 트랜잭션 안에서 시작하고, 그 비동기 연산 안에서 InTxn 객체를 사용해 트랜잭션형 참조에 접근해서는 안 된다.

 트랜잭션을 시작한 스레드 안에서만 트랜잭션 컨텍스트를 사용해야 한다.

상황에 따라서는 롤백이 일어났을 때 부수 효과가 있는 연산을 실행하고 싶은 경우도 있다. 예를 들어 프로그램에서 경합이 일어난 경우를 추적하기 위해 롤백 시 로그를 남기고 싶을 수도 있다. 그 정보를 사용해 프로그램의 구조를 개선하고 잠재적인 성능상 병목지점을 없앨 수 있을 것이다. 이런 경우 afterRollback 메소드를 사용한다.

```
def inc() = atomic { implicit txn =>
  Txn.afterRollback { _ =>
    log(s"rollin' back")
  }
  myValue() = myValue() + 1
}
```

롤백 후에는 트랜잭션이 더 이상 진행 중이 아니라는 사실이 중요하다. afterCommit 블록과 마찬가지로 afterRollback 블록 안에서 트랜잭션형 참조에 접근하는 것도 잘못된 일이다.

Txn 객체의 afterCommit과 afterRollback 메소드를 사용해, 트랜잭션에서 부수 효과가 있는 연산을 실행하되, 여러 번 실행할 위험은 피할 수 있다.

트랜잭션 안에 있는 부수 효과가 있는 연산이 항상 나쁜 것만은 아니다. 부수 효과가 트랜잭션 내부에서 만들어진 객체를 변경하는 역할만을 수행하는 경우[5]에는 얼마든지 이를 사용할 수 있다. 사실, 그런 부수 효과는 때로는 필요하기까지도 하다. 이를 보여주기 위해, 트랜잭션형 연결 리스트 컬렉션으로 사용할 Node 클래스를 생각해 보자. 트랜잭션형 리스트는 메모리 트랜잭션을 사용해 변경하는 스레드 안전한 동시성 연결 리스트이다. 스칼라에서 List로 표현하는 함수적인 콘스 리스트(cons list, ::로 원소를 연결하는 리스트)와 비슷하게 트랜잭션형 Node 클래스에도 elem과 next라는 두 필드가 있다. elem 필드는 값 필드로 정수만을 포함할 수 있다. next 필드는 트랜잭션형 참조로 연결 리스트의 다음 노드를 가리킨다. next 필드는 메모리 트랜잭션 안에서만 읽고 쓸 수 있다.

```
case class Node(elem: Int, next: Ref[Node])
```

이제 nodeToString 메소드를 정의한다. 이 메소드는 트랜잭션형 연결 리스트 노드 n을 받아서 그로부터 시작하는 트랜잭션형 리스트의 String 표현을 반환한다.

```
def nodeToString(n: Node): String = atomic { implicit txn =>
  val b = new StringBuilder
  var curr = n
  while (curr != null) {
    b ++= s"${curr.elem}, "
    curr = curr.next()
  }
  b.toString
}
```

앞의 코드에서 우리는 부수 효과를 트랜잭션 안에서 만들어진 객체에만 한정시키기 위해 노력했다. 여기서는 StringBuilder 객체인 b만을 변경했다. 만약 트랜잭

---

5 I/O를 수행하는 것은 이 정의에서 벗어난다. 앞에서 다뤘던 log가 한 예이다. – 옮긴이

션을 시작하기 전에 StringBuilder 객체를 초기화했다면 nodeToString은 제대로 작동하지 않았을 것이다.

```
def nodeToStringWrong(n: Node): String = {
  val b = new StringBuilder // 매우 나쁨
  atomic { implicit txn =>
    var curr = n
    while (curr != null) {
      b ++= s"${curr.elem}, "
      curr = curr.next()
    }
  }
  b.toString
}
```

nodeToStringWrong 예제에서 트랜잭션이 롤백된다면 StringBuilder 객체의 내용이 지워지지 않는다. 트랜잭션을 재시도하면, 이미 존재하는 비어 있지 않은 StringBuilder 객체를 변경하기 때문에 트랜잭션형 리스트의 현재 상태를 반영하지 않는 문자열 표현이 만들어진다.

 트랜잭션 안에서 객체를 변경하려면 반드시 그 객체를 트랜잭션 안에서 만들고, 그에 대한 참조를 트랜잭션의 범위를 벗어나지 않는 영역에서 사용해야만 한다.

트랜잭션 안에서 부수 효과를 관리하는 방법을 살펴봤다. 이제 몇 가지 특별한 유형의 트랜잭션을 살펴보고, 작은 트랜잭션을 조합해 큰 트랜잭션을 만드는 방법을 공부할 것이다.

단일 연산 트랜잭션

트랜잭션형 참조를 단 하나만 읽거나 쓰고 싶을 때가 있다. Ref 객체를 하나만 사용하기 위해 atomic 키워드를 사용하고 암시적 txn 인자를 명시하는 것은 귀찮다. 이런 수고를 덜기 위해 스칼라STM에서는 트랜잭션형 참조에 대한 단일 연산 트랜잭션을 제공한다. 단일 연산 트랜잭션은 Ref 객체의 single 메소드(인자가 없음)

를 호출해서 실행할 수 있다. 이 메소드는 Ref 객체와 같은 인터페이스를 제공하는 Rev.View 객체를 반환한다. 차이는 Ref.View의 메소드를 트랜잭션 밖에서도 호출할 수 있다는 점 뿐이다. Ref.View 객체의 모든 연산은 단일 연산 트랜잭션으로 작동한다.

앞 절에서 살펴본 트랜잭션형 연결 리스트 Node 클래스를 다시 기억해 보자. 그 안에서 elem 필드에는 정수를, next 트랜잭션형 참조에는 다음 노드를 저장했다. 이제 node에 두 가지 연결 리스트 메소드를 추가하자. append 메소드는 Node 인자 n을 받아서, 현재 노드 다음에 삽입한다. nextNode 메소드는 다음 노드에 대한 참조를 반환하거나, 현재 노드가 리스트의 끝인 경우 null을 반환한다.

```
case class Node(val elem: Int, val next: Ref[Node]) {
  def append(n: Node): Unit = atomic { implicit txn =>
    val oldNext = next()
    next() = n
    n.next() = oldNext
  }
  def nextNode: Node = next.single()
}
```

nextNode 메소드는 단일 연산 트랜잭션을 수행한다. nextNode는 next 트랜잭션형 참조의 single을 호출한다.[6] 그 후, apply 메소드를 호출해 다음 노드의 값을 가져온다. 이는 다음 정의와 동일하다.

```
def nextNode: Node = atomic { implicit txn =>
  next()
}
```

트랜잭션형 Node 클래스를 사용해 1,4,5가 들어 있는 nodes라는 연결 리스트를 선언하고, 그 리스트를 동시에 변경할 수 있다. 각각 2와 3이라는 값을 가지는 노드를 append로 추가하는 퓨처 f와 g를 시작할 수 있다. 퓨처가 완료된 다음, nextNode를 호출해 다음 노드의 값을 출력한다. 다음 코드는 퓨처가 완료되는 순서에 따라 2나 3을 출력할 것이다.

---

6 single 메소드가 인자가 없기 때문에, next.single()은 next.single 메소드가 반환하는 Ref.View 타입의 객체에 대해 ()를 적용한 것이다. 이는 다시 apply()를 호출하는 것과 같다. - 옮긴이

```
val nodes = Node(1, Ref(Node(4, Ref(Node(5, Ref(null))))))
val f = Future { nodes.append(Node(2, Ref(null))) }
val g = Future { nodes.append(Node(3, Ref(null))) }
for (_ <- f; _ <- g) log(s"Next node is: ${nodes.nextNode}")
```

single을 사용해 다른 트랜잭션형 참조 연산을 호출할 수도 있다. 다음 코드에서는 Node 클래스에 대해 appendIfEnd라는 메소드를 정의하기 위해 transform 연산을 사용한다. transform은 현재의 노드 다음에 null이 오는 경우에만 n 노드를 추가한다.

```
def appendIfEnd(n: Node) = next.single.transform {
  oldNext => if (oldNext == null) n else oldNext
}
```

T 타입의 값을 포함하고 있는 Ref 객체에 대한 transform 연산은 T => T 타입의 변환 함수를 인자로 받는다. transform은 원자적으로 트랜잭션형 참조를 읽어서 변환 함수를 현재 값에 대해 호출해서 얻은 새 값을 다시 쓴다. 다른 단일 연산 트랜잭션으로는 update, compareAndSet, swap 등이 있다. 이들의 정확한 의미는 온라인 문서에서 확인하기 바란다.

 읽기, 쓰기, 또는 CAS-유사 연산을 사용해야 하는데, atomic 블록을 사용하기 위해 필요한 문법적인 얼개 코드를 피하고 싶다면 단일 연산 트랜잭션을 활용하라.

단일 연산 트랜잭션은 더 입력하기 쉽고, 하부 STM 구현에 따라서는 더 효율적일 수도 있다. 이들은 유용하다. 하지만, 프로그램의 규모가 커지면 간단한 트랜잭션을 조합해 더 큰 트랜잭션을 구축할 수 있는 방법에 관심이 더 가기 마련이다. 이에 대해 다음 절에서 살펴볼 것이다.

트랜잭션 내포시키기

2장에서 synchronized 문을 다른 synchronized 문 안에 내포시킬 수 있음을 배웠다. 이런 특성은 여러 소프트웨어 모듈을 가지고 프로그램을 조합하는 경우 꼭 필요하다. 예를 들어, 금융 시스템의 송금 모듈은 트랜잭션을 영구히 저장하기 위해 로깅 모듈에 있는 연산을 호출해야만 한다. 두 모듈 모두 내부에서 외부 모듈의 존재를 알지 못한 채 원하는 대로 락을 사용할 것이다. 임의로 중첩된 synchronized 문은 최악의 경우 교착상태를 허용할 수 있다는 단점이 있다.

별도의 atomic 문도 임의로 내포시킬 수 있다. 이런 내포가 필요한 이유도 synchronized 문과 같다. 어떤 소프트웨어 모듈 내부의 트랜잭션이 다른 소프트웨어 모듈에 있는 연산을 호출할 수 있어야 하고, 그 연산이 새 트랜잭션을 시작할 수도 있다. 어떤 연산의 내부에 트랜잭션이 들어 있는지 여부를 몰라도 된다면 여러 다른 소프트웨어 컴포넌트를 더 잘 분리할 수 있을 것이다.

구체적인 예제로 이를 설명하겠다. 앞 절에서 본 트랜잭션형 연결 리스트 Node 클래스를 생각해보자. Node 클래스는 상당히 저수준이다. 새 노드를 특정 노드 뒤에 삽입하기 위해 append를 호출할 수 밖에 없고, nodeToString을 특정 노드에 대해 호출해 원소를 String 객체로 변환하는 기능밖에 없다.

이번 절에서는 트랜잭션형 정렬된 리스트 클래스인 TSortedList 클래스를 정의한다. 이 클래스는 정수를 오름차순으로 정렬한다. 이 클래스는 Node 객체인 연결 리스트의 첫 번째 노드를 가리키는 head라는 트랜잭션형 참조를 유지한다. 우리는 TSortedList 클래스를 문자 표현으로 변환하는 toString 메소드를 정의한다. toString 메소드는 head 트랜잭션형 참조를 읽을 필요가 있다. 따라서 새 트랜잭션을 시작해야만 한다. toString 메소드는 head의 값을 읽어서 h라는 지역 변수에 저장하고 나서, 앞에서 정의한 nodeToString 메소드를 재사용할 수 있다.

```
class TSortedList {
  val head = Ref[Node](null)
  override def toString: String = atomic { implicit txn =>
    val h = head()
    nodeToString(h)
  }
}
```

nodeToString 메소드가 각 노드에서 다음 참조를 읽는 다른 트랜잭션을 시작한다는 사실을 기억하라. toString 메소드가 nodeToString을 호출할 때면, 두 번째 트랜잭션은 toString이 시작한 트랜잭션 안에 내포된다. nodeToString 메소드에 있는 atomic 블록은 새로운 트랜잭션을 별도로 시작하지 않는다. 대신, 내포된 트랜잭션은 기존 트랜잭션의 일부가 된다. 이런 방식은 두 가지 중요한 결과를 야기한다. 첫째, 내포된 nodeToString의 트랜잭션이 실패하면 그 트랜잭션은 nodeToString 안에 있는 atomic 블록의 시작 부분으로 롤백되지 않는다. 대신, toString 메소드에 있는 atomic 블록의 시작 부분까지 롤백된다. 우리는 이를 트랜잭션의 시작 지점이 정적 범위가 아닌 동적 범위에 의해 결정된다고 말한다. 마찬가지로, 내포된 트랜잭션의 실행이 nodeToString 메소드에 있는 atomic 블록의 끝에 도달해도 커밋되지 않는다. 내포된 트랜잭션이 가한 변경 사항은 최초로 시작한 트랜잭션을 커밋할 때 한꺼번에 커밋된다. 이를 트랜잭션의 범위가 항상 최상위 트랜잭션에 따라 정해진다고 한다.

내포된 atomic 블록은 최상위 atomic 블록이 시작할 때 시작되고, 최상위 atomic 블록이 완료된 다음 커밋된다. 마찬가지로, 롤백 시에도 최상위 atomic 블록의 시작 지점부터 트랜잭션을 재시도한다.

이제 내포된 트랜잭션에 대한 다른 예를 공부하자. 원자적으로 트랜잭션형 정렬 연결 리스트를 문자 표현으로 변환하는 기능은 유용하다. 하지만, 그에 더불어 리스트에 새 원소를 추가하는 기능도 필요하다. 정수를 인자로 받아서 정렬된 트랜잭션형 리스트의 적절한 위치에 삽입해 주는 insert라는 메소드를 정의한다.

insert가 트랜잭션형 참조인 head와 리스트 내의 다른 노드를 변경할 수 있어야 하기 때문에, 트랜잭션을 시작해야만 한다. 그 후 두 가지 특별한 경우를 검사한다. 리스트가 비어 있는 경우, head를 인자로 받은 정수 x를 포함한 새 노드를 가리키도록 설정한다. 마찬가지로, x라는 정수가 리스트의 맨 앞에 있는 원소의 값보다 작다면, head를 x가 들어 있는 노드를 가리키기 변경하고, 새로 추가한 노드의 next를 원래 head가 가지고 있던 참조 값으로 만든다. 이 두 경우가 모두 아니라면, 트랜잭션 안에 내포시킨 꼬리재귀 insert를 리스트의 나머지 부분에 적용한다.

```
import scala.annotation.tailrec
def insert(x: Int): this.type = atomic { implicit txn =>
  @tailrec def insert(n: Node): Unit = {
    if (n.next() == null || n.next().elem > x)
      n.append(new Node(x, Ref(null)))
    else insert(n.next())
  }
  if (head() == null || head().elem > x)
    head() = new Node(x, Ref(head()))
  else insert(head())
  this
}
```

내포된 insert 메소드는 리스트를 순회하면서 정수 x가 들어갈 위치를 찾는다. 그 메소드는 현재 노드 n을 인자로 받고, 그 노드 다음에 리스트의 끝을 뜻하는 null이 오거나, 다음 원소의 값이 x보다 큰지 본다. 두 경우 모두 n 노드에 대해 append 메소드를 호출한다. 만약 n 다음에 오는 노드가 null이 아니고, 그 노드의 elem 필드가 x보다 작거나 같다면, 내포된 insert를 그 노드에 대해 재귀적으로 호출한다.

내포된 꼬리재귀 insert가 자신을 둘러싼 atomic 블록의 트랜잭션 컨텍스트인 txn을 사용한다는 사실에 유의하라. 트랜잭션의 범위 밖에서 꼬리재귀 메소드로 insert를 별도로 정의할 수도 있다. 그런 경우 반드시 txn을 암시적 매개변수로 따로 지정해야만 한다.

```
@tailrec
final def insert(n: Node, x: Int)(implicit txn: InTxn): Unit = {
  if (n.next() == null || n.next().elem > x)
    n.append(new Node(x, Ref(null)))
  else insert(n.next(), x)
}
```

다른 대안으로, 암시적 txn 트랜잭션 컨텍스트 매개변수를 생략할 수도 있다. 하지만, 그럴 경우 꼬리재귀 insert 메소드 안에서 트랜잭션을 새로 시작해야만 한다. 이런 구현은 앞에서 본 접근 방법보다 조금 덜 효율적일 것이다. 하지만 의미상으로는 동일하다.

```
@tailrec
final def insert(n: Node, x: Int): Unit = atomic { implicit txn =>
  if (n.next() == null || n.next().elem > x)
    n.append(new Node(x, Ref(null)))
  else insert(n.next(), x)
}
```

트랜잭션형 정렬 리스트를 다음 코드로 시험한다. 빈 트랜잭션형 정렬 리스트를 인스턴스 화 하고 비동기 연산 f와 g에서 몇 가지 정수를 넣는다. 두 퓨처가 모두 실행을 끝내고 나면, 정렬된 리스트의 내용을 출력한다.

```
val sortedList = new TSortedList
val f = Future { sortedList.insert(1); sortedList.insert(4) }
val g = Future { sortedList.insert(2); sortedList.insert(3) }
for ( _ <- f; _ <- g) log(s"sorted list - $sortedList")
```

이 예제를 실행하면 퓨처의 실행 순서와 관계없이 항상 1, 2, 3, 4라는 정렬된 순서를 얻는다. 우리는 스레드 안전한 트랜잭션형 정렬 리스트 클래스를 만들었고, 그 클래스의 구현은 거의 순차 정렬 리스트 클래스와 비슷했다. 이 예제는 STM의 진정한 잠재능력을 보여준다. STM을 사용하면 동시성에 대해 크게 고민하지 않고도 동시성 데이터 구조와 스레드 안전한 데이터 모델을 만들 수 있다.

트랜잭션에서 우리가 아직 살펴보지 않은 측면이 하나 있다. 트랜잭션이 예외로 인해 실패하면 어떤 일이 벌어질까? 예를 들어, 꼬리재귀 `insert` 메소드에 정상적인 `Node`에 대한 참조가 아니라 `null`을 넘길 수도 있다. 그러면 `NullPointerException`이 발생하는데, 과연 그 예외가 트랜잭션에는 어떤 영향을 끼칠까? 다음 절에서는 트랜잭션에서 예외가 어떤 의미를 가지는지 살펴볼 것이다.

트랜잭션과 예외

트랜잭션에 대해 지금까지 배운 내용에서는 트랜잭션이 예외를 던지는 경우 어떤 일이 벌어질 지가 분명치 않았다. 예외는 트랜잭션을 롤백시킬 수도 있을 것이다. 혹은, 트랜잭션에서 생긴 변경 사항을 커밋할 수 있을지도 모른다. 스칼라STM은 기본적으로 롤백을 수행한다. 하지만, 이런 작동 방식을 변경할 수 있다.

우리가 만든 트랜잭션형 정렬 리스트를 동시 우선순위 큐로 사용하려는 고객이 있다고 하자. 우선순위 큐priority queue는 정수 등의 순서가 있는 원소를 저장하는 컬렉션이다. 임의의 원소를 insert를 사용해 우선순위 큐에 넣을 수 있다. 언제든 head 메소드를 사용해 우선순위 큐에서 가장 작은 원소를 가져올 수 있다. 원하면 가장 작은 원소를 pop 메소드를 사용해 제거할 수도 있다.

트랜잭션형 정렬 리스트는 이미 정렬이 되어 있고, insert 메소드를 사용한 원소 삽입도 지원한다. 하지만, 일단 원소를 추가하고 나면 이를 제거할 수는 없다. 이런 트랜잭션형 정렬 리스트를 우선순위 큐로 사용하기 위해, pop 메소드를 정의한다. pop은 트랜잭션형 리스트 xs에서 맨 앞의 n개 원소를 제거한다. pop 메소드 안에서 트랜잭션을 시작하고, 지역 변수 left를 정의해 제거할 원소의 개수 n으로 설정한다. 그 후 while 루프를 돌면서 left가 0이 될 때까지 head로부터 노드를 제거한다.

```
def pop(xs: TSortedList, n: Int): Unit = atomic { implicit txn =>
  var left = n
  while (left > 0) {
    xs.head() = xs.head().next()
    left -= 1
  }
}
```

pop 메소드를 시험하기 위해 새 트랜잭션형 리스트 lst를 선언하고 4, 9, 1, 16을 넣는다. 정렬되어 있기 때문에 1, 4, 9, 16 순서로 리스트에 들어 있어야 한다.

```
val lst = new TSortedList
lst.insert(4).insert(9).insert(1).insert(16)
```

그 다음 pop을 호출해 리스트에서 원소를 2개 제거하는 비동기 계산을 시작한다. 비동기 계산이 성공적으로 끝나면 트랜잭션형 리스트의 내용을 표준 출력에 표시한다.

```
Future { pop(lst, 2) } foreach {
  case _ => log(s"removed 2 elements; list = $lst")
}
```

지금까지는 아주 좋다. log 문의 출력은 9와 16을 보여준다. 이제 이 트랜잭션형 리스트에서 맨 앞의 3 원소를 제거하는 다른 비동기 연산을 시작한다.

```
Future { pop(lst, 3) } onComplete {
  case Failure(t) => log(s"whoa $t; list = $lst")
}
```

하지만, 여기서 다시 호출한 pop은 NullPointerException을 발생시킨다. 왜냐하면 리스트에 원소가 2개 밖에 없기 때문이다. 그 결과 head는 트랜잭션을 실행하는 중간에 null로 바뀐다. pop 메소드가 null에 대해 next를 호출하면 예외가 발생한다.

onComplete 콜백 안에서 예외와 리스트의 내용을 표시한다. 여기서, 트랜잭션을 실행하면서 head를 null로 지정했음에도 불구하고, 트랜잭션형 리스트 안에 여전히 9와 16이 들어 있음을 볼 수 있다. 예외가 던져질 때 트랜잭션의 효과가 취소되었다.

 트랜잭션 내부에서 예외가 발생하면 트랜잭션이 롤백되고 예외가 최상위 atomic 블록을 시작한 지점으로 전달된다.

중요한 것은 내포된 트랜잭션들도 모두 롤백된다는 사실이다. 다음 코드에서 atomic 블록 안에 들어 있는 pop 메소드의 트랜잭션은 성공하지만, 그 트랜잭션의 변경 사항은 커밋되지 않는다. 대신, 최상위 atomic 블록에서 sys.error 호출로 인해 RuntimeException이 발생할 때 전체 트랜잭션이 롤백된다.

```
Future {
  atomic { implicit txn =>
    pop(lst, 1)
    sys.error("")
  }
```

```
} onComplete {
  case Failure(t) => log(s"oops again $t - $lst")
}
```

스칼라STM과 달리, 일부 다른 STM 구현은 예외 발생시 트랜잭션을 롤백하지 않는다. 대신, 트랜잭션을 커밋한다. STM 전문가들은 아직 예외를 어떻게 처리해야 할지 합의를 도출하지 못했다. 스칼라STM은 양자를 절충한 접근 방법을 사용한다. 대부분의 예외는 트랜잭션을 롤백하지만, 스칼라의 제어 예외control exception에는 그 규칙을 적용하지 않는다. 제어 예외는 스칼라 프로그램의 흐름을 제어하기 위해 사용하는 예외이다. 이런 예외는 `scala.util.control` 패키지의 `ControlThrowable` 트레이트를 확장하며, 스칼라 컴파일러와 런타임은 이들을 다르게 다룬다. 제어 예외가 트랜잭션 내부에서 발생하면 스칼라STM은 트랜잭션을 롤백하지 않는다. 대신, 트랜잭션을 커밋한다.

스칼라 언어의 기본 요소가 아닌 break 문을 지원하고 싶은 경우, 제어 예외를 사용한다. break 문은 제어 예외를 발생시키고, 내부에서 브레이크가 발생할 수 있음을 표시하는 breakable 블록에서 그 예외를 처리한다. 다음 예제에서는 break 문을 사용하기 위해 브레이크가 발생할 수 있는 블록을 만들고 트랜잭션을 시작한 다음, for 루프 안에서 1, 2, 3에 대해 pop을 호출한다. 첫 번째 반복이 끝나고 나면 루프에서 break로 나온다. 이 예제를 실행하면 첫 pop 문에서 변경한 내용이 커밋됨을 알 수 있다. 그래서 이제는 트랜잭션형 리스트에 16이라는 원소만 남는다.

```
import scala.util.control.Breaks._
Future {
  breakable {
    atomic { implicit txn =>
      for (n <- List(1, 2, 3)) {
        pop(lst, n)
        break
      }
    }
  }
  log(s"after removing - $lst")
}
```

게다가, 원자적 블록을 시작할 때 `atomic`에 대해 `withControlFlowRecognizer`를 호출하면 트랜잭션이 예외를 처리하는 방법을 변경할 수도 있다. 이 메소드는 `Throwable`에서 `Boolean`으로 가는 부분 함수를 인자로 받는다. 그리고 이 부분 함수를 사용해 트랜잭션에서 발생한 예외를 제어 예외처럼 처리할지 여부를 결정한다. 어떤 예외에 대해 부분 함수가 정의되어 있지 않다면, 기본 제어 흐름 판별기가 그 예외를 처리한다.

다음 예제에서 `atomic` 블록은 기본 제어 흐름 판별기를 변경해 사용한다. 이 트랜잭션에서는 `ControlThrowable` 트레이트의 하위 클래스인 예외도 모두 일반 예외와 마찬가지로 처리한다. `pop` 클래스는 트랜잭션 내부에서 트랜잭션형 리스트의 마지막 원소를 제거한다. 하지만, `break`를 호출하면 전체 트렌젝션이 롤백된다. 비동기 계산이 끝난 다음 불리는 `log` 문은 리스트에 16이 여전히 남아 있음을 보여준다.

```
import scala.util.control._
Future {
  breakable {
    atomic.withControlFlowRecognizer {
      case c: ControlThrowable => false
    } { implicit txn =>
      for (n <- List(1, 2, 3)) {
        pop(lst, n)
        break
      }
    }
  }
  log(s"after removing - $lst")
```

트랜잭션 내부에서 발생한 예외를 `catch` 문으로 처리할 수도 있음에 유의하라. 그런 경우, 내부 트랜잭션의 영향은 버려지지만, 실행은 예외를 잡아낸 시점부터 계속 진행된다. 다음 예제에서는 두 번째 `pop` 호출에서 발생한 예외를 잡아서 처리한다.

```
val lst = new TSortedList
lst.insert(4).insert(9).insert(1).insert(16)
atomic { implicit txn =>
  pop(lst, 2)
  log(s"lst = $lst")
  try { pop(lst, 3) }
  catch { case e: Exception => log(s"Houston... $e!") }
  pop(lst, 1)
}
log(s"result - $lst")
```

두 번째 pop 호출은 리스트에서 어떤 원소도 제거해서는 안 된다. 따라서 마지막에 16이 표시되리라 예상할 수 있다. 이 코드를 실행해 보면 다음과 같은 결과를 볼 수 있다.

run-main-26: lst = 9, 16,
run-main-26: lst = 9, 16,
run-main-26: Houston... **java.lang.NullPointerException!**
run-main-26: result - 16,

흥미롭게도, 출력을 보면 첫 번째 log 문이 두 번 호출된다는 점을 알 수 있다. 이는 예외가 처음 던져질 때, 내포된 트랜잭션과 최상위 트랜잭션이 모두 롤백되기 때문이다. 첫 번째로 트랜잭션을 실행하는 경우, 내포된 트랜잭션(pop 내부의 트랜잭션)과 최상위 트랜잭션(atomic 문)을 모두 펼쳐서 전체를 한 트랜잭션처럼 처리하는 것이 더 효율적이기 때문에, 스칼라STM은 최초 실행 시 전체를 한 트랜잭션으로 다루는 최적화를 수행한다. 하지만, 두 번째로 트랜잭션을 실행하는 과정에서는 내포된 트랜잭션에서 발생하는 예외를 제대로 처리했다는 사실을 알 수 있다.

이런 예제는 트랜잭션 내부에서 예외가 어떤 의미인지를 이해하는 데 유용하다. 하지만, 우리가 만든 트랜잭션형 리스트의 사용자가 pop을 빈 리스트에 호출했을 때 예외가 발생하는 것 이상을 원할 수도 있다. 경우에 따라 3장에서 본 생산자-소비자 패턴과 마찬가지로, 리스트가 비어 있는 경우 기다렸다가 트랜잭션을 재실행해야 할 수도 있다. 이런 경우를 재시도retrying라 하며, 다음 절의 주제가 바로 그것이다.

트랜잭션 재시도

순차적 계산에서는 단일 스레드가 프로그램 실행을 담당한다. 그런 프로그램에서 어떤 값이 없어서 사용할 수 없다면, 프로그램을 담당하는 유일한 스레드가 그 값을 생성해야만 한다. 동시 프로그래밍의 경우 상황이 다르다. 어떤 값을 현재는 사용할 수 없더라도 생산자라고 부르는 다른 스레드가 나중에 그 값을 만들어낼 수 있다. 해당 값을 사용하는 소비자 스레드는 값이 생길 때까지 대기하거나, 해당 값을 다시 검사하기 전에 임시로 다른 작업을 실행할 수 있다. 이런 관계를 달성하는 여러 방법을 이미 살펴봤다. 2장에서 본 모니터나 `synchronized` 문으로 시작해서 3장의 동시성 큐, 4장의 퓨처와 프라미스, 6장의 이벤트 스트림 등이 그들이다.

문법적으로 볼 때, `atomic` 문은 `synchronized` 문과 가장 비슷하다. `synchronized` 문이 가드가 있는 블록 패턴을 지원했다는 사실을 기억하자. 이 패턴에서는 스레드가 모니터를 획득하고, 특정 조건을 검사한 다음, 해당 모니터에 대해 `wait`를 호출한다. 다른 스레드가 해당 조건을 만족시키면 `notify`를 동일한 모니터에 대해 호출해서 첫 스레드를 깨우고 작업을 계속 수행하도록 만든다. 이 메커니즘은 종종 깨지는 경우가 있긴 하지만, 사용시 바쁜 대기를 피할 수 있다.

STM에 대해 지금까지 배운 내용에는 `atomic` 문 안에서 모니터와 `notify` 메소드에 해당하는 것이 없었다. 이런 기능이 없으면 특정 조건을 만족할 때까지 트랜잭션이 대기하려면 바쁜 대기를 사용할 수밖에 없다. 이런 상황을 보여주기 위해 바로 전 절에서 살펴본 트랜잭션형 리스트에 대해 생각해 보자. 그 리스트에 `headWait`라는 메소드를 추가하고 싶다. 이 메소드는 트랜잭션형 리스트를 인자로 받아서 그 리스트가 비어있지 않은 경우 리스트의 첫 번째 정수를 반환한다. 만약 리스트가 비어 있다면 리스트에 원소가 들어올 때까지 실행을 블록해야만 한다.

```
def headWait(lst: TSortedList): Int = atomic { implicit txn =>
  while (lst.head() == null) {} // 절대로 이렇게 하지 말라
  lst.head().elem
}
```

`headWait` 메소드는 트랜잭션을 시작하고 트랜잭션형 리스트 `lst`의 `head` 참조가 `null`이 아닌 값으로 바뀔 때까지 바쁜 대기를 수행한다. 이 메소드를 시험하려면

빈 트랜잭션형 정렬 리스트를 만들고, headWait를 호출하는 비동기 계산을 시작한다. 1초 후, 리스트에 1을 추가하는 다른 비동기 계산을 시작한다. 이 1초간의 시간 동안 첫 번째 비동기 계산은 계속 바쁜 대기를 수행할 것이다.

```
object RetryHeadWaitBad extends App {
  val myList = new TSortedList
    Future {
      val headElem = headWait(myList)
      log(s"The first element is $headElem")
    }
  Thread.sleep(1000)
  Future { myList.insert(1) }
  Thread.sleep(1000)
}
```

이 예제를 실행하면 1초 후 성공적으로 완료하고 리스트의 첫 원소가 1이라는 출력을 보게 될지도 모른다. 하지만, 이 예제는 실패할 수도 있다. 스칼라STM은 가끔 headWait의 트랜잭션과 insert 메소드 안에 있는 트랜잭션 사이의 불일치를 감지하고, 두 트랜잭션을 직렬화하려 시도할 것이다. STM이 headWait를 먼저 실행하기로 결정한다면 myList에 결코 1이 추가되지 못할 것이다. 따라서 이 프로그램은 교착상태에 빠진다. 이 예제는 트랜잭션 안에서 바쁜 대기를 실행하는 것이 synchronized 문 안에서 바쁜 대기를 하는 것만큼 나쁜 일임을 보여준다.

> 가능하면 오랜 시간 동안 실행되는 트랜잭션을 피하라. 트랜잭션 내부에서 무한루프를 절대로 실행하지 말라. 교착상태를 만들 수 있다.

STM은 독립적인 메모리 트랜잭션 실행을 지원하는 것 이상이다. 모니터와 synchronized 문을 완전히 대체하기 위해, STM은 반드시 특정 조건이 만족할 때까지 트랜잭션을 블록시키기 위한 도구를 제공해야만 한다. 스칼라STM은 이런 목적으로 retry라는 명령을 제공한다. 트랜잭션 내부의 실행이 retry 문에 도달하면, 스칼라STM은 그 문을 감싸는 최상위 atomic 블록으로 특별한 예외를 발생시키면서 트랜잭션을 롤백시킨다. 그 후, 호출한 스레드가 블록된다. 롤백 이후,

스칼라STM은 트랜잭션의 읽기 집합을 저장한다. 읽기 집합에 있는 트랜잭션형 참조의 값은 트랜잭션이 retry를 호출하기로 결정한 이유에 해당한다. 따라서 이 읽기 집합에 속한 트랜잭션형 참조 중 일부에 들어 있는 값을 다른 트랜잭션이 변경한 경우, 블록된 트랜잭션을 재시도할 수 있다.

이제 headWait을 head가 빈 리스트를 나타내는 null이면 retry를 호출하도록 다시 구현해 보자.

```
def headWait(lst: TSortedList): Int = atomic { implicit txn =>
  if (lst.head() != null) lst.head().elem
  else retry
}
```

전체 프로그램을 재실행한다. headWait를 호출하면 블록이 잠재적으로 발생할 수 있다. 따라서 비동기 계산 안에서 blocking을 호출해야 한다. headWait에 있는 트랜잭션은 head라는 트랜잭션형 참조를 읽고, retry를 호출한 다음 그 참조를 읽기 집합에 넣는다. 나중에 head가 변경되면 스칼라STM이 트랜잭션을 자동으로 재시도한다.

```
object RetryHeadWait extends App {
  val myList = new TSortedList
  Future {
    blocking {
      log(s"The first element is ${headWait(myList)}")
    }
  }
  Thread.sleep(1000)
  Future { myList.insert(1) }
  Thread.sleep(1000)
}
```

이번에는 예상대로 프로그램이 작동한다. 첫 번째 비동기 계산 실행은 두 번째 비동기 계산이 1을 리스트에 추가할 때까지 연기된다. 1이 추가되면 첫 번째 비동기 연산을 깨우고, 트랜잭션을 반복한다.

특정 조건을 만족할 때까지 트랜잭션을 블록시키고, 읽기 집합이 변경된 다음 다시 트랜잭션을 재시도 하기 위해 retry를 사용하라.

어떤 경우에는, 특정 조건을 만족하지 못해 트랜잭션을 실행할 수 없는 경우, 다른 트랜잭션을 재시도해보는 것을 원할 수도 있다. 프로그램에 여러 생산자 스레드가 있고, 소비자 스레드는 하나뿐이라고 생각해 보자. 생산자 사이의 경합을 줄이기 위해, queue1과 queue2라는 두 트랜잭션형 정렬 리스트를 사용하기로 결정한다. 두 리스트에 한꺼번에 접근해서 생기는 생성 경합조건을 피하기 위해 소비자 스레드는 이 두 트랜잭션형 정렬 리스트의 내용을 두 별도의 트랜잭션에서 검사해야 한다. orAtomic 이라는 구성 요소로 이런 작업을 수행할 수 있다.

다음 코드는 앞에서 설명한 상황에서 orAtomic을 사용하는 방법을 보여준다. 트랜잭션형 정렬 리스트 queue1과 queue2를 인스턴스화한다. 그 후 소비자를 나타내는 비동기 계산을 시작해서 queue1에 대해 headWait를 실행한다. 첫 트랜잭션 직후 orAtomic을 호출한다. 이렇게 하면 첫 트랜잭션이 retry를 호출할 때 실행할 대안 트랜잭션을 지정한다. orAtomic 블록 안에서는 queue2에 대해 headWait를 호출한다. 첫 atomic 블록이 retry를 호출하면, 제어가 orAotmic 블록으로 넘어가서 다른 트랜잭션을 시작한다.

두 트랜잭션형 리스트 queue1과 queue2는 처음에 비어 있다. 두 번째 트랜잭션에서도 retry를 호출하기 때문에, 이 예제의 트랜잭션 사슬은 두 트랜잭션형 리스트 중 하나가 변경될 때까지 대기한다.

```
val queue1 = new TSortedList
val queue2 = new TSortedList
val consumer = Future {
  blocking {
    atomic { implicit txn =>
      log(s"probing queue1")
      log(s"got: ${headWait(queue1)}")
    } orAtomic { implicit txn =>
      log(s"probing queue2")
```

```
      log(s"got: ${headWait(queue2)}")
    }
  }
}
```

이제 insert를 50밀리초 후 실행하는 여러 생산자를 시뮬레이션해보자.

```
Thread.sleep(50)
Future { queue2.insert(2) }
Thread.sleep(50)
Future { queue1.insert(1) }
Thread.sleep(2000)
```

소비자는 처음에 "probing queue1" 문자열을 출력하고, headWait 안에서 retry를 호출한다. 그러면, orAtomic에 의해 정해진 다음 트랜잭션이 계속된다. 다음 트랜잭션은 마찬가지로 "probing queue2" 문자열을 출력하고 실행을 블록한다. 첫 생산자가 2를 두 번째 트랜잭션형 리스트에 넣으면, 소비자는 전체 트랜잭션 사슬을 재시도한다. 그 결과, 첫 트랜잭션을 실행하려 시도하면서 "probing queue1"을 다시 출력하고, queue1이 비었음을 발견한다. 그 후, 다시 "probing queue2"를 출력하고 성공적으로 queue2 리스트에 들어 있는 2라는 원소를 출력한다.

타임아웃 정해서 재시도

특정 조건을 만족할 때까지 트랜잭션 실행을 대기시키는 것이 유용하다는 사실을 봤다. 때로 트랜잭션을 무한정 블록시키는 것을 막고 싶은 경우도 있다. 객체 모니터에 대한 wait 메소드 중에는 타임아웃 시간을 추가 인자로 받는 중복 정의한 버전이 있었다. 이렇게 정한 타임아웃 시간 동안 다른 스레드가 notify를 호출하지 않으면 InterruptedException 예외가 발생한다. 스칼라STM의 withRetryTimeout 메소드도 타임아웃을 처리하기 위해 비슷한 메커니즘을 제공한다.

다음 코드에서는 처음에 빈 문자열이 저장된 message라는 트랜잭션형 참조를 만든다. 그 후 타임아웃이 1000밀리초인 atomic 블록을 시작한다. 만약 message 트랜잭션형 참조가 이 시간 동안 바뀌지 않으면 트랜잭션이 InterruptedException

을 던지면서 실패한다.

```
val message = Ref("")
Future {
  blocking {
    atomic.withRetryTimeout(1000) { implicit txn =>
      if (message() != "") log(s"got a message - ${message()}")
      else retry
    }
  }
}
Thread.sleep(1025)
message.single() = "Howdy!"
```

경합 조건을 만들기 위해 의도적으로 주 스레드를 1025밀리초 블록했다. 이 프로그램은 "Howdy!" 메시지를 출력할 수도 있고, 타임아웃 예외와 함께 실패할 수도 있다.

타임아웃이 예외적 상황인 경우에 withRetryTimeout을 사용한다. 애플리케이션을 닫는 것은 그런 경우의 한 예이다. 우리는 트랜잭션이 블록되어 프로그램의 종료를 막는 상황을 피하고 싶다. 다른 예로는 네트워크 응답을 기다리는 상황을 들 수 있다. 일정한 시간 동안 응답이 없다면 트랜잭션을 실패하도록 만들고 싶을 것이다.

하지만, 트랜잭션이 정상적인 프로그램 동작 방식의 일부인 경우도 있다. 이런 경우 트랜잭션에 필요한 특정 조건이 변경될 때까지 지정한 시간 동안 기다린 다음, 조건이 바뀌면 앞에서와 마찬가지로 트랜잭션을 재시도해야 한다. 만약 아무런 변화가 없이 지정한 시간이 지나버리면, 트랜잭션을 계속 실행해야만 한다. 스칼라STM에서 이런 역할을 하는 메소드는 retryFor이다. 다음 코드는 앞의 예제를 retryFor를 사용해 재작성한 것이다.

```
Future {
  blocking {
    atomic { implicit txn =>
      if (message() == "") {
        retryFor(1000)
```

```
        log(s"no message.")
      } else log(s"got a message - '${message()}'")
    }
  }
}
Thread.sleep(1025)
message.single() = "Howdy!"
```

이번에는 비동기 계산 내부의 트랜잭션에서 예외가 발생하지 않는다. 대신, 트랜잭션이 타임아웃이 발생한 다음 "no message."를 출력한다.

 타임아웃이 예외적인 상황인 경우에는 withRetryTimeout 메소드를 사용해 트랜잭션의 타임아웃을 지정하라. 타임아웃 발생시 트랜잭션을 계속 진행해야 한다면 retryFor 메소드를 사용하라.

이런 다양한 retry와 변종 메소드들은 스칼라STM을 다른 표준 STM 모델보다 더 강력하게 만들어준다. 이런 연산은 wait와 notify 호출만큼 표현력이 풍부하지만, 훨씬 더 안전하다. 이들을 atomic 문과 조합하면 필요한 동기화를 모두 표현할 수 있다.

트랜잭션형 컬렉션

이번 절에서는 트랜잭션형 참조에서 눈을 떼고, 더 강력한 트랜잭션형 구성 요소인 트랜잭션형 컬렉션transactional collection을 공부할 것이다. 트랜잭션형 참조는 한 번에 한 값만 저장할 수 있지만, 트랜잭션형 컬렉션은 여러 값을 조작할 수 있다. 실제로, atomic 문과 트랜잭션 참조만으로도 공유 데이터에 대한 모든 트랜잭션을 표현하기에 충분하다. 하지만, 스칼라STM이 제공하는 트랜잭션형 컬렉션은 STM과 깊은 연관관계가 있다. 이들을 사용해 공유 데이터 연산을 더 편하게 기술하고, 트랜잭션을 더 효율적으로 실행할 수 있다.

트랜잭션 지역 변수

일부 트랜잭션에서 트랜잭션을 실행하는 동안만 상태를 변경하기 위해 지역 변경 가능 상태를 만들어야 할 필요가 있음을 이미 봤다. 때로 여러 트랜잭션에 대해 같은 상태를 여러 번 반복해 재선언해야 하는 경우가 있다. 이러 경우, 같은 상태를 한번만 선언하고 여러 트랜잭션에서 재활용하기를 바랄 수도 있다. 스칼라STM에서 이런 기능을 지원하는 구성 요소를 트랜잭션 지역 변수transaction local variable이라 부른다.

트랜잭션 지역 변수를 정의하기 위해서는 `TxnLocal[T]` 타입의 객체를 T 타입의 초기값을 전달하면서 인스턴스화해야 한다. 다음 코드는 `myLog`라는 트랜잭션 지역 변수를 인스턴스화한다. 트랜잭션형 정렬 리스트 연산 안에서 `myLog`를 사용해 여러 트랜잭션의 흐름을 보여줄 것이다.

```
val myLog = TxnLocal("")
```

`myLog` 트랜잭션 지역 변수의 값은 각 트랜잭션 별로 다르게 보인다. 트랜잭션을 시작할 때, `myLog`의 값은 선언 시 지정한 빈 문자열과 같다. 하지만, 어떤 트랜잭션이 `myLog`를 변경하면 그 값은 해당 트랜잭션에서만 보인다. 다른 트랜잭션들은 모두 자신만의 독립적인 `myLog` 복사본을 가지고 있는 것처럼 동작한다.

이제 특정 트랜잭션형 정렬 리스트에 있는 모든 원소를 원자적으로 삭제하는 `clearList` 메소드를 선언한다. 이 메소드는 `myLog`를 사용해 삭제한 원소들을 표시한다.

```
def clearList(lst: TSortedList): Unit = atomic { implicit txn =>
  while (lst.head() != null) {
    myLog() = myLog() + "\nremoved " + lst.head().elem
    lst.head() = lst.head().next()
  }
}
```

보통은 `myLog` 변수의 내용에 관심이 없을 것이다. 하지만, 때로 디버깅을 위해 `myLog`의 값을 검사하고 싶을 수도 있다. 따라서 리스트의 원소를 모두 제거하고 `myLog`의 내용을 반환하는 `clearWithLog` 메소드를 선언한다. 그 후, 두 가지 별도의 비동기 계산에서 clearWithLog를 비어 있지 않은 트랜잭션 리스트에 대해 호출한다. 두 비동기 계산의 실행이 끝나면 각각의 로그를 출력한다.

```
val myList = new TSortedList().insert(14).insert(22)
def clearWithLog(): String = atomic { implicit txn =>
  clearList(myList)
  myLog()
}
val f = Future { clearWithLog() }
val g = Future { clearWithLog() }
for (h1 <- f; h2 <- g) log(s"Log for f: $h1\nLog for g: $h2")
```

clearList 연산이 원자적이기 때문에 오직 한 트랜잭션만 모든 원소를 제거할 수 있다. myLog 객체의 내용은 이를 반영한다. 두 비동기 연산의 실행 시점에 따라 14와 22 두 원소는 g나 f 퓨처 중 어느 하나의 로그에만 표시된다. 이를 통해, 두 트랜잭션이 서로 다른 myLog를 보고 있음을 알 수 있다.

 트랜잭션 지역 변수는 트랜잭션형 참조를 만들어서 그 참조를 여러 메소드 사이에 넘기는 방식보다 문법적으로 더 사용하기 편하다.

트랜잭션 지역 변수는 프로그램의 실행에 대한 통계를 로그하고 수집하기 위해 사용된다. 필요하면 TxnLocal 생성자에 afterCommit과 afterRollback 콜백을 추가할 수도 있다. 각각은 트랜잭션이 커밋되거나 롤백될 때 트랜잭션 지역 변수에 대해 호출된다. 이 두 콜백의 사용법에 대해서는 온라인 문서를 확인하기 바란다. 더 복잡한 동시성 데이터 모델을 만들기 위해서는 트랜잭션형 배열과 맵을 사용한다. 이에 대해 다음 절에서 살펴볼 것이다.

트랜잭션형 배열

트랜잭션형 참조는 트랜잭션형 상태를 캡슐화하는 데 유용하지만, 상당한 부가 비용이 발생한다. 우선, Ref 객체는 간단한 객체 참조보다 더 무겁고, 메모리도 더 많이 차지한다. 또한, 새로운 Ref 객체에 대한 모든 접근은 트랜잭션의 읽기 집합에 새로운 로그를 추가시킨다. 우리가 다루는 Ref 객체가 많아지면 이런 부가비용이 상당히 커진다. 이를 예제를 통해 살펴보자.

우리가 스칼라 컨설팅을 수행하는 회사의 마케팅 부서에서 일한다고 가정하자. 스칼라 2.10에 대한 마케팅 정보를 가지고 회사 웹사이트의 내용을 갱신하기 위한 프로그램을 작성해 달라는 요청을 받았다. 당연히, 스칼라STM을 이 작업에 사용하기로 결정한다. 웹사이트는 다섯 가지 별도 페이지로 구성되며, 각 페이지는 문자열로 표현된다. 웹사이트의 내용은 pages라는 시퀀스로 선언한다. 그 후 페이지의 내용을 트랜잭션형 참조의 배열에 대입한다. 나중에 일부 페이지가 바뀌면 그에 해당하는 트랜잭션형 참조를 트랜잭션 안에서 갱신한다.

```
val pages: Seq[String] = Seq.fill(5)("Scala 2.10 is out, " * 7)
val website: Array[Ref[String]] = pages.map(Ref(_)).toArray
```

이 해법은 만족스럽지 않다. 사용하는 트랜잭션형 참조의 개수가 너무 많고, website의 정의를 쉽게 이해할 수도 없다. 다행히, 스칼라STM은 트랜잭션형 배열이라는 대안을 제공한다. 트랜잭션형 배열은 TArray라는 클래스로 표현하며, 일반 스칼라 배열과 비슷하지만, 트랜잭션 안에서만 사용 가능하다. 트랜잭션형 배열을 변경해도 트랜잭션이 커밋되어야만 다른 스레드에서 변경된 값을 볼 수 있다. 의미상 TArray 클래스는 트랜잭션형 참조의 배열과 같지만, 더 메모리를 효율적으로 사용하고 더 간결하다.

```
val pages: Seq[String] = Seq.fill(5)("Scala 2.10 is out, " * 7)
val website: TArray[String] = TArray(pages)
```

스칼라 개발이 엄청난 속도로 진행되어, 2.10이 나온지 얼마 되지 않아 2.11 배포판이 나왔다. 마케팅 팀에서 웹사이트의 내용을 갱신해 달라고 요청했다. 문자열에서 모든 "2.10"을 "2.11"로 바꿔야 한다. 다음과 같이 replace 메소드를 작성할 수 있다.

```
def replace(p: String, s: String): Unit = atomic { implicit txn =>
  for (i <- 0 until website.length)
    website(i) = website(i).replace(p, s)
}
```

TArray를 사용하면 배열에 트랜잭션형 참조를 저장하는 것보다 훨씬 좋다. TArray를 사용하면 트랜잭션형 참조의 배열을 사용하는 경우 빠지기 쉬운 괄호의 수렁에서 빠져 나올 수 있고, 메모리도 더 적게 사용할 수 있다. 이는 TArray[T] 객체를 사용하면 연속된 배열 객체가 하나 만들어지지만, Array[Ref[T]]는 메모리 부가 비용이 있는 Ref 객체를 많이 만들기 때문이다.

 트랜잭션형 참조의 배열 대신 TArray를 사용해 메모리 사용량을 최적화하고 프로그램을 더 간결하게 만들라.

TArray 클래스와 replace 메소드를 작은 프로그램을 사용해 시험해 보자. 먼저 웹사이트 페이지의 모든 내용을 한데 이어 붙이는 asString 메소드를 추가로 만든다. 그 후 "2.10"이라는 문자열을 "2.11"로 변경한다. replace가 제대로 작동하는지 검사하기 위해, 동시에 "out"이라는 단어를 모두 "released"로 변경한다.

```
def asString = atomic { implicit txn =>
  var s: String = ""
  for (i <- 0 until website.length)
    s += s"Page $i\n======\n${website(i)}\n\n"
  s
}
val f = Future { replace("2.10", "2.11") }
val g = Future { replace("out", "released") }
for ( _ <- f; _ <- g) log(s"Document\n$asString")
```

asString 메소드는 트랜잭션형 배열의 모든 원소를 문자열로 잡아낸다. 실제로 asString 메소드는 원자적으로 TArray 객체의 스냅샷snapshot을 생성한다. 이런 작업 대신, website의 내용을 문자열이 아니라 다른 TArray 객체에 복사할 수도 있다. 어느 경우든, TArray의 스냅샷을 만들어 내려면 모든 원소를 순회해야 하기 때문에, TArray 클래스의 일부만 변경하는 트랜잭션과 충돌할 수도 있다.

이번 장의 맨 앞에서 살펴봤던 트랜잭션 충돌 예제를 기억해 보자. asString과 같이 읽기와 쓰기 연산이 많은 트랜잭션은 충돌이 발생시 asString과 다른 트랜잭션들을 직렬화해야 하기 때문에 효율이 떨어질 수 있다. 배열의 크기가 큰 경우, 이는 규모 확장의 병목 지점이 된다. 다음 절에서는 좀 더 규모 확장성이 좋게 원자적으로 스냅샷을 만들 수 있는 컬렉션인 트랜잭션형 맵을 살펴볼 것이다.

트랜잭션형 맵

트랜잭션형 배열과 비슷하게, 트랜잭션형 맵도 트랜잭션형 참조를 맵에 저장할 필요를 없애기 위해 사용한다. 그에 따라, 트랜잭션형 맵도 메모리 사용량을 줄여주고, 트랜잭션의 성능을 높여주며, 더 직관적인 구문을 사용할 수 있게 해준다. 스칼라STM에서 트랜잭션형 맵은 TMap 클래스로 표현한다.

스칼라STM의 TMap 클래스는 장점이 하나 더 있다. 규모 확장성이 있는 상수시간이 걸리는 원자적인 snapshot 연산을 지원한다는 점이 그것이다. snapshot 연산은 스냅샷을 만든 시점에 TMap 안에 있는 내용과 같은 변경 불가능한 Map 객체를 반환한다. 트랜잭션형 맵 alphabet을 정의해 알파벳에서 각 문자를 위치와 대응시키자.

```
val alphabet = TMap("a" -> 1, "B" -> 2, "C" -> 3)
```

A가 소문자라서 만족할 수가 없다. 소문자 a를 대문자 A로 바꾸는 원자적 트랜잭션을 시작한다. 그와 동시에, alphabet에 대해 snapshot을 호출하는 다른 비동기 연산도 시작한다. 두 번째 비동기 계산이 첫 번째 비동기 계산과 경합을 일으키도록 두 번째 퓨처를 시작하는 시간을 조절했다.

```
Future {
  atomic { implicit txn =>
    alphabet("A") = 1
    alphabet.remove("a")
  }
}
Thread.sleep(23)
Future {
  val snap = alphabet.single.snapshot
  log(s"atomic snapshot: $snap")
}
Thread.sleep(2000)
```

이 예제에서 snapshot 연산은 다른 atomic 블록에 있는 두 변경 연산의 중간에 발생할 수가 없다. 이 프로그램을 여러 번 실행하면서 이를 확인할 수 있다. 두 번째 비동기 연산은 소문자 a가 들어 있는 맵을 출력하거나, 대문자 A가 들어 있는 맵을 출력한다. 하지만, 대문자와 소문자 A가 함께 들어 있는 맵을 출력하는 일은 결코 없다.

메모리 사용을 최적화하고, 프로그램을 더 간결하게 만들고, 원자적 스냅샷을 효율적으로 가져오기 위해 트랜잭션형 참조의 맵 대신 TMap을 사용하라.

요약

이번 장에서는 STM이 동작하는 방식과 이를 동시 프로그램에 적용하는 법을 배웠다. synchronized 문과 비교할 때 STM의 트랜잭션형 참조와 atomic 블록을 사용하는 경우 얻을 수 있는 이점을 살펴보고 부수 효과와의 상호작용을 고찰했다. 트랜잭션 내부에서 발생한 예외를 어떻게 처리하는지에 대해 공부하고 트랜잭션을 조건에 따라 재 실행하거나, 재시도하는 방법을 배웠다. 마지막으로, 공유된 프로그램 데이터를 더 효율적으로 코드로 표현할 수 있는 트랜잭션형 컬렉션에 대해 배웠다.

이런 특성을 함께 사용하면 프로그래머가 락 객체 처리를 걱정하지 않고, 경합조건이나 교착상태를 피하면서 프로그램의 의미를 기술하는 일에만 초점을 맞춰 동시 프로그래밍을 할 수 있다. 이런 특성은 모듈화에 있어 특히 중요하다. 여러 컴포넌트가 따로 존재하는 상황이라면 경합조건이나 교착상태가 발생할지 검토하는 것이 어렵거나 거의 불가능에 가깝다. STM을 사용하면 그런 걱정을 덜 수 있다. 이는 간단한 모듈을 가지고 대규모 동시성 프로그램을 작성하는 경우 필수적인 특징이다.

하지만, 이런 이점에는 반대급부가 따른다. STM을 사용해 데이터에 접근하는 것은 락이나 `synchronized`를 사용하는 것보다 느리기 때문이다. 많은 경우 STM을 사용해 발생하는 성능상의 단점은 용인할만하다. 하지만 그렇지 않고 성능이 중요한 경우라면 락이나 원자적 변수, 동시성 데이터 구조 등의 더 간단한 기본 요소로 되돌아갈 필요가 있다.

STM에 대해 더 배우고 싶은 독자는 모건 카프만Morgan Kauffman출판사에서 나온 모리스 허리히Maurice Herlihy, 니르 샤비트Nir Shavit 공저, 『멀티프로스세서 프로그래밍』(한빛미디어, 2009)에 있는 관련 내용을 살펴보라. 현재 나와 있는 여러 다른 STM 구현이 있으며, STM에 대해 깊이 이해하기 위해 공부할 필요가 있는 여러 연구 논문이 있다. STM 연구에 대한 자세한 문헌 목록을 http://research.cs.wisc.edu/trans-memory/biblio/index.html에서 찾아볼 수 있다. 스칼라 STM에 대해 자세한 세부 사항을 알고 싶다면 네이슨 G. 브랜슨Nathan G. Bronson의 박사논문 'Composable Operations on High-Performance Concurrent Collections'를 보라.

다음 장에서는 메모리 일관성을 달성하기 위해 다른 접근 방법을 취하는 액터actor 프로그래밍 모델에 대해 살펴볼 것이다. 앞으로 보겠지만, 액터 모델에서는 각각의 연산이 상대방의 메모리 영역을 절대로 접근할 수 없으며, 통신은 메시지 교환만으로 이루어진다.

연습문제

다음 연습문제에서는 스칼라STM을 사용해 여러 트랜잭션형 메모리 추상을 작성할 것이다. 대부분의 경우 각각의 구현은 트랜잭션을 사용한다는 부분을 제외하면 순차적 구현과 매우 비슷할 것이다. 일부 연습 문제는 외부의 문헌이나 스칼라STM 문서를 참조해야 제대로 풀 수 있을 것이다.

1. TPair로 표현되는 트랜잭션형 순서쌍 추상화를 구현하라.

   ```
   class TPair[P, Q](pinit: P, qinit: Q) {
     def first(implicit txn: InTxn): P = ???
     def first_=(x: P)(implicit txn: InTxn): P = ???
     def second(implicit txn: InTxn): Q = ???
     def second_=(x: Q)(implicit txn: InTxn): Q = ???
     def swap()(implicit e: P =:= Q, txn: InTxn): Unit = ???
   }
   ```

   트랜잭션형 순서쌍은 두 필드에 대한 게터getter나 세터setter 외에도, 두 필드의 타입 Q와 T가 같은 경우에만 호출 가능하며, 호출 시 두 필드를 맞바꾸는 swap 메소드를 정의한다.

2. 스칼라STM을 사용해 MVar로 표현되는 하스켈의 변경 가능한 메모리 위치 추상화를 구현하라.

   ```
   class MVar[T] {
     def put(x: T)(implicit txn: InTxn): Unit = ???
     def take()(implicit txn: InTxn): T = ???
   }
   ```

   MVar 객체는 무언가가 들어있거나 비어 있다. put을 MVar 객체에 대해 호출하면 해당 MVar 객체가 빌 때까지 블록된 다음, 비로소 원소를 채워 넣는다. 비슷한 방식으로, take를 빈 MVar에 대해 호출하면 MVar가 꽉 찰 때까지 블록된 다음, 해당 원소를 제거한다. 이제, 두 MVar를 받아서 그 둘을 서로 맞바꾸는 swap이라는 메소드를 구현하라.

   ```
   def swap[T](a: MVar[T], b: MVar[T])(implicit txn: InTxn) =
     ???
   ```

   MVar와 2장에서 본 SyncVar를 대조해 보라. SyncVar 클래스의 내부 구현을 변경하지 않고도 swap을 구현할 수 있을지 답하라.

3. atomicRollbackCount 메소드를 구현하라. 이 메소드는 어떤 트랜잭션이 성공하기까지 롤백된 회수를 추적하기 위해 사용한다.

   ```
   def atomicRollbackCount[T](block: InTxn => T): (T, Int) =
     ???
   ```

4. 최대 n번만 재시되될 수 있는 트랜잭션을 시작하는 `atomicWithRetryMax` 메소드를 구현하라.

   ```
   def atomicWithRetryMax[T](n: Int)(block: InTxn => T): T =
     ???
   ```

   최대 시도 회수에 도달하면 예외를 던져라.

    Txn 객체를 활용하라.

5. `TQueue` 클래스로 표현되는 트랜잭션형 선입선출FIFO 큐를 구현하라.

   ```
   class TQueue[T] {
     def enqueue(x: T)(implicit txn: InTxn): Unit = ???
     def dequeue()(implicit txn: InTxn): T = ???
   }
   ```

   `TQueue` 클래스는 `scala.collection.mutable.Queue`와 비슷하다. 하지만, 빈 큐에 대해 `dequeue`를 호출하면 새 값이 큐에 들어올 때까지 블록되어야 한다.

6. 스칼라STM을 사용해 스레드 안전한 `TArrayBuffer` 클래스를 구현하라. 이 클래스는 `scala.collection.mutable.Buffer` 인터페이스를 확장한다.

7. 이번 장에서 설명한 `TSortedList` 클래스는 언제나 정렬상태를 유지한다. 하지만, 가장 큰 원소에 접근하려면 모든 원소를 순회해야 하기 때문에 느릴 수 있다. AVL 트리를 사용해 이런 문제를 해결할 수 있다. 웹에 AVL 트리에 대한 설명이 많이 있다. 스칼라STM을 사용해 스레드 안전한 트랜잭션형 정렬 집합을 AVL 트리 구조를 사용해 구현하라.

   ```
   class TSortedSet[T] {
     def add(x: T)(implicit txn: InTxn): Unit = ???
     def remove(x: T)(implicit txn: InTxn): Boolean = ???
     def apply(x: T)(implicit txn: InTxn): Boolean = ???
   }
   ```

   `TSortedSet` 클래스는 `scala.collection.mutable.Set`과 비슷하다.

8. 스칼라STM을 사용해 고객 계좌의 잔액을 추적하는 은행 시스템을 구현하라. 여러 스레드가 send 메소드를 사용해 한 계좌에서 다른 계좌로 송금할 수 있다. deposit과 withdraw 메소드를 사용하면 특정 계좌에 돈을 입금하거나 출금할 수 있다. totalStock 메소드를 호출하면 현재 은행에 있는 모든 계좌 잔고의 합계를 반환한다. 마지막으로, 여러 은행으로 이루어진 집합에 대해 어느 시점의 모든 잔고의 총합을 반환하는 totalStockIn 메소드를 구현하라.

8
액터

> "분산 시스템이란 여러분이 존재 자체도 몰랐던 컴퓨터가 잘못되어, 여러분 자신의 컴퓨터까지 사용 불가능해지는 사태가 발생하는 시스템을 말한다."
>
> – 레즐리 램포트(Leslie Lamport)[1]

지금까지 동시 프로그래밍을 위한 여러 가지 추상화에 대해 집중적으로 살펴봤다. 지금까지 본 추상화는 대부분 공유 메모리가 있다는 가정하에 만들어진 것이었다. 퓨처와 프라미스, 동시성 데이터 구조, 소프트웨어 트랜잭션 메모리는 공유 메모리 시스템에 가장 잘 들어맞는다. 공유 메모리를 사용하기 때문에 이런 도구가 효율적으로 작동하지만, 공유 메모리로 인해 이런 도구를 한 컴퓨터상에서만 실행해야 한다는 제약이 생겼다. 이번 장에서는 공유메모리 기계나 분산 시스템에서 동일하게 적용할 수 있는 액터 모델actor model이라는 프로그래밍 모델에 대해 살펴

---

1 분산 시스템 관련 분야에서 유명한 미국의 전산학자로 2013년 튜링상을 받았다. 일반 개발자나 공학도에게는 TeX를 기반으로 그가 만든 LaTeX 시스템이 더 유명할 것이다. – 옮긴이

볼 것이다. 액터 모델에서 프로그램은 독립적으로 계산을 수행하고 메시지를 전달하는 방식으로 서로 통신하는 수많은 개체로 이루어진다. 이런 개체를 액터(actor)라 부른다.

액터 모델은 동기화나 데이터 경합 등 공유 메모리로 인해 생기는 문제를 해결하기 위해 고안된 것이다. 이를 달성하는 방식은 바로 공유 메모리에 대한 필요성을 아예 제거하는 것이다. 변경 가능한 상태는 한 액터 내부로 한정된다. 액터가 메시지를 받으면 자신의 내부 상태를 변경할 수도 있다. 액터는 수신한 메시지를 하나하나 차례대로 처리한다. 하지만, 여러 액터가 메시지 수신을 동시에 처리할 수 있다. 전형적인 액터 기반 프로그램에서, 액터의 개수는 프로세서의 개수에 비해 훨씬 더 많을 수 있다. 이는 다중 스레드 프로그램에서 프로세서와 스레드의 관계와 비슷하다. 액터 모델 구현이 액터가 메시지를 처리할 수 있도록 프로세서를 어떤 액터에 할당할지를 결정한다.

액터 모델의 진정한 장점은 애플리케이션을 여러 컴퓨터로 분산시키기 시작할 때 나타난다. 네트워크를 통해 통신하는 여러 장치와 기계에 걸친 프로그램을 구현하는 것을 분산 프로그래밍(distributed programming)이라 한다. 액터 모델을 사용하면 단일 프로세스로 동작하거나, 한 기계에서 다중 프로세스로 동작하는 프로그램, 또는 컴퓨터 네트워크를 통해 연결된 여러 기계에서 동작하는 프로그램을 모두 작성할 수 있다. 액터를 만들고 메시지를 보내는 것은 액터의 위치와 무관하며 액터는 자신의 위치를 알지도 못한다. 분산 프로그래밍에서는 이를 위치 투명성(location transparency)이라 부른다. 위치 투명성이 보장되면 컴퓨터 네트워크상의 각 시스템 간의 관계에 대한 지식이 없이도 분산 시스템을 설계할 수 있다.

이번 장에서는 아카(Akka) 액터 프레임워크를 사용해 액터 동시성 모델을 공부할 것이다. 구체적으로 다음 내용을 다룰 것이다.

- 액터 클래스를 정의하고 액터 인스턴스를 만들기
- 액터 상태를 모델링하고 복잡한 액터 행동 양식을 정의하기
- 액터 계층구조와 액터의 생명주기 다루기

- 액터 통신에서 사용할 수 있는 여러 메시지 전달 패턴
- 내장 액터 관리 메커니즘을 사용해 오류를 복구하기
- 액터를 사용해 동시성 분산 프로그램을 투명하게 작성하기

액터 모델에서 중요한 개념과 용어를 공부하는 것부터 시작할 것이다. 그 후 아카를 사용해 액터 모델의 기본을 배울 것이다.

액터로 작업

액터 프로그래밍에서 프로그램은 동시에 실행되는 주체인 액터의 모임으로 실행된다. 액터 시스템은 기업, 정부, 또는 다른 커다란 기관 등의 인류가 만든 조직을 닮았다. 이런 유사성을 이해하기 위해 커다란 소프트웨어 기업을 예로 들어보자.

구글, 마이크로소프트, 아마존, 또는 타입세이프 등의 소프트웨어 기업에는 동시에 달성해야 할 목표가 여럿 있다. 수백 또는 수천의 직원들이 이런 목표를 달성하기 위해 동시에 노력하며, 이런 직원들은 보통 계층 구조로 조직되어 있다. 서로 다른 직원은 서로 다른 역할을 담당한다. 팀의 리더는 개별 프로젝트에 대해 기술적으로 중요한 결정을 내리며, 소프트웨어 개발자는 소프트웨어 제품의 여러 부분을 구현하고 유지보수하며, 시스템 관리자는 개인용 작업 컴퓨터, 서버 및 기타 장비들이 제대로 동작하도록 보장한다. 팀장 등의 여러 직원은 자신의 과업을 수행하기 위해 자신보다 하위 계층에 있는 다른 직원들에게 업무를 위임한다. 기업이 제대로 작동하고, 효율적으로 결정을 내리기 위해서 직원들은 전자우편을 사용해 의사 소통한다.

아침에 직원이 출근하면, 먼저 전자우편 프로그램을 실행하고, 중요한 메시지에 응답한다. 때로, 상사나 다른 직원들이 보낸 업무 요청 메시지를 받을 수 있다. 중요한 전자우편을 받은 경우, 그 직원은 즉시 답변을 작성해야 한다. 직원이 한 전자우편에 답변하느라 바쁜 동안, 추가 전자우편이 도착할 수도 있다. 해당 직원의 전자우편 프로그램은 이렇게 새로 도착하는 전자우편을 대기열에 넣어둔다. 현재

전자우편 메시지에 대한 처리를 모두 마쳐야만 다음 메시지를 처리하기 시작할 수 있다.

앞의 시나리오에서 기업의 작업 흐름은 여러 기능의 부서로 나눠져 있다. 이런 부서를 액터 프레임워크의 여러 부분에 대응시킬 수 있음을 알 수 있다. 이제 액터 시스템의 여러 부분을 정의하고 그 부분과 비슷한 소프트웨어 기입 부서를 이야기하면서 이런 유사성을 알아낼 것이다.

액터 시스템은 공통의 설정 방식을 공유하는 액터로 이루어진 계층적 그룹이다. 액터 시스템은 새로운 액터를 만들고, 액터 시스템 안에 있는 액터의 위치를 알아내고, 중요한 이벤트를 기록하는 책임을 담당한다. 액터 시스템은 소프트웨어 기업 자체와 유사하다.

액터 클래스는 액터 내부의 상태와 액터가 메시지를 처리하는 방법을 기술하는 틀이다. 여러 액터가 같은 액터 클래스로부터 만들어질 수 있다. 액터 클래스는 소프트웨어 개발자, 마케팅 관리자, 인사 담당자 등 기업 안의 여러 역할과 비슷하다.

액터 인스턴스는 실행시점에 존재하는 메시지를 수신할 수 있는 개체이다. 액터 인스턴스는 변경 가능한 상태를 포함할 수 있고, 메시지를 다른 액터 인스턴스에게 보낼 수 있다. 액터 클래스와 그 클래스에 속하는 액터 인스턴스의 관계는 객체지향 프로그래밍에서 클래스와 그 클래스에 속하는 인스턴스 사이의 관계와 비슷하다. 액터 인스턴스는 소프트웨어 기업의 개별 직원과 같다.

메시지$_{\text{message}}$는 액터들이 서로 통신할 때 사용하는 기본 단위이다. 아카에서는 임의의 객체를 메시지로 사용할 수 있다. 메시지는 회사 예제에서 전자우편에 해당한다. 어떤 액터가 메시지를 보낼 때, 상대방이 그 메시지를 수신할 때까지 기다리지 않는다. 마찬가지로, 어떤 직원이 전자우편을 보낼 때도 수신자가 전자우편을 받거나 읽을 때까지 기다리지 않는다. 그 사람은, 전자우편 수신을 기다리기엔 할 일이 너무 많기 때문에, 자신의 작업을 계속 수행한다. 한 사람이 여러 전자우편을 동시에 받을 수도 있다.

우편함mailbox은 메시지를 담는 버퍼 역할을 하도록 각 액터에게 할당된 메모리이다. 액터가 한 번에 한 메시지만 처리할 수 있기 때문에 이런 버퍼가 필요하다. 우편함은 직원이 사용하는 전자우편 프로그램에 해당한다. 어느 시점에 전자우편 프로그램 안에는 읽지 않은 메시지가 여럿 남아 있을 수 있다. 하지만, 직원은 한번에 오직 한 메시지만 읽고 처리할 수 있다.

액터 참조는 메시지를 특정 액터에게 보내기 위해 사용하는 객체이다. 이 객체는 액터의 위치에 대한 정보를 프로그래머가 모르게 감추는 역할을 한다. 액터는 다른 프로세스에서 실행되거나, 다른 컴퓨터에 존재할 수도 있다. 어떤 액터든지 액터 참조를 사용해 수신할 액터의 위치를 알 필요 없이 메시지를 보낼 수 있다. 소프트웨어 회사의 관점에서 보면 이는 각 직원의 전자우편 주소와 같다. 전자우편 주소를 사용하면 다른 사람의 물리적인 위치와 무관하게 그 사람에게 전자우편을 보낼 수 있다. 해당 직원이 사무실에 앉아있을 수도 있지만, 휴가 중이거나 출장 중 일 수도 있다. 하지만, 현재 위치와 무관하게 전자우편은 언젠가 해당 직원에게 도착하기 마련이다.

디스패처dispatcher는 언제 액터가 메시지를 처리할 수 있는지 결정하고 액터에게 계산에 필요한 자원을 빌려주는 구성요소이다. 아카에서 각 디스패처는 동시에 실행 컨텍스트상에서 존재한다. 디스패처는 우편함에 메시지가 있는 액터가 언젠가 실제 스레드를 할당 받도록 보장하고, 각 메시지가 순서대로 처리될 수 있도록 보장한다. 디스패처는 소프트웨어 기업의 전자우편 응답 정책과 가장 비슷할 것이다. 기술 지원 담당자 등의 일부 직원은 전자우편이 도착하면 가능한 빨리 응답하도록 되어있다. 소프트웨어 개발자에게는 아마 전자우편을 읽기 전에 버그를 몇 가지 더 잡을 수 있는 자유가 부여될 것이다. 청소원은 하루 종일 건물 여기저기를 다니면서 청소해야 하기 때문에, 아마 아침에만 전자우편을 확인할 수 있을 것이다.

이런 개념을 더 구체적으로 이해하기 위해, 간단한 액터 애플리케이션을 작성하는 것부터 시작해보자. 이는 액터 시스템과 인스턴스를 만드는 방법을 다루는 다음 절의 주제이다.

액터 시스템과 액터 생성

객체 인스턴스를 객체지향 언어로 만들려면, 먼저 여러 객체 인스턴스에 대해 재사용할 수 있는 클래스를 정의해야 한다. 그 후 객체 생성자에 원하는 인자를 지정한다. 마지막으로, new 키워드를 사용해 만들어진 객체에 대한 참조를 얻는다.

아카에서 액터 인스턴스를 만드는 것도 객체 인스턴스를 만드는 과정과 마친기지 단계를 거친다. 먼저, 액터의 행동 방식을 정하는 액터 클래스를 정의할 필요가 있다. 그 후, 구체적인 액터 인스턴스에 대한 설정사항을 지정한다. 마지막으로, 설정에 따라 액터를 인스턴스화해 달라고 액터 시스템에 요청한다. 그러면 액터 시스템이 액터 인스턴스를 만들고, 만들어진 액터 인스턴스에 대한 액터 참조를 돌려준다. 이번 절에서는 각 단계를 더 자세히 공부할 것이다.

액터의 행동 방식을 지정하기 위해 액터 클래스를 사용한다. 액터 클래스는 액터가 메시지에 응답하고 다른 액터와 통신하는 방식을 기술하며, 액터 상태를 캡슐화하는 방식을 정하고, 액터의 시작과 종료 절차를 정의한다. 새로운 액터 클래스를 정의하기 위해 akka.actor 패키지의 Actor 트레이트를 확장한다. 이 트레이트에는 추상 메소드가 단 하나 있다. receive가 바로 그것이다. receive 메소드는 PartialFunction[Any, Unit] 타입의 부분 함수 객체이다. 액터는 Any 타입의 메시지를 받아서 이 부분 함수를 사용해 처리한다. 이 부분 함수가 받은 메시지에 대해 정의되어 있지 않다면, 그 메시지는 버려진다.

액터가 메시지를 받는 방식을 정의하는 것과 더불어, 액터 클래스는 액터가 사용할 객체에 대한 참조도 캡슐화한다. 이런 객체들은 액터의 상태를 구성한다. 이번 장에서는 아카의 Logging 객체를 사용해 표준 출력에 정보를 표시할 것이다. 다음 코드는 HelloActor라는 액터 클래스를 선언한다. 이 클래스는 hello 생성자 인자가 정의한 hello 메시지에 반응한다. HelloActor 클래스에는 log라는 Logging 클래스의 객체가 들어있어서, 액터의 상태를 구성한다. Logging 객체는 현재 액터 시스템에 대한 context.system 참조와 현재 액터를 가리키는 this 참조를 사용해 만들어진다. HelloActor 클래스로 정의된 액터가 hello에 있는 문자열과 같은 메시지를 받으면 Logging 타입의 log 객체를 사용해 메시지를 출력한다. 하지만, 예상과 다른 메시지를 받으면, 현재 액터를 가리키는 액터 참조 self에 대해 context.stop을 호출해 작동을 멈춘다. 이는 다음 코드와 같다.[2]

```
import akka.actor._
import akka.event.Logging
class HelloActor(val hello: String) extends Actor {
  val log = Logging(context.system, this)
  def receive = {
    case `hello` =>
      log.info(s"Received a '$hello'... $hello!")
    case msg =>
      log.info(s"Unexpected message '$msg'")
      context.stop(self)
  }
}
```

액터 클래스를 선언해도 실행 중인 액터 인스턴스가 생기지는 않는다. 액터 클래스는 새 액터 인스턴스 생성을 위한 청사진 역할을 한다. 같은 액터 클래스를 여러 액터 인스턴스에 공유할 수 있다. 아카에서는 액터 인스턴스를 만들기 위해 액터 클래스에 대한 정보를 액터 시스템에 넘겨야 한다. 하지만, HelloActor와 같은 액터 클래스만으로는 액터 인스턴스를 만들기에 충분하지 않다. 인스턴스를 만들려면 hello 인자를 지정해야만 하기 때문이다. 액터 인스턴스를 생성하기 위해 필요한 정보를 한데 묶어서 다루기 위해, 아카에서는 액터 설정configuration이라는 객체를 활용한다.

액터 설정에는 액터 클래스에 대한 정보와 생성자 인자, 우편함과 디스패처 구현에 대한 정보가 들어 있다. 아카에서 액터 설정은 Props 클래스로 표현한다. Props 객체는 액터 인스턴스를 만드는 데 필요한 모든 정보를 캡슐화하며, 직렬화 가능하며, 네트워크를 통해 전송할 수 있다.

---

2 코드에서 'hello'에 역작은따옴표(backtick, `)가 있음에 유의하라. 만약 그냥 hello를 패턴 매치의 case 문에 사용하면 모든 메시지와 매치가 이뤄지며, 그 결과 hello라는 변수에 메시지가 대입된다(다만, 이 예제에는 다른 case 문이 있기 때문에 컴파일러가 자세한 경고를 표시해준다). 역작은따옴표가 싫다면 소문자로 시작하는 이름인 hello 대신 대문자로 시작하는 Hello로 변수 이름을 바꾸는 방법도 있다. 그렇게 하면 컴파일러가 해당 이름을 매치시킬 값을 가져와야 하는 상수의 이름으로 취급한다. – 옮긴이

Props 객체를 만드는 경우 액터 클래스의 동반 객체에 팩터리 메소드를 정의할 것을 권장한다. 다음 동반 객체에는 props와 propsAlt라는 두 팩터리 메소드가 있다. 각각은 hello 인자를 받아서 HelloActor 클래스를 위한 Props 객체를 반환한다.

```
object HelloActor {
  def props(hello: String) = Props(new HelloActor(hello))
  def propsAlt(hello: String) = Props(classOf[HelloActor], hello)
}
```

props 메소드는 HelloActor 클래스 객체를 생성하는 코드 블록을 인자로 받도록 중복정의 된 Props.apply 메소드를 사용한다. propsAlt 메소드는 다른 타입으로 중복정의 된 Props.apply를 사용한다. 이 경우, 액터 클래스의 Class 객체와 생성자 인자 목록으로부터 액터 인스턴스를 만든다. 두 선언은 의미상 동일하다.

첫 번째 중복정의된 Props.apply는 액터 클래스 생성자라고 부르는 클로저를 인자로 취한다. 주의 깊게 작성하지 않으면 이 클로저에 바깥 영역에 있는 참조가 들어가는 일이 발생할 수 있다. 그런 일이 발생하면 해당 참조도 Props 객체의 일부가 된다. 다음 도구 클래스의 defaultProps를 살펴보자.

```
class HelloActorUtils {
  val defaultHi = "Aloha!"
  def defaultProps() = Props(new HelloActor(defaultHi))
}
```

defaultProps 메소드가 반환한 Props 객체를 네트워크를 통해 보내기 위해서는, 그 객체를 둘러싼 HelloActorUtils 객체도 보내야만 한다. 클로저가 객체의 필드를 포획했기 때문이다. 이에 따라 추가 네트워크 통신 비용이 발생한다.

더 나아가, 특히 액터 클래스 안에 Props 객체를 선언하면 위험할 수 있다. 왜냐하면 바깥쪽 액터 인스턴스의 this 참조를 포획할 가능성이 있기 때문이다. Props 객체를 생성할 때는 propsAlt 메소드에서 보여준 것과 같은 방식을 그대로 따르는 것이 안전하다.

액터의 this 참조를 실수로 포획하는 일이 없도록, 액터 클래스 안에서 Props를 생성하지 않도록 주의하라. 가능하면 최상위 싱글턴 객체 안에 있는 팩터리 메소드 안에서 Props를 정의해야 한다.

Props.apply를 중복 정의한 세 번째 메소드는 생성자 인자가 없는 클래스를 사용할 때 편하다. 만약 HelloActor의 생성자가 인자를 받지 않는다면, Props[HelloActor]라고 써서 Props 객체를 만들 수 있다.

액터를 인스턴스화하기 위해서는 액터 설정을 액터 시스템의 actorOf 메소드에 넘겨야 한다. 이번 장에서 사용하기 위해 만든 액터 시스템을 ourSystem이라고 부를 것이다. ourSystem은 ActorSystem.apply 팩터리 메소드를 사용해 만든다.

```
lazy val ourSystem = ActorSystem("OurExampleSystem")
```

이제 이 액터 시스템의 actorOf를 호출해 HelloActor를 만들고 실행할 수 있다. 새 액터를 만들 때 name이라는 매개변수에 액터의 유일한 이름을 지정할 수도 있다. 따로 name 인자를 넘기지 않으면 액터 시스템이 자동으로 새 액터 인스턴스에 유일한 이름을 붙여준다. actorOf 메소드가 반환하는 것은 HelloActor 클래스의 인스턴스가 아니다. 대신, ActorRef라는 타입의 액터 참조 객체를 반환한다.

hi라는 메시지를 인식하는 HelloActor 인스턴스인 hiActor를 만들고 나서, 그 액터 인스턴스에게 hi라는 메시지를 보낸다. 메시지를 아카 액터에게 보내기 위해서는 ! 연산자(영어로는 tell이나 bang이라고 부른다. 이 책에서는 말하기 연산자라고 부를 것이다)를 사용한다. 실행 과정을 분명하게 보여주기 위해 sleep을 호출해 실행을 1초간 일시 중단해서 액터가 메시지를 처리할 시간을 준다. 그 후 hola라는 다른 메시지를 보내고 또 1초간 쉰다. 마지막으로 액터 시스템의 shutdown 메소드를 호출해 액터 시스템을 종료시킨다. 이 과정은 아래 코드와 같다.

```
object ActorsCreate extends App {
  val hiActor: ActorRef =
    ourSystem.actorOf(HelloActor.props("hi"), name = "greeter")
  hiActor ! "hi"
```

```
    Thread.sleep(1000)
    hiActor ! "hola"
    Thread.sleep(1000)
    ourSystem.shutdown()
}
```

이 프로그램을 실행하면 hiActor 인스턴스가 먼저 hi 메시지를 받았음을 표시한다. 1초 후, 같은 액터가 hola라는 예기치 못한 메시지를 받았음을 표시하고 프로그램이 종료된다.

처리하지 않는 메시지 관리

HelloActor 예제의 receive 예제는 모든 종류의 메시지를 처리할 수 있었다. 메시지가 hello 인자로 미리 지정한 내용과 다른 경우(앞에서는 hi), HelloActor는 기본 동작(모든 메시지와 매치되는 case 문)에서 그 사실을 알렸다. 그러는 대신, 기본 동작을 처리하지 않도록 남겨둘 수도 있다. 어떤 액터가 자신의 receive 메소드가 처리하지 않는 메시지를 받으면, 해당 메시지를 UnhandledMessage라는 객체에 넣어서 액터 시스템의 이벤트 스트림에 전달한다. 보통 액터 시스템의 이벤트 시스템은 로깅에 사용된다.

이런 기본 동작을 액터 클래스에서 unhandled 메소드를 재정의해서 바꿀 수 있다. 기본적으로, 이 메소드는 처리하지 않은 메시지를 액터 시스템의 이벤트 스트림에 전달한다. 다음 코드는 receive 메소드가 빈 부분 함수인 DeafActor라는 액터 클래스를 정의한다. 빈 부분 함수는 어떤 메시지에 대해서도 정의가 되어있지 않은 함수이기 때문에, 액터에게 전달된 모든 메시지는 unhandled 메소드로 전달된다. 그 메소드를 재정의해서, String 타입의 메시지를 표준 출력에 표시한다. 반면에, 다른 타입의 메시지는 super.unhandled를 호출해 액터 시스템의 이벤트 스트림에 전달한다. 다음 코드는 DeafActor 구현을 보여준다.

```
class DeafActor extends Actor {
    val log = Logging(context.system, this)
    def receive = PartialFunction.empty
    override def unhandled(msg: Any) = msg match {
```

```
      case msg: String => log.info(s"I do not hear '$msg'")
      case msg     => super.unhandled(msg)
  }
}
```

DeafActor 클래스를 예제로 시험해 보자. 다음 프로그램은 DeafActor의 인스턴스인 deafy를 만들고, 그 액터의 액터 참조를 deafActor라는 값에 할당한다. 그 후 deafy와 1234라는 두 메시지를 deafActor에게 보낸 후, 액터 시스템을 끝낸다.

```
object ActorsUnhandled extends App {
  val deafActor: ActorRef =
    ourSystem.actorOf(Props[DeafActor], name = "deafy")
  deafActor ! "hi"
  Thread.sleep(1000)
  deafActor ! 1234
  Thread.sleep(1000)
  ourSystem.shutdown()
}
```

이 프로그램을 실행하면 unhandled 메소드가 첫 번째 메시지 deafy를 처리해서 화면에 출력하는 것을 볼 수 있다. 1234라는 메시지는 액터 시스템의 이벤트 스트림으로 전달되며, 표준 출력에 결코 표시되지 않는다.

주의 깊은 독자라면, 다음 코드와 같이 unhandled에 사용했던 case 문을 바로 receive 구현에 넣으면, unhandled를 재정의하지 않고도 같은 결과를 만들 수 있음을 눈치챘을 것이다.

```
def receive = {
  case msg: String => log.info(s"I do not hear '$msg'")
}
```

이렇게 receive를 정의하면 더 간결하지만, 더 복잡한 액터의 경우 이런 식의 정의만으로 충분치 않을 수 있다. 앞의 예제에서는 액터가 정상적인 메시지를 처리하는 방법과 처리하지 않는 메시지를 다루는 방법을 한 곳에 섞어 지정했다. 상태가 있는 액터는 일반적인 메시지를 처리하는 방식을 바꾸곤 한다. 그런 경우 처리하지 않는 메시지를 어떻게 다룰지 정의하는 부분과 액터의 일반적인 동작을 정의하는 부분을 분리하는 것이 꼭 필요하다. 다음 절에서는 액터의 동작을 어떻게 바꿀 수 있는지 살펴볼 것이다.

액터의 행동 방식과 상태

액터가 자신의 상태를 바꿈에 따라 메시지를 처리하는 방식도 바꿔야 할 경우가 있다. 액터가 일반적인 메시지를 처리하는 방법을 일컬어 액터의 행동 방식$_{behavior}$이라 부른다. 이번 절에서는 액터의 행동 방식을 변경하는 방법을 공부할 것이다.

앞에서 액터의 초기 행동 방식을 receive 메소드를 구현해 정의할 수 있음을 배웠다. receive 메소드는 항상 동일한 부분 함수를 반환해야 함에 유의하라. receive에서 현재 액터의 상태에 따라 서로 다른 부분 함수를 반환하는 것은 올바른 방식이 아니다. 예를 들어 CountdownActor라는 액터 클래스를 정의한다고 가정하자. 이 액터는 n이라는 정수 필드의 값이 0보다 큰 동안에는 count라는 메시지를 받을 때마다 n의 값을 감소시킨다. 하지만 n이 0이 되면 메시지를 받아도 무시한다. 하지만, 다음과 같은 receive 메소드는 아카에서 사용할 수 없다.

```
class CountdownActor extends Actor {
  var n = 10
  def receive = if (n > 0) { // 결코 이렇게 하지 말라!
    case "count" =>
      log(s"n = $n")
      n -= 1
  } else PartialFunction.empty
}
```

n이 0이 될 때 CounterdownActor의 행동 방식을 제대로 변경하려면, 액터의 context 객체에 대해 become 메소드를 사용해야 한다. CounterdownActor를 제대로 정의하기 위해서는 두 가지 다른 행동 방식을 표현하기 위해 counting과 done이라는 두 메소드를 정의해야 한다. counting 메소드는 count 메소드에 반응하고 필드 n이 0이 되면 become을 호출해 done으로 행동 방식을 바꾼다. done이라는 행동 방식은 그냥 빈 부분 함수이기 때문에, 모든 메시지를 무시한다. 이를 아래 CountdownActor 구현에서 볼 수 있다.

```
class CountdownActor extends Actor {
  val log = Logging(context.system, this)
  var n = 10
  def counting: Actor.Receive = {
    case "count" =>
      n -= 1
      log.info(s"n = $n")
      if (n == 0) context.become(done)
  }
  def done = PartialFunction.empty
  def receive = counting
}
```

receive 메소드는 액터의 최초 행동 방식을 정의한다. 이 액터가 맨 처음에 취하는 행동 방식은 counting이어야만 한다. 여기서 Actor의 동반 객체에 정의된 Receive라는 타입 별명type alias을 사용했다는 것이 유의하라. 이 타입은 사실 PartialFunction[Any, Unit]을 짧게 줄인 것이다.

복잡한 액터를 모델링할 때, 액터를 상태 기계state machine로 생각하면 편한 경우가 많다. 상태 기계는 정해진 여러 상태가 있고, 상태 간을 천이transition하는 시스템을 표현하는 수학적 모델이다. 액터에서 각 행동 방식은 상태 기계의 상태에 해당한다. 액터가 어떤 메시지를 받고 become 메소드를 호출하면 어떤 상태에서 다른 상태로 천이가 일어날 수 있다. 다음 그림에서 CountdownActor 클래스에 해당하는 상태기계를 표현했다. 두 원은 counting과 done이라는 각 행동 방식에 따른 상태를 의미한다. 최초의 행동 방식은 counting이기 때문에, 그에 대응하는 상태로 가는 화살표를 그린다. 상태 간의 천이는 한 상태에서 다른 상태로 가는 화살표로 표시한다. 액터가 Count 메시지를 받고, 필드 n이 1보다 크면 행동 방식을 바꾸지 않는다. 하지만, count 메시지를 받았는데 n의 값을 감소시켰을 때 0이 된다면, 액터는 행동 방식을 done으로 바꾼다.

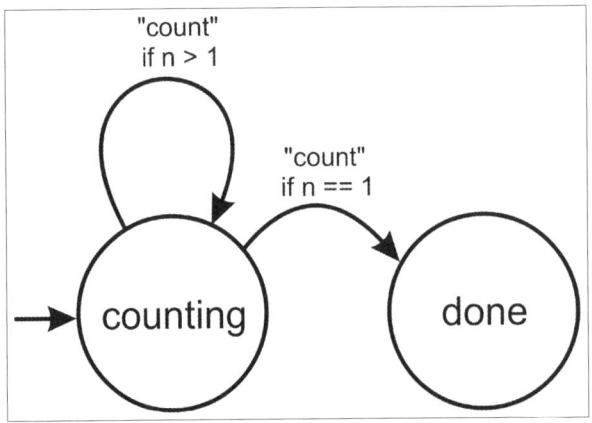

아래 있는 짧은 프로그램은 우리가 만든 액터의 올바름을 시험한다. 액터 시스템을 사용해 새 countdown 액터를 만들고, 20개의 count 메시지를 보낸다. 액터는 처음 10개까지만 반응하고, 그 이후엔 done으로 행동 방식을 바꾼다.

```
object ActorsCountdown extends App {
  val countdown = ourSystem.actorOf(Props[CountdownActor])
  for (i <- 0 until 20) countdown ! "count"
  Thread.sleep(1000)
  ourSystem.shutdown()
}
```

어떤 액터가 현재 상태에 따라 들어오는 메시지에 대해 다른 방식으로 응답한다면, 이를 부분 함수에 넣어 다른 상태로 구분하고, become 메소드를 사용해 여러 상태 사이를 옮겨다녀야 한다. 이 방식은 특히 액터가 복잡해질 때 액터의 논리를 더 이해하기 쉽게 하고 유지보수를 용이하게 만들기 위해 더 중요해진다.

 상태가 있는 액터가 행동 방식을 바꿀 필요가 있다면 각각의 행동 방식 마다 별도의 부분 함수를 선언하라. receive 메소드는 최초의 행동 방식에 해당하는 메소드(부분 함수)를 반환하도록 만들라.

이제 주어진 단어가 사전에 있는지 검사해서 표준 출력에 표시하는 더 자세한 예제를 살펴보자. 액터가 사용하는 사전을 실행 시점에 바꿀 수 있었으면 한다. 사전을 설정하기 위해서는 액터에 사전에 대한 경로가 들어 있는 Init 메시지를 보낸다. 그 후, IsWord 메시지를 액터에 보내서 그 단어가 사전에 있는지 알아낼 수 있다. 사전을 다 사용한 다음에는 액터에게 End 메시지를 보내서 사전 적재를 해제하도록 만든다. 그 후, 액터를 다시 다른 사전으로 초기화할 수 있다.

다음은 이 논리를 표현한 상태 기계 모델이다. uninitialized와 initialized라는 두 행동 방식이 존재한다.

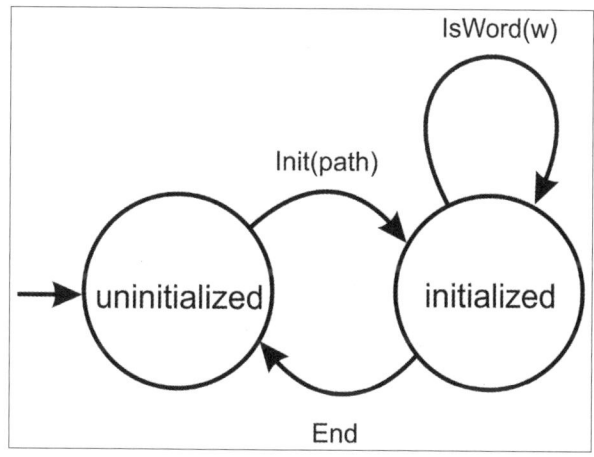

서로 다른 메시지에 대한 데이터 타입을 액터 클래스의 동반 객체에 선언하는 것을 권장한다. 여기서는 Init, IsWord, End라는 케이스클래스를 DictionaryActor 클래스의 동반 객체에 추가한다.

```
object DictionaryActor {
  case class Init(path: String)
  case class IsWord(w: String)
  case object End
}
```

그 후 DictionaryActor 액터 클래스를 정의한다. 이 클래스는 비공개 Logging 객체인 log와 처음에는 비어 있지만 단어를 저장하기 위해 사용할 dictionary 변경 가능 집합을 정의한다. receive 메소드는 uninitialized라는 행동 방식을 반환하는데, 그 행동 방식은 오직 Init라는 메시지 타입만 받아들인다. Init 메시지가 도착하면, 액터는 메시지의 path 필드를 사용해 파일에서 사진을 읽어서 단어를 가져오고, become을 호출해 initialized 행동 방식으로 상태를 바꾼다. 이 상태에서 IsWord 메시지가 도착하면 액터는 그 단어가 사전에 있는지 검사해서 표준 출력에 결과를 표시한다. End 메시지가 도착하면, 액터는 사전을 지우고, 다시 uninitialized 행동 방식으로 돌아간다. 이를 구현한 것이 다음 코드이다.

```
class DictionaryActor extends Actor {
  private val log = Logging(context.system, this)
  private val dictionary = mutable.Set[String]()
  def receive = uninitialized
  def uninitialized: PartialFunction[Any, Unit] = {
    case DictionaryActor.Init(path) =>
      val stream = getClass.getResourceAsStream(path)
      val words = Source.fromInputStream(stream)
      for (w <- words.getLines) dictionary += w
      context.become(initialized)
  }
  def initialized: PartialFunction[Any, Unit] = {
    case DictionaryActor.IsWord(w) =>
      log.info(s"word '$w' exists: ${dictionary(w)}")
    case DictionaryActor.End =>
      dictionary.clear()
      context.become(uninitialized)
  }
  override def unhandled(msg: Any) = {
    log.info(s"cannot handle message $msg in this state.")
  }
}
```

DictionaryActor 클래스의 unhandled 메소드를 재정의 했다. 이 경우, unhandled 메소드를 사용하면 uninitialized와 initialized 행동 방식에 디폴트 case를 추가할 필요가 없어서, 코드 중복을 줄여주며, DictionaryActor 클래스의 유지보수를 쉽게 해준다.

유닉스 시스템을 사용하는 독자라면 개행 문자로 구분된 단어 목록을 /usr/share/dict/words에서 구할 수 있다. 또는, 이 책의 소스코드를 다운로드해서 words.txt 파일을 찾아보거나, 몇 가지 단어를 넣은 간단한 파일을 만들어서 src/main/resources/org/learningconcurrency/ 디렉토리에 저장해도 된다. 그 후 DictionaryActor 클래스의 올바름을 다음 프로그램으로 확인할 수 있다.

```
val dict = ourSystem.actorOf(Props[DictionaryActor], "dictionary")
dict ! DictionaryActor.IsWord("program")
Thread.sleep(1000)
dict ! DictionaryActor.Init("/org/learningconcurrency/words.txt")
Thread.sleep(1000)
```

여기서 액터에게 보낸 첫 메시지는 오류 메시지를 출력한다. 액터를 초기화시키기 전에는 IsWord 메시지를 보낼 수 없다. Init 메시지를 보내고 나면, 사전 안에 단어가 있는지 검사할 수 있다. 마지막으로, 아래 코드와 같이 End 메시지를 보낸 다음, 액터 시스템을 닫는다.

```
dict ! DictionaryActor.IsWord("program")
Thread.sleep(1000)
dict ! DictionaryActor.IsWord("balaban")
Thread.sleep(1000)
dict ! DictionaryActor.End
Thread.sleep(1000)
ourSystem.shutdown()
```

액터의 동작에 대해 배웠으므로, 다음 절에서는 액터를 계층 구조로 조직하는 방법을 공부할 것이다.

아카의 액터 계층 구조

큰 조직에서는 목표를 달성하기 위해 사람들에게 여러 다른 과업에 대한 역할과 책임을 부여한다. 기업의 CEO는 소프트웨어 제품 출시와 같은 구체적인 목표를 결정한다. 그 후, 그는 그 과업의 일부를 사내 여러 팀에게 위임한다. 마케팅 팀은 새 제품의 잠재 고객에 대해 조사하고, 설계 팀은 제품의 UI를 개발하며, 소프트웨어 개발 팀은 소프트웨어 제품을 구현한다. 회사 크기가 크면 각 팀이 또 다시 여러 다른 역할과 책임이 있는 작은 팀들로 이루어질 수도 있다. 예를 들어 소프트웨어 개발팀은 서버 측과 같은 소프트웨어의 뒷단backend과 웹사이트나 데스크탑 UI와 같은 앞단frontend을 담당하는 두 하위 팀으로 이루어실 수도 있다.

마찬가지로, 액터들도 루트에 가까운 액터는 더 일반적인 과업을 담당하고, 자신의 과업을 수행하기 위해 계층에서 더 낮은 위치에 있는 더 특화된 액터에게 작업 요소를 위임하는 형식으로 계층화될 수 있다. 시스템의 일부를 계층으로 구성하는 것은 복잡한 프로그램을 더 기본적인 구성요소로 분해하는 자연스럽고 체계적인 방법이다. 액터의 측면에서 볼 때, 제대로 액터의 계층 구조를 선택하면 작업을 여러 액터에게 더 고르게 배분할 수 있어서 애플리케이션의 규모 확장성을 더 좋게 할 수 있다. 중요한 것은 액터 사이에 계층 구조를 정하면 시스템에서 잘못될 수 있는 부분을 독립시켜서 더 쉽게 교체할 수 있다는 점이다.

아카에서 액터는 암시적으로 계층 구조를 형성한다. 모든 액터에는 자식 액터가 있을 수 있다. 또, 액터는 context 객체를 사용해 자식 액터를 만들거나 중단시킬 수 있다. 이런 관계를 시험하기 위해, 부모와 자식 액터를 표현하는 두 가지 액터 클래스를 정의할 것이다. 먼저 ChildActor 액터 클래스를 정의할 것이다. 이 클래스는 sayhi 메시지에 반응해 부모에 대한 참조를 출력한다. 부모에 대한 참조는 context 객체의 parent 메소드를 호출해 얻는다. 추가로, Actor 클래스의 postStop 메소드를 재정의할 것이다. 이 메소드는 액터가 멈춘 다음 호출된다. 이렇게 하면 언제 자식 액터가 끝나는지 확인할 수 있다. ChildActor 템플릿은 다음과 같다.

```
class ChildActor extends Actor {
  val log = Logging(context.system, this)
  def receive = {
    case "sayhi" =>
      val parent = context.parent
      log.info(s"my parent $parent made me say hi!")
```

```
  }
  override def postStop() {
    log.info("child stopped!")
  }
}
```

이제 ParentActor라고 부르는 액터 클래스를 정의한다. 이 액터는 create, sayhi, stop 메시지를 받을 수 있다. ParentActor가 create 메시지를 받으면 context 객체의 actorOf 메소드를 호출해 새 자식 액터를 만든다. ParentActor 클래스의 액터가 sayhi 메시지를 받으면, 자신의 자식 액터들이 들어 있는 context.children 리스트를 순회하면서 메시지를 모든 자식에게 재전달한다. 마지막으로, ParentActor가 stop 메시지를 받으면, 자기 자신을 중단시킨다.

```
class ParentActor extends Actor {
  val log = Logging(context.system, this)
  def receive = {
    case "create" =>
      context.actorOf(Props[ChildActor])
      log.info(s"created a kid; children = ${context.children}")
    case "sayhi" =>
      log.info("Kids, say hi!")
      for (c <- context.children) c ! "sayhi"
    case "stop" =>
      log.info("parent stopping")
      context.stop(self)
  }
}
```

ParentActor 액터 클래스와 ChildActor 클래스를 다음 프로그램으로 시험할 수 있다. 먼저 ParentActor 인스턴스로 parent를 만들고, create 메시지 두 개를 parent에 보낸다. parent 액터는 자식 액터를 만들었다고 두 번 보고한다. 그 후 sayhi 메시지를 parent에게 보내면, 부모가 sayhi 메시지를 자식 액터에게 전달하기 때문에 자식 액터들이 메시지를 출력하는 것을 볼 수 있다. 마지막으로, stop 메시지를 보내서 parent 액터를 중단시킨다. 이를 다음 프로그램에서 볼 수 있다.

```
object ActorsHierarchy extends App {
  val parent = ourSystem.actorOf(Props[ParentActor], "parent")
  parent ! "create"
  parent ! "create"
  Thread.sleep(1000)
  parent ! "sayhi"
  Thread.sleep(1000)
  parent ! "stop"
  Thread.sleep(1000)
  ourSystem.shutdown()
}
```

표준 출력을 살펴보면 parent 액터가 중단한다는 메시지를 출력하자마자 두 자식 액터가 모두 sayhi 메시지를 출력한다는 사실을 알 수 있다. 아카 액터에서는 이런 동작이 정상이다. 자식 액터는 부모 액터가 없이는 존재할 수 없기 때문에, 액터 시스템은 부모 액터가 중단하자 마자 모든 자식 액터도 중단시킨다.

 어떤 액터가 중단될 때, 그 액터의 모든 자식 액터도 자동으로 중단된다.

앞의 예제 프로그램을 실행하면서 액터 참조에 대한 출력이 액터 계층에서 액터의 위치를 보여줌을 알아챘을 지 모르겠다. 예를 들어 자식 액터 참조 출력이 akka://OurExampleSystem/user/parent/$a라는 문자열을 보여줄 수 있다. 이 문자열의 첫 부분인 akka://는 이 참조가 지역 액터를 가리킨다는 의미이다. OurExampleSystem 부분은 예제에서 사용한 액터 시스템의 이름이다. parent/$a 부분은 부모 액터의 이름 parent와 자식 액터를 위해 자동으로 생성된 이름인 $a를 반영한다. 예상하지는 못했지만, 액터 참조에 대한 문자열 표현은 중간에 user라고 부르는 액터가 존재한다는 사실을 보여준다.

아카에서 액터 계층의 최상위에 있는 액터를 관리 액터guardian actor라고 부른다. 관리 액터는 로깅을 하거나 사용자 액터를 재시작하는 등 여러 내부 작업을 수행하기 위해 존재한다. 애플리케이션에서 만들어진 모든 최상위 액터는 user라는 미리 정의된 관리 액터의 밑에 들어간다. 다른 관리 액터도 있다. 예를 들어, 액터 시스템이 내부적으로 사용하는 액터들은 system이라는 관리 액터 밑에 들어간다. 이런 액터 계층구조를 다음 그림에서 볼 수 있다. 이 그림에서, 관리 액터 user와 system은 OurExampleSystem이라는 액터 시스템에서 두 가지 별도의 계층을 이룬다.

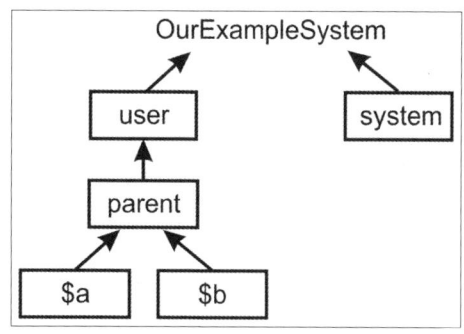

이번 장에서는 아카 액터가 계층 구조를 이룬다는 사실을 봤고, 액터와 계층 구조 사이의 관계에 대해 배웠다. 또, context의 parent와 children 메소드를 사용해 자신과 직접 연관된 이웃을 참조할 수 있음을 배웠다. 다음 절에서는 같은 액터 시스템에 있는 임의의 액터를 참조하는 방법을 볼 것이다.

액터 식별

앞 절에서 액터를 계층적인 트리 구조로 구성할 수 있음을 배웠다. 각 액터는 부모가 하나 있고, 자식은 없거나 하나 이상 있을 수 있다. 이에 따라 모든 액터는 계층 구조의 루트로부터 유일한 경로상에 위치하며, 이 경로에 따라 액터 이름의 순서열도 유일하게 할당할 수 있다. parent 액터는 user 관리 액터 바로 아래 있었다. 따라서 이 경우 액터 이름의 유일한 순서열은 /user/parent이다. 마찬가지로, parent 액터의 자식 액터인 $a로 가는 유일한 순서열은 /user/parent/$a이다. 액터 경로는 프로토콜, 액터 시스템 이름, 그리고 최상위 관리 액터로부터 어떤 액터에 이르는 유일한 경로에 있는 액터들의 이름으로 만든 순서열을 한데 이어 붙인 것이다. 앞의 예제에서 parent 액터의 액터 경로는 akka://OurExampleSystem/user/parent이다.

액터 경로는 파일시스템의 파일 경로와 매우 비슷하다. 모든 파일 경로는 어떤 파일의 위치를 유일하게 지정한다. 이는 액터 경로가 액터 계층 구조상의 액터 위치를 유일하게 지정하는 것과 비슷하다. 어떤 파일시스템의 파일 경로가 해당 파일이 존재한다는 것을 뜻하지 않는 것처럼, 어떤 액터 경로가 있다고 해도 그에 해당하는 액터가 액터 시스템에 있다는 의미는 아니다. 대신, 액터 경로는 해당 액터가 존재하는 경우 액터 참조를 얻기 위해 사용하는 식별자이다. 또한, 셸shell에서 파일 경로의 일부에 대해 와일드카드wildcard 등을 쓸 수 있는 것처럼, 어떤 액터 경로의 일부분을 와일드카드 문자나 .. 기호로 대치할 수 있다. 이 경우, 우리가 얻는 것은 경로 선택path selection이다. 예를 들어, ..라는 경로 선택은 현재 액터의 부모를 가리킨다. ../*라는 참조는 현재 액터와 모든 형제들을 의미한다.

액터 경로는 액터 참조와 다르다. 액터 경로만을 사용해 특정 액터에 메시지를 보낼 수는 없다. 대신, 먼저 액터 경로를 사용해 해당 액터 경로에 있는 액터를 식별해야만 한다. 어떤 액터 경로에 해당하는 액터 참조를 성공적으로 얻을 수 있다면, 그 액터 참조를 사용해 메시지를 전달할 수 있다.

어떤 액터 경로에 해당하는 액터 참조를 얻기 위해서는, 액터의 context 객체에 대해 actorSelection 메소드를 호출한다. 이 메소드는 액터 경로나 경로 선택을 인자로 받는다. actorSelection 메소드를 호출했는데, 그 경로에 해당하는 액터가 없으면 아무 액터도 얻지 못할 수도 있다. 또, 경로 선택을 사용하는 경우 여러 액터를 얻을 수도 있다. 따라서, actorSelection 메소드는 ActorRef 객체를 반환하는 대신에 ActorSelection 객체를 반환한다. ActorSelection 객체는 0, 1, 또는 그 이상의 개수의 액터를 표현할 수 있다. ActorSelection 객체를 사용해 이런 액터에 대해 메시지를 한꺼번에 보낼 수 있다.

 액터 시스템에 있는 임의의 액터들과 통신하기 위해서는 액터의 context 객체에 대해 actorSelection 메소드를 호출하라.

ActorRef 객체를 어떤 전자우편 주소에 비유한다면, ActorSelection 객체는 메일링 리스트mailing list의 주소에 비유할 수 있다. 전자우편을 정상적인 전자우편 주소에 보내면 그 전자우편이 그 사람에게 도달한다는 것을 보장할 수 있다. 반면, 전자우편을 메일링 리스트에게 보내면, 해당 메일링 리스트에 가입한 사람의 수에 따라서 전자우편이 아무에게도 도달하지 않거나, 1명 또는 그 이상의 사람에게 도달할 수 있다.

ActorSelection 객체는 액터의 실제 경로에 대해서는 아무 것도 알려주지 않는다. 이는 메일링 리스트가 가입한 사람들에 대해 아무 정보도 제공하지 않는 것과 비슷하다. 이를 위해 아카는 Identify라는 특별한 메시지를 정의한다. 어떤 아카 액터가 Identify 메시지를 받으면, 자동으로 자신의 ActorRef가 들어 있는 ActorIdentity 메시지로 응답한다. 이때, 해당 액터 선택이 가리키는 액터가 없다면, 아무 ActorRef 객체가 없는 ActorIdentity 메시지를 Identify를 송신한 액터에게 되돌려준다.

 액터 시스템에서 임의의 액터에 대한 액터 참조를 얻기 위해서는 ActorSelection 객체에게 Identify 메시지를 보내라.

다음 예제에서는 액터 경로가 들어 있는 메시지를 받을 때마다 경로를 검사해 액터 참조를 출력하는 액터를 표현하는 CheckActor 액터 클래스를 정의한다. CheckActor 타입의 액터가 액터 경로나 액터 선택이 들어 있는 문자열을 메시지로 받을 때마다, ActorSelection 객체를 얻어서 그 객체에 Identify 메시지를 하나 보낸다. 이 메시지는 해당 선택 안에 있는 모든 액터에게 전달되며, 메시지를 받은 액터들은 그에 대해 ActorIdentify 메시지로 응답한다. Identify 메시지에는 messageId라는 인자도 있다. 어떤 액터가 Identify 메시지를 여러 번 보낸 경우에는 messageId 인자를 가지고 여러 다른 ActorIdentify 응답을 구분할 수 있다. 우리 예제에서는 path 문자열을 messageId의 인자로 사용한다. CheckActor가 ActorIdentify 메시지를 받으면, 액터 참조를 표시하거나 지정한 경로에 해당하는 액터가 없다는 메시지를 표시한다. 다음 코드에 CheckActor 클래스 정의가 있다.

```
class CheckActor extends Actor {
  val log = Logging(context.system, this)
  def receive = {
    case path: String =>
      log.info(s"checking path $path")
      context.actorSelection(path) ! Identify(path)
    case ActorIdentity(path, Some(ref)) =>
      log.info(s"found actor $ref at $path")
    case ActorIdentity(path, None) =>
      log.info(s"could not find an actor at $path")
  }
}
```

이제 CheckActor 클래스를 인스턴스화한 checker 액터를 만들고, 그 액터에 경로 선택 ../*를 보낸다. 이 참조는 checker의 부모의 모든 자식 액터, 즉 checker 액터 자신과 그 형제들을 가리킨다.

```
val checker = ourSystem.actorOf(Props[CheckActor], "checker")
checker ! "../*"
```

checker 외에는 아무 최상위 액터를 만들지 않았다.[3] 따라서 checker는 ActorIdentity 메시지(자기 자신으로부터 온 응답)를 오직 하나만 받고, 자신의 액터 경로를 표시한다. 다음으로, checker 액터가 속한 계층보다 한 단계 위에 있는 모든 액터를 식별하고자 한다. 앞에서 checker가 최상위 액터였기 때문에, 이 액터 선택의 결과는 액터 시스템의 모든 관리 액터를 돌려줘야 한다.

```
checker ! "../../*"
```

예상대로 checker는 user와 system 관리 액터의 경로를 표시한다. 이제 호기심에 system 액터 아래 있는 시스템 내부 액터를 보고 싶다. 이번에는 checker에게

---

3 앞에서 액터 시스템의 최상위에는 user와 system 액터가 있고, 사용자가 만든 액터는 관리 액터의 자식으로 들어감을 배웠다. 따라서 엄밀히 말하자면 checker는 최상위 액터가 아니라고 할 수 있다. 그러나, 이 예제에서는 ourSystem. actorOf(Props[CheckActor], "checker")를 사용해 액터 시스템에 직접 액터 생성을 요청했기 때문에, 비록 계층 구조 상 관리액터 밑에 자동으로 들어가지만 '최상위 액터'라는 표현한 것이다. 이후 같은 용어를 사용하더라도 문맥에 따라 계층구조상 최상위인지 액터 시스템에서 직접 생성한 액터인지 여부를 판단하기 바란다. - 옮긴이

절대 경로를 보내보자.

`checker ! "/system/*"`

`checker` 액터는 `log1-Logging`과 `deadLetterListener`라는 내부 액터의 액터 경로를 표시한다. 각각은 로깅과 처리되지 않는 메시지를 다루는 액터이다. 다음으로는 존재하지 않는 액터를 찾아본다.

`checker ! "/user/checker2"`

`checker2`라는 액터는 없다. 따라서 `checker`는 `ref` 필드가 `None`인 `ActorIdentity` 메시지를 받고, 해당 경로에 대한 액터를 찾을 수 없다고 표시한다.

`actorSelection` 메소드와 `Identify` 메시지를 사용하는 것은 동일한 액터 시스템에서 액터 참조를 알지 못하는 원하는 경우 액터를 얻는 기본적인 방법이다. 언제나 액터 참조를 얻게 되지, 액터 객체 자체에 대한 포인터를 얻는 것이 아님에 유의하라. 그런 식으로 처리해야만 하는 이유를 더 잘 이해하기 위해, 액터의 생명 주기를 공부할 것이다.

액터의 생명 주기

예전에 본 `ChildActor` 클래스가 `postStop` 메소드를 재정의해서 액터가 멈출 때 로그를 남겼음을 기억하라. 이번 절에서는 정확히 언제 `postStop` 메소드가 호출되는지와 액터의 생명 주기를 이루는 여러 중요한 이벤트에 대해 살펴볼 것이다.

액터 생명 주기가 왜 중요한지 이해하기 위해서, 어떤 액터가 들어오는 메시지를 처리하다가 예외를 던지면 어떤 일이 벌어지는지 생각해 보자. 아카는 이런 예외를 비정상적인 동작으로 간주하기 때문에, 예외를 던지는 최상위 사용자 액터는 기본적으로 재시작된다. 재시작하면 새 액터를 생성하기 때문에 결과적으로 액터의 상태를 다시 초기화한다. 따라서 논리적으로 같은 액터가 존재하는 동안이라도, `ActorRef` 객체가 가리키는 물리적인 액터 객체는 달라질 수 있다. 이것이 바로 액터가 결코 자신의 `this` 참조를 외부에 유출해서는 안 되는 이유 중 하나이다. `this`를 외부에 전달하면 프로그램의 다른 부분에서 예전의 객체를 가리킬 수도 있게 되어, 결국 액터 참조의 투명성을 해친다. 추가로, 액터의 this를 노출하면 액터 구현의 내부를 드러낼 수도 있고, 심지어는 데이터의 오염을 야기할 수도 있다.

 어떤 this 참조를 다른 액터에 절대로 전달하지 말라. this를 전달하면 액터 캡슐화가 깨진다.

액터의 전체 생명 주기를 검토해 보자. 우리가 배운 대로, actorOf를 호출하면 논리적인 액터 인스턴스가 만들어진다. 이때 Props 객체를 사용해 물리적인 액터 객체를 초기화한다. 이 액터 객체는 우편함에 할당되고, 입력 메시지를 수신하기 시작한다. actorOf 메소드는 호출자에게 액터 참조를 반환하고, 액터는 동시에 실행될 수 있다. 액터가 메시지 처리를 시작하기 전에, 그 액터의 preStart 메소드가 호출된다. preStart 메소드는 논리적 액터 인스턴스를 초기화하기 위해 사용된다.

생성된 다음, 액터는 메시지를 처리하기 시작한다. 어떤 순간에 액터에서 예외가 발생해 재시작해야 할 수도 있다. 이런 경우 preRestart 메소드가 먼저 호출된다. 모든 자식 액터도 중단된다. 그 후, actorOf로 액터를 인스턴스화할 때 사용했던 Props 객체를 재사용해 새로운 액터 객체를 생성한다. 새로 액터가 만들어진 다음에는 postRestart 메소드가 호출된다. postRestart 메소드에서 반환된 다음, (예외로 없어진) 예전의 액터 객체가 사용하던 우편함에 새 액터 객체를 할당하고, 재시작 전에 우편함에 있던 메시지를 가지고 처리하기 시작한다.

기본적으로 postRestart 메소드는 preStart를 호출한다. 경우에 따라 이런 동작 방식을 변경하고 싶을 수 있다. 예를 들어 데이터베이스 연결은 preStart시에 한 번만 열고, 논리적 액터가 종료될 때 닫으면 될 수도 있다.

논리적 액터 인스턴스를 멈춰야 할 경우, postStop을 호출한다. 해당 액터에 연관된 경로로 해제되어 액터 시스템에 반환된다. 기본적으로 preRestart 메소드는 postStop을 호출한다. 전체 액터 생명 주기는 다음 그림과 같다.

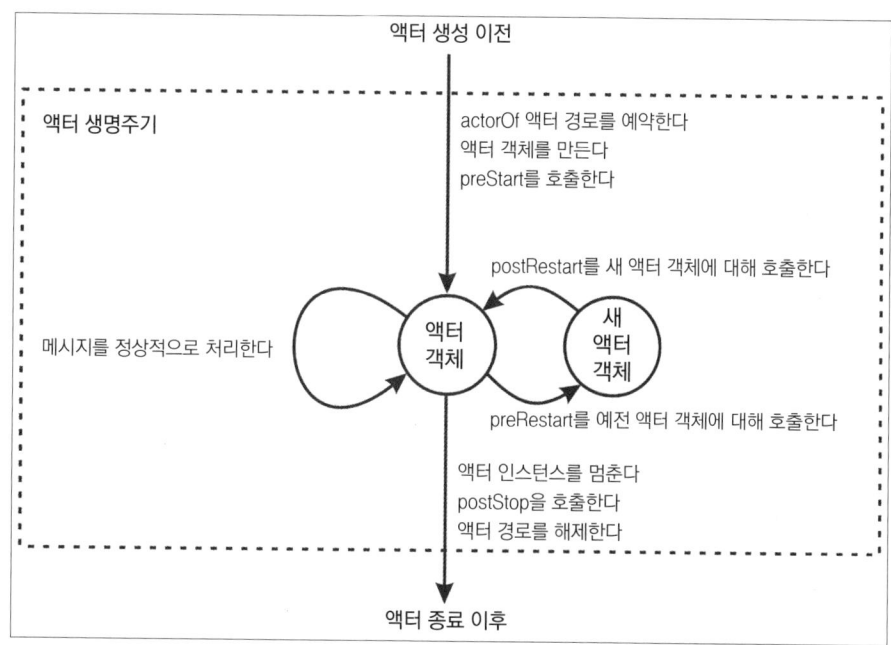

액터의 생명 주기 동안, 나머지 액터 시스템은 액터가 몇 번 재시작했는가와 관계 없이 항상 같은 액터 참조를 관찰하게 된다는 것에 유의하라. 액터의 실패와 재시 작은 나머지 액터 시스템에 대해 투명하게 이뤄진다.

액터 생명 주기를 실험하기 위해, `StringPrinter`와 `LifecycleActor`라는 두 액 터 클래스를 선언한다. `StringPrinter` 액터는 수신하는 메시지를 로그로 남긴다. 아래와 같이, 이 액터의 `preStart`와 `postStop` 메소드를 재정의해서 액터의 시작 과 종료 시점을 정확히 추적한다.

```
class StringPrinter extends Actor {
  val log = Logging(context.system, this)
  def receive = {
    case msg => log.info(s"printer got message '$msg'")
  }
  override def preStart(): Unit = log.info(s"printer preStart.")
  override def postStop(): Unit = log.info(s"printer postStop.")
}
```

LifecycleActor 클래스는 `StringPrinter`의 참조인 `child` 액터를 유지한다. LifecycleActor 클래스는 `Double`과 `Int` 메시지에 대해 메시지를 출력하는 것으로 반응하며, `List` 타입의 메시지에 대해 리스트의 첫 원소를 출력하는 것으로 반응한다. 이 액터가 `String` 타입의 메시지를 받으면, 자신의 자식 액터들에게 그 메시지를 그대로 전달한다.

```
class LifecycleActor extends Actor {
  val log = Logging(context.system, this)
  var child: ActorRef = _
  def receive = {
    case num: Double => log.info(s"got a double - $num")
    case num: Int    => log.info(s"got an integer - $num")
    case lst: List[_] => log.info(s"list - ${lst.head}, ...")
    case txt: String => child ! txt
  }
}
```

이제 다른 생명 주기 훅을 재정의한다. `preStart` 메소드를 로그 메시지를 출력하고 `child` 액터를 초기화하도록 만드는 일부터 시작한다. 이렇게 하면 액터가 메시지를 처리하기 전에 `child` 참조를 초기화하도록 보장할 수 있다.

```
override def preStart(): Unit = {
  log.info("about to start")
  child = context.actorOf(Props[StringPrinter], "kiddo")
}
```

이제, `preRestart`와 `postRestart` 메시지를 재정의한다. `preRestart`와 `postRestart`에서는 실패를 야기한 예외를 로그에 남긴다. 액터의 `postRestart` 메소드는 기본적으로 `preStart`를 호출해준다. 따라서 새 액터 객체는 재시작한 다음에 새로운 `child` 액터로 초기화된다.

```
override def preRestart(t: Throwable, msg: Option[Any]): Unit = {
  log.info(s"about to restart because of $t, during message $msg"
  super.preRestart(t, msg)
}
override def postRestart(t: Throwable): Unit = {
  log.info(s"just restarted due to $t")
```

```
    super.postRestart(t)
}
```

마지막으로, postStop을 재정의해서 액터가 종료된 시점을 추적한다.

```
override def postStop() = log.info("just stopped")
```

이제 LifecycleActor 클래스의 인스턴스인 testy를 만들어서 math.Pi 메시지를 그 액터에 보낸다. 그 액터는 preStart 메소드 안에서 시작중임을 표시하고, 새 Child 액터를 만든다. 그 후 메시지로 받은 math.Pi를 출력한다. 중요한 것은 child about to start라는 로그가 math.Pi 메시지가 도착한 다음에 출력된다는 점이다. 이는 액터 생성이 비동기적 연산임을 보여준다. 즉, actorOf를 호출하면 액터를 만드는 것을 액터 시스템에 위임하고 프로그램은 즉시 계속 진행할 수 있다.

```
val testy = ourSystem.actorOf(Props[LifecycleActor], "testy")
testy ! math.Pi
```

그 후 testy에 String 타입의 메시지를 하나 보낸다. 이 메시지는 child 액터에 전달되고, child는 자신이 메시지를 받았음을 알려주는 로그를 출력한다.

```
testy ! "hi there!"
```

마지막으로, Nil 메시지를 testy에 보낸다. Nil 객체는 빈 리스트를 표현한다. 따라서 testy가 head 원소를 읽으려 시도하면 예외가 발생한다. 이제 testy는 재시작 할 필요가 있다고 로그를 남긴다. 그 후, child 액터가 종료하려고 한다는 메시지를 표시하는 것을 볼 수 있다. 어떤 액터가 재시작 할 때, 그 자식 액터들도 멈춘다는 사실을 기억하라. 마지막으로, testy는 재시작하려 한다는 메시지를 표시하고, 새 child를 인스턴스화한다. 아래 명령을 사용해 이런 이벤트를 일으킬 수 있다.

```
testy ! Nil
```

액터의 생명 주기를 시험함으로써 actorOf 메소드의 중요한 특성을 알 수 있었다. actorOf를 호출할 때 액터의 초기화가 모두 끝날 때까지 기다릴 필요 없이 실행을 계속 진행할 수 있다. 마찬가지로, 메시지를 보내도 해당 메시지를 수신 액터가 받아서 처리할 때까지 기다릴 필요가 없다. 따라서 메시지를 비동기적으로 보낸 다고 말할 수 있다. 다음 절에서는 이런 비동기적 행동 방식을 보여주는 여러 통신 패턴을 살펴볼 것이다.

액터 사이의 통신

액터들이 서로 메시지를 보내면서 통신한다는 사실을 배웠다. 같은 기계에서 실행되는 액터끼리는 적절한 동기화 하에서 공유된 메모리를 접근할 수 있지만, 메시지를 보내는 방식을 사용하면 액터를 시스템의 나머지 부분으로부터 독립시킬 수 있고, 위치 투명성을 보장할 수 있다. 어떤 액터에 메시지를 보내기 위해 사용하는 기본적인 연산은 ! 연산자이다. 이미 ! 연산이 비블로킹 연산임을 배웠다. 즉, 메시지를 보내도 그 메시지가 배달될 때까지 송신자의 실행을 블록하는 일이 없다. 이런 식으로 메시지를 보내는 방식을 때로 발사 후 망각fire and forget 패턴이라 부른다. 왜냐하면 메시지를 보낸 다음 수신자 쪽에서 오는 응답을 기다리지도 않고, 해당 메시지가 제대로 배달된다는 보장도 해주지 않기 때문이다.

메시지를 이런 식으로 보내면 액터를 사용해 만든 프로그램의 스루풋throughput(단위 시간당 전송하는 메시지의 양이나 개수)을 향상시킬 수 있다. 하지만 때로 이런 방식으로는 부족한 경우도 있다. 예를 들어 대상에게 메시지를 보내고 응답을 기다려야 할 때도 있을 것이다. 이번 절에서는 발사 후 망각 방식 외에 액터간의 통신에 사용하는 여러 방식에 대해 배울 것이다.

발사 후 망각 패턴이 메시지의 배달을 보장하지 못하지만, 해당 방식은 메시지가 많아야 한 번만 배달될 것을 보장한다. 대상 액터는 결코 중복된 메시지를 받지 않는다. 더 나아가, 정해진 송신 액터와 수신 액터의 쌍에서, 메시지 배달은 순서를 보장한다. 따라서 A라는 액터가 메시지를 X와 Y라는 순서로 보내면, B 액터는 메시지를 전혀 받지 못하거나, X 메시지만 받거나, Y 메시지만 받거나, 아니면 X 다음에 Y를 받는다(Y 다음 X를 받는 일은 결코 없다). 이를 다음 그림에서 보여준다.

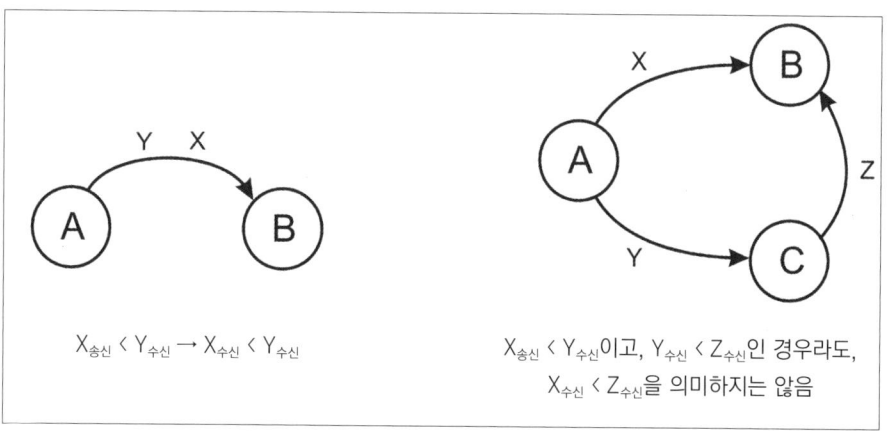

하지만, 셋 이상의 액터 사이에서는 배달 순서가 정해지지 않는다. 예를 들어, 앞의 그림의 오른쪽에서 액터 A가 다음과 같이 동작했다.

- X 메시지를 B 액터에 보낸다.
- Y 메시지를 C라는 다른 액터에 보낸다.
- C 액터는 Y 메시지를 받고 나서 Z 메시지를 B 액터에 보낸다.

이 경우 메시지 X와 Z 사이의 수신 순서는 보장되지는 않는다. 액터 B는 메시지 X와 Z를 어떤 순서로든 받을 수 있다. 이런 특징은 대부분의 컴퓨터 네트워크의 특성을 반영하는 것이며, 이런 특성으로 인해 각 액터가 원격 지점에 있는 네트워크 노드 상에서 수행될 수 있다.

 어떤 액터 B가 다른 액터 A로부터 메시지를 받는 순서는 액터 A가 메시지를 B로 전송한 순서와 같다.

액터 통신의 여러 패턴을 공부하기 전에, ! 연산자가 유일한 비블로킹 연산이 아니라는 사실을 일러둬야겠다. `actorOf`와 `actorSelection`도 비블로킹 연산이다. 액터가 메시지를 처리하는 도중에 이런 메소드를 호출하는 경우가 종종 있다. 메시지를 처리하는 동안 액터를 블록시키면 액터가 우편함에 있는 다음 메시지를 처리하지 못하게 막고, 시스템의 스루풋을 심각하게 손상시킨다. 이런 이유로, 대부분의 액터 API는 비블로킹이다. 추가로, 액터 안에서 절대로 제3자가 제공한 라이브러리의 연산을 사용해 액터를 블록시켜서는 안 된다.

 메시지는 무한정 블록되는 일이 없이 처리해야만 한다. 결코 무한루프나 시간이 오래 걸리는 연산을 receive 블록이나 unhandled 메소드, 또는 액터 생명 주기 훅 안에서 시작하지 말라.

물어보기 패턴

액터 내부에서 블록할 수 없기 때문에, 요청-응답request-respond 통신 패턴을 사용할 수 없다. 이 패턴에서는 특정 정보에 관심 있는 액터가 요청 메시지를 다른 액터에게 보낸다. 그 후, 요청을 보낸 액터는 상대 액터가 보낸 응답 메시지가 도착할 때까지 기다린다. 아카에서는 이런 통신 패턴을 물어보기ask 패턴이라고 부른다.

`akka.pattern` 패키지에는 액터 통신에 사용할 수 있는 보조 메소드가 정의되어 있다. 이 패키지를 임포트하면 액터 참조에 대해 ? 연산자 (영어로는 ask라고 부르며, 이 책에서는 물어보기 연산자라고 부를 것이다)를 사용할 수 있다. 이 연산자는 말하기 연산과 마찬가지로 대상 액터에게 메시지를 보낸다. 추가로, 물어보기 연산은 대상 액터가 돌려주는 응답이 들어 있는 퓨처 객체를 반환한다.

물어보기 패턴의 사용법을 보여주기 위해, 서로 핑과 퐁을 주고 받는 두 액터를 정의한다. `Pingy` 액터는 `Pongy`라는 타입의 액터에게 `ping` 메시지를 보낼 것이다. `Pongy` 액터가 `ping`를 받으면, `pong` 메시지를 송신자에게 돌려보낸다. 먼저 `akka.pattern` 패키지를 임포트하는 것부터 시작한다.

```
import akka.pattern._
```

우선 `Pongy` 액터 클래스를 정의한다. 들어오는 `ping` 메시지에 응답하기 위해서 `Pongy`는 송신자의 액터 참조를 알아야만 한다. 메시지를 처리하는 동안, 모든 액터는 Actor 클래스의 sender 메소드를 호출해서 현재 처리중인 메시지의 송신자에 대한 액터 참조를 구할 수 있다. Pongy는 sender 메소드를 사용해 ping을 Pingy에게 돌려준다. Pongy의 구현은 다음과 같다.

```
class Pongy extends Actor {
  val log = Logging(context.system, this)
  def receive = {
    case "ping" =>
      log.info("Got a ping -- ponging back!")
      sender ! "pong"
      context.stop(self)
  }
  override def postStop() = log.info("pongy going down")
}
```

다음으로, 물어보기 연산자를 사용해 요청을 Pongy에게 보내는 Pingy 액터 클래스를 정의한다. Pingy가 Pongy의 액터 참조인 pongyRef를 얻으면, 암시적인 Timeout 값을 2 seconds로 설정한다. 물어보기 연산자를 사용하기 위해서는 암시적인 Timeout 객체가 범위 안에 있어야 한다. 메시지를 보낼 때 지정한 타임아웃 시간 안에 응답 메시지가 도착하지 않으면, 퓨처는 AskTimeoutException을 발생시키면서 실패한다. 일단 Pingy가 ping 메시지를 보내고 나면, Pingy에는 f라는 퓨처가 남는다. Pingy 액터는 다음 코드와 같이 퓨처의 값을 pongyRef로 받은 액터 참조의 송신자에게 보내는 특별한 pipeTo 컴비네이터를 사용한다.

```
import akka.util.Timeout
import scala.concurrent.duration._
class Pingy extends Actor {
  val log = Logging(context.system, this)
  def receive = {
    case pongyRef: ActorRef =>
      implicit val timeout = Timeout(2 seconds)
      val f = pongyRef ? "ping"
      f pipeTo sender
  }
}
```

퓨처 객체에 있는 메시지를 4장에서 배운 표준 퓨처 컴비네이터를 사용해 처리할 수도 있다. 하지만, 다음과 같이 Pingy를 정의하면 잘못된 것이다.

```
class Pingy extends Actor {
  val log = Logging(context.system, this)
  def receive = {
    case pongyRef: ActorRef =>
      implicit val timeout = Timeout(2 seconds)
      val f = pongyRef ? "ping"
      f onComplete { case v => log.info(s"Response: $v") } // 좋지 않음!
  }
}
```

onComplete를 f 퓨처에 대해 호출하는 것은 완전히 합법적이지만, 그에 따른 비동기 계산 안에서 변경 가능한 액터의 상태를 액세스해서는 절대 안 된다. 액터 상태는 해당 액터 자신에게만 보여야 하기 때문에, 액터의 상태에 동시에 접근하면 데이터 경합과 경합 상태를 발생시킬 가능성이 생긴다. log 객체는 오직 그 객체를 소유한 액터에서만 접근해야 한다. 마찬가지로, onComplete 핸들러 안에서 sender 메소드를 호출해서는 안 된다. 응답 메시지를 가지고 퓨처가 완료된 시점을 생각해 보면, 이 액터는 다른 송신자가 보낸 다른 메시지를 처리하고 있을 것이다. 따라서 sender가 반환하는 값은 퓨처와 관계없는 임의의 액터 참조가 된다.

 receive 블록이나 unhandled 메소드, 또는 다른 액터 생명 주기 훅 안에서 비동기 계산을 시작할 경우, 결코 클로저에 액터의 변경 가능한 상태를 포획하는 일이 없도록 하라.

Pingy와 Pongy의 동작을 시험하기 위해, 이들을 인스턴스화하는 Master 액터를 정의한다. start 메시지를 받으면 Master 액터는 pongy 액터 참조를 pingy에게 전달한다. pingy 액터가 pongy에서 온 pong 메시지를 Master 타입의 액터에게 반환하면, 그 액터는 작동을 멈춘다. 이런 내용이 다음 Master 액터 템플릿에 들어 있다.

```
class Master extends Actor {
  val pingy = ourSystem.actorOf(Props[Pingy], "pingy")
  val pongy = ourSystem.actorOf(Props[Pongy], "pongy")
  def receive = {
    case "start" =>
      pingy ! pongy
    case "pong" =>
      context.stop(self)
  }
  override def postStop() = log.info("master going down")
}
val masta = ourSystem.actorOf(Props[Master], "masta")
masta ! "start"
```

물어보기 패턴은 요청을 여러 액터에 보내고, 각각의 응답이 들어 있는 퓨처를 얻을 수 있기 때문에 편리하다. 여러 퓨처로부터 얻은 값에 for 내장을 사용하면 각 응답으로부터 어떤 값을 계산하기 위해 조합할 수 있다. 여러 액터와 통신하면서 발사 후 망각 패턴을 사용하면, 액터의 동작 방식을 적절히 변경해줘야만 한다. 그런 식으로 액터 동작 방식을 변경하는 것은 물어보기 패턴을 사용하는 것보다 훨씬 더 복잡하다.

전달 패턴

일부 액터는 오직 메시지를 다른 액터에게 넘겨주기 위해서만 존재한다. 예를 들어, 들어오는 요청을 부하를 균등하게 만들기 위해 여러 액터 사이에 배분하는 액터나, 더 가용성을 확보하기 위해 미러링하는 액터에 메시지를 전달하는 액터가 있을 것이다. 그런 경우 수신한 메시지의 sender 필드를 변경하지 않고 메시지를 전달할 수 있다면 유용할 것이다. 액터 참조의 forward 메소드를 이런 목적을 위해 사용한다.

다음 코드에서 우리는 예전에 본 StringPrinter 액터를 사용해 Router라는 액터 클래스를 정의한다. Router 액터는 네 자식 StringPrinter 액터를 인스턴스화하고, 네 자식 중 어떤 것에 메시지를 전달할지 지정하기 위해 i라는 필드를 유지한다. Router가 메시지를 받으면 i를 증가시켜가면서 각각 다른 자신의 자식 StringPrinter들에게 메시지를 분배한다.

```
class Router extends Actor {
  var i = 0
  val children = for (_ <- 0 until 4) yield
    context.actorOf(Props[StringPrinter])
  def receive = {
    case msg =>
      children(i) forward msg
      i = (i + 1) % 4
  }
}
```

다음 코드는 Router 액터를 만들고 두 가지 메시지를 보내서 이를 시험한다. /user/router/$b와 /user/router/$b라는 액터 경로를 보면, 두 가지 다른 StringPrinter 액터에 의해 메시지가 표준 출력에 표시됨을 알 수 있다.

```
val router = ourSystem.actorOf(Props[Router], "router")
router ! "Hola"
router ! "Hey!"
```

전달 패턴을 사용하는 전형적인 경우는 라우터router 액터이다. 라우터 액터는 특정한 지식을 활용해 메시지가 어디로 가야 할지 결정해준다. 복제자replicator나 부하 균등화기load balancer 액터도 이 패턴을 활용한다. 복제자 액터는 메시지를 여러 액터에게 전달하며, 부하 균등화기 액터는 여러 작업 액터 사이에 부하를 고르게 분배해준다.

액터 멈추기

지금까지는 context.stop을 호출해 액터를 중단시켰다. context 객체의 stop 메소드를 호출하면 현재 처리 중인 메시지가 끝나자마자 현재 액터를 중단한다. 경우에 따라 액터를 종료시키는 방법을 좀 더 제어하고 싶을 수도 있다. 예를 들어, 액터가 우편함에 남은 메시지를 처리하게 하고 싶거나, 다른 액터가 끝날 때까지 기다리게 만들고 싶을 수도 있다. 아카에는 이런 과정을 돕는 여러 특별한 메시지가 있다. 이에 대해 이번 절에서 공부할 것이다.

대부분의 경우, 액터 인스턴스를 멈추기보다는 단순히 재시작하기를 원할 것이다. 앞에서 예외 발생시 액터를 자동으로 재시작한다는 사실을 배웠다. 마찬가지로, 어떤 액터가 Kill 메시지를 받으면 재시작한다. 사실, 어떤 액터에 Kill 메시지를 보내면, 그 메시지를 수신한 액터는 ActorKilledException 예외를 자동으로 던지고, 재시작한다.

 Kill 메시지를 사용면 우편함의 메시지를 잃어버리지 않고도 액터를 재시작할 수 있다.

stop 메소드와 달리, Kill 메시지는 액터를 종료시키지 않고, 단지 액터를 재시작시키기만 한다. 때로, 액터 인스턴스를 종료시키고 싶지만, 종료하기 전에 우편함에 있는 메시지를 다 처리하게 만들고 싶은 경우도 있다. PoisonPill 메시지를 액터에게 보내면 stop과 같은 효과가 있지만, 액터가 PoisonPill 이전에 우편함에 도착한 메시지를 모두 처리하도록 허용할 수 있다.

 PoisonPill 메시지를 액터에 보내면 액터를 멈추되, 그 액터가 PoisonPill 메시지보다 앞에 수신한 메시지를 모두 처리하게 만들 수 있다.

어떤 경우에는 PoisonPill 메시지를 사용해 액터가 메시지를 처리하게 허용하는 것 만으로 충분하지 않다. 액터가 자기 자신을 종료시키기 전에 다른 액터들의 종료를 반드시 기다려야만 하는 경우도 있을 것이다. 때로 디스크상의 파일을 쓰는 것과 같이 민감한 연산을 수행하는 액터의 경우에는 종료 순서가 중요할 수도 있다. 이런 경우 애플리케이션을 종료하면서 액터를 강제 종료하길 바라지는 않을 것이다. 어떤 액터가 다른 액터들의 종료를 추적할 수 있게 돕는 도구를 아카에서는 종료 감시DeathWatch라고 부른다.

Pingy와 Pongy를 사용했던 예제를 다시 생각해보자. Pingy를 종료시키고 싶은데, Pongy가 종료된 다음에만 그랬으면 한다. 이를 위해 새로 GracefulPingy 액터 클래스를 만들 수 있다. GracefulPingy는 생성될 때 context의 watch 메소드를 호출한다. 이는 Pongy가 종료되고 그 postStop 메소드가 완료된 다음에 GracefulPingy가 Pongy에 대한 액터 참조가 들어 있는 Terminated 메시지를 받도록 해준다. Terminated 메시지를 받으면 GracefulPingy는 자신을 중단한다. 이를 다음 GracefulPingy 구현에서 볼 수 있다.

```
class GracefulPingy extends Actor {
  val pongy = context.actorOf(Props[Pongy], "pongy")
  context.watch(pongy)
  def receive = {
    case "Die, Pingy!" =>
      context.stop(pongy)
    case Terminated(`pongy`) =>
      context.stop(self)
  }
}
```

액터의 내부에서 다른 액터의 종료를 추적하고 싶은 경우에는 앞의 예제와 같이 종료 감시 기능을 사용한다. 어떤 액터의 종료를 액터 바깥에서 기다려야 하는 경우에는 부드럽게 종료하기graceful stop 패턴을 사용한다. akka.pattern 패키지에 있는 gracefulStop 메소드는 액터 참조와 타임아웃, 종료 메시지를 매개변수로 받는다. 이 메소드는 퓨처를 반환하고, 종료 메시지를 액터 참조가 가리키는 액터에게 보낸다. 해당 액터가 지정한 시간 안에 종료되면, 퓨처가 성공적으로 종료한다. 그렇지 않은 경우, 퓨처가 실패한다. 다음 코드에서는 GracefulPingy 액터를 만들고 gracefulStop 메소드를 호출했다.

```
object CommunicatingGracefulStop extends App {
  val grace = ourSystem.actorOf(Props[GracefulPingy], "grace")
  val stopped =
    gracefulStop(grace, 3.seconds, "Die, Pingy!")
  stopped onComplete {
    case Success(x) =>
      log("graceful shutdown successful")
      ourSystem.shutdown()
```

```
    case Failure(t) =>
      log("grace not stopped!")
      ourSystem.shutdown()
  }
}
```

보통은 액터 안에서 종료 감시를 사용하고, 부드럽게 종료하기 패턴은 애플리케이션의 주 스레드에서 사용한다. 부드럽게 종료하기 패턴을 액터 내부에서 사용할 수도 있다. 이때는 gracefulStop이 반환하는 퓨처의 콜백이 액터 상태를 포획하지 못하도록 주의해야만 한다. 종료 감시와 부드럽게 종료하기를 함께 사용하면 액터 기반 프로그램을 안전하게 종료할 수 있다.

액터 관리

액터 생명 주기에 대해 공부하면서, 최상위 사용자 액터에서 예외가 발생하면 재시작된다고 배웠다. 이제 이런 동작이 어떻게 가능한지 더 자세히 살펴볼 것이다. 아카에서, 모든 액터는 자신의 자식에 대한 관리자supervisor 역할을 수행한다. 어떤 자식 액터가 실패하면, 그 액터는 메시지 처리를 중단하고, 부모에게 메시지를 보내서 실패를 어떻게 처리할지 결정하도록 요청한다. 자식이 실패하는 경우, 그 자신과 부모에게 어떤 일이 벌어질지 결정하는 정책을 관리 정책supervision policy이라 부른다. 부모는 다음과 같이 결정할 수 있을 것이다.

- 액터를 재시작한다. Restart 메시지가 이를 표현한다.
- 재시작 없이 액터를 계속 실행한다. Resume 메시지를 사용한다.
- 액터를 영구히 중단시킨다. Stop 메시지를 사용한다.
- 부모 액터 스스로도 같은 예외로 인해 실패한 것처럼 만든다. Escalate 메시지가 이를 표현한다.[4]

---

[4] 이렇게 부모 액터가 스스로를 실패한 것처럼 처리하면, 다시 부모의 부모가 자신의 관리 정책에 따라 부모를 어떻게 처리할지 결정해야 한다. Escalate라는 메시지 이름('escalate'는 상황을 더 크게 만들거나, 문제를 더 상부로 가지고 올라가는 것을 의미함)은 이를 반영한다. – 옮긴이

기본적으로 user 관리 액터는 실패한 자식을 재시작하는 관리 정책을 사용한다. 사용자 액터들은 기본적으로 자신의 자식을 중단시킨다. 이 두 관리 정책을 모두 변경할 수 있다.

사용자 액터에서 기본 관리 정책을 변경하려면, Actor 클래스의 supervisorStrategy 필드를 재정의한다. 다음 코드는 문제가 있는 액터 클래스로 Naughty를 정의한다. Naughty 클래스가 String 메시지를 받으면 로그를 출력한다. 다른 타입의 메시지가 도착하면, RuntimeException을 발생시킨다.

```
class Naughty extends Actor {
  val log = Logging(context.system, this)
  def receive = {
    case s: String => log.info(s)
    case msg => throw new RuntimeException
  }
  override def postRestart(t: Throwable) =
    log.info("naughty restarted")
}
```

다음으로 Naughty 타입의 자식 액터를 만드는 Supervisor 액터 클래스를 선언한다. Supervisor 액터는 아무 메시지도 처리하지 않지만, 기본 관리 정책을 변경한다. Supervisor 액터의 자식 액터가 ActorKilledException 예외를 던지면서 실패하면, 자식을 재시작한다. 하지만, 자식 액터가 다른 예외 타입을 발생시키면서 실패하면, 예외를 자신의 부모 액터에게 넘긴다. supervisorStrategy 필드의 값을 OneForOneStrategy로 재정의했다. OneForOneStrategy는 실패한 액터 하나에 대해서만 여기서 정한 오류 처리 전략을 적용한다.

```
class Supervisor extends Actor {
  val child = context.actorOf(Props[StringPrinter], "naughty")
  def receive = PartialFunction.empty
  override val supervisorStrategy =
    OneForOneStrategy() {
      case ake: ActorKilledException => Restart
      case _ => Escalate
    }
}
```

새 관리 전략을 Supervisor 액터 클래스의 인스턴스인 super 액터를 만들어서 시험할 수 있다. 그 후 super의 모든 자식에 대한 액터 선택을 만들고, Kill 메시지를 그 액터 선택에게 보낸다. 이렇게 하면 Naughty 액터가 실패하지만, super의 관리 정책에 의해 super가 자식 Naughty 액터를 재시작시킨다. 그 후, Naughty 액터에게 String 타입의 사과 메시지를 보낸다. 마지막으로, String 메시지를 문자의 리스트로 변환해서 Naughty 액터에게 보낸다. 그러면, Naughty 액터가 RuntimeException을 던진다. 이 예외는 super에 의해 부모에게 올려보내진다. 그리고, 두 액터 모두 종료한다. 아래 코드와 같다.

```
ourSystem.actorOf(Props[Supervisor], "super")
ourSystem.actorSelection("/user/super/*") ! Kill
ourSystem.actorSelection("/user/super/*") ! "sorry about that"
ourSystem.actorSelection("/user/super/*") ! "kaboom".toList
```

이 예제에서 OneForOneStrategy의 동작을 볼 수 있다. 액터가 실패하면, 실패를 야기한 예외에 따라 해당 액터가 계속 진행하거나, 재시작하거나, 멈춘다. AllForOneStrategy는 오류 처리를 위한 결정 사항을 모든 자식에 대해 적용한다. 따라서, 자식 액터 중 어느 하나가 실패하면, 다른 자식들도 모두 함께 계속 진행하거나, 재시작하거나, 멈추게 된다.

6장에서 봤던 최소주의 웹 브라우저를 기억해 보자. 더 발전된 웹 브라우저라면 파일을 동시에 다운로드할 수 있는 별도의 하위 시스템이 필요할 것이다. 보통 그런 소프트웨어 구성 요소를 다운로드 관리자라고 부른다. 이제 지금까지 배운 액터에 대한 지식을 간단한 다운로드 관리자를 만들기 위해 활용하는 더 큰 예제를 살펴볼 것이다.

다운로드 관리자를 DownloadManager 액터 클래스로 표현한 액터로 구현할 것이다. 모든 다운로드 관리자에게 있어 가장 중요한 두 가지 작업은 요청받은 URL로부터 자원을 다운로드하는 것과 현재 진행 중인 다운로드의 상태를 추적하는 것이다. 다운로드 요청과 다운로드 완료 이벤트에 반응하기 위해서, Download와 Finished라는 메시지 타입을 DownloadManager 동반 객체에 정의한다. Download

메시지는 자원의 URL과 자원을 저장할 파일 경로를 포함하고, Finished 메시지는 파일을 실제 저장한 위치를 포함한다.

```
object DownloadManager {
  case class Download(url: String, dest: String)
  case class Finished(dest: String)
}
```

DownloadManager 액터는 다운로드를 실제로 수행하지는 않을 것이다. 직접 다운로드를 수행하면 다운로드가 완료되기 전에 다른 메시지를 받을 수 없기 때문이다. 더 나아가, DownloadManager가 직접 다운로드를 수행하면 여러 다운로드를 차례로 수행해야만 하기 때문에 여러 다운로드를 동시에 진행할 수 없다. 따라서, DownloadManager 액터는 파일을 다운로드하는 작업을 다른 액터에게 위임해야만 한다. 이런 액터들을 Downloader 액터 클래스로 표현한다. DownloadManager 액터는 자식으로 Downloader를 여럿 유지하며, 어떤 자식이 현재 자원을 다운로드하고 있는 중인지 추적한다. DownloadManager 액터가 Download 메시지를 받으면, 바쁘지 않은 Downloader를 하나 선택해 Download 메시지를 그 자식에게 전달한다. 다운로드가 끝나면 Downloader 액터가 Finished 메시지를 부모에게 보낸다. 이런 관계를 그림으로 나타내면 다음과 같다.

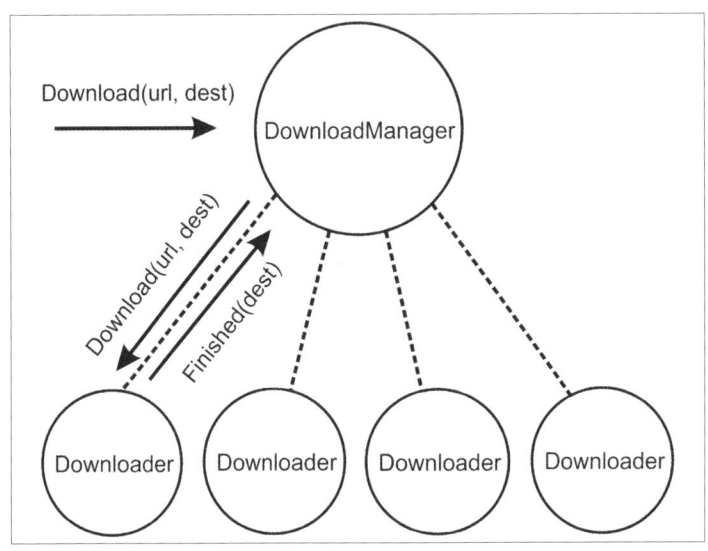

먼저 Downloader 액터 클래스의 구현을 살펴보자. Downloader 액터는 Download 메시지를 받아서, 거기 들어 있는 URL의 내용을 다운로드하고, 대상 파일에 쓴다. 그 후 Download 메시지를 보낸 송신자에게 Finished 메시지를 돌려보낸다. 이 액터의 구현은 다음과 같다.

```
class Downloader extends Actor {
  def receive = {
    case DownloadManager.Download(url, dest) =>
      val content = Source.fromURL(url)
      FileUtils.write(new java.io.File(dest), content.mkString)
      sender ! DownloadManager.Finished(dest)
  }
}
```

DownloadManager 액터 클래스는 자신의 Downloader 액터 중 어떤 것이 현재 자원을 다운로드하고 있는지 추적하기 위해 내부에 상태를 관리해야 한다. 또한, DownloadManager는 현재 사용 가능한 Downloader 인스턴스의 수보다 더 많은 다운로드 요청이 들어오면 일부 다운로드 요청을 대기열에 넣은 후 나중에 가용 Downloader 액터가 생기면 다운로드를 진행할 수 있어야 한다. DownloadManager는 액터 참조에 대한 downloaders라는 큐를 사용해 현재 바쁘지 않은 Downloader 액터를 저장한다. 또한 pendingWork라는 다른 큐를 사용해 Downloader 인스턴스에 할당하지 못한 Download 요청을 보관한다. 마지막으로, DownloadManager는 workItems라는 맵을 통해 사용중인 Downloader 액터 참조와 그 액터가 진행 중인 Download 요청을 연관시킨다. 다음 DownloadManager 구현은 이를 보여준다.

```
class DownloadManager(val downloadSlots: Int) extends Actor {
  import DownloadManager._
  val log = Logging(context.system, this)
  val downloaders = mutable.Queue[ActorRef]()
  val pendingWork = mutable.Queue[Download]()
  val workItems = mutable.Map[ActorRef, Download]()
  private def checkDownloads(): Unit = {
    if (pendingWork.nonEmpty && downloaders.nonEmpty) {
      val dl = downloaders.dequeue()
```

```
      val item = pendingWork.dequeue()
      log.info(
        s"$item starts, ${downloaders.size} download slots left")
      dl ! item
      workItems(dl) = item
    }
  }
  def receive = {
    case msg @ DownloadManager.Download(url, dest) =>
      pendingWork.enqueue(msg)
      checkDownloads()
    case DownloadManager.Finished(dest) =>
      workItems.remove(sender)
      downloaders.enqueue(sender)
      log.info(
        s"'$dest' done, ${downloaders.size} download slots left")
      checkDownloads()
  }
}
```

checkDownloads 비공개 메소드는 DownloadManager 액터의 불변조건invariant을 보장한다. 그 조건은 pendingWork와 downloaders 큐 중 최소한 하나는 비어 있어야 한다는 것이다. DownloadManager 액터는 두 큐가 모두 비어 있지 않은 경우 downloaders에서 Downloader 액터 참조 하나를 dl로 빼내고, pendingWork에서 Download 요청을 item으로 하나 빼낸다. 그 후 item을 dl 액터에게 메시지로 보내고, workItems 맵에 그 둘 사이의 관계를 갱신한다.

DownloadManager 액터가 Download 메시지를 받을 때마다 그 메시지를 pendingWork에 추가하고 checkDownloads 메소드를 호출한다. 비슷하게 Finished 메시지가 도착하면, 완료된 Downloader 액터를 workItems에서 제거하고 downloaders 리스트에 추가한다.

DownloadManager 액터가 지정한 개수만큼 Downloader 자식 액터를 생성하도록 보장하기 위해, preStart 메소드를 재정의해서 Downloader 액터를 만들고 그에 대한 액터 참조를 downloaders 큐에 추가한다.

```
override def preStart(): Unit = {
  for (i <- 0 until downloadSlots) {
    val dl = context.actorOf(Props[Downloader], s"dl$i")
    downloaders.enqueue()
  }
}
```

마지막으로 `DownloadManager` 액터의 `supervisorStrategy` 필드를 재정의해야만 한다. `OneForOneStrategy` 전략을 다시 사용한다. 다만, 2초라는 기간 안에는 최대 20번만 재시작하도록 지정한다.

일부 잘못된 URL이 들어올 것이라 예상할 수 있다. 그런 경우 액터가 `FileNotFoundException` 예외를 던지면서 실패한다. 그런 액터를 `workItems` 컬렉션에서 제거해서 다시 `downloaders` 큐에 돌려놔야 한다. 이때, 실패한 `Downloader` 액터는 아무런 상태를 가지지 않기 때문에 그 액터를 재시작하는 것은 타당하지 않다. 재시작하는 대신, URL을 찾을 수 없는 `Downloader` 액터를 단순히 계속 실행하면 된다. `Downloader` 인스턴스가 다른 예외를 내면서 실패한다면, 아래의 `supervisorStrategy` 구현처럼 그 예외를 위로 올려보내면서 `DownloadManager` 액터를 실패시킨다.

```
override val supervisorStrategy =
  OneForOneStrategy(
    maxNrOfRetries = 20, withinTimeRange = 2 seconds
  ){
    case fnf: java.io.FileNotFoundException =>
      log.info(s"Resource could not be found: $fnf")
      workItems.remove(sender)
      downloaders.enqueue(sender)
      Resume // 예외를 무시하고 액터를 계속 실행한다.
    case _ =>
      Escalate
  }
```

다운로드 관리자를 시험하기 위해, `DownloadManager` 액터가 4개의 다운로드 작업 액터를 사용하게 한다. 그 후, 그 액터에 `Download` 메시지를 보낸다.

```
val downloadManager =
  ourSystem.actorOf(Props(classOf[DownloadManager], 4), "man")
downloadManager ! Download(
  "http://www.w3.org/Addressing/URL/url-spec.txt",
  "url-spec.txt")
```

URL 명세 복사본이 하나 더 있다고 큰 문제가 되지는 않을 것이다. 그래서 한번 더 다운로드한다. 다운로드 관리자는 다운로드 가능한 액터가 3개 남았다는 로그를 남긴다. 다운로드가 완료되고 나면 다운로드 관리자가 다시 다운로드 가능한 액터가 4개 남았다는 로그를 남긴다. 그 후, 스칼라 프로그래밍 언어에 기여하기로 결정한다. 그래서 스칼라 공식 저장소의 README 파일을 다운로드한다. 불행히, URL을 잘못 입력해서 다운로드 관리자가 해당 자원을 찾을 수 없다는 경고를 표시한다.

```
downloadManager ! Download(
  "https://github.com/scala/scala/blob/master/README.md",
  "README.md")
```

방금 본 간단한 액터 기반 다운로드 관리자는 작업을 자식 액터에게 위임해 동시성을 달성하는 방법과 자식 액터의 실패를 다루는 방법을 함께 보여준다. 작업을 위임하는 것은 프로그램을 더 작고 독립적인 구성요소로 나누고, 더 나은 스루풋과 규모 확장성을 달성하는 데 있어 중요하다. 액터 관리는 별도의 액터로 구현한 독립적인 구성 요소에서 실패를 처리하는 기초가 되는 메커니즘이다.

원격 액터

이 책에서 지금까지는 주로 한 컴퓨터 안에서 실행되는 프로그램을 작성하는 방법에 집중했다. 동시 프로그램은 한 컴퓨터 안의 한 프로세스 안에서 실행되며, 공유 메모리를 사용해 서로 통신한다. 겉보기에, 이번 장에서 본 액터들은 메시지를 전달하는 방식으로 서로 통신하는 것 같다. 하지만, 이번 장에서 본 메시지 전달은 실제 내부적으로는 공유 메모리를 읽고 쓰는 방식으로 구현되어 있다.

이번 절에서는 기존 액터를 가지고 분산된 별도의 프로그램에 배치함으로써 액터 모델이 위치 투명성을 보장하는 방식을 살펴볼 것이다. Pingy와 Pongy라는 두 가지 기존 액터 구현을 다른 프로세스에 배치시킬 것이다. 그 후 예전에 했던 것과 마찬가지로 Pingy가 Pongy에게 메시지를 보내라고 지시하고, Pingy가 Pongy 액터의 메시지를 반환할 때까지 기다릴 것이다. 기존 Pingy와 Pongy 구현이 각각이 서로 다른 프로세스나 컴퓨터상에 존재한다는 사실을 고려하지 않고 만들어진 것이지만, 메시지 교환은 투명하게 이루어질 것이다.

아카 액터 프레임워크는 여러 모듈로 이루어졌다. 원격 액터 시스템과 통신하도록 해주는 아카 모듈을 사용하기 위해서는 아래와 같은 의존관계를 빌드 정의 파일에 추가해야 한다.

```
libraryDependencies +=
  "com.typesafe.akka" %% "akka-remote" % "2.3.2"
```

우리의 핑-퐁 액터들을 별도의 프로세스에서 생성하기 전에, 먼저 원격 액터 시스템과 통신할 수 있는 액터 시스템을 만들어야 한다. 이를 위해 별도의 액터 시스템 설정 문자열을 만든다. 액터 시스템 설정 문자열을 사용하면 다양한 액터 시스템의 특성을 지정할 수 있다. 특히 여기서 관심 있는 것은 `RemoteActorRefProvider`라는 별도의 `ActorRef` 팩터리를 사용하는 것이다. 이 `ActorRef` 팩터리는 액터 시스템이 네트워크를 사용해 통신할 수 있는 액터 참조를 생성할 수 있도록 한다. 더 나아가, 액터 시스템이 네티Netty 네트워크 라이브러리를 사용해 TCP 네트워크 계층을 사용하고, 지정한 TCP 포트 번호를 사용하게 만든다. 이를 위해 `remotingConfig`라는 메소드를 선언한다.

```
import com.typesafe.config._
def remotingConfig(port: Int) = ConfigFactory.parseString(s"""
akka {
  actor.provider = "akka.remote.RemoteActorRefProvider"
  remote {
    enabled-transports = ["akka.remote.netty.tcp"]
    netty.tcp {
      hostname = "127.0.0.1"
      port = $port
```

```
      }
    }
  }
""")
```

그 다음, 주어진 이름과 포트로 액터 시스템 객체를 만드는 `remotingSystem` 팩터리 메소드를 정의한다. 앞에서 정의한 `remotingConfig` 메소드를 사용해 특정 네트워크 포트에 해당하는 설정 객체를 만든다.

```
def remotingSystem(name: String, port: Int): ActorSystem =
  ActorSystem(name, remotingConfig(port))
```

이제, Pongy 액터 시스템을 만들 준비가 됐다. `RemotingPongySystem`이라는 이름의 애플리케이션을 정의하고, 그 안에서 24321번 포트를 사용하는 `PongyDimension`이라는 액터 시스템을 인스턴스화한다. 포트는 사용 가능한 것을 아무거나 선택한다. 혹시 포트를 사용할 수 없어서 액터 시스템 생성에 실패하면 1024부터 65535 사이의 다른 포트를 하나 선택하라. 방화벽이 임의의 애플리케이션에서 네트워크 트래픽을 발생시키는 것을 막을 수도 있으므로 반드시 방화벽 설정도 확인하기 바란다.

`RemotingPongySystem` 애플리케이션은 다음 예제에서 볼 수 있다.

```
object RemotingPongySystem extends App {
  val system = remotingSystem("PongyDimension", 24321)
  val pongy = system.actorOf(Props[Pongy], "pongy")
  Thread.sleep(15000)
  system.shutdown()
}
```

`RemotingPongySystem` 애플리케이션은 Pongy 액터를 만들고 15초 후 종료한다. 이 애플리케이션을 시작한 다음, 정해진 짧은 시간 안에 Pingy 액터를 실행하는 다른 애플리케이션을 실행해야 할 것이다. 이 두 번째 애플리케이션을 `RemotingPingySystem`이라 부를 것이다. `RemotingPingySystem`을 구현하기 전에, pingy를 인스턴스화하고 Pongy 액터의 참조를 얻어서 Pingy에게 전달하는 Runner라는 다른 액터를 생성한다. 핑-퐁 게임은 Pingy가 Pongy 액터의 참조를

얻어야 시작하기 때문에 누군가 Pingy에게 Pongy의 액터 참조를 넘겨야 한다. 전체 Runner 구현은 다음과 같다.

```
class Runner extends Actor {
  val log = Logging(context.system, this)
  val pingy = context.actorOf(Props[Pingy], "pingy")
  def receive = {
    case "start" =>
      val pongySys = "akka.tcp://PongyDimension@127.0.0.1:24321"
      val pongyPath = "/user/pongy"
      val url = pongySys + pongyPath
      val selection = context.actorSelection(url)
      selection ! Identify(0)
    case ActorIdentity(0, Some(ref)) =>
      pingy ! ref
    case ActorIdentity(0, None) =>
      log.info("Something's wrong - ain't no pongy anywhere!")
      context.stop(self)
    case "pong" =>
      log.info("got a pong from another dimension.")
      context.stop(self)
  }
}
```

일단 Runner 액터가 Pongy의 액터 참조를 Pingy에게 전달하면, 원격 핑-퐁이 시작된다. 이를 시험하기 위해 Runner 액터를 시작하고 그 액터에게 start 메시지를 보내는 RemotingPingySystem 애플리케이션을 정의한다.

```
object RemotingPingySystem extends App {
  val system = remotingSystem("PingyDimension", 24567)
  val runner = system.actorOf(Props[Runner], "runner")
  runner ! "start"
  Thread.sleep(5000)
  system.shutdown()
}
```

이제 RemotingPongySystem 애플리케이션을 시작하고, 그 다음 RemotingPingySystem 애플리케이션을 시작할 필요가 있다. RemotingPingySystem

을 시작하고 15초가 지나면 스스로를 끝내기 때문이다. 가장 쉬운 방법은 프로젝트 폴더에서 SBT 인스턴스를 둘 시작해서, 동시에 두 애플리케이션을 실행하는 것이다. RemotingPingySystem 애플리케이션이 시작하고 나면, 곧 다른 쪽으로부터 pong 메시지가 도착하는 것을 관찰할 수 있다.

앞의 예제에서는 액터 시스템 설정과 Runner 액터가 네트워크 통신을 설정할 책임을 졌으며, 장소 투명하지는 않았다. 분산 프로그램에서는 이런 경우가 흔히 있다. 애플리케이션에 특화된 논리는 액터 내부에만 존재하더라도, 원격 액터 시스템에 있는 액터를 초기화하고 발견하는 부분이 프로그램 어딘가에는 있어야 하기 때문이다.

 대규모 액터 프로그램에서는 액터 배치 논리와 애플리케이션 논리를 서로 분리하라.

요약하면, 원격 액터 통신은 아래와 같은 단계를 밟아야 한다.

- 적당한 원격 설정을 사용해 액터 시스템을 선언한다.
- 둘 이상의 액터 시스템을 별도의 프로세스나 기계에서 시작한다.
- 액터 경로 선택을 사용해 액터 참조를 찾는다.
- 액터 참조를 사용해 메시지를 위치 투명하게 보낸다.

첫 세 단계는 위치 투명하지 않을 수도 있다. 하지만 이번 장에서 본 것처럼 애플리케이션 논리는 보통 네 번째 단계에만 존재한다. 이런 성질은 매우 중요하다. 이것이 성립해야만, 애플리케이션의 의미를 액터 패치 논리와 분리하고, 여러 다른 네트워크 설정과 관계 없이 배치시킬 수 있는 분산 시스템을 만들 수 있다.

요약

이번 장에서는 액터와 액터를 사용해 동시 프로그램을 구축하는 법에 대해 배웠다. 아카 액터 프레임워크를 사용해서 액터를 만드는 방법, 액터를 계층 구조로 조직하는 방법, 그 생명 주기를 관리하는 방법, 오류에서 액터를 복구하는 방법에 대해 공부했다. 중요한 액터 통신 패턴을 몇 가지 살펴보고, 액터의 행동 방식을 어떻게 모델링 하는가에 대해 배웠다. 마지막으로, 액터 모델이 위치 투명성을 보장하는 방식과 매끄럽게 분산 시스템을 구축하는 도구로 액터 모델이 어떻게 쓰일 수 있는지에 대해 봤다.

하지만, 이번 장에서 다루지 못한 아카의 기능도 많이 있다. 아카에는 자세한 온라인 문서가 있다. 분산 프로그래밍에 대해 깊이 이해하고 싶다면, 엘즈비어Elsevier 사에서 펴낸 낸시 A. 린치Nancy A. Lynch 저, 『Distributed Algorithms』나, 스프링거Springer사에서 펴낸 크리스챤 케숀Christian Cachin, 라시드 기라로이Rachid Guerraoui, 루이스 로드리게Luis Rodrigues 공저, 『Introduction to Reliable and Secure Distributed Programming』을 읽어보라.

다음 장에서는 이 책에서 배운 여러 동시성 라이브러리를 요약하고, 각각의 전형적인 용례를 살펴본 다음, 대규모 애플리케이션에서 어떻게 이들을 함께 활용하는지 볼 것이다.

연습문제

다음 연습문제는 여러분이 액터 프로그래밍 모델과 일반적인 분산 프로그래밍을 얼마나 잘 이해했는지 시험한다. 처음 몇 문제는 단순하며 아카의 기본 액터 API를 다룬다. 그 이후의 문제는 더 복잡하며 내고장성fault tolerant 분산 프로그래밍 영역에 점점 깊이 들어간다. 이런 문제를 풀 때, 처음에는 각 기계에 아무 실패가 없다고 가정해서 문제를 풀고, 그 후 실행 과정에서 기계 중 일부에서 문제가 생기면 어떤 일이 벌어질지 고려해 수정하라.

1. `TimerActor` 클래스로 타이머 액터를 구현하라. 타이머 액터는 t라는 밀리초 단위의 제한시간을 포함하는 `Register` 메시지를 받은 다음, 지정한 t밀리초가 지나면 `Timeout`이라는 메시지를 돌려보낸다. 타이머가 `Register` 메시지를 여럿 받을 수 있게 만들라.

2. 2장에서 본 은행 계좌 예제를 기억하라. 서로 다른 은행 계좌를 `AccountActor` 클래스로 표현하는 별도의 액터로 구현하라. 어떤 `AccountActor` 클래스가 `Send` 메시지를 받으면, 그 메시지에 지정된 금액을 대상 액터에게 보내야만 한다. 이 은행 계좌 액터가 실행되는 도중에 `Kill` 메시지를 받으면 어떤 일이 생길까?

3. 아래와 같이 다른 액터에 대한 접근을 통제하는 액터를 표현한 `SessionActor` 클래스를 구현하라.

   ```
   class SessionActor(password: String, r: ActorRef) extends Actor {
     def receive = ???
   }
   ```

   `SessionActor` 인스턴스가 `StartSession` 메시지에서 제대로 된 암호를 받으면, 그 이후로 받는 모든 메시지를 r 액터에게 전달한다. `EndSession` 메시지를 받으면 메시지 전달을 중단한다. 이 액터를 표현하기 위해 행동 방식을 사용하라.

4. 액터를 사용해 3장에서 살펴본 `ExecutionContext` 인터페이스를 구현하라.

5. `FailureDetector` 액터를 구현하라. 이 액터는 `Identify` 메시지를 매 `interval` 초마다 특정 액터들에게 전송한다. 어떤 액터가 `threshold` 초 안에 `ActorIdentity` 메시지로 응답하지 않으면, `FailureDetector` 액터는 자신의 부모에게 실패한 액터의 액터 참조가 들어 있는 `Failed` 메시지를 보낸다.

6. 분산 해시 맵은 여러 컴퓨터에 걸쳐 분산된 컬렉션이다. 각 컴퓨터는 데이터의 일부를 보관하며, 이를 샤드shard라고 부른다. 2^n개의 샤드가 있다면, 해시의 최초 n비트를 사용해 어떤 샤드에 키-값 쌍이 있는지 정할 수 있다. 분산 해시 맵을 `DistributedMap`으로 구현하라.

```
class DistributedMap[K, V](shards: ActorRef*) {
  def update(key: K, value: V): Future[Unit] = ???
  def get(key: K): Future[Option[V]] = ???
}
```

7. 추상 `BroadcastActor` 클래스를 정의하라. 이 클래스는 다음과 같은 broadcast 메시지를 정의한다.

   ```
   def broadcast(refs: ActorRef*)(msg: Any): Unit = ???
   ```

   broadcast 메소드는 msg 메시지를 refs 리스트에 들어 있는 모든 액터에게 보낸다. broadcast를 호출하는 액터는 전원 문제 등의 사정으로 인해 broadcast가 실행되는 동안 실패할 수도 있다. 그럼에도 불구하고, broadcast는 배달 신뢰성reliable delivery을 보장해야 한다. 이는 refs 리스트에 있는 액터 중 어느 하나가 msg를 받는다면, refs 리스트에 있는 모든 다른 액터들도 언젠가는 msg를 받아야 한다는 뜻이다.

9 동시성 실제 활용

"최고의 이론은 실무에 의해 영감을 받는다."
– 도널드 커누스 Donald Knuth

이 책에서 여러 다른 동시성 도구들을 많이 공부했다. 이제 여러분은 동시 계산을 시작하고 공유 데이터를 접근하는 방법을 열 가지 남짓 알 것이다. 여러 가지 동시성 도구를 알아두는 것은 유용하지만, 언제 무엇을 사용할지 아직 분명하지 않다.

이 장의 목표는 동시 프로그래밍에 대해 큰 그림을 제공하는 것이다. 다양한 동시성 추상화의 용례를 공부하고, 동시성 프로그램을 디버깅하는 방법과 여러 다른 동시성 라이브러리를 대규모 애플리케이션에서 함께 사용하는 법도 배울 것이다. 이 장에서는 다음과 같은 작업을 수행한다.

- 앞에서 소개한 여러 동시성 프레임워크의 특징과 전형적인 용법을 요약한다.
- 동시 애플리케이션에서 발생할 수 있는 다양한 버그를 다루는 방법을 알아본다.

- 성능 병목 지점을 발견하고 해결하는 방법을 배운다.
- 동시 프로그래밍에 대해 지금까지 배운 지식을 활용해 대규모 동시성 애플리케이션인 원격 파일 브라우저에 적용한다.

이 책에서 배운 중요한 동시성 프레임워크에 대해 전체적으로 살펴보는 것으로 시작한다. 그리고 언제 이들을 사용할지 정리할 것이다.

목적에 따라 적절한 도구 선택

이번 절에서는 우리가 배웠던 여러 동시성 라이브러리에 대해 정리한다. 한 걸음 뒤로 물러나 각 라이브러리 사이의 차이를 살펴보고, 그들간의 공통점을 알아본다. 여기서 제공하는 요약을 통해 서로 다른 동시성 추상화가 어떤 경우 유용한지에 대한 통찰을 얻을 수 있을 것이다.

일반적으로 동시성 프레임워크가 해결해야 할 문제가 몇 가지 있다.

- 동시에 실행되는 계산 사이에 공유할 데이터를 선언할 수 있는 방법을 제공해야 한다.
- 프로그램 데이터를 읽고 변경할 수 있는 요소를 제공해야 한다.
- 특정 조건을 만족할 때 시작될 수 있도록 조건부 실행을 표현할 수 있어야 한다.
- 동시 실행을 시작할 수 있는 방법을 제공해야 한다.

이 책에서 다룬 프레임워크 중 일부는 이런 문제를 모두 다룬다. 반면, 일부는 이 문제 중 일부만 해결하고 나머지는 다른 프레임워크의 책임으로 남겨둔다.

전형적인 경우, 동시 프로그래밍 모델에서는 동시에 공유할 데이터와 단일 스레드에서만 사용하도록 되어 있는 데이터를 다르게 표현한다. 이런 구분을 통해 JVM이 실행 시점에 프로그램에서 순차 실행되는 부분을 더 효율적으로 최적화할 수 있다. 지금까지, 동시에 공유할 데이터를 표현하는 여러 가지 방법을 저수준으로부터 고수준의 추상화에 이르기까지 봤다. 여러 데이터 추상화를 다음 표에 정리해 두었다.

데이터 추상화	데이터 타입이나 애노테이션	설명
볼레타일 변수(JDK)	@volatile	클래스 필드와 클로저가 포획한 지역 변수에 대해 가시성과 이전에 발생함 관계를 보장한다.
원자적 변수(JDK)	AtomicReference[T] AtomicInteger AtomicLong	compareAndSet과 incrementAndGet 등의 기본적인 합성 가능한 원자적 연산을 제공한다.
퓨처와 프라미스 (scala.concurrent)	Future[T] Promise[T]	때로 "단일 할당 변수"라고도 한다. 이들은 아직 계산이 되지 않았지만 미래의 어느 시점에 사용 가능한 값을 표현한다.
Observable과 Subject(Rx)	Observable[T] Subject[T]	"일급계층 이벤트 스트림"이라고도 한다. 이들은 시간상 하나 하나 차례로 도착하는 여러 다른 값들을 표현한다.
트랜잭션형 참조 (스칼라STM)	Ref[T]	이들은 메모리 트랜잭션 안에서만 접근 가능한 메모리 위치를 나타낸다. 이들을 변경한 것은 트랜잭션이 성공적으로 커밋한 다음에야 외부에서 관찰 가능하다.

다음으로 중요한 개념은 공유 데이터에 대한 접근을 제공하는 것이다. 공유 메모리를 읽거나 변경하는 것이 이런 접근에 속한다. 보통 동시성 프로그램은 특별한 구성요소를 사용해 이런 접근을 표현한다. 여러 다른 데이터 접근 요소를 다음 표에 정리했다.

데이터 추상화	데이터 접근 구성 요소	설명
임의의 데이터(JDK)	synchronized	객체의 고유 락을 사용해 임의의 공유 데이터에 대한 접근을 제한한다.
원자적 변수와 클래스(JDK)	compareAndSet	어떤 메모리 위치에 있는 값을 원자적으로 바꾼다. 이 연산을 사용하면 락이 없는 프로그램을 구현할 수 있다.

(이어짐)

데이터 추상화	데이터 접근 구성 요소	설명
퓨처와 프라미스 (scala.concurrent)	value tryComplete	값을 프라미스에 대입하기 위해 사용하거나, 대상 퓨처의 값을 검사하기 위해 사용한다. value 메소드는 퓨처를 사용할 때 권장하는 방법은 아니다.
트랜잭션형 참조와 클래스(스칼라STM)	atomic orAtomic single	여러 메모리 위치의 값을 원자적으로 바꾼다. 교착상태의 위험을 감소시킬 수 있지만, 트랜잭션 블록 안에서는 부수 효과를 사용하지 못한다.

동시 데이터 접근 외에도 동시성 프레임워크가 고려해야 할 일이 더 있다. 앞에서 배웠듯이 때로는 특정 조건을 만족할 때만 동시 계산을 진행해야 할 수도 있다. 다음 표에서는 이런 조건 실행을 처리하는 방식을 다룬다.

동시 프레임워크	조건부 실행 요소	설명
JVM의 동시성	wait notify notifyAll	다른 스레드가 조건을 검사해 통지할 때까지 어떤 스레드의 실행을 중단한다.
퓨처와 프라미스	onComplete Await.ready	조건에 따라 비동기 계산을 스케줄링 한다. Await.ready 메소드는 퓨처가 완료될 때까지 현재 스레드의 실행을 중단시킨다.
반응형 확장	subscribe	이벤트가 도착하면 비동기적/동기적으로 계산을 실행한다.
소프트웨어 트랜잭션 메모리	retry retryFor withRetryTimeout	특정 메모리 위치가 변경되면 현재 메모리 트랜잭션을 재시도한다.
액터	receive	메시지 도착 시 액터의 receive 블록을 실행한다.

마지막으로, 동시성 모델은 동시 실행을 시작할 방법을 제공해야 한다. 서로 다른 동시 실행 요소를 다음 표에 정리했다.

동시 프레임워크	동시 실행 요소	설명
JVM의 동시성	Thread.start	새 실행 스레드를 시작한다.
실행 컨텍스트	execute	스레드 풀에서 새 코드 블록을 실행하도록 스케줄링한다.
퓨처와 프라미스	Future.apply	코드 블록을 실행하도록 스케줄링하고, 그 블록을 실행한 결과를 돌려주는 퓨처를 반환한다.
병렬 컬렉션	par	컬렉션에 대해 병렬 메소드를 사용할 수 있도록 해준다.
반응형 확장	Observable.create observeOn	create 메소드는 이벤트 소스를 정의한다. observeOn 메소드는 이벤트 처리를 다른 스레드에서 하도록 스케줄링 한다.
액터	actorOf	새 액터 객체를 실행하도록 스케줄링한다.

이런 분류는 여러 동시성 라이브러리들이 서로 다른 목표에 집중하고 있음을 보여준다. 예를 들어 병렬 컬렉션은 조건부 대기 관련 요소를 제공하지 않는다. 왜냐하면 데이터 병렬 연산은 각각의 원소에 대해 독립적으로 처리되기 때문이다. 비슷하게, 소프트웨어 트랜잭션 메모리는 동시성 계산을 표현하는 구성 요소를 제공하지 않고, 공유 데이터에 대한 접근을 보호하는 것에만 집중한다. 액터는 공유 데이터를 모델링하고 그에 대한 접근을 보호하는 특별한 요소를 제공하지 않는다. 데이터가 액터 내부에만 한정되기 때문에, 그 데이터를 소유한 액터만 해당 데이터에 순차적으로 접근할 수 있기 때문이다.

병렬 라이브러리를 공유 데이터를 모델링하고 동시성을 표현하는 방법에 따라 분류해 봤다. 이제 여러 다른 동시성 라이브러리가 어떤 경우 유용한지 설명한다.

- 전통적인 JVM 동시성 모델은 스레드, `synchronized` 문, 볼레타일 변수, 원자적 기본 요소를 저수준의 작업에 사용한다. 사용 분야로는 원하는 동시성 도구를 구현하거나, 동시성 데이터 구조, 특정 작업에 맞춰 최적화한 동시성 프레임워크를 구현하는 것을 들 수 있다.

- 퓨처와 프라미스는 결과 값을 하나만 만들어내는 동시 계산을 참조해야 하는 경우 가장 잘 들어맞는다. 퓨처를 사용해 시간 지연을 프로그램 안에서 모델링할 수 있고, 프로그램 실행 시 나중에 사용 가능해질 값을 조합할 수 있다. 사용 분야로는 원격 네트워크 요청을 수행하고 응답을 기다리거나, 오랜 시간이 걸리는 비동기 계산의 결과를 참조하거나, I/O 연산의 결과에 반응해야 하는 경우를 들 수 있다. 보통, 동시성 애플리케이션에서 서로 다른 부분을 이어 붙이는 풀과 같은 역할을 하도록 퓨처를 사용하곤 한다. 이벤트를 하나만 발생시키는 콜백 API를 Future 타입을 사용하는 표준적인 표현 방식으로 변경하기 위해 퓨처를 사용하는 일도 자주 있다.
- 병렬 컬렉션은 큰 데이터 집합에 대해 데이터 병렬 연산을 효율적으로 실행하고 싶을 때 유용하다. 사용 분야로는 파일 검색, 텍스트 처리, 선형 대수 애플리케이션, 수치 계산, 시뮬레이션 등이 있다. 오랜 시간이 걸리는 스칼라 컬렉션 연산에 대해 병렬화를 고려해 볼만하다.
- 반응형 확장은 비동기 이벤트 기반 프로그램을 표현하기 위해 사용한다. 병렬 컬렉션과 달리 반응형 확장에서는 데이터 원소들이 연산을 시작할 때 존재하지 않으며, 애플리케이션을 실행하는 도중에 도착한다. 사용 분야로는 사용자 인터페이스의 이벤트를 모델링 하거나, 애플리케이션의 외부에 있는 이벤트를 모델링 하거나, 컬렉션에서 사용하는 것과 비슷한 컴비네이터를 사용해 프로그램 이벤트를 조작하거나, 입력 장치나 원격 위치로부터 받는 데이터를 스트림화 하거나, 데이터 모델이 변경되면 그 변경 사항을 프로그램에서 점진적으로 전파시키는 경우를 들 수 있다.
- STM을 사용해 프로그램 데이터가 동시 접근으로 인해 망가지는 것을 막을 수 있다. STM을 사용하면 복잡한 데이터 모델을 만들고, 교착상태나 경합의 위험을 줄이면서 그 데이터에 접근할 수 있다. 전형적인 사용 예는 동시 접근 데이터를 보호하며, 스레드 간의 데이터 접근이 서로 겹치지 않게 하면서도 규모 확장성을 유지하는 것이다.

- 액터는 동시에 접근할 수 있는 데이터를 캡슐화하고, 분산 시스템을 매끄럽게 구축할 때 적당하다. 액터 프레임워크를 사용하면 메시지를 명시적으로 보내는 방식으로 서로 통신하는 동시성 작업을 자연스럽게 구현할 수 있다. 사용 분야로는 데이터 오염을 방지하기 위해 그 데이터에 대한 접근을 선형화하거나, 시스템에서 상태가 있는 동시성 구성 요소를 표현하거나, 주식 거래 시스템, P2P 네트워크, 통신 허브, 데이터 마이닝 프레임워크 등을 만드는 경우를 들 수 있다.

특정 프로그래밍 언어나 라이브러리 또는 프레임워크를 옹호하는 사람들은 자신이 사용하는 기술이 언제 어떤 작업에나 최고라고 주장하고는 한다. 때로는 자신의 제품을 판매하려는 의도가 숨어 있기도 하다. 리차드 스톨만Richard Stallman[1]은 언젠가 컴퓨터 과학이 여성 패션분야보다 더 유행에 따라 흔들리는 유일한 산업이라고 말한 적이 있다. 엔지니어인 우리들은 마케팅 선전이나 프로그래밍의 유행에 굴복하지 않기 위해, 그런 주장들보다 더 많은 것을 알아야만 한다. 여러 프레임워크는 특정 용도를 위해 고안된 것이며, 특정 조건에 각 기술을 적용했을 때 얻을 수 있는 유익과 발생할 수 있는 불이익을 주의 깊게 비교해 보는 것이 이런 프레임워크 기술을 선택하는 올바른 방법이다.

 만능 기술은 없다. 어떤 동시성 프레임워크가 특정 프로그래밍 과업에 가장 맞을지 여러분 스스로 최선을 다해 판단하라.

최선의 동시성 도구를 찾는다고 말하기가 실제 그런 도구를 찾는 것보다 더 쉬운 경우가 종종 있다. 제대로 된 기술을 선택하려면 엄청난 경험이 필요하다. 시스템의 요구사항에 대해서 잘 알지 못해서 충분한 정보 하에 결정을 내리지 못하는 경우도 많다. 어쨌든, 중요한 규칙은 한 애플리케이션 안에서라도 다양한 동시성 프레임워크를 적용하고, 개별 작업에 가장 잘 맞는 것을 사용해야 한다는 점이다. 서

---

1 자유소프트웨어 운동가이며 GNU 프로젝트와 자유 소프트웨어 재단(free software foundation)의 설립자로도 유명하다. 한편, 이맥스(Emacs) 에디터와 gcc, gdb 등을 개발하기도 한 유능한 개발자이기도 하다. – 옮긴이

로 다른 동시성 프레임워크의 진정한 능력이 그들을 함께 사용할 때 드러나는 경우도 자주 있다. 이에 대해 다음 절에서 다룰 것이다.

하나로 모으기: 원격 파일 브라우저

이번 절에서는 여러 다른 동시성 프레임워크에 대해 배운 지식을 원격 파일 브라우저를 구축하는 데 사용할 것이다. 이 대규모 애플리케이션 예제는 여러 다른 동시성 라이브러리가 어떻게 함께 동작하는지 보여주고, 여러 상황에서 각각을 적용하는 방법을 알려준다. 우리가 만들 원격 파일 브라우저의 이름을 스칼라FTP라고 부를 것이다.

스칼라FTP 브라우저는 서버 프로세스와 클라이언트 프로세스의 두 가지 주 요소로 나뉜다. 서버 프로세스는 우리가 조작하고 싶은 파일시스템이 있는 기계에서 동작한다. 클라이언트는 우리 자신의 컴퓨터에서 실행되며, 원격 파일시스템 내부를 돌아다닐 수 있는 GUI로 이루어졌다. 구성을 단순화하기 위해, 클라이언트와 서버 사이의 통신에는 실제 FTP를 사용하지는 않고, 전용 프로토콜을 활용한다. 스칼라FTP의 각 부분을 구현하기 위해 적절한 동시성 라이브러리를 선택함으로써, 전체 스칼라FTP 구현 코드가 500줄 이하가 되도록 할 것이다.

구체적으로, 스칼라FTP 브라우저는 아래 기능을 구현할 것이다.

- 원격 시스템에 있는 파일과 디렉토리의 이름을 표시하고, 디렉토리 구조에서 이동한다.
- 원격 시스템의 디렉토리 사이에 파일을 복사한다.
- 원격 시스템의 파일을 삭제한다.

이런 각각의 기능을 구현하기 위해, 스칼라FTP 서버와 클라이언트를 여러 계층으로 나눌 것이다. 서버 프로그램의 목표는 외부에서 들어오는 복사와 삭제 요청에 응답하고, 특정 디렉토리에 대한 질의에 답하는 것이다. 서버 프로그램이 바라보는 파일시스템이 일관성이 있게 만들기 위해, 파일시스템의 디렉토리 구조를 캐시할 것이다. 서버 프로그램을 파일시스템 API와 서버 인터페이스의 두 계층으로 나눈다. 파일시스템 API는 데이터 모델을 서버 프로그램에게 노출하고, 파일시스템 조작을 위한 도구 메소드를 정의한다. 서버 인터페이스는 클라이언트로부터 요청을 받고, 응답을 되돌려준다.

원격 클라이언트와 통신해야 하는 서버 인터페이스에는 아카 액터 프레임워크를 사용한다. 8장에서 배운 것처럼, 아카에는 원격 통신 기능이 들어 있다. 파일시스템의 내용, 즉 그 상태는 시간이 지남에 따라 바뀐다. 따라서 그런 데이터에 접근할 적당한 방법을 선택해야 한다.

파일시스템 API에서는 객체 모니터와 락을 사용해 공유 상태에 대한 접근을 동기화할 수 있다. 하지만, 교착상태가 발생할 수 있기 때문에, 이들을 사용하지는 않을 것이다. 마찬가지로, 경합 조건이 발생할 가능성이 있는 원자적 변수도 사용하지 않을 것이다. 파일시스템의 상태를 액터에 넣을 수도 있을 것이다. 하지만, 그렇게 하면 규모가 커질 때 액터가 병목이 될 수도 있다. 왜냐하면 액터가 파일시스템 상태에 대한 모든 접근을 직렬화하기 때문이다. 따라서 스칼라STM 프레임워크를 사용해 파일시스템의 내용을 모델링하기로 한다. STM을 사용하면 교착상태나 경합 조건을 피할 수 있고, 수평 확장성도 좋다. 그에 대해 7장에서 배웠다.

클라이언트 프로그램의 목표는 원격 파일시스템의 내용을 GUI로 보여주고, 서버와 통신하는 것이다. 클라이언트 프로그램을 세 가지 기능 계층으로 나눈다. GUI 계층은 원격 파일시스템을 표현하고, 버튼 클릭 등의 사용자 요청을 등록한다. 6장에서 웹 브라우저를 구현했던 것과 비슷하게 Rx 프레임워크와 스윙을 사용해 GUI를 구현할 것이다. 클라이언트 API는 서버 인터페이스를 클라이언트 편에 복제해 제공하고, 서버와 통신한다. 아카를 사용해 서버와 통신할 것이지만, 원격 연산의 결과를 퓨처를 사용해 노출시킬 것이다. 마지막으로, 클라이언트 논리는 이들을 이어주는 계층으로, GUI와 클라이언트 API를 한데 묶어준다.

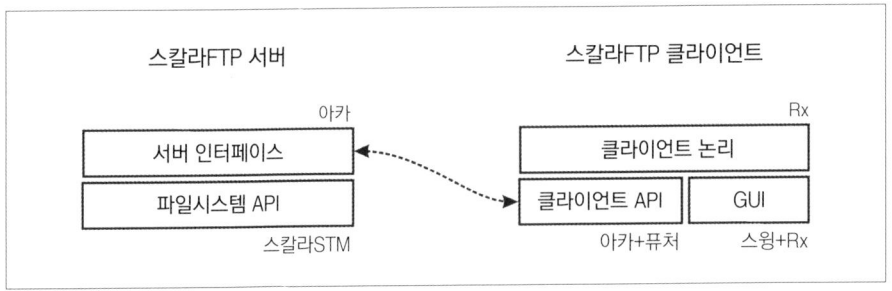

상향식 설계 방법을 사용해, 스칼라FTP 서버를 먼저 구축하자. 다음 절에서는 파일시스템 API의 내부를 설명할 것이다.

파일시스템 모델링

3장에서 원자적 변수와 동시 컬렉션을 사용해 비블로킹의 스레드 안전한 파일시스템 API를 구현했다. 그 API를 사용해 파일을 복사하고 파일시스템의 스냅샷을 얻을 수 있었다. 이번 절에서는 같은 작업을 STM을 사용해 다시 할 것이다. STM을 사용하면 구현이 훨씬 직관적이고 오류의 여지도 더 줄어든다는 점을 보게 될 것이다.

먼저 파일의 여러 상태를 정의하는 것부터 시작한다. 3장에서 설명한 것처럼, 파일은 막 생성되었거나, 유휴 상태이거나, 복사 중이거나, 삭제 중일 수 있다. 이런 상태를 봉인된 State 트레이트와 네 가지 케이스 클래스/객체를 사용해 표현할 것이다.

```
sealed trait State
case object Created extends State
case object Idle extends State
case class Copying(n: Int) extends State
case object Deleted extends State
```

파일은 유휴 상태인 경우에만 삭제 가능하다. 또한, 유휴 상태이거나 복사 중 상태인 경우에만 복사 가능하다. 파일을 여러 다른 대상에 복사할 수 있기 때문에, Copying 상태는 현재 얼마나 많은 대상에 복사를 진행하고 있는지에 대한 정보를 포함한다. State 트레이트에 inc와 dec 메소드를 추가해서 복사 회수가 하나 늘거나 줄도록 할 것이다. 예를 들어 Copying 상태에 대한 inc와 dec 구현은 다음과 같다.

```
def inc: State = Copying(n + 1)
def dec: State = if (n > 1) Copying(n - 1) else Idle
```

java.io 패키지의 File 클래스와 비슷하게, 파일과 디렉토리를 같은 존재로 표현하면서, 좀 더 일반적인 용어인 파일로 부를 것이다. 각 파일은 경로, 이름, 부모 디렉토리, 최종 변경 시각, 파일이 디렉토리인지 여부를 나타내는 불린 값, 파일의 크기, 그리고 파일의 상태를 나타내는 State 객체가 들어 있는 FileInfo 클래스로 표현한다. FileInfo 클래스는 변경불가능하며, 파일의 상태를 변경하려면 새로운 FileInfo 객체를 만들어야 한다.

```
case class FileInfo(path: String, name: String,
  parent: String, modified: String, isDir: Boolean,
  size: Long, state: State)
```

별도로 File 객체에 팩터리 메소드로 apply와 creating을 만든다. 각각은 File 객체를 받아서 순서대로 Idle과 Created 상태의 FileInfo 객체를 반환한다.

서버가 시작된 위치에 따라, 실제 파일시스템의 여러 다른 하위 디렉토리가 스칼라FTP 디렉토리 구조의 루트 디렉토리가 될 수 있다. FileSystem 객체는 files라는 트랜잭션형 맵을 사용해 주어진 rootpath 디렉토리에 있는 파일을 추적한다.

```
class FileSystem(val rootpath: String) {
  val files = TMap[String, FileInfo]()
}
```

별도로 init 메소드를 도입해 FileSystem 객체를 초기화한다. init 메소드는 트랜잭션을 시작하고, files 맵의 내용을 지운 다음, 아파치 커먼스 IO 라이브러리를 사용해 rootpath 아래의 파일과 디렉토리들을 순회한다. init 메소드는 각 파일과 디렉토리에 대해 FileInfo 객체를 만들고 경로를 키로 해서 files 맵에 추가한다.

```
def init() = atomic { implicit txn =>
  files.clear()
  val rootDir = new File(rootpath)
  val all = TrueFileFilter.INSTANCE
  val fileIterator =
    FileUtils.iterateFilesAndDirs(rootDir, all, all).asScala
  for (file <- fileIterator) {
    val info = FileInfo(file)
    files(info.path) = info
  }
}
```

스칼라FTP 브라우저가 원격 파일시스템의 내용을 표시해야 한다는 사실을 기억하라. 디렉토리 질의를 가능하게 하려면 FileSystem 클래스에 getFileList 메소드를 추가해야 한다. 이 메소드는 지정한 dir 디렉토리에 있는 파일 목록을 가져온다. getFileList 메소드는 트랜잭션을 시작하고, 부모 디렉토리가 dir과 같은 것을 걸러낸다.

```
def getFileList(dir: String): Map[String, FileInfo] =
  atomic { implicit txn =>
    files.filter(_._2.parent == dir)
  }
```

파일시스템 API의 복사 논리를 copyFile 메소드에 구현한다. 이 메소드는 원본 파일 경로 src와 대상 파일 경로 dest를 인자로 받아서 트랜잭션을 시작한다. dest 파일이 존재하는지 검사한 다음, copyFile 메소드는 원본 파일 항목의 상태를 검사해서 상태가 Idle이나 Copying이 아니면 실패한다. 그 후 inc를 호출해 복사 회수가 하나 늘어난 새 상태를 만든다. 그 후 새로운 상태가 지정된 원본 파일 항목을 가지고 files 맵을 갱신한다. 비슷하게, copyFile 메소드는 대상 파일에 대한 항목도 새로 만들어서 files 맵에 추가한다. 마지막으로, copyFile 메소드는 afterCommit 핸들러를 호출해 트랜잭션이 완료된 다음 파일을 디스크상에서 물리적으로 복사하게 만든다. 부수 효과가 있는 연산을 트랜잭션 내에서 실행하는 것은 금지되어 있음을 기억하라. 따라서 비공개 copyOnDisk 메소드를 호출할 수 있는 것은 트랜잭션이 커밋된 다음뿐이다.

```
def copyFile(src: String, dest: String) = atomic { implicit txn =>
  val srcfile = new File(src)
  val destfile = new File(dest)
  val info = files(src)
  if (files.contains(dest)) sys.error(s"Destination exists.")
  info.state match {
    case Idle | Copying(_) =>
      files(src) = info.copy(state = info.state.inc)
      files(dest) = FileInfo.creating(destfile, info.size)
      Txn.afterCommit { _ => copyOnDisk(srcfile, destfile) }
      src
  }
}
```

copyOnDisk 메소드는 아파치 커먼스 IO 라이브러리의 FileUtils 클래스의 copyFile 메소드를 호출한다. 파일 복사가 완료되면 copyOnDisk 메소드는 다른 트랜잭션을 시작해서 원본 파일의 복사 회수를 감소시키고, 대상 파일의 상태를 Idle로 설정한다.

```
private def copyOnDisk(srcfile: File, destfile: File) = {
  FileUtils.copyFile(srcfile, destfile)
  atomic { implicit txn =>
    val ninfo = files(srcfile.getPath)
    files(srcfile.getPath) = ninfo.copy(state = ninfo.state.dec)
    files(destfile.getPath) = FileInfo(destfile)
  }
}
```

deleteFile 메소드는 파일을 비슷한 방식으로 삭제한다. 이 메소드는 파일 상태를 Deleted로 바꾸고, 파일을 삭제한 다음, 다른 트랜잭션을 시작해 파일 항목을 제거한다.

```
def deleteFile(srcpath: String): String = atomic { implicit txn =>
  val info = files(srcpath)
  info.state match {
    case Idle =>
      files(srcpath) = info.copy(state = Deleted)
      Txn.afterCommit { _ =>
        FileUtils.forceDelete(info.toFile)
```

```
        files.single.remove(srcpath)
      }
      srcpath
  }
}
```

서버 데이터를 STM으로 모델링하면 여러 동시 계산을 서버 프로그램에 매끄럽게 추가할 수 있다. 다음 절에서는 이 서버 API를 가지고 파일시스템 연산을 실행하는 서버 액터를 구현할 것이다.

 동시에 접근할 수 있는 데이터를 모델링 하기 위해 STM을 사용하라. STM은 대부분의 동시성 프레임워크에 대해 투명하게 작동한다.

파일시스템 API를 마쳤으므로, 이제 스칼라FTP 브라우저의 서버 인터페이스를 진행할 차례이다.

서버 인터페이스

서버 인터페이스는 FTPServerActor라는 단일 액터로 이루어져 있다. 이 액터는 클라이언트 요청을 받고, 순서대로 응답할 것이다. 서버 액터가 시스템에서 순차 병목이라는 사실이 밝혀지는 경우에는 서버 인터페이스 액터를 추가하기만 하면 수평적으로 규모를 확장할 수 있다.

먼저 서버 액터가 받는 여러 메시지를 정의한다. 메시지 타입을 FTPServerActor 클래스의 동반 객체에 정의하는 관습을 따른다.

```
object FTPServerActor {
  sealed trait Command
  case class GetFileList(dir: String) extends Command
  case class CopyFile(src: String, dest: String) extends Command
  case class DeleteFile(path: String) extends Command
  def apply(fs: FileSystem) = Props(classOf[FTPServerActor], fs)
}
```

서버 액터의 액터 템플릿은 `FileSystem` 객체를 매개변수로 받는다. 액터는 `GetFileList`, `CopyFile`, `DeleteFile` 메시지를 받아 파일시스템 API에서 적절한 메소드를 호출한다.

```
class FTPServerActor(fileSystem: FileSystem) extends Actor {
  val log = Logging(context.system, this)
  def receive = {
    case GetFileList(dir) =>
      val filesMap = fileSystem.getFileList(dir)
      val files = filesMap.map(_._2).to[Seq]
      sender ! files
    case CopyFile(srcpath, destpath) =>
      Future {
        Try(fileSystem.copyFile(srcpath, destpath))
      } pipeTo sender
    case DeleteFile(path) =>
      Future {
        Try(fileSystem.deleteFile(path))
      } pipeTo sender
  }
}
```

서버가 `GetFileList` 메시지를 받으면, `getFileList` 메소드를 dir을 인자로 호출한 다음, 돌려받은 `FileInfo` 객체들이 들어 있는 컬렉션을 클라이언트에 돌려보낸다. `FileInfo`는 케이스 클래스이기 때문에 `Serializable` 인터페이스도 자동으로 확장한다. 따라서 그 인스턴스를 네트워크를 통해 전달할 수 있다.

서버가 `CopyFile`이나 `DeleteFile` 메시지를 받으면, 적절한 파일시스템 메소드를 비동기적으로 실행한다. 파일시스템 API의 메소드는 무언가 잘못된 경우 예외를 던진다. 따라서, 그런 메소드 호출을 `Try`로 둘러싸야 한다. 비동기 파일 연산이 성공하면, 결과 `Try` 객체를 아카의 `pipeTo` 메소드를 사용해 메시지를 보낸 액터로 연결해준다.

스칼라FTP 서버를 시작하기 위해서는 `FileSystem` 객체를 인스턴스화하고 초기화해야 한 다음, 서버 액터를 시작해야 한다. 원격 통신이 가능한 액터 시스템을 만들 때 사용하기 위해 명령행을 파싱해 네트워크 포트 번호를 얻는다. 이를 위해

8장에서 소개한 remotingSystem 팩터리 메소드를 사용한다. 그 후, 원격 액터 시스템이 FTPServerActor를 만든다. 이런 과정을 다음 프로그램에서 볼 수 있다.

```
object FTPServer extends App {
  val fileSystem = new FileSystem(".")
  fileSystem.init()
  val port = args(0).toInt
  val actorSystem = ch8.remotingSystem("FTPServerSystem", port)
  actorSystem.actorOf(FTPServerActor(fileSystem), "server")
}
```

스칼라FTP 서버 액터를 클라이언트 애플리케이션과 같은 프로세스 안에서 실행하거나, 같은 기계의 다른 프로세스로 실행하거나, 네트워크로 연결된 다른 기계 상에서 실행할 수 있다. 액터 모델의 이점은 각 액터를 애플리케이션에 통합하기 전까지는 액터가 어디서 실행되는지에 대해 신경 쓰지 않아도 된다는 점이다.

 여러 다른 기계에서 실행되는 분산 애플리케이션을 구현할 필요가 있다면, 액터 프레임워크를 사용하라.

이제 서버 프로그램 작성이 끝났다. SBT에서 run 명령으로 이를 실행할 수 있다. 액터 시스템이 12345 포트를 사용하도록 설정한다.

```
run 12345
```

다음 절에서는 스칼라FTP 클라이언트를 위한 파일 방문 API를 구현할 것이다. 클라이언트는 네트워크를 통해 서버 인터페이스와 통신한다.

클라이언트 파일 방문 API

클라이언트 API는 퓨처 객체를 반환하는 비동기 메소드를 통해 클라이언트 프로그램에게 서버 인터페이스를 노출한다. 지역적으로 실행되는 서버의 파일시스템 API와 달리, 클라이언트 API 메소드는 원격 네트워크 요청을 실행한다. 클라이언트 메소드에서 발생하는 시간 지연을 표현하고, 네트워크로 요청과 응답이 오가는 동안 블록하지 않기 위해서는 퓨처를 사용하는 것이 자연스럽다.

내부적으로, 클라이언트 API는 서버 액터와 통신하는 클라이언트 액터를 유지한다. 클라이언트 액터가 처음 생겼을 때는 서버 액터의 액터 참조를 알지 못한다. 그렇기 때문에, 클라이언트 액터는 처음에 연결되지 않은unconnected 상태로 시작한다. 서버 액터 시스템의 URL이 들어간 Start 메시지가 들어와야만 클라이언트가 서버 액터 경로를 설정하고 Identify 메시지를 한 번 보낸 다음, 연결 중connecting 상태로 들어간다. 액터 시스템이 서버 액터를 찾을 수 있다면, 클라이언트 액터는 언젠가 서버 액터의 액터 참조가 들어 있는 ActorIdentify 메시지를 받을 것이다. 그런 경우, 클라이언트 액터는 연결된connected 상태로 바뀌고, 명령을 서버에 전달할 수 있다. 그렇지 않다면, 연결에 실패하고 클라이언트 액터는 다시 연결되지 않은 상태로 돌아간다. 이런 상태 변화를 다음 그림에서 볼 수 있다.

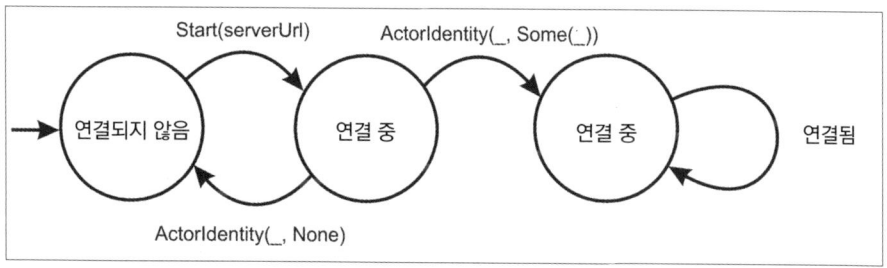

Start 메시지를 액터의 동반 객체에 정의한다.

```
object FTPClientActor {
   case class Start(host: String)
}
```

그 후 FTPClientActor 액터 클래스를 정의하고, 암시적인 Timeout 매개변수를 지정한다. Timeout 매개변수는 나중에 아카의 물어보기 패턴을 사용해 클라이언트의 요청을 서버액터에 전달할 때 쓸 것이다. FTPClientActor의 시작 부분은 다음과 같다.

```
class FTPClientActor(implicit val timeout: Timeout)
extends Actor
```

receive 메소드를 구현하기 전에, 서로 다른 액터 상태에 따른 행동 방식을 정의한다. 연결되지 않은 상태인 클라이언트 액터가 호스트 문자열이 들어간 Start 메시지를 받으면, 서버에 대한 액터 경로를 만들고, 액터 선택 객체를 만든다. 그 후 클라이언트 액터는 Identify 메시지를 액터 선택에 보내고, 자신의 행동 방식을 connecting으로 바꾼다. 이를 다음 행동 방식 메소드 unconnected에서 볼 수 있다.

```
def unconnected: Actor.Receive = {
  case Start(host) =>
    val serverActorPath =
      s"akka.tcp://FTPServerSystem@$host/user/server"
    val serverActorSel = context.actorSelection(serverActorPath)
    serverActorSel ! Identify(())
    context.become(connecting(sender))
}
```

connecting 메소드는 Start 메시지를 보낸 액터의 참조를 받아서 행동 방식을 만든다. 이때 받은 액터 참조를 clientApp라고 부른다. 왜냐하면 클라이언트 애플리케이션이 Start 메소드를 클라이언트 액터에게 보내기 때문이다. 클라이언트 액터가 서버 액터에 대한 참조 ref가 들어 있는 ActorIdentity 메시지를 받으면, true를 다시 clientActor 참조에게 보내서 연결에 성공했음을 알린다. 이 경우 클라이언트 액터는 connected로 자신의 행동 방식을 바꾼다. 다른 경우로, 클라이언트 액터가 서버에 대한 액터 참조가 들어 있지 않은 ActorIdentity를 받는다면, false를 애플리케이션에 보내고 unconnected 상태로 돌아간다.

```
def connecting(clientApp: ActorRef): Actor.Receive = {
  case ActorIdentity(_, Some(ref)) =>
    clientApp ! true
    context.become(connected(ref))
  case ActorIdentity(_, None) =>
    clientApp ! false
    context.become(unconnected)
}
```

connected 상태는 서버 액터에 대한 액터 참조인 `serverActor`를 사용해 Command 메시지를 전달한다. 그렇게 하기 위해, 클라이언트 액터는 아카의 물어보기 패턴을 활용한다. 이 패턴은 나중에 발생할 서버의 응답을 담은 퓨처 객체를 반환한다. 퓨처의 내용은 다시 Command를 보낸 원래의 전송자에게 연결된다. 이런 방식으로, 클라이언트 액터가 전송자인 애플리케이션과 서버 액터 사이에서 중간 역할을 할 수 있다. connected 메소드는 다음과 같다.

```
def connected(serverActor: ActorRef): Actor.Receive = {
  case command: Command =>
    (serverActor ? command).pipeTo(sender)
}
```

마지막으로, receive 메소드는 클라이언트가 액터가 처음 생겼을 때 취해야 하는 상태인 unconnected 행동 방식을 반환한다.

```
def receive = unconnected
```

클라이언트 액터를 구현했으니, 이제 클라이언트 API 계층을 진행할 수 있다. 클라이언트 API를 connected라는 값과 getFileList, copyFile, deleteFile라는 구체적 메소드, 그리고 host라는 추상 메소드를 포함하는 트레이트로 표현한다. 클라이언트 API는 전용 원격 액터 시스템과 클라이언트 액터를 만든다. 그 후 클라이언트 액터에게 Start 메시지를 보내서 연결 상태를 계산하는 connected 퓨처를 인스턴스화한다. getFileList, copyFile, deleteFile 메소드도 비슷하다. 이들은 물어보기 패턴을 클라이언트 액터에게 사용해서 응답이 담긴 퓨처를 얻는다. 액터 메시지의 타입이 지정되어 있지 않기 때문에 물어보기 패턴에서 반환하는 객체의 타입이 Future[Any]라는 점에 유의하라. 그렇게 때문에 클라이언트 API에 있는 메소드는 mapTo 퓨처 컴비네이터를 사용해 메시지의 타입을 복구한다.

```
trait FTPClientApi {
  implicit val timeout: Timeout = Timeout(4 seconds)
  private val props = Props(classOf[FTPClientActor], timeout)
  private val system = ch8.remotingSystem("FTPClientSystem", 0)
  private val clientActor = system.actorOf(props)
  def host: String
  val connected: Future[Boolean] = {
```

```
    val f = clientActor ? FTPClientActor.Start
    f.mapTo[Boolean]
  }
  def getFileList(d: String): Future[(String, Seq[FileInfo])] = {
    val f = clientActor ? FTPServerActor.GetFileList(d)
    f.mapTo[Seq[FileInfo]].map(fs => (d, fs))
  }
  def copyFile(src: String, dest: String): Future[String] = {
    val f = clientActor ? FTPServerActor.CopyFile(src, dest)
    f.mapTo[Try[String]].map(_.get)
  }
  def deleteFile(srcpath: String): Future[String] = {
    val f = clientActor ? FTPServerActor.DeleteFile(srcpath)
    f.mapTo[Try[String]].map(_.get)
  }
}
```

클라이언트 API만 봐서는 원격 통신에 액터를 사용한다는 사실을 알 수 없다. 더 나아가, 클라이언트 API는 서버 API와 비슷하다. 다만, 메소드가 반환하는 타입이 일반적인 값이 아니라 퓨처라는 점이 다르다. 퓨처는 지연 시간의 원인을 밝히지 않으면서 메소드가 돌려주는 결과가 지연된다는 사실을 인코딩해준다. 따라서, 여러 다른 API의 경계에서 퓨처와 마주치는 일이 자주 있다. 내부에서 클라이언트와 서버간의 통신을 원격 Observable 객체로 바꿀 수도 있다. 하지만, 그렇게 하더라도 클라이언트 API를 바꿀 필요는 없다.

 동시성 애플리케이션에서는 계층과 계층의 경계에서 지연을 표현하기 위해 퓨처를 사용한다.

이제는 프로그램으로 원격 스칼라FTP 서버와 통신할 수 있다. 따라서, 관심을 클라이언트 프로그램의 사용자 인터페이스로 가져가본다.

클라이언트 사용자 인터페이스

이번 절에서는 스칼라FTP 클라이언트 프로그램을 위한 정적 사용자 인터페이스를 만든다. 그래픽 인터페이스를 사용해 우리가 만든 스칼라FTP 애플리케이션을 더 쉽고 직관적으로 쓸 수 있게 만든다. 스칼라 스윙 라이브러리를 사용해 UI를 구현할 것이다.

```
abstract class FTPClientFrame extends MainFrame {
  title = "ScalaFTP"
}
```

이번 절의 나머지에서는 `FTPClientFrame` 클래스에 여러 다른 UI 구성요소를 덧붙일 것이다. UI 구성요소는 최종 사용자가 클라이언트 애플리케이션과 상호작용할 수 있게 해주고, 궁극적으로는 원격 서버와 상호작용하게 해준다. 따라서 다음과 같은 요소를 구현할 것이다.

- 일반적인 애플리케이션 선택 사항을 보여주는 메뉴 막대
- 연결 상태, 마지막으로 요청한 연산의 상태, 여러 오류 메시지 등 사용자에 대한 통지를 보여주는 상태 막대
- 파일시스템에서 특정 디렉토리까지 이르는 경로를 보여주고, 그 디렉토리의 내용을 함께 보여주며, 복사나 삭제 연산을 시작할 수 있는 버튼을 제공하는 두 파일 표시 영역

전체를 다 만들고 나면 스칼라FTP 클라이언트 프로그램은 다음과 같다.

메뉴 막대부터 구현한다. 스윙 컴포넌트를 UI에 만들 때는 Menu나 MenuBar 클래스를 확장하는 무명 클래스를 인스턴스화해서, 그 객체를 지역 변수에 대입할 수 있다. 하지만, 그렇게 하면 무영 클래스 내부에 내포된 컴포넌트가 있는 경우 이들을 참조할 방법이 없다. 따라서, 내포된 컴포넌트를 언급할 수 있게 만들기 위해, 싱글턴 객체를 사용해 UI 컴포넌트를 인스턴스화할 것이다.

다음 코드는 MenuBar 클래스를 확장한 menu 싱글턴 객체를 만든다. file과 help 메뉴를 만들고, 각각의 메뉴 요소로 exit와 about을 만든다. 그리고, 각 Menu 컴포넌트가 자신을 둘러싼 상위 컴포넌트의 contents 컬렉션에 추가되도록 주의를 기울인다.[2]

```
object menu extends MenuBar {
  object file extends Menu("File") {
    val exit = new MenuItem("Exit ScalaFTP")
    contents += exit
  }
  object help extends Menu("Help") {
    val about = new MenuItem("About...")
    contents += about
  }
  contents += file += help
}
```

마찬가지로, BorderPanel 클래스를 확장해 status 객체를 구현한다. BorderPanel 컴포넌트는 다른 컴포넌트를 포함시키는 컴포넌트이다. 우리는 그 안에 Label 객체를 둘 넣는다. 이름 없는 Label 객체는 항상 정적인 Status: 텍스트를 포함하는 반면, label이라고 이름을 붙인 객체에는 임의의 상태 메시지가 들어간다. 이름 없는 Label 객체를 왼쪽에 배치하고, 상태 메시지가 들어갈 Label 객체를 중앙에 배치한다. 이는 다음 코드와 같다.

```
object status extends BorderPanel {
  val label = new Label("connecting...", null, Alignment.Left)
```

---

2 각 메뉴의 싱글턴 객체 안에서 메뉴 요소(MenuItem)를 만들고 바로 contents에 추가했다. 이때 contents는 현재 싱글턴 객체의 contents이다. 반면, 메뉴바 객체 본문의 맨 마지막 줄에 있는 contents는 메뉴바 객체의 contents이다. – 옮긴이

```
    layout(new Label("Status: ")) = West
    layout(label) = Center
}
```

마지막으로, 원격 파일시스템에 있는 디렉토리의 내용을 표시할 전용 FilePane을 구현한다. 두 FilePane 인스턴스를 클라이언트 프로그램에 넣을 것이다. 따라서 BorderPanel 컴포넌트 타입을 확장해 우리가 원하는 FilePane 클래스를 선언한다.

```
class FilePane extends BorderPanel
```

FilePane 클래스를 세 계층으로 나눈다. pathBar 컴포넌트는 현재 디렉토리의 경로를 보여주고, scrollPane 컴포넌트는 현재 디렉토리의 내용을 스크롤하면서 볼 수 있게 해준다. 그리고, buttons 컴포넌트에는 복사와 삭제 버튼이 들어 있다. 아래 코드에서, 현재 경로를 위해서는 편집 불가능한 텍스트를 추가하고, upButton 컴포넌트를 추가해 파일/디렉토리 경로에서 상위로 올라갈 수 있게 한다.

```
object pathBar extends BorderPanel {
  val label = new Label("Path:")
  val filePath = new TextField(".") { editable = false }
  val upButton = new Button("^")
  layout(label) = West
  layout(filePath) = Center
  layout(upButton) = East
}
```

scrollPane 컴포넌트에는 fileTable이라는 Table 객체가 들어 있다. fileTable 객체는 FileName, Size, Date Modified라는 열이 있고, 각 행에는 현재 작업 디렉토리의 파일이나 디렉터에 대한 정보가 들어간다. 사용자가 파일 이름, 크기, 변경 일시 등을 변경하는 것을 방지하기 위해, 모든 열과 행의 편집을 금지하도록 변경한 TableModel 객체를 설치한다. scrollPane 컴포넌트의 전체 구현은 다음과 같다.

```
object scrollPane extends ScrollPane {
  val columnNames =
    Array[AnyRef]("Filename", "Size", "Date modified")
```

```
  val fileTable = new Table {
    showGrid = true
    model = new DefaultTableModel(columnNames, 0) {
      override def isCellEditable(r: Int, c: Int) = false
    }
    selection.intervalMode = Table.IntervalMode.Single
  }
  contents = fileTable
}
```

buttons 싱글턴 객체는 2개의 행과 1개의 열이 있는 `GridPanel` 컴포넌트이다. 각 열에는 버튼이 하나씩 들어 있다. 이는 아래 코드와 같다.

```
object buttons extends GridPanel(1, 2) {
  val copyButton = new Button("Copy")
  val deleteButton = new Button("Delete")
  contents += copyButton += deleteButton
}
```

그 후, 이렇게 만든 전용 컴포넌트들을 `FilePane` 컴포넌트의 내부에 위치시킨다.

```
layout(pathBar) = North
layout(scrollPane) = Center
layout(buttons) = South
```

마지막으로, 디렉토리를 저장할 `parent` 필드와 현재 디렉토리에 있는 파일의 목록을 저장할 `dirFiles`라는 필드를 `FilePane` 클래스에 추가한다. 그와 함께, 내포된 UI 컴포넌트에 쉽게 접근할 수 있도록 몇 가지 도구 메소드도 추가한다.

```
var parent: String = "."
var dirFiles: Seq[FileInfo] = Nil
def table = scrollPane.fileTable
def currentPath = pathBar.filePath.text
```

클라이언트 프로그램의 왼쪽과 오른쪽에 하나씩 `FilePane` 인스턴스가 필요하다는 점을 기억하라. 따라서 `FTPClientFrame` 클래스의 내부에 두 `FilePane` 인스턴스를 저장하는 `files`라는 싱글턴 객체를 정의한다. 다음 코드와 같다.

```
object files extends GridPanel(1, 2) {
  val leftPane = new FilePane
  val rightPane = new FilePane
  contents += leftPane += rightPane
  def opposite(pane: FilePane) =
    if (pane eq leftPane) rightPane else leftPane
}
```

마지막으로, menu, files, status 컴포넌트를 클라이언트 프로그램의 맨 위, 중간, 맨 아래에 위치시킨다.

```
contents = new BorderPanel {
  layout(menu) = North
  layout(files) = Center
  layout(status) = South
}
```

이제 클라이언트 프로그램을 실행할 수는 있다. 그리고, 상호작용을 시도해 볼 수도 있다. 하지만 불행히도, 아직 클라이언트 프로그램은 아무 일도 하지 않는다. FilePane 컴포넌트나 버튼, 메뉴 등을 클릭해도 아무 일도 발생하지 않는다. 왜냐하면, 아직 여러 UI 동작에 대해 콜백을 정의하지 않았기 때문이다. 다음 절에서는 Rx를 사용해 클라이언트 애플리케이션의 기능을 완성할 것이다.

클라이언트 논리 구현

이제 스칼라FTP 클라이언트 프로그램에 생명을 부여할 준비가 되었다. 논리 계층을 FTPClientLogic 트레이트로 정의할 것이다. FTPClientFrame 클래스와 FTPClientApi 트레이트를 함께 확장한 클래스만 FTPClientLogic 트레이트를 확장하도록 허용하고 싶다. 그래야만 논리 계층이 UI 컴포넌트를 참조하면서 클라이언트 API를 사용할 수 있기 때문이다. 따라서 이 트레이트의 셀프 타입에 FTPClientFrame 클래스와 함께 FTPClientApi 트레이트도 지정한다.

```
trait FTPClientLogic {
  self: FTPClientFrame with FTPClientApi =>
}
```

시작하기 전에, 스윙 컴포넌트를 이벤트 디스패치 스레드 안에서만 변경할 수 있다는 사실을 다시 기억하기 바란다. 6장에서 swingScheduler 객체를 사용할 때 이를 해결했던 방식과 비슷하게, 여기서는 코드 블록을 받아서 스윙 라이브러리의 이벤트 디스패치 스레드에서 실행하도록 스케줄링하는 swing이라는 메소드를 도입한다.

```
def swing(body: =>Unit) = {
  val r = new Runnable { def run() = body }
  javax.swing.SwingUtilities.invokeLater(r)
}
```

이 절 전체에서 이 swing 메소드를 사용해 비동기 계산의 효과가 스윙의 이벤트 디스패치 스레드에서 발생하도록 보장할 것이다.

 스윙 툴킷에서는 UI를 이벤트 디스패치 스레드에서만 변경 할 수 있지만, 이를 컴파일 시점에 확인할 수는 없다. 따라서, 실행 시점에 예기치 못한 오류가 발생할 수 있다.

연결 상태를 UI에 반영하는 것부터 시작하자. 클라이언트 API에서 connected라는 퓨처를 제공한다는 것을 기억하자. connected 퓨처의 결과에 따라 상태 레이블의 text 값을 변경해 오류 정보를 표시하거나, 클라이언트가 서버에 성공적으로 접속했다고 알려줄 수 있다. 후자의 경우, 조금 있다 살펴볼 refreshPane 메소드를 호출해서 FilePane 컴포넌트의 내용을 갱신한다. 다음 코드는 onComplete 콜백을 보여준다.

```
connected.onComplete {
  case Failure(t) =>
    swing { status.label.text = s"Could not connect: $t" }
  case Success(false) =>
    swing { status.label.text = "Could not find server." }
  case Success(true) =>
    swing {
      status.label.text = "Connected!"
      refreshPane(files.leftPane)
```

```
      refreshPane(files.rightPane)
    }
}
```

FilePane 컴포넌트를 갱신하는 것은 두 단계로 이루어진다. 먼저, 원격 디렉토리의 내용을 서버에서 가져와야 한다. 그 다음, 요청한 내용이 도착하면 FilePane 컴포넌트 안의 Table 객체를 갱신한다. 다음 코드와 같이, 클라이언트의 getFileList 메소드를 호출하고, Table 객체를 UpdatePane 메소드로 갱신한다.

```
def refreshPane(pane: FilePane): Unit = {
  val dir = pane.pathBar.filePath.text
  getFileList(dir) onComplete {
    case Success((dir, files)) =>
      swing { updatePane(pane, dir, files) }
    case Failure(t) =>
      swing { status.label.text = s"Could not update pane: $t" }
  }
}
```

updatePane 메소드는 dir 디렉토리 이름과 files 목록을 취해서, 그 두 값을 이용해 FilePane 컴포넌트인 p를 갱신한다. 이 메소드는 DefaultTableModel 객체를 뽑아내고, 행 개수를 0으로 설정해 내용을 지운다. 그 후, FilePane 객체의 parent 필드를 dir 디렉토리의 부모로 설정한다. 마지막으로, updatePane는 files 목록을 dirFiles 필드에 저장하며, 항목마다 행을 하나씩 만든다.

```
def updatePane(p: FilePane, dir: String, files: Seq[FileInfo]) = {
  val table = p.scrollPane.fileTable
  table.model match {
    case d: DefaultTableModel =>
      d.setRowCount(0)
      p.parent =
        if (dir == ".") "."
        else dir.take(dir.lastIndexOf(File.separator))
      p.dirFiles = files.sortBy(!_.isDir)
      for (f <- p.dirFiles) d.addRow(f.toRow)
  }
}
```

앞의 메소드는 toRow 메소드를 사용해 FileInfo 객체를 String 객체의 배열로 변환한다. Table 컴포넌트는 그 String 배열을 사용한다.

```
def toRow = Array[AnyRef](
  name, if (isDir) "" else size / 1000 + "kB", modified)
```

지금까진 너무나 좋다! 클라이언트 프로그램은 서버에 연결할 수 있고, 루트 디렉토리의 내용을 표시할 수 있다. 이제 원격 파일시스템을 이동할 수 있는 UI 논리를 구현해야 한다.

6장에서 UI 이벤트를 처리할 때, UI 컴포넌트에 Observable 객체를 덧붙였다. Button과 TextField 컴포넌트에서 나오는 이벤트를 처리하기 위해 clicks와 texts 메소드를 추가했던 것을 기억하라. 다음 코드에서는 Table 컴포넌트에 rowDoubleClicks 메소드를 덧붙인다. 이 메소드는 사용자가 더블 클릭한 행의 인덱스를 담은 Observable 객체를 반환한다.

```
implicit class TableOps(val self: Table) {
  def rowDoubleClicks = Observable[Int] { sub =>
    self.peer.addMouseListener(new MouseAdapter {
      override def mouseClicked(e: java.awt.event.MouseEvent) {
        if (e.getClickCount == 2) {
          val row = self.peer.getSelectedRow
          sub.onNext(row)
        }
      }
    })
  }
}
```

사용자는 원격 파일시스템에서 이동하기 위해 FilePane과 upButton 객체를 클릭할 필요가 있다. 이 기능을 각각의 파일 표시 영역에 대해 한번씩 만들어야 한다. 따라서, 이를 위해 setupPane이라는 메소드를 정의한다.

```
def setupPane(pane: FilePane): Unit
```

FilePane 컴포넌트를 클릭한 것에 반응하는 첫 단계는 사용자의 더블 클릭과 그 이벤트가 일어난 위치에 있는 파일이나 디렉토리의 이름을 연결하는 것이다.

그 이후, 더블 클릭된 파일이 디렉토리라면 현재의 filePath 메소드를 갱신하고, refreshPane 메소드를 호출한다.

```
val fileClicks =
  pane.table.rowDoubleClicks.map(row => pane.dirFiles(row))
fileClicks.filter(_.isDir).subscribe { fileInfo =>
  pane.pathBar.filePath.text =
      pane.pathBar.filePath.text + File.separator + fileInfo.name
  refreshPane(pane)
}
```

비슷한 방법으로, 사용자가 upButton 컴포넌트를 클릭하면, refreshPane 메소드를 호출해 부모 디렉토리로 이동한다.

```
pane.pathBar.upButton.clicks.subscribe { _ =>
  pane.pathBar.filePath.text = pane.parent
  refreshPane(pane)
}
```

원격 파일시스템에서 이동하는 것은 유익하다. 하지만, 원격 파일을 복사하거나 지울 수도 있기를 바란다. 그러기 위해서는 UI 버튼 클릭에 반응할 수 있어야 한다. 그리고, 각 버튼을 현재 선택된 파일과 연관시킬 수 있어야 한다. rowActions 메소드는 이벤트 스트림을 발생시키며, 각 이벤트에는 버튼이 클릭된 시점에 선택돼 있던 파일이 들어 있다.

```
def rowActions(button: Button): Observable[FileInfo] =
  button.clicks
    .map(_ => pane.table.peer.getSelectedRow)
    .filter(_ != -1)
    .map(row => pane.dirFiles(row))
```

복사 버튼을 클릭하면 선택한 파일을 반대쪽 영역에 선택되어 있는 디렉토리로 복사한다. rowActions 메소드를 사용해 반대쪽 영역에서 선택한 디렉토리를 찾은 다음, 클라이언트 API의 copyFile 메소드를 호출한다. copyFile 메소드는 퓨처를 반환한다. 따라서 onCompleted 메소드를 호출해 결과를 비동기적으로 처리할 필요가 있다.

```
rowActions(pane.buttons.copyButton)
  .map(info => (info, files.opposite(pane).currentPath))
  .subscribe { t =>
    val (info, destDir) = t
    val dest = destDir + File.separator + info.name
    copyFile(info.path, dest) onComplete {
      case Success(s) =>
        swing {
          status.label.text = s"File copied: $s"
          refreshPane(pane)
        }
    }
  }
```

rowAction 메소드를 비슷한 방법으로 사용해 삭제 버튼에 대한 반응도 작성한다. 마지막으로, setupPane 메소드를 각 파일 표시 영역에 대해 한 번씩 호출한다.

```
setupPane(files.leftPane)
setupPane(files.rightPane)
```

원격 파일 브라우저는 이제 완전히 작동한다. 이를 시험하기 위해 터미널을 두 개 열어서 양쪽 모두 SBT를 프로젝트 디렉토리에서 실행한다. 먼저 서버 프로그램을 실행한다.

```
> set fork := true
> run 12345
```

서버가 12345번 포트에서 작동하는 것을 확인한 다음, 두 번째 터미널에서 다음과 같이 클라이언트를 실행할 수 있다.

```
> set fork := true
> run 127.0.0.1:12345
```

이제 프로젝트 파일 중 일부를 다른 디렉토리로 복사해 보자. 삭제 기능을 구현했다면, 아무 파일이나 삭제하기 전에 만약에 대비해 프로젝트 파일을 백업해 놓기 바란다. 실험적인 파일 처리 프로그램을 프로젝트 소스코드에 대해 실행해 보는 것은 결코 좋은 생각은 아니다.

원격 파일 브라우저 개선

스칼라FTP 서버와 클라이언트 프로그램을 성공적으로 실행하고 파일을 복사해 봤다면, 소스코드 에디터와 같은 외부의 애플리케이션을 사용해서 디스크에 있는 파일을 삭제하는 경우, 파일시스템에 대한 변경 사항이 스칼라FTP 서버 프로그램에는 반영되지 않는다는 사실을 아마 눈치챘을 지도 모르겠다. 이유는 서버 액터가 파일시스템이 변경되는지 여부를 감시하지 않아서 서버 파일시스템 계층이 파일을 삭제하는 경우에도 갱신되지 않기 때문이다.

스칼라FTP 서버 프로그램 밖에서 벌어지는 변경을 처리하기 위해서는, 파일시스템 변경을 감시해야 한다. 이는 이벤트 스트림을 사용하기에 이상적인 목표인 것처럼 보인다. 6장에서 파일 변경을 추적하기 위해 modified 메소드를 정의할 때 이미 이를 경험했다. 이번에는 FileCreated, FileDeleted, FileModified 타입을 정의해 세 가지 파일시스템 이벤트를 표현한다.

```
sealed trait FileEvent
case class FileCreated(path: String) extends FileEvent
case class FileDeleted(path: String) extends FileEvent
case class FileModified(path: String) extends FileEvent
```

FileAlterationListener 인터페이스에 메소드를 추가로 구현하면 결과 Observable 객체가 이 세 타입에 속한 이벤트를 발생시키도록 만들 수 있다. 다음 코드는 fileSystemEvents 메소드에서 파일시스템 이벤트가 담긴 Observable[FileEvent] 객체를 발생하는 부분을 따로 보여준다.

```
override def onFileCreate(file: File) =
  obs.onNext(FileCreated(file.getPath))
override def onFileChange(file: File) =
  obs.onNext(FileModified(file.getPath))
override def onFileDelete(file: File) =
  obs.onNext(FileDeleted(file.getPath))
```

이제 파일 이벤트의 스트림이 생겼다. 따라서 파일시스템 모델을 이에 맞춰 쉽게 바꿀 수 있다. 파일 이벤트 스트림을 구독하고, fileSystem 트랜잭션형 맵을 갱신하기 위한 단일 연산 트랜잭션을 시작한다.

```
fileSystemEvents(".").subscribe { e =>
  e match {
    case FileCreated(path) =>
      fileSystem.files.single(path) = FileInfo(new File(path))
    case FileDeleted(path) =>
      fileSystem.files.single.remove(path)
    case FileModified(path) =>
      fileSystem.files.single(path) = FileInfo(new File(path))
  }
}
```

이제, 서버와 클라이언트를 다시 실행하고, 다른 프로그램에서 파일을 삭제하거나 복사하는 실험을 할 수 있다. 파일시스템의 변경 사항을 서버가 감지해서 어느 시점에는 클라이언트가 갱신되는 것을 볼 수 있을 것이다.

이 예제는 이 책에서 설명했던 여러 동시성 라이브러리를 어떻게 함께 사용할 수 있는지 보여주기 위해 선택한 것이다. 하지만, 모든 프로그램에서 이 동시성 라이브러리들을 모두 사용해야 하는 것은 아니다. 많은 경우, 소수의 몇 가지 동시성 추상화만으로 충분할 것이다. 여러분의 프로그래밍 목표에 따라, 어떤 것이 최선인지 결정해야만 한다.

 여러분의 동시성 프로그램을 결코 과잉 개발(over engineering)하지 말라. 구체적인 문제를 해결할 때 도움이 되는 동시성 라이브러리만을 사용하라.

여러 동시성 라이브러리를 대규모 애플리케이션에서 조합하는 법을 공부했고, 어떤 동시성 라이브러리를 언제 선택할지에 대해 간략하게 살펴봤다. 이제 동시성을 다루는 다른 관점으로 관심을 돌려서, 동시성 프로그램을 디버깅하는 방법을 살펴보자.

동시 프로그램 디버깅

동시 프로그래밍은 순차 프로그래밍보다 훨씬 어렵다. 그 이유는 여러 가지다. 먼저, 동시 프로그래밍에서는 메모리 모델의 세부 사항이 훨씬 더 중요하다. 그래서 프로그래밍의 복잡도가 증가한다. 메모리 모델이 잘 정의된 JVM 같은 플랫폼이라 할지라도, 프로그래머는 데이터 경합을 피하기 위해 적절한 메모리 접근 기본 요소를 사용하도록 주의를 기울여야 한다. 그 다음으로는, 다중 스레드 프로그램의 실행을 추적하는 것이 어렵다. 이유는 단순한데, 동시에 진행되는 실행 흐름이 여럿 존재하기 때문이다. 프로그램 언어 디버거는 여전히 단일 스레드의 흐름을 한 번에 하나씩 추적하는 데 초점을 맞추고 있다. 교착상태나 내재적인 비결정성도 다른 버그의 근원이다. 그 두 가지 모두 순차 프로그램에서는 흔치 않다. 설상가상으로 동시성 프로그램이 올바름을 보이기 위해서는, 이런 모든 문제를 확인해야 한다. 스루풋이나 성능을 향상시키는 것은 또 다른 종류의 문제를 야기하며, 말처럼 쉽지는 않은 경우가 자주 있다. 일반적으로, 동시성 프로그램이 실제로 더 빠르게 실행된다는 것을 보장하려면 훨씬 많은 노력을 기울여야 하며, 성능 디버깅은 그 자체로도 어려운 기술이다.

이번 절에서는, 동시 프로그램에서 발생하는 오류의 전형적인 원인을 몇 가지 조사한다. 그리고, 각각을 처리하는 여러 방법을 조사한다. 동시성 버그 중 가장 단순한 것부터 시작할 것이다. 어떤 것이냐 하면 시스템이 더 이상 진행되지 않는 것이다.

교착상태와 진행되지 않음

교착상태라는 용어가 주는 두려움[3]에도 불구하고, 동시성 프로그램을 디버깅하는 경우 볼 수 있는 여러 버그 중 교착상태가 가장 만만한 버그이다. 왜냐하면 교착상태는 언제나 추적하거나 분석하기 쉽기 때문이다. 이번 절에서는 동시성 프로그램에서 교착상태를 식별하고 해결하는 방법을 공부한다.

---

3 영어로는 deadlock이다. 죽음이 들어가는 단어이니 어찌 무섭지 않겠는가. - 옮긴이

시작하기 전에, STB가 예제 프로그램을 별도의 JVM 프로세스로 시작하도록 만들어야 한다. 이를 위해 다음 명령을 SBT 셸에서 입력하라.

```
> set fork := true
```

2장에서 교착상태가 무엇이고, 왜 교착상태가 발생하는지에 대해 자세히 설명했다. 여기서는 2장에서 봤던, 전형적인 교착상태 예제인, 은행 계좌 문제를 다시 살펴볼 것이다. 은행 계좌 예제는 Account 클래스와 두 Account 객체에 락을 걸고 일정 금액을 이체하는 send 메소드로 이루어졌다.

```
class Account(var money: Int)

def send(a: Account, b: Account, n: Int) = a.synchronized {
  b.synchronized {
    a.money -= n
    b.money += n
  }
}
```

교착상태는 아래 코드와 같이 계좌 a에서 계좌 b로 이체하는 동시에 반대 방향으로 이체를 시도하는 경우 비결정적으로 발생한다.

```
val a = new Account(1000)
val b = new Account(2000)
val t1 = ch2.thread { for (i <- 0 until 100) send(a, b, 1) }
val t2 = ch2.thread { for (i <- 0 until 100) send(b, a, 1) }
t1.join()
t2.join()
```

앞의 코드에서는 2장에서 만든 스레드 생성 메소드인 thread를 사용했다. 이 프로그램은 결코 완료되지 않는다. t1과 t2 스레드가 교착상태에 빠져 계속 대기상태로 남기 때문이다. 더 큰 프로그램의 내부에서 이런 일이 벌어지면 응답이 늦어지는 증상이 나타난다. 동시성 프로그램이 결과를 만들어내지 못하거나 끝나지 않는 것은, 그 프로그램의 일부분에 교착상태가 있음을 잘 보여주는 징후이다.

보통 교착상태를 디버깅할 때 가장 어려운 것은 교착상태가 발생한 위치를 찾는 것이다. 방금 본 간단한 예제에서는 쉬웠지만, 대규모 애플리케이션에서는 훨씬 어렵다. 하지만, 교착상태를 알려주는 전형적인 증상이 바로 더 이상 진행되지 않는 것이므로, 이를 사용해 원인을 좀 더 쉽게 찾을 수 있다. 즉, 블록된 스레드를 찾고, 그 스레드의 스택 트레이스stack trace를 살펴보면 된다.

최근 JDK 배포판에 들어 있는, 자바 비주얼VM VisualVM 도구를 사용하면 아주 쉽게 실행 중인 스칼라와 자바 애플리케이션의 상태를 결정할 수 있다. 교착상태에 빠진 프로그램을 강제 종료시키지 말고, 다른 터미널 인스턴스에서 아래와 같이 jvisualvm 프로그램을 실행한다.

```
$ jvisualvm
```

실행하고 나면, 자바 비주얼VM 애플리케이션은 동일한 기계에 실행 중인 모든 JVM 프로세스를 보여준다. 아래 화면에서 자바 비주얼VM은 SBT 프로세스와 교착상태에 빠진 프로그램, 그리고 비주얼VM 자신을 실행 중인 인스턴스로 표시한다.

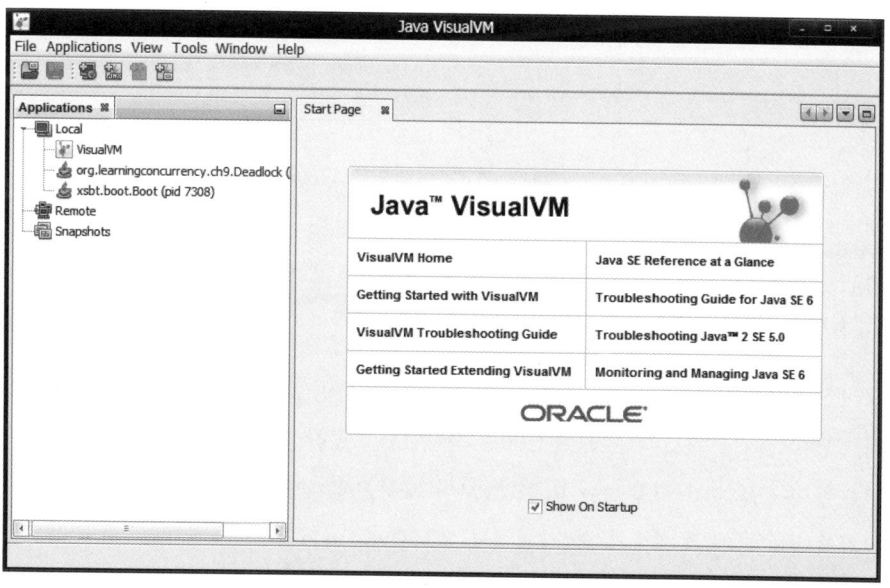

예제 프로세스를 클릭하면 다음과 같은 보고 화면을 볼 수 있다.

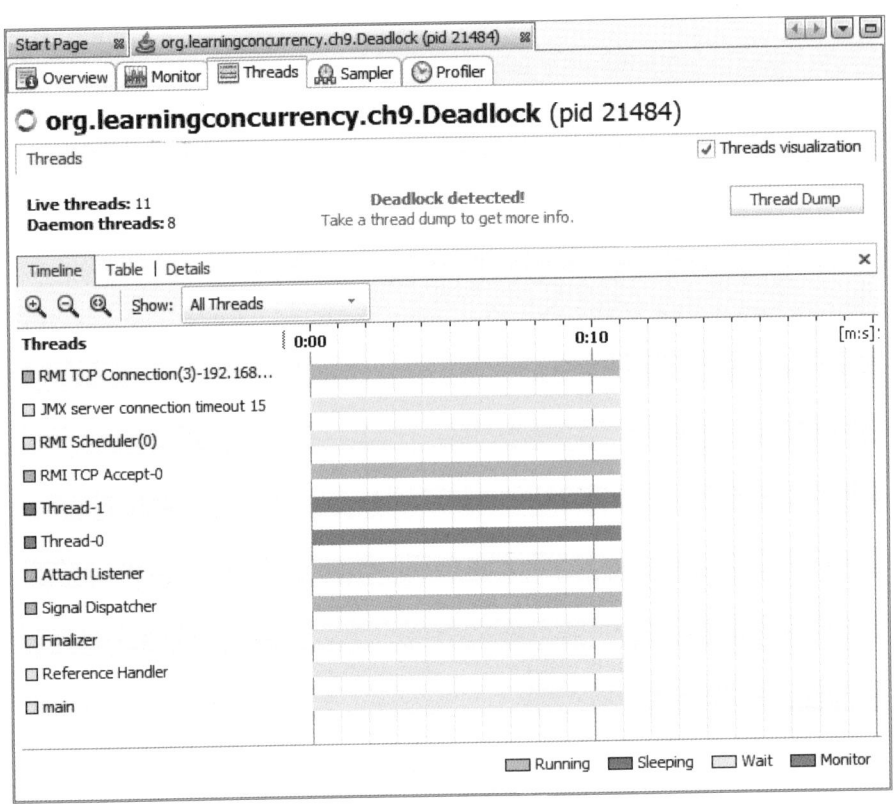

이 화면을 보면 예제 프로세스 내에 여러 스레드가 있음을 알 수 있다. 그 중 대부분은 가상 머신 런타임의 일부이며, 프로그래머가 직접 제어하지 못한다. main, Thread-0, Thread-1과 같은 다른 스레드들은 우리가 작성한 프로그램이 만든 것이다.

교착상태의 원인을 찾기 위해서, BLOCKED 상태에 있는 스레드를 살펴봐야 한다. 그런 스레드의 스택 트레이스를 조사해 보면 교착상태를 야기한 순환 관계를 발견할 수 있다. 이 경우에는 비주얼VM이 자동으로 교착상태의 원인을 발견해서 교착상태에 빠진 스레드를 붉은 색으로 표시할 수 있었다.

Thread Dump 버튼을 클릭하면, 아래 화면과 같이 자바 비주얼VM이 모든 스레드의 스택 트레이스를 표시한다.

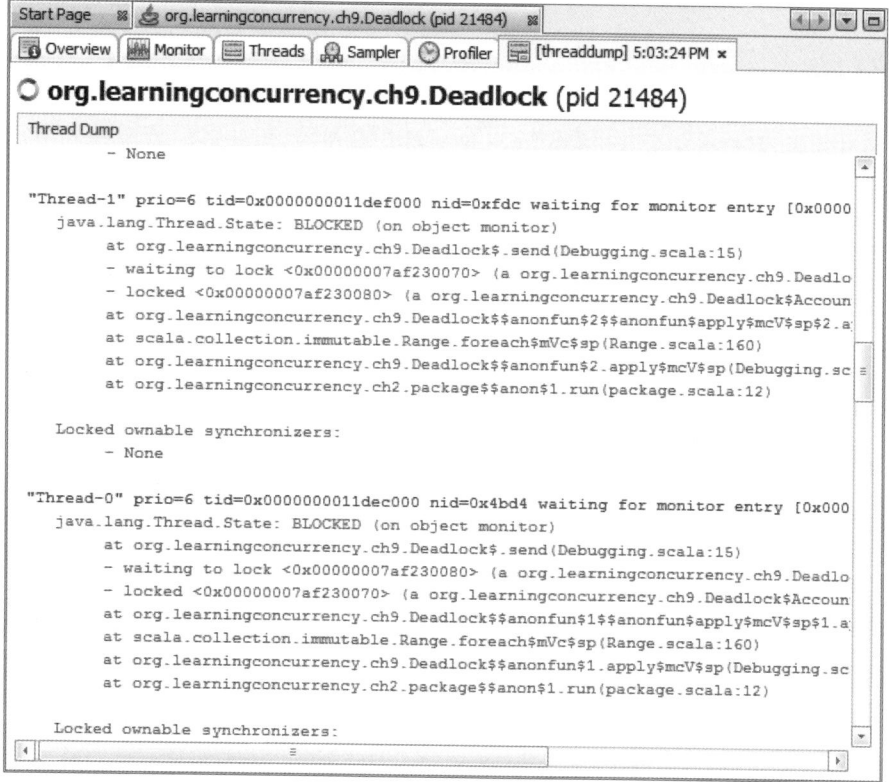

이 화면에 있는 스택 트레이스를 보면 스레드가 블록된 위치를 정확히 알 수 있다. Thread-0과 Thread-1이 Debugging.scala 파일의 15번째 행에서 블록됐다. 이 부분의 코드를 살펴보면 두 스레드가 모두 내포된 synchronized 문에서 블록됐음을 알 수 있다. 이제, 교착상태의 원인이 send 메소드에서 락을 거는 순서가 바뀌었기 때문임을 알 수 있다.

이런 유형의 교착상태에 대처하는 법에 대해 2장에서 이미 논의했다. send 메소드에서 락을 거는 순서를 정하는 것은 교착상태를 해결하는 교과서적인 방법이다. 여러 락에 유일한 식별자를 부여한다면 이를 쉽게 구현할 수 있다.

때로 교착상태를 방지하기 위해 락을 거는 순서를 지정할 수 없는 경우가 있다. 예를 들어 3장에서 배운 것처럼, 지연 값을 초기화하는 경우 `synchronized` 문을 암시적으로 호출하는데 그 순서를 우리가 임의로 조정할 수는 없다. 그런 경우, 지연 값을 둘러싼 객체에 대해 `synchronized` 문을 사용하지 않는 방식으로 교착상태를 피했다. 교착상태를 피하는 다른 방법은 자원을 사용하지 못하는 경우에도 블록시키지 않는 것이다. 3장에서 락을 획득하지 못하는 경우 오류 값을 돌려주는 방식의 특별한 락을 만들어서, 락을 얻을 수 없을 때 어떤 조치를 취할지 프로그램에서 결정하는 방법을 배웠다.

교착상태 외에도 프로그램의 진행을 막을 수 있는 동시성 버그가 몇 가지 있다. 이미 어떤 동시 계산이 계속 자원을 획득하지 못하는 상태인 아사상태에 대해 살펴봤다. 4장에서 여러 퓨처를 동시에 시작하고, `sleep` 메소드를 호출해 모든 퓨처를 중단시켰다. 그 결과, `ExecutionContext` 아래 있는 스레드 풀이 고갈되어 `sleep` 메소드에서 반환될 때까지 더 이상 새로운 퓨처를 실행할 수 없는 상태에 빠졌다.

지속 락livelock 상태는 여러 동시 계산이 일시 중단은 되지 않는 상태에서, 상태를 계속 바꾸면서 더 이상 진행하지 못하는 상태이다. 지속 락은 두 사람이 길에서 마주쳤는데 상대방이 지나가도록 양보하려고 계속 좌우로 자리를 바꾸는 상황과 비슷하다. 그 결과, 두 사람 모두 지나갈 수가 없고, 서로 자리만 계속 바꾸게 된다. 이런 유형의 오류에서 공통적인 부분은 바로 시스템의 진행이 매우 느려지거나, 더 이상 진행하지 못한다는 것이다. 따라서 이런 오류는 식별하기 쉽다.

교착상태를 살펴보는 것은 죽은 동물을 사냥하는 것과 같다. 더 이상 진행하지 않기 때문에, 교착상태는 다른 동시성 버그보다 더 찾기 쉽다. 다음 절에서는 프로그램의 출력이 잘못되게 만드는 좀 더 질이 나쁜 동시성 버그에 대해 공부할 것이다.

잘못된 프로그램 출력 디버깅

이번 절에서는 잘못된 출력을 야기하는 여러 가지 동시성 버그에 대해 공부할 것이다. 일반적으로, 이런 범주의 오류는 추적하기 어렵다. 왜냐하면 실제 버그가 발생하고 한참 지나서야 그 영향을 분명히 알 수 있기 때문이다. 일상 생활에서 볼 수 있는 이런 오류로는 길에 있는 깨진 유리조각을 들 수 있다. 차를 운전할 때는 그런 유리조각을 발견하기 어렵기 때문에 차로 유리조각을 우연히 밟게 된다. 타이어의 바람이 빠지고 나서야 어떤 일이 벌어졌는지 깨닫지만, 실제 유리가 있던 정확한 위치를 추측하는 것은 쉽지 않다.

오류가 스스로를 드러내는 방식에는 크게 두 가지가 있다. 첫째로, 동시 프로그램이 같은 오류를 반복적으로 만들어낼 수 있다. 이런 경우는 운이 좋다고 봐야 한다. 왜냐하면, 오류를 재현할 수 있어서 분석하기 쉽기 때문이다. 반대로, 잘못된 출력이 프로그램을 실행하는 동안 어쩌다 한 번씩 보일 수도 있다. 이는 훨씬 더 바람직하지 않은 상황이다. 버그가 있는 동시성 프로그램은 태생적인 비결정성으로 인해 잘못된 행동 방식을 간헐적으로 보이는 경우가 있다. 이번 절에서는 결정적인deterministic 오류나 비결정적인 오류 모두를 다룰 것이다.

본 절의 목표는 퓨처를 가지고 fold 메소드를 구현하는 것이다. fold 메소드는 퓨처 객체의 시퀀스와 영zero 값, 그리고 folding 연산자를 받아서, 시퀀스의 모든 값 사이에 folding 연산을 적용한 결과가 들어 있는 퓨처를 반환한다. folding 연산은 결합법칙과 교환법칙이 성립해야 하고, 부수 효과가 없어야 한다. fold 메소드는 컬렉션의 foldLeft와 아주 비슷하다. 퓨처에 대한 fold 메소드의 시그니처는 다음과 같다.

```
def fold[T](fs: Seq[Future[T]])(z: T)(op: (T, T) => T): Future[T]
```

이 fold 메소드의 용도로는 여러 퓨처 객체의 값의 합계를 구하는 것을 들 수 있다. 컬렉션의 foldLeft를 사용해 퓨처의 합계를 구할 수는 없다. 다음 코드는 fold를 사용해 합계를 구하는 예를 보여준다.

```
val fs: Seq[Future[Int]] = for (i <- 0 until 5) yield Future { i }
val sum: Future[Int] = fold(fs)(0)(_ + _)
```

fold 메소드를 두 단계로 나눠 구현할 것이다. 첫째로, fs 시퀀스에 있는 모든 값에 op 연산자를 차례로 적용해 값을 누적시킬 것이다. 값을 누적시키면 결과 값을 모두 누적한 퓨처를 얻을수 있다. 두 번째 단계로, 모든 퓨처가 완료된 다음 모든 값을 누적시킨 값으로 결과 퓨처를 완료시킬 것이다.

먼저 fold 메소드를 구현할 때 도움이 될 수 있는 기본적인 동시성 추상화를 몇 가지 구현하자. 동시 누적기concurrent accumulator란 값을 누적한 것을 추적할 수 있는 동시성 도구이다. 여기서, 값은 정수이고, 누적한 것은 각 값의 합이다. 동시 누적기에는 새 값을 추가하기 위한 add 메소드와 현재의 누적기 상태를 얻기 위한 apply 메소드가 들어 있다. 가장 간단하게 락이 없이 구현한 동시 누적기를 보여 줄 것이다. 구현에는 3장에서 본 원자적 변수를 사용한다. Accumulator 클래스는 T 타입에 대한 값을 누적한다. z는 초기값이고, op는 누적 시 사용하는 축약reduction 연산자이다. 아래 코드와 같다.

```
class Accumulator[T](z: T)(op: (T, T) => T) {
  private val value = new AtomicReference(z)
  def apply(): T = value.get
  @tailrec final def add(v: T): Unit = {
    val ov = value.get
    val nv = op(ov, v)
    if (!value.compareAndSet(ov, nv)) add(v)
  }
}
```

Accumulator 구현에는 비공개 원자적 변수인 value가 있다. 이 변수는 z 값으로 초기화되고, 누적되는 값을 추적하기 위해 사용된다. apply 메소드는 구현하기 쉽다. 그냥 선형화 가능한 get 메소드를 호출해 현재 누적 값을 반환하면 된다. add 메소드는 누적 중인 값을 변경하기 위해 반드시 compareAndSet 연산을 사용해야만 한다. 여기서는, 원자적 변수의 현재 값을 ov에 넣고, op 연산자를 사용해 새로운 누적 값 nv를 구한 다음, 마지막으로 compareAndSet 연산을 사용해 예전 누적 값인 ov값을 새 누적 값 nv로 바꾼다. 만약 compareAndSet 연산이 false를 반환하면 누적 값이 그 사이에 변경된 것이므로, 꼬리 재귀로 add를 호출해 누적을 다시 시도한다. 이런 기법에 대해서는 3장에서 자세히 배웠다.

재시도로 인해 같은 v를 적용해 op 연산자를 여러 번 호출할 수 있다. 따라서, 여기서 만든 락이 없는 동시 누적기는 부수 효과가 없는 축약 연산자에 대해서만 사용 가능하다.

다음으로, 여러 퓨처를 동기화할 수 있는 기능이 필요할 것이다. 카운트다운 래치countdown latch는 지정한 숫자의 스레드가 어떤 동작의 실행에 동의하는 경우에만 그 동작을 한 번만 실행해주는 동기화 기본 요소이다. 우리가 만들 CountDownLatch 클래스는 스레드 개수 n, 동작 블록 action을 받는다. 래치는 현재 남은 수를 저장하는 left라는 원자적 정수 변수를 유지한다. 또한, count라는 메소드를 제공한다. 이 메소드는 left 원자적 변수의 값을 감소시킨다. count 메소드가 n번 호출되면, action 블록을 한번 실행한다. 다음 코드는 이 클래스를 보여준다.

```
class CountDownLatch(n: Int)(action: =>Unit) {
  private val left = new AtomicInteger(n)
  def count() =
    if (left.decrementAndGet() <= 1) action
}
```

이제 fold 메소드를 구현하기 위해 필요한 모든 준비를 마쳤다. 이 메소드는 퓨처 객체를 반환해야 한다. 따라서 프라미스 객체를 하나 만드는 것부터 시작한다. 이 프라미스에 상응하는 퓨처 객체를 반환할 것이다. 이런 패턴을 4장에서 많이 봤다. 다음으로, 어떤 방법을 사용해 여러 퓨처에서 얻은 값을 조합해야 한다. 따라서, Accumulator 객체를 초기 값 z와 축약 연산자 op를 지정해 인스턴스화한다. 모든 퓨처가 완료 되어야만 누적기의 값을 가지고 프라미스를 완료시킬 수 있다. 따라서, 모든 퓨처가 끝났는지 세기 위해, 퓨처의 개수를 가지고 카운트다운 래치를 생성한다. 카운트다운 래치에 들어갈 동작에서, 누적기의 값을 가지고 프라미스를 완료시킨다. 이를 위해서는 trySuccess 메소드를 사용하기로 결정한다. 마지막으로, 모든 퓨처에 콜백을 설정해서, 누적기를 갱신하고, 래치의 count 메소드를 호출하게 만든다. fold 메소드의 전체 구현은 아래와 같다.

```
def fold[T](fs: Seq[Future[T]])(z: T)(op: (T, T) => T) = {
  val p = Promise[T]()
  val accu = new Accumulator(z)(op)
  val latch = new CountDownLatch(fs.length)({
    p.trySuccess(accu())
  })
```

```
  for (f <- fs) f foreach { case v =>
    accu.add(v)
    latch.count()
  }
  p.future
}
```

자세히 살펴본 독자라면 fold 구현에서 오류를 발견했을 지도 모르겠다. 그 오류는 우리가 일부러 넣은 것이다. 혹시 그 오류를 알아채지 못했더라도 걱정하지 말라. 이제부터 그 오류가 어떤 특징을 나타내는지 분석하고, 어떻게 그 오류를 식별할지 살펴볼 것이다. fold 메소드를 시험해 보기 위해 다음 예제 프로그램을 실행한다.

```
val fs = for (i <- 0 until 5) yield Future { i }
val folded = fold(fs)(0)(_ + _)
folded foreach { case v => log(s"folded: $v") }
```

우리가 사용한 기계에서 이 프로그램을 실행하면 1.0이라는 정상적인 값이 나온다. 물론 제대로 프로그램을 짰다고 자신하기는 하지만, 확실히 확인하기 위해 한 번 더 같은 프로그램을 실행해 본다. 하지만, 이번에는 출력이 7이다. 이제 fold 메소드 구현에 버그가 있음이 분명하다. 설상가상으로, 버그가 비결정성이라는 형태로 자신을 드러내고 있다!

이런 경우 순차 프로그램이라면, 일반적인 반응은 디버거를 사용해서 한 단계 한 단계 프로그램 실행을 추적해서 문제가 되는 동작을 찾아보라는 것이리라. 하지만, 동시 프로그램에서는 그런 접근이 그리 도움이 되지 않는다. 디버거에서 스레드 중 하나의 실행을 추적한다면, 그 스레드의 실행만 임의로 지연시키고, 전체 프로그램의 실행 스케줄을 바꾼다. 버그가 비결정적으로 나타나기 때문에, 디버거로 프로그램을 살펴보는 경우 재현이 되지 않는 경우도 있다.

프로그램을 앞에서 뒤로 살펴보는 대신, 범인을 찾기 위해, 코드를 뒤에서 앞으로 따져 나가보자. 퓨처가 잘못된 값으로 완료된다는 것은, 스레드 중 일부가 잘못된 값을 프라미스 안에 넣었다는 뜻이다. 따라서 프라미스가 완료되는 지점에 중단점 breakpoint을 설정하고, 어떤 일이 벌어지는지 봐야 할 것이다. 단순화하기 위해, 디버거를 사용하지 않고, 간단한 println 문을 추가해서 프라미스 완료 시 값을 출력하자.

```
val total = accu()
println(total)
p.trySuccess(total)
```

이 프로그램을 다시 실행해보면 다음과 같은 출력이 보인다.

```
8
10
ForkJoinPool-1-worker-1: folded: 8
```

이 출력은 놀라운 사실을 하나 알려준다. 프라미스가, 실제로는, 두 번 완료됐다. 처음에는 어떤 스레드가 누적기의 값으로 8을 사용했고, 두 번째에는 다른 스레드가 10이라는 값을 사용했다. 또한, 이는 카운트다운 래치의 action 블록도 두 번 실행됐다는 의미이다. 따라서 왜 그런지 이유를 찾아봐야 한다. 이를 위해 count 메소드를 변경해 언제 action 블록이 호출되는지 추적해 본다.

```
def count() = {
  val v = left.decrementAndGet()
  if (v <= 1) {
    println(v)
    action
  }
}
```

이 프로그램은 이제 다음과 같은 출력을 보여준다.

```
1
0
ForkJoinPool-1-worker-15: folded: 7
```

action 블록을 맨 마지막 감소 시에만 호출하지 않고, 맨 마지막에서 바로 직전의 감소 시에도 호출함을 알 수 있다. 왜 그런가 하면 decrementAndGet 메소드가 원자적 변수의 값을 감소시킨 다음, 감소된 값을 반환하기 때문이다. 따라서 이를 수정하려면 getAndDecrement 메소드를 호출하거나, if 문을 변경해야 한다. count

를 다음과 같이 새로 구현한다.

```
def count() =
  if (left.decrementAndGet() == 0) action
```

우리가 trySuccess, 메소드 대신 success 메소드를 사용했다면 더 빨리 오류를 찾을 수 있었을 것이다. fold 메소드의 action 블록 구현에서 success 메소드를 사용하게 바꿔보자.

```
p.success(accu())
```

이렇게 바꾸고, 이전에 잘못 구현했던 count 메소드와 함께 프로그램을 실행하면, 다음과 같은 예외를 볼 수 있다.

```
java.lang.IllegalStateException: Promise already completed.
```

이게 훨씬 낫다. 프로그램의 출력은 잘못됐지만, 프로그램을 실행할 때마다 항상 예외가 발생한다. 예외가 발생한 이유와 더불어, 어디서 오류가 빠르게 발생했는지 찾을 수 있는 스택 트레이스도 일관성 있게 얻을 수 있다. 따라서, 이 경우에는 오류가 결정적으로 발생한다고 말할 수 있다.

4장에서 tryComplete 메소드를 사용해 퓨처에 대한 or 컴비네이터를 구현했었다는 사실을 기억하라. 이 컴비네이터는 태생적으로 비결정적이다. 따라서 tryComplete 메소드를 사용해야만 했다. 하지만, fold 구현에서는 tryXYZ 메소드를 써야 할 이유가 없다. 왜냐하면 fold 메소드는 항상 같은 결과를 내놔야 하기 때문이다. 가능하다면 tryComplete, trySuccess, tryFailure 대신 각각 complete, success, failure를 사용해야 한다. 더 일반적으로 말하자면, 프로그램이 원래부터 비결정적인 경우를 제외하고는, 가능한 결정적인 의미를 가지도록 노력하라.

 방어적으로 프로그램을 짜라. 일관성을 깨지 않는지 자주 검사하고, 결정성을 더 우선적으로 채택하며, 가능하면 빠른 시점에 오류를 내라. 이렇게 하면 프로그램에서 오류가 발생하는 경우, 디버깅 과정이 단순해질 수 있다.

다음 절에서는 올바른 동시 프로그래밍의 또 다른 측면으로 관심을 돌려서, 동시 프로그램의 성능을 측정하는 것에 대해 살펴볼 것이다.

성능 디버깅

성능 디버깅의 경우 끝이 없는 분야이다. 이 주제에 대해 별도의 책을 한 권 쓰더라도, 겨우 수박 겉핥기 정도밖에 안 될 것이다. 이번 절의 목표는 동시성 스칼라 프로그램의 성능 문제를 분석하고 해결하는 기초를 가르쳐 주는 예제를 두 가지 다루는 것이다.

최근, 프로세서의 클럭 속도가 한계에 봉착했고, 프로세서 제조사들은 단일 프로세서의 성능을 향상시키기 위해 고군분투하고 있다. 그에 따라, 다중코어 프로세서가 시장을 지배하고 있다. 다중코어 프로세서의 목표는 병렬성을 증대시켜 더 나은 성능을 제공하는 것이다. 궁극적으로, 병렬 동시 계산의 목표는 프로그램의 성능을 향상시키는 것이다.

프로그램의 성능을 향상시키는 방법은 두 가지가 있다. 첫 번째는 프로그램을 최적화해서, 순차 계산을 가능한 빠르게 수행하도록 만드는 방식이다. 두 번째 접근 방법은 프로그램의 일부를 병렬로 실행하는 것이다. 동시, 병렬 계산에서는 두 접근 방법 모두가 최적의 성능을 달성하기 위해 핵심적이다. 병렬화한 프로그램이 최적화한 순차 프로그램보다 더 느리게 실행된다면 의미가 없을 것이다.

따라서, 동시성 프로그램을 어떻게 최적화하는지와 어떻게 병렬화할 수 있는지를 모두 다 공부할 것이다. 먼저 동시 누적기를 사용하는 단일 스레드 프로그램을 하나 살펴보고, 그 프로그램이 효율적으로 실행되도록 만들 것이다. 그 후, 해당 프로그램에 규모 확장성을 부여할 것이다. 즉, 프로세서만 추가하면 더 빠르게 실행될 수 있게 만들 것이다.

병렬 프로그램의 성능을 디버깅하는 첫 단계는 실행 시간을 측정하는 것이다. 5장에서 설명한 것처럼, 프로그램의 성능을 벤치마크하는 것은 프로그램이 얼마나 빠르게 동작하는지 알아내고, 병목지점을 찾을 수 있는 원칙적으로 유일한 방식이다. JVM에서는 이를 수행하는 것이 복잡하다. 쓰레기 수집, JIT 컴파일, 적응형 최적화 등 영향을 끼칠 수 있는 요소가 많기 때문이다.

다행히도, 스칼라 에코시스템에는 스칼라미터ScalaMeter라는 도구가 있다. 스칼라미터는 스칼라와 자바 프로그램의 성능을 쉽게 시험해볼 수 있게 돕도록 고안된 것이다. 스칼라미터를 두 가지 방식으로 사용할 수 있다. 첫째, 스칼라미터를 사용해 성능 재발 검사[4]를 정의할 수 있다. 재발 검사는 근본적으로 성능에 대한 단위 검사라고 말할 수 있다. 두 번째로, 스칼라미터를 사용해 실행 중인 애플리케이션의 일부를 벤치마크 하기 위해 벤치마크를 인라이닝할 수 있다. 이번 절을 가능한 단순하게 유지하기 위해, 오직 스칼라미터의 인라인 벤치마킹 기능만을 사용할 것이다. 스칼라미터를 사용하기 위해, 다음을 `build.sbt` 파일에 추가해야 한다.

```
libraryDependencies +=
  "com.storm-enroute" %% "scalameter-core" % "0.6"
```

스칼라미터를 프로그램에서 사용하려면 다음 패키지를 임포트해야 한다.

```
import org.scalameter._
```

이 패키지를 임포트하면, 여러 성능 지표를 측정할 수 있는 `measure` 문에 접근할 수 있다. 기본적으로, 이 메소드는 코드 블록의 실행 시간을 측정한다. 이를 사용해 앞 절에서 정의한 `Accumulator` 객체가 100만 개의 정수를 누적시키는 데 얼마나 시간이 걸리나 살펴보자.

```
val time = measure {
  val acc = new Accumulator(0)(_ + _)
  var i = 0
  val total = 1000000
  while (i < total) {
    acc.add(i)
    i += 1
  }
}
```

---

[4] 재발 검사(regression test)는 보통 회귀 검사라는 말로 많이 번역되는 용어이다. 하지만, 여기서 "regression"이라는 용어는 어떤 분포에서 나타나는 경향성이 아니고, 새로 추가한 기능이나 새로운 구현이 기존 구현보다 더 퇴행(기능이 나빠지거나, 문제가 발생함)했다는 의미이다. 따라서, 회귀 검사라는 말보다는 퇴행 검사나, 역행 검사, 재발 검사 등의 용어가 더 적절하다. – 옮긴이

time 값을 출력하면 다음과 같은 결과를 볼 수 있다.

Running time: 34.60

이로부터, 100만 개의 정수를 더하는 데 34밀리초가 걸린다고 결론을 내릴 수 있을 것이다. 하지만, 이 결론은 틀렸다. 5장에서 논의한 것처럼, JVM 프로그램이 실행된 후에는, 예열 단계를 거쳐야 한다. 예열 단계가 완료된 다음에야 프로그램이 가능한 최고의 성능을 달성할 수 있다. 관심의 대상인 실행 시간을 좀 더 정확하게 측정하기 위해서는, 먼저 JVM이 안정적인 성능에 도달하도록 만들어야 한다.

좋은 소식이 하나 있다. 스칼라미터는 이런 작업을 자동으로 해준다. 다음 코드는 measure를 호출하면서 기본 예열기 구현인 Warmer.Default를 사용하도록 지정한다. 이때, 예열을 위한 최소 실행 횟수, 최대 실행 횟수, 평균 실행 시간을 계산하기 위해 사용하는 벤치마크 실행의 회수 등 몇 가지 설정 값도 지정한다. 마지막으로, verbose 키를 true로 만들어서 스칼라미터의 실행과 관련한 정보를 좀 더 로그에 많이 남기게 만든다. 다음 코드는 이를 보여준다.

```
val accTime = config(
  Key.exec.minWarmupRuns -> 20,
  Key.exec.maxWarmupRuns -> 40,
  Key.exec.benchRuns -> 30,
  Key.verbose -> true
) withWarmer(new Warmer.Default) measure {
  val acc = new Accumulator(0L)(_ + _)
  var i = 0
  val total = 1000000
  while (i < total) {
    acc.add(i)
    i += 1
  }
}
println("Accumulator time: " + accTime)
```

이 프로그램을 실행할 때 다른 애플리케이션이 백그라운드에서 작동하지 않도록 주의하라. 이 코드를 실행하면 다음과 같은 출력을 볼 수 있다.

```
18. warmup run running time: 17.285859
GC detected.
19. warmup run running time: 21.460975
20. warmup run running time: 16.557505
21. warmup run running time: 17.712535
22. warmup run running time: 16.355897
Steady-state detected.
Accumulator time: 17.24
```

이제 예열 단계에서 실행 시간이 어떻게 바뀌는지 볼 수 있다. 그러던 어느 시점에 스칼라미터가 안정 상태를 발견하고, 실행 시간을 출력한다. 이제, 17.24밀리초라는 값을 볼 수 있는데, 이는 상당히 좋은 추정치이다.

스칼라미터의 출력을 더 자세히 보면, 때때로 쓰레기 수집Garbage Collection, GC이 일어났음을 알 수 있다. 우리 코드를 실행하는 동안, GC 사이클이 주기적으로 나타났다. 따라서, add 메소드 내에서 무언가 힙에 객체를 할당하는 부분이 있다는 결론을 내릴 수 있다. 하지만, add에는 아무 new 문이 없다. 따라서, 객체 할당은 다른 어디에선가 암시적으로 일어났을 것이다.

Accumulator 클래스가 제네릭 클래스라는 점에 유의하라. Accumulator는 누적할 값의 타입을 T라는 타입을 매개변수로 받는다. 스칼라에서는 String이나 Option과 같은 참조 타입뿐 아니라, Int나 Long과 같은 기본 타입도 클래스의 타입 매개변수로 받을 수 있다. 이로 인해 기본 타입이나 참조 타입을 같은 방식으로 일관성 있게 다룰 수 있다는 장점이 있지만, 제네릭 클래스에 기본 타입을 넘기는 경우에도 힙 객체로 변환되어야만 한다는 단점이 있다. 이런 과정은 자동 박싱auto boxing이라고 알려져 있으며, 여러 가지로 성능을 저해할 수 있다. 첫째로, 자동 박싱을 사용하면 기본 타입의 값을 전달하는 것보다 훨씬 느리다. 두 번째로, 자동 박싱으로 인해 GC가 좀 더 자주 일어날 수 있다. 세 번째로, 힙에 객체를 할당하기 때문에 캐시의 지역성에 영향을 끼치고, 메모리 경합을 발생시킬 수도 있다. Accumulator 클래스의 경우, Long 값에 대해 add 메소드를 호출할 때마다 java.lang.Long 객체가 힙에 만들어진다.

실제로는, 박싱이 때로 문제가 될 수도 있지만, 그렇지 않을 수도 있다. 일반적으로, 고성능 코드에서는 박싱을 피해야 한다. 우리의 경우, Long 값에 대해 특화된 누적기 클래스를 만들면 박싱을 피할 수 있다. 다음 코드는 그런 클래스를 보여준다.

```
class LongAccumulator(z: Long)(op: (Long, Long) => Long) {
  private val value = new AtomicLong(z)
  @tailrec final def add(v: Long): Unit = {
    val ov = value.get
    val nv = op(ov, v)
    if (!value.compareAndSet(ov, nv)) add(v)
  }
  def apply() = value.get
}
```

이 프로그램을 다시 돌려보면, 새 누적기가 거의 2배 빠름을 알 수 있다.

Long accumulator time: 8.88

박싱을 사용하면 1~12배까지 프로그램이 느려질 수 있다. 이는 객체 할당과 다른 작업의 비율에 따라 달라지며, 프로그램마다 느려지는 정도를 직접 측정해야 할 필요가 있다.

불행하게도, 이렇게 새로 만든 누적기 클래스는 Long 값에 대해서만 사용이 가능하다는 부작용이 있다. 하지만, 스칼라에서는 예전에 봤던 Accumulator의 제네릭한 특성을 그대로 살릴 수 있는 방법이 있다. 스칼라는 특화 기능을 제공한다. 즉, 클래스의 타입 매개변수를 @specialized 애노테이션으로 표시하면 컴파일러가 자동으로 Long 등의 기본 타입을 제네릭 클래스에 적용한 버전을 생성해서, 박싱을 피할 수 있다. 이 주제에 대해 깊이 파고들지는 않을 것이다. 관심이 있는 독자는 관련 자료를 직접 찾을 수 있을 것이다.

지금까지 성능 문제를 식별하는 방법과 순차적 프로그램을 최적화 하는 방법을 배웠다. 이제는 병렬성의 수준을 높여서 성능을 향상시키는 방법에 대해 공부해 보자. 앞의 프로그램을 네 개의 스레드에서 100만 개의 정수를 추가하는 것으로 바꿔서 병렬화시키자. 코드는 다음과 같다.

```
val intAccTime4 = config(
  Key.exec.minWarmupRuns -> 20,
  Key.exec.maxWarmupRuns -> 40,
  Key.exec.benchRuns -> 30,
  Key.verbose -> true
) withWarmer(new Warmer.Default) measure {
  val acc = new LongAccumulator(0L)(_ + _)
  val total = 1000000
  val p = 4
  val threads = for (j <- 0 until p) yield ch2.thread {
    val start = j * total / p
    var i = start
    while (i < start + total / p) {
      acc.add(i)
      i += 1
    }
  }
  for (t <- threads) t.join()
}
println("4 threads integer accumulator time: " + intAccTime4)
```

이 예에서는 네 개의 서로 다른 스레드가 100만 개의 정수를 추가하는 작업을 분담한다. 따라서 프로그램의 실행 시간이 4배 빨라질 것으로 예상할 수 있다. 슬프게도, 프로그램을 실행해보면 그 예상이 틀렸음을 알 수 있다.

`4 threads integer accumulator time: 95.85`

5장에서 지적했던 것처럼, 여러 스레드가 같은 메모리 위치에 계속 값을 쓰면 메모리 경합 문제가 발생한다. 대부분의 컴퓨터 구조에서, 같은 메모리 위치를 기록하기 위해 프로세서 사이에 캐시 라인을 교환해야 할 필요가 있기 때문에 프로그램이 느려진다. 우리의 경우, 경합이 생기는 부분은 `LongAccumulator` 클래스의 `AtomicLong` 객체이다. 동일한 메모리 위치에 대해 `compareAndSet` 연산을 동시에 호출하면 규모 확장성이 없어진다.

메모리 경합의 문제를 해결하기 위해서는, 어떤 방식으로든 여러 캐시 라인에 걸쳐 쓰기를 분산시켜야 한다. 누적된 값을 한 메모리 위치에 쓰는 대신, 부분적으로 누적된 값을 저장하는 위치를 많이 유지할 것이다. 어떤 프로세서가 add 메소드를 호출할 경우, 이런 여러 위치 중 어느 하나를 골라서 부분 합을 갱신할 것이다. 어떤 프로세서가 apply 메소드를 호출할 경우, 모든 부분합을 따라가면서 총합을 계산할 것이다. 이런 구현은 add 메소드의 규모 확장성과 apply 메소드의 성능을 서로 교환하는 것이다. 이런 주고받기 관계는 많은 경우 용인할 만하다. 예를 들어, 우리가 만든 fold 메소드의 경우, add를 수없이 호출하지만, apply는 한 번만 호출한다.

더 나아가, 새로운 apply 구현은 7장에서 설명한 것처럼 선형화 가능하지 않다는 점에 유의하라. 어떤 프로세서가 add를 호출하는 동안, 다른 프로세서가 apply 메소드를 호출한다면, 결과 누적 값이 조금 정확하지 않을 수 있다. 하지만, apply를 호출할 때 다른 프로세서가 add를 호출하지 않는다면, 결과 누적 값이 정확해진다. 따라서, 우리가 새로 만든 apply 구현은 add 메소드에 대해 휴지시간 일관성 quiescently consistent이 있다.

이 특성만으로도 앞에서 본 fold 구현의 올바름을 충분히 보장할 수 있음에 유의하라. 왜냐하면 fold 메소드는 모든 add 호출이 완료된 다음에 한 번만 apply 메소드를 호출하기 때문이다.

이제 ParLongAccumulator 클래스의 구현을 볼 것이다. 이 클래스는 values라는 이름의 AtomicLongArray 객체를 사용해서 부분적으로 누적한 값을 보관한다. 원자적 배열은 compareAndSet 등의 메소드를 호출할 수 있는 배열이다. 개념적으로 AtomicLongArray는 AtomicLong의 배열과 같지만, 훨씬 더 메모리 효율적이다.

ParLongAccumulator 클래스는 적절한 크기의 AtomicLongArray 객체를 선택해야만 한다. 배열의 크기를 프로세서 개수만큼으로 정해도 메모리 경합 문제를 완전히 없앨 수는 없다. 3장에서 프로세서가 캐시에 데이터를 쓰기 위해서는 캐시 라인을 배타적으로 소유해야 한다는 사실을 설명했다. 캐시라인 크기는 보통 64바이트이다. 이는 32비트 JVM상에서 AtomicLongArray의 연속된 원소 8개가 캐시 라인 하나에 들어맞는다는 뜻이다. 다른 프로세서들이 별도의 AtomicLongArray 원소에 값을 쓰더라도, 각 원소가 같은 캐시 라인 안에 들어 있다면 메모리 경합이 벌어진다. 이런 효과를 일컬어 거짓 공유false sharing라고 부른다. 거짓 공유를 피하기 위해 필요한 전제 조건은 배열 크기를 최소한 프로세서 개수의 8배 이상으로 만들어야 한다는 것이다.

여러 스레드가 동시에 `ParLongAccumulator` 객체를 사용한다. 대부분의 프로그램에서는 프로세스 개수보다 스레드 개수가 훨씬 더 많다. 거짓 공유를 최대한 막기 위해, `values` 배열의 크기를 프로세서 개수의 128배로 정했다.

```
import scala.util.hashing
class ParLongAccumulator(z: Long)(op: (Long, Long) => Long) {
  private val par = Runtime.getRuntime.availableProcessors * 128
  private val values = new AtomicLongArray(par)
  @tailrec final def add(v: Long): Unit = {
    val id = Thread.currentThread.getId.toInt
    val pos = math.abs(hashing.byteswap32(id)) % par
    val ov = values.get(pos)
    val nv = op(ov, v)
    if (!values.compareAndSet(pos, ov, nv)) add(v)
  }
  def apply(): Long = {
    var total = 0L
    for (i <- 0 until values.length)
      total = op(total, values.get(i))
    total
  }
}
```

새 `add` 구현은 앞의 것과 비슷하다. 가장 큰 차이는, 새 구현에서는 부분적으로 누적시킬 값을 저장하기 위해 `pos` 메모리 위치를 골라야 한다는 것이다. 프로세서가 다르면 프로세스 번호에 따라 다른 메모리를 선택해야만 한다. 불행히도, 표준 JVM API는 현재 프로세서의 번호를 제공하지 않는다. 어느 정도 적절한 근사 값으로, 현재 스레드 ID로부터 부분 누적 값을 저장할 `pos` 위치를 계산하는 방식을 택할 수 있다. 추가로 `byteswap32` 해시 함수를 사용해 배열의 위치를 적절히 무작위화했다. 이렇게 하면 ID가 인접한 두 스레드가 배열에서 인접한 위치를 사용할 가능성을 감소시켜서, 거짓 공유의 가능성을 감소시켜 줄 것이다.

프로그램을 실행해 보면 목표를 얼마나 이뤘는지 알 수 있다. 프로그램의 성능이 거의 3배 좋아졌다.

Parallel integer accumulator time: 3.34

`ParLongAccumulator` 클래스를 향상시킬 방법이 몇 가지 더 있다. 하나는 `values` 배열의 원소를 더 임의로 선택해 거짓 공유의 가능성을 더 많이 감소시키는 것이다. 다른 것은, `apply` 메소드가 휴지시간 일관성을 가지게 할 뿐 아니라, 선형화도 가능하게 만드는 것이다. 이번 절을 간단하고 명확하게 유지하기 위해, 이런 주제에 대해서 더 깊이 살펴보지는 않을 것이다. 관심 있는 독자는 스스로 이에 대해 탐구해 보기 바란다.

이번 절과 바로 앞의 여러 절에서 여러 다른 동시성 스타일에 대해 요약하고, 동시성 버그를 다루는 기본적인 방법을 공부했다. 이런 내용을 통해 전체적인 그림에 대한 유용한 통찰을 얻었을 것이다. 하지만, 우리가 배운 이론은 실제로 적용해 볼 때만 가치가 있다. 그래서, 대규모 애플리케이션의 예제로 원격 파일 브라우저 애플리케이션을 설계하고 구현해 보았다. 이를 통해 동시 프로그래밍의 이론과 실제적 측면에 대해 통찰을 얻었을 것이다.

요약

이전의 여러 장에서 여러 다른 동시성 라이브러리의 기술적인 세부 사항을 살펴본 다음, 몇 걸음 뒤로 물러나서, 좀 더 스칼라 동시성 전반을 통합적 관점에서 살펴봤다. 여러 동시성 스타일에 대해 체계적으로 분류한 다음, 여러 동시성 프레임워크를 어디에 사용할지 대략 살펴봤다. 그 후, 동시성 프로그램을 디버깅하고, 성능을 분석하는 방법을 공부했다. 마지막으로, 여러 동시 프레임워크를 함께 조합해 실제 분산 애플리케이션인 원격 파일 브라우저를 구현했다.

최고의 이론은 실무에서 영감을 얻는다. 또, 최고의 실무는 이론에서 영감을 얻는다. 이 책은 여러분에게 양 쪽 모두를 어느 정도 소개했다. 동시 계산을 더 깊이 이해하고 싶은 독자는 각 장 말미에 있는 참고자료를 공부하기 바란다. 아마도, 벌써 그 자료 중 상당수를 읽어 보려 마음 먹었으리라 생각한다. 여러분의 동시 프로그래밍 기술을 발전시키기 위해, 이 책의 연습문제를 풀어보는 것이 중요하다. 마지막으로, 여러분 자신만의 동시성 애플리케이션을 만들기 시작하라. 이제, 여러분은 고수준 동시성 추상화가 작동하는 원리와 언제 그런 추상화를 함께 사용할지 이해했을 것이다. 또한, 여러분은 이미 진정한 동시 프로그래밍 전문가가 되는 길에 들어섰다.

연습문제

다음 예제는 실용적인 동시성 애플리케이션을 만드는 기술을 향상시켜줄 것이다. 일부는 스칼라FTP를 확장하는 것이고, 나머지는 처음부터 동시 애플리케이션을 구축하는 것이다. 마지막으로, 몇몇 문제는 동시성 프로그램의 성능과 규모 확장성을 시험해 보는 것과 관련 있다.

1. 스칼라FTP 애플리케이션을 확장해 원격 파일시스템에 디렉토리를 만들 수 있게 하라.

2. 스칼라FTP 애플리케이션을 확장해 서버 파일시스템의 변경 사항이 클라이언트에도 자동 반영되게 하라.

3. 스칼라FTP 애플리케이션을 확장해 원격 파일시스템의 파일 이름을 정규식을 사용해 병렬로 검색할 수 있게 하라.

4. 스칼라FTP 서버를 확장해 디렉토리를 재귀적으로 복사(하위 디렉토리 구조와 그 안의 파일을 모두 복사)할 수 있게 하라.

5. `Observable` 객체를 사용해 스윙의 `ProgressBar` 컴포넌트로 파일 전송 과정을 표시할 수 있는 다운로드와 업로드 기능을 구현하라.

6. 스칼라FTP 클라이언트 구현을 확장해 `FilePane`이 원격이나 지역 파일시스템의 내용을 모두 표시할 수 있게 하라.

7. 분산 채팅 애플리케이션을 설계하고, 구현하라.

8. 협동 편집이 가능한 그림판 프로그램을 설계하고 구현하라.

9. 새로운 스레드를 만들고 시작한 다음 그 스레드의 종료를 기다리는 데 걸리는 시간과 Future.apply로 계산을 시작한 다음, 그에 따른 Future 객체가 완료될 때까지 기다리는데 걸리는 시간을 비교해 보라.

10. 풀pool은 가장 단순한 컬렉션 추상화 중 하나이다. 풀은 원소를 추가하고 제거하도록 허용한다. remove 연산은 이전에 풀에 넣었던 원소 중 아무 것이나 하나를 선택해 제거하면서 반환한다. 동시성 풀은 ConcurrentPool 클래스로 표현한다.

```
class ConcurrentPool[T] {
  def add(x: T): Unit = ???
  def remove(): T = ???
  def isEmpty(): Boolean = ???
}
```

동시성 풀을 구현하고, 연산들이 선형화 가능한지 확인하라. 여러분의 구현이 성능과 규모 확장성이 얼마나 좋은지 측정하라.

11. 2장에서 본 동시성 스택인 트리버Treiber 스택의 성능과 확장성을 7장에서 본 트랜잭션형 정렬 리스트와 비교해 보라. 바로 앞 문제에서 본 동시성 풀과 이 둘을 비교하면 어떤가?

12. 2장에서 본 getUniqueId 메소드를 구현하라. 여러분의 구현이 고성능이면서 규모 확장성이 좋게 만들고, 얼마나 좋은지 측정하라.

찾아보기

ㄱ

가드가 있는 락 82
가드가 있는 블록 86
가짜 기상 86
값 클래스 96
객체 힙 46
게터 95
격리 280
결정적 67, 157
결합성 213
경합 조건 42, 70
고유 락 73
고차 이벤트 스트림 250
고차 함수 165
공유 메모리 41, 327
공유 메모리 통신 42
관리 액터 346
교착상태 42, 79, 82, 124
교착상태를 방지 81
교환법칙 213
교환성 213
구슬 도식 249
구조적 동등성 135
끌어내기 의미 188

ㄴ

내장 도메인 특화 언어 44
내포된 트랜잭션 302

ㄷ

다중 프로세스 142
단순 빌드 도구 31
단일 연산 트랜잭션 298
단일 할당 변수 171
대기상태 64
데이터 경합 42, 94

데이터베이스 트랜잭션 280
데이터 병렬성 194
데이터 병렬 컬렉션 194
데이터 병렬 프레임워크 226
데이터 접근 요소 383
데이터 추상화 383
데이터흐름 그래프 168
동기화 41, 76, 91
동시성 데이터 구조 225
동시성 순회 139
동시성 집합 132
동시성 컬렉션 126, 128, 139
동시성 큐 128
동시 실행 요소 384
동시 컬렉션 42, 216
동시 프로그래밍 39, 40
동시 프로그램 디버깅 413
디스패처 331
뜨거운 관찰가능 객체 247

ㄹ

라우터 액터 362
람다 50
람다 값 95
런타임 62
롤백 294
리스코프 치환 모델 200
리프트 96

ㅁ

메모리 경합 200
메모리 모델 58
메모리 트랜잭션 43, 280, 286
메시지 330
메시지 전달 통신 42
멱등적 246

모니터 73, 76, 85
모니터 락 93
무영 클래스 96
문자열 인터폴레이션 52
물어보기 패턴 358
미사용 코드 제거 196
밀어넣기 의미 188

ㅂ

바쁜 대기 58, 84, 113
바운드 검사 45
바운드되지 않은 큐 128
바운드된 큐 128
반응형 프로그래밍 43, 234
반응형 확장 233, 235, 386
변경 가능한 컬렉션 195
변경 불가능한 컬렉션 195
변환자 223
병렬성 수준 202
병렬 컬렉션 195, 216, 386
병렬화 가능 207
병렬화 불가능 컬렉션 207
병합기 224
복잡한 선형화 연산 135
복제자 362
볼레타일 변수 76
볼레타일 필드 93
부드러운 종료 88
부수 효과 157, 210
부하 균등화기 362
분산 프로그램 41
분할기 206, 219
불변조건 370
블로킹 181
블로킹 연산 125, 149
비결정성 121
비결정적 병렬 연산 212
비교 후 교환 109
비동기 계산 183
비동기 라이브러리 184
비동기적 계산 178
비동기적 프로그래밍 149
빌더 223

ㅅ

사용자 경험 263
상태 기계 339
상향식 프로그래밍 269
상호 배제 77
상호운용성 45
생명 주기 훅 354
생산자-소비자 패턴 128
서브젝트 268
선점형 58
선점형 멀티태스킹 113
선형화 가능 285
성능 디버깅 425
소유권 86
소프트웨어 저장소 33
소프트웨어 트랜잭션 메모리 43, 280, 286
수신 순서 357
순차적 일관성 92
순차적 프로그램 40
순환 대기 81
순환적 의존관계 124
쉽게 병렬화 가능 197
스냅샷 139
스레드 42
스레드 시작 93
스레드 종료 93
스레드 풀 42, 103
스루풋 41
스칼라 매크로 227
스칼라미터 426
스칼라블리츠 227
스칼라블리츠의 컬렉션 계층 구조 228
스칼라제드 188
스칼라 컬렉션 194
시간 슬라이스 59
시퀀스 52
실행 중 상태 65
심각한 예외 161
싱글턴 객체 49
쓰레기 수집 45
쓰레기 수집기 206

ㅇ

아카 액터 프레임워크　328, 389
안정 상태　204
안티패턴　181
암시적 클래스　177
액터　329
액터 경로　347
액터 계층 구조　343
액터 설정　333
액터 시스템　330
액터 식별　347
액터의 생명 주기　351
액터의 행동 방식　338
액터 인스턴스　332
액터 참조　346
액터 클래스　332
약한 일관성 이터레이터　217
연산자 중복정의　53
예외　158, 238, 304
오류 상태　239
우선순위 큐　305
우편함　331
원격 액터　372
원격 파일 브라우저 개선　411
원소 제거 연산　128
원소 추가 연산　128
원자적 구성 요소　107
원자적 변수　76, 107
원자적 변수의 문제점　281
원자적 실행　68
위치 투명성　328
유지보수성　41
응답성　41
이름에 의한 호출 매개변수　44
이벤트 기반 프로그래밍　234
이벤트 디스패칭 스레드　262
이벤트 소스　235
이벤트 스트림　43
이전에 발생 관계　94
이중 검사 락 방식　122
이클립스　34
익스트랙터　161
인스턴스화　48
인터럽트　87
인터페이스　49
인텔리제이 아이디어　34
일관성이 있는 이터레이터　139
임포트　182

ㅈ

자동 박싱　96, 226
자바 가상 머신　30
자바 직렬화　148
자원 경합　200
장벽　42
재배열　73, 90
적시 컴파일　203
전달 패턴　361
전통적인 JVM 동시성 모델　385
접근자　223
정적 타입 안전성　45
제네레이터　52
제네릭　49
제어 예외　307
제어의 역전　174
조건 실행　384
종료 감시　363
지연 값　120
지연 스트림　120

ㅊ

찬 관찰가능 객체　247
참조 동등성　117
참조 투명성　157
천이　339
추이성　93
취소 퓨처　178

ㅋ

카운트다운 래치　42
캐시 라인　198
캐시 일관성　199
커리 함수　55
컴비네이터　165, 249
콜백　150, 174
콜백 지옥　234

콜백 함수 155
클래스 48

ㅌ

타입 매개변수 49
타입 별명 339
통신 채널 42
통신 패턴 358
통지 158
트랜잭션 304
트랜잭션의 동적 영역 296
트랜잭션 재시도 310
트랜잭션 충돌 287
트랜잭션 합성 292
트랜잭션형 배열 318
트랜잭션형 참조 289
트랜잭션형 컬렉션 316
트레이트 49

ㅍ

파이널 필드 95
패키지 33
패키지 객체 53
패턴 매칭 44, 52
포인터 마스킹 120
폴 40
폴링 152
퓨처 43, 150
퓨처 값 152
퓨처 계산 152
프라미스 150, 171
프로그램 성능 40
프로그램 순서 93
프로세스 42, 59, 61

ㅎ

하향식 반응형 프로그래밍 268
함수적 합성 162
합병 225
합성성 280
해석 모드 203
해저드 포인터 120
해제 73

협력적인 멀티태스킹 59
호출 스택 46
확장 패턴 265
획득 73
휴지시간 일관성 431

A

ABA 문제 117
ABA 문제 방지 119
accessor 223
Account 78
actorOf 352
ActorRef 335, 348
actorSelection 348, 351
ActorSystem.apply 335
add 78, 129
addAngGet 285
afterCommit 295
afterRollback 296
aggregate 210
AllForOneStrategy 367
ArrayBlockingQueue 130
ArrayBuffer 213
AsyncSubject 273
atomic 286
AtomicBoolean 108
AtomicInteger 108
AtomicLong 108
AtomicReference 108
autoboxing 226
Await 182
awaitTermination 105

B

barrier 42
become 338
BehaviorSubject 273
BlockingQueue 129
break 307
build.sbt 32

C

callback 150

cancel 180
cancellable 180
CAS(compare-and-swap) 109
children 345
combiner 224
communication channel 42
compareAndSet 113, 285
concat 254
concurrent collection 42
concurrent programming 39
context 344
context.stop 333
ControlThrowable 161
CopyOnWriteArrayList 132
CopyOnWriteArraySet 132
count 211
countdown 186
countdown latch 42
create 242
currentThread 63
curried function 55

D

data parallelism 194
data race 42
deadlock 42, 79
delay 185
destEntry 137
destroy 143
distributed program 41

E

element 129
Entry 133
equals 117
Escalate 365
event stream 43
execute 103, 153
ExecutionContext 105, 244
Executor 102, 103, 142, 264
ExecutorContext 102
ExecutorService 104
exit 143

exitValue 143
extractor 161

F

failed 158
Failure 160
FileAlterationMonitor 175
fileCreated 175
FileSystem 143
filter 194, 249
find 212
flatMap 52, 166, 256
flatten 254, 255, 256
fold 210
for 51
foreach 156, 158
ForkJoinPool 103, 203
forward 361
for 내장 51, 166
freshUid 70
fromExecutor 105
fromExecutorService 105
future 43, 150
Future.apply 153, 185

G

GenIterable 202
GenMap 202
GenSeq 202
GenSet 202
GenTraversable 202
getAndSet 109
getter 95
getUniqueId() 69
getUrlArray 284
gracefulStop 364

H

happens-before 관계 94
HashMap 195
HashSet 195
hazard pointer 120

I

Identify 349
import 33
incrementAndGet 108, 200, 211
interrupt 89
InterruptedException 161
InTxn 290
invokeLater 264
isCompleted 154
isolation 280
iterator 139, 201

J

javac 31
JDK 30
JIT 컴파일 203
join 66
JVM 메모리 모델 91
JVM 명세 75
JVM 인스턴스 82

L

lambda 50
LinkageError 161
LinkedBlockingQueue 130
log 67
logger 144
logTransfer 78

M

main 62
maintainability 41
map 52, 164, 256
measure 426
memory transaction 43
merging 225
MESI(Modified Exclusive Shared Invalid) 199
message-passing communication 42
myLog 317

N

nanoTime 196
netiquette 167

nettext 167
None 83
NonFatal 161
nonNull 202, 229
notify 85, 88
null 138
number 96

O

Observable 235, 238
Observable.interval 251
Observable[T] 235
Observable.timer 260
Observable 객체 합성 248
observeOn 261, 266
onComplete 306
onCompleted 242
OneForOneStrategy 366
onError 242, 256
onErrorResumeNext 260
onErrorReturn 260
onFileCreate 175
onSuccess 156
Option 159
OS 스레드 60

P

package 33
parent 344
ParSeq 229
ParString 222
performance 40
pipeTo 359
pointer masking 120
PoisonPill 363
poll 40
polling 152
postRestart 352
postStop 352
preRestart 352
preStart 352
promise 150
Props 333, 352

Props.apply 334
psplit 220, 222
putIfAbsent 137

Q

Queue 82
quotes 254

R

race condition 42
reactive programming 43
ready 182
receive 336
reduce 210
reload 33
RemoteActorRefProvider 373
remove 129
repeat 259
ReplaySubject 273
repository 33
responsiveness 41
Restart 365
result 182
Resume 365
retry 257, 312
retryFor 316
run 64, 103
runAsync 188
Runnable 103, 142
RxObservable 235
Rx 스케줄러 260

S

sbt 32
SBT 31
ScalaBlitz 227
scala.sys.process 142
scalaz.concurrent.Future 187
scan 259
Scheduler 261
Schedulers.from 264
send 80

SeqSplitter 220
shared memory 41
shared memory communication 42
shutdown 89, 104
single 298
sleep 105
software transaction memory 43
Some 83
split 207, 222
splitter 219
Splitter[T] 206
srcEntry 137
start 64, 188
starvation 42
STM(Software Transactional Memory) 280
stop 89, 362
Stop 365
Subject 269
subscribe 236, 237, 243
Subscription 242, 245
Success 160
supervisorStrategy 366
synchronization 41
synchronized 73, 77, 111

T

take 249
terminated 88
Thread 63
ThreadDeath 161
thread pool 42, 103
ThreadSleep 67
throughput 41
TimeoutException 182
Timer 176
transformer 223
TrieMap 132, 139, 207
trim 143
Try 150, 159
tryComplete 173
tryFailure 173
trySuccess 173

U

uid 81
uidCount 69, 70
unhandled 336, 342
unsubscribe(): 242
urltext 167

V

value 154
VirtualMachineError 161

W

wait 85, 89
watch 364
while 86
withRetryTimeout 315
worker 82

Z

Zippable 229

기타

! 143
!! 143
=> 51
@tailrec 110
@volatile 90
1급 계층 함수 44
2-phase evaluation 225
2단계 계산 225

스칼라 동시성 프로그래밍
복잡한 동시성 프로그램을 스칼라로 쉽게 개발하는 방법

인 쇄 | 2016년 1월 20일
발 행 | 2016년 1월 28일

지은이 | 알 렉 산 더 프 로 코 페
옮긴이 | 오 현 석

펴낸이 | 권 성 준
엮은이 | 황 영 주
　　　　 안 윤 경
　　　　 오 원 영
표지 디자인 | 한국어판_이승미
본문 디자인 | 남 은 순

인쇄소 | (주)갑우문화사
지업사 | 신승지류유통(주)

에이콘출판주식회사
경기도 의왕시 계원대학로 38 (내손동 757-3) (16039)
전화 02-2653-7600, 팩스 02-2653-0433
www.acornpub.co.kr / editor@acornpub.co.kr

한국어판 ⓒ 에이콘출판주식회사, 2016, Printed in Korea.
ISBN 978-89-6077-816-0
ISBN 978-89-6077-210-6 (세트)
http://www.acornpub.co.kr/book/concurrent-programming-in-scala

이 도서의 국립중앙도서관 출판시도서목록(CIP)은 서지정보유통지원시스템 홈페이지(http://seoji.nl.go.kr)와
국가자료공동목록시스템(http://www.nl.go.kr/kolisnet)에서 이용하실 수 있습니다.(CIP제어번호: CIP2016001605)

책값은 뒤표지에 있습니다.